目录

前言 …………………………………………………………… 1

第一章　学校心理学概述 …………………………………… 1
导言 ………………………………………………………… 1
一、什么是学校心理学 …………………………………… 1
二、学校心理学在国外的发展历史 ……………………… 2
三、学校心理学在我国的发展现状 ……………………… 5
四、学校心理学与其他心理学科的关系 ………………… 7
五、学校心理学的研究方法 ……………………………… 9
六、学校心理学向哪里发展：今后的二十年 …………… 11
本章概要 …………………………………………………… 12
关键词 ……………………………………………………… 12
思考与讨论的问题 ………………………………………… 12

第二章　学校心理学的基本内容 …………………………… 13
导言 ………………………………………………………… 13
一、学校心理学的基础理论构成 ………………………… 13
二、学校心理辅导的目标和基本内容 …………………… 14
三、学校心理辅导的"三层次介入"理论 ……………… 15
四、学校心理辅导与咨询的三个领域 …………………… 17
五、学校心理学研究和实践的五大原理 ………………… 18
六、学校心理辅导的教育特征 …………………………… 21
七、港澳台学校心理学发展比较 ………………………… 23
本章概要 …………………………………………………… 26
关键词 ……………………………………………………… 27
思考与讨论的问题 ………………………………………… 27

第三章　学校心理辅导教师 ………………………………… 28
导言 ………………………………………………………… 28
一、学校心理辅导教师必须具备的理念 ………………… 28
二、学校心理辅导的校内组织与管理 …………………… 30
三、班级经营的团体心理辅导 …………………………… 32
四、学校心理辅导教师的职业特性 ……………………… 35
五、学校心理学专业人员的资格与培养 ………………… 38
六、学校心理辅导教师的进修与培训 …………………… 41
本章概要 …………………………………………………… 46

关键词 ………………………………………………………… 47
　　思考与讨论的问题 ……………………………………………… 47

第四章　学校心理咨询的理论与技术 …………………………… 48
　　导言 …………………………………………………………… 48
　　一、学校心理咨询是什么 ……………………………………… 48
　　二、心理咨询面接的方法与技术 ……………………………… 50
　　三、以人为本的咨询方法：来访者中心 ……………………… 57
　　四、心理动力学的咨询方法：精神分析 ……………………… 60
　　五、从行为主义到建构主义的咨询方法：认知行为疗法 …… 63
　　六、国际上其他心理咨询技术的介绍 ………………………… 69
　　七、学校心理咨询师的督导制 ………………………………… 74
　　本章概要 ……………………………………………………… 76
　　关键词 ………………………………………………………… 77
　　思考与讨论的问题 ……………………………………………… 77

第五章　学校心理测量与诊断的技术 …………………………… 78
　　导言 …………………………………………………………… 78
　　一、学校心理测量与诊断的基础知识 ………………………… 78
　　二、学校心理测量的技术与分类 ……………………………… 81
　　三、心理测量的用途与基本功能 ……………………………… 85
　　四、学校心理咨询中的临床诊断 ……………………………… 86
　　五、学校心理测验的编制和使用 ……………………………… 94
　　本章概要 ……………………………………………………… 99
　　关键词 ………………………………………………………… 100
　　思考与讨论的问题 ……………………………………………… 100

第六章　学习心理辅导 …………………………………………… 101
　　导言 …………………………………………………………… 101
　　一、学科教育与学习心理 ……………………………………… 101
　　二、最优化学习的智力和非智力因素的辅导 ………………… 103
　　三、培养创新能力的学习辅导 ………………………………… 110
　　四、学习的诊断性评估与形成性评估 ………………………… 113
　　五、学校中常见的学习心理问题辅导 ………………………… 116
　　六、学业不振的诊断与心理辅导 ……………………………… 118

国家教育部"学校心理学研究"资助项目
上海市教育科学研究项目"学校心理辅导"课题成果
华东师范大学精品教材建设基金项目

学校心理学 第三版
教育与辅导的心理

徐光兴　著

华东师范大学出版社
·上海·

图书在版编目(CIP)数据

学校心理学:教育与辅导的心理/徐光兴著. —3版.
—上海:华东师范大学出版社,2016.6
ISBN 978-7-5675-5396-5

Ⅰ.①学… Ⅱ.①徐… Ⅲ.①教育心理学
Ⅳ.①G44

中国版本图书馆CIP数据核字(2016)第143577号

学校心理学
——教育与辅导的心理(第三版)

著　　者　徐光兴
项目编辑　邓华琼
审读编辑　邓华琼
责任校对　张　雪
封面设计　卢晓红　俞　越

出版发行　华东师范大学出版社
社　　址　上海市中山北路3663号　邮编 200062
电话总机　021-62450163 转各部门　行政传真 021-62572105
客服电话　021-62865537(兼传真)
门市(邮购)电话　021-62869887
门市地址　上海市中山北路3663号华东师范大学校内先锋路口
网　　址　www.ecnupress.com.cn

印　刷　者　常熟市大宏印刷有限公司
开　　本　787毫米×1092毫米　1/16
印　　张　20
字　　数　461千字
版　　次　2016年8月第3版
印　　次　2023年5月第10次
书　　号　ISBN 978-7-5675-5396-5/G·9621
定　　价　41.00元

出版人　王　焰

(如发现本版图书有印订质量问题,请寄回本社客服中心调换或电话021-62865537联系)

七、特殊需要学生的心理辅导与教育管理 …………………… 119
　　本章概要 ……………………………………………………… 122
　　关键词 ………………………………………………………… 123
　　思考与讨论的问题 …………………………………………… 123

第七章　学校适应与社会生活的心理辅导 ……………………… 124
　　导言 …………………………………………………………… 124
　　一、学校压力与学习挫折 …………………………………… 124
　　二、考试压力与升学竞争 …………………………………… 131
　　三、儿童、青少年的问题行为 ……………………………… 136
　　四、文化时尚与大众传媒的影响 …………………………… 141
　　五、心理辅导的注意点：基于生命的成长 ………………… 146
　　本章概要 ……………………………………………………… 148
　　关键词 ………………………………………………………… 149
　　思考与讨论的问题 …………………………………………… 149

第八章　青春期的心理辅导 ……………………………………… 150
　　导言 …………………………………………………………… 150
　　一、国内外学校性教育发展概况 …………………………… 150
　　二、中小学生的性生理和性心理 …………………………… 152
　　三、"早恋"与失恋危机的应对与处理 ……………………… 158
　　四、中小学生的性心理教育 ………………………………… 162
　　本章概要 ……………………………………………………… 165
　　关键词 ………………………………………………………… 166
　　思考与讨论的问题 …………………………………………… 166

第九章　青少年网络成瘾的辅导与矫治 ………………………… 167
　　导言 …………………………………………………………… 167
　　一、网络成瘾的含义及类型 ………………………………… 167
　　二、网络成瘾的理论模型 …………………………………… 170
　　三、网络成瘾的诊断标准 …………………………………… 172
　　四、青少年网络成瘾的现状及成因 ………………………… 174
　　五、学校对青少年网络成瘾的预防教育 …………………… 178
　　六、青少年网络成瘾的心理矫治 …………………………… 181
　　本章概要 ……………………………………………………… 184

关键词 …………………………………………………………… 184
　　思考与讨论的问题 ………………………………………………… 184

第十章　学校精神卫生与危机干预 …………………………………… 186
　　导言 ……………………………………………………………… 186
　　一、学校精神卫生问题 …………………………………………… 186
　　二、情绪障碍及其心理干预 ……………………………………… 188
　　三、不良性行为与艾滋病的预防教育 …………………………… 193
　　四、自杀的心理与预防 …………………………………………… 197
　　五、精神疾患问题与教师的应对 ………………………………… 199
　　六、创伤事件与危机干预 ………………………………………… 205
　　本章概要 ………………………………………………………… 210
　　关键词 …………………………………………………………… 210
　　思考与讨论的问题 ………………………………………………… 210

第十一章　家校合作的心理健康教育 ………………………………… 211
　　导言 ……………………………………………………………… 211
　　一、亲子关系研究 ………………………………………………… 211
　　二、亲子关系与心理健康 ………………………………………… 215
　　三、学校对家庭心理健康教育的支持 …………………………… 220
　　四、家庭心理咨询 ………………………………………………… 222
　　五、家庭疗法的流派与理论 ……………………………………… 225
　　本章概要 ………………………………………………………… 227
　　关键词 …………………………………………………………… 228
　　思考与讨论的问题 ………………………………………………… 228

第十二章　大学生心理咨询 …………………………………………… 229
　　导言 ……………………………………………………………… 229
　　一、大学生的心理健康问题 ……………………………………… 229
　　二、成长与危机 …………………………………………………… 235
　　三、大学生的校园生活辅导 ……………………………………… 238
　　四、择业与考研 …………………………………………………… 245
　　五、国外留学的心理与调适 ……………………………………… 249
　　六、外国留学生的心理辅导 ……………………………………… 253
　　本章概要 ………………………………………………………… 255

关键词 ································· 255
　　思考与讨论的问题 ······················· 255

第十三章　生涯规划与自我成长 ············· 257
　　导言 ··································· 257
　　一、什么是生涯规划 ····················· 257
　　二、生涯规划的相关理论 ················· 259
　　三、中小学生生涯规划的教育指导 ········· 262
　　四、自我成长与生涯辅导 ················· 263
　　五、学校中的生涯教育 ··················· 267
　　六、职业生涯规划的心理辅导 ············· 270
　　本章概要 ······························· 277
　　关键词 ································· 278
　　思考与讨论的问题 ······················· 278

第十四章　教师的心理健康 ················· 279
　　导言 ··································· 279
　　一、教师的职业压力与耗竭 ··············· 279
　　二、学校心理辅导教师的工作应激与耗竭 ··· 282
　　三、教师的身心健康策略 ················· 284
　　四、教师的自我发展 ····················· 287
　　五、教师的心理健康教育与辅导能力的提高 · 288
　　本章概要 ······························· 292
　　关键词 ································· 293
　　思考与讨论的问题 ······················· 293

第十五章　积极心理学取向的学校心理学 ····· 294
　　导言 ··································· 294
　　一、什么是积极心理学 ··················· 294
　　二、积极心理学运动的发展和影响 ········· 297
　　三、积极心理学的学校组织系统 ··········· 300
　　四、积极的自我人格培养 ················· 302
　　五、积极心理学取向的学校心理学发展趋势 · 305
　　本章概要 ······························· 307

关键词 …………………………………………………… 307
思考与讨论的问题 ………………………………………… 307

主要参考文献 ………………………………………………… 308

前　言

本书是国家教育部"优秀年轻教师基金"、"学校心理学研究"项目的成果，在完成过程中先后受上海市教育科学研究项目"学校心理辅导"课题基金、华东师范大学精品教材建设基金项目的资助。前后改版修订三次，历时十八个年头，它不仅提供了学校教育与心理健康关系领域里的许多新兴研究课题，还对新世纪办学模式的发展趋势作出了预测和评估。这些都基于著者从20世纪80年代出国留学以来三十多年的学术磨砺和成果积累，也体现了这本教材在实际使用过程中的强大生命力。

本书综合了教育学、行为科学、学习心理学、发展心理学和临床心理学等学科的真知灼见，并且汲取了神经认知科学、社会学、生命科学和教育管理学等领域的最新成果，成为一本研究儿童、青少年身心健康和全面发展的新兴教育学科的教材。书中研究视野之广阔、视角之新颖、内容之丰富多彩，在国内同类著作和教材中都具有一定前瞻性。

近年来，学校教育面临各种复杂的课题，也出现各种新的危机和挑战。其中最大的危机在于如何面对学生在受教育和在发展过程中呈现出的各种"心理问题"。教育管理者又是以怎样的"心态"去办学，而最大的挑战在于21世纪的学校教育能为社会公众提供一种怎样的存在价值，培养什么样的"人"。传统意义上的学校模式和办学理念可能与时代的发展渐行渐远，越来越不适合社会和公众的需求了。

本书与同类著作或教材的内容相比，进行了以下三个方面视角独特的新探索：

第一，学校教育的目的不仅是为了应试和给学生灌输学科知识，而是应该把学生的学习问题、适应问题和身心发展问题作为教育和心理辅导共同关注的课题。例如在本书第八章中，我们论述了中小学生的性心理和青春期教育问题；在第九章中，我们关注了青少年网络成瘾的辅导与矫治问题；在第十三章中，我们论述了儿童、青少年的生涯规划和自我成长等课题。

第二，学校的心理健康教育、心理辅导的对象必须从"仅仅是针对学生"的误区中走出来。本书第十一章"家校合作的心理健康教育"和第十四章"教师的心理健康"的论述，就是旨在说明教师和家长整体心理素质的提高，是保证儿童、青少年具备良好心理健康水平的重要因素。学校心理健康教育的主要服务对象是学生、教师和家长，三者缺一不可。

第三，学校的教育管理者和广大教师，在办学施教的过程中，要把"危机干预"的意识放在头脑中，这是一个社会公众和舆论关注的焦点问题，也是社会安定、和谐发展的基础之一。学校教育的管理者和施教者，不仅要关注学生的学科教育与学习心理状况，培养学生的创新能力，更要关注儿童、青少年的考试压力，学习挫折以及升学竞争问题，特别是儿童、青少年学校精神卫生问题，要做好对自杀心理预防与危机处理工作。

在本版中，我们努力保留上一版教材中的有益部分，并对部分内容进行了完善，对一部分研究资料进行了更新和精简。在使用本书时，可以配套使用著者的其他辅助教材读物：《学校心理咨询优秀案例集》《叛逆与觉醒——青少年心理教育影视漫画作品分析集》《儿童游戏疗法心理案例集》《创伤危机干预心理案例集》等。这些案例集是本书的实践操作的体现，既可以是这本书的补充，也可以是课外实习的指南。

在党的二十大精神的指引下，2023年4月，国家教育部等十七部门联合印发《全面加强和改进新时代学生心理健康工作专项行动计划(2023—2025年)》的通知，提出健康教育、监测预警、咨询服务、干预处置"四位一体"的学生心理健康工作目标和体系。同时，针对学生常见的心理问题和心理障碍，提出要汇聚心理科学，脑科学，人工智能等学科资源，大力开展科学研究。这些要求为本书的学习和使用指明了方向。

本书的撰写得到国内外不少学术机构和专家们的帮助，他们提供了学校心理学及相关学科领域里的最新研究成果和文献，使本书在写作过程中能始终瞄准学术前沿，在此我们谨致诚挚的谢意。我们还要感谢华东师范大学的领导、专家们，以及华东师范大学出版社的编辑们，有了他们的关怀和支持，辛勤地耕耘，富有成效的工作，才使本书成为一本能被长期使用的精品教材。

徐光兴

2023年5月

第一章 学校心理学概述

学校心理学是20世纪学校教育改革运动中出现的一门新学科,是现代心理学、教育学、临床医学、认知神经学和社会学等多学科的理论与学校教育实践相结合的产物。学校心理学所提倡的心理健康教育或心理辅导的理念,在某种意义上已成为现代学校办学模式的一个重要标志,反映了当代进步的教育潮流。

由于学校心理学引入我国学校教育领域的历史还不长,对于许多学校行政管理人员和教师来说,它是一门全新的学科。本章就什么是学校心理学,该学科在国外的发展历史以及在我国的发展现状,学校心理学与心理学其他专业的关系,学校心理学的研究方法以及今后的发展方向等内容进行阐述,使读者对学校心理学的学科概貌有一个整体的认识和把握。

一、什么是学校心理学

学校心理学(school psychology)在心理学研究领域里有其特殊含义,主要研究学生的人格、身心发展以及认知、学习、适应等问题,同时也根据学校教育工作的内容和要求,对教师、家长进行适当的心理援助和咨询。实质上,它是一门关于在学校教育领域中如何开展心理辅导与咨询的学科。

学校心理学萌芽于1896年,由当时美国宾夕法尼亚州大学儿童心理咨询所所长维特曼(Witmer,L.)创立。1932年起,"学校心理学"在美国成为正式的教育专业用语,到20世纪70年代,才作为学科得到确立并迅速地发展。从学校心理学这门学科在各国的发展轨迹来看,它是一门将教育心理学、特殊儿童心理学、发展心理学——特别是临床心理学等知识加以综合运用的学科,是心理咨询与辅导领域内的新兴学科。所以在日本等国,它又被称为"学校临床心理学"(school clinical psychology),具有很强的实践性和应用性。

理解学校心理学概念可以从"学校"与"心理学"两个方面着手。这里所说的"学校"不是指某个教育场所或教育机构,而是指学校教育或教育事业,涉及中小学与大学。这里的"心理学"指的是受过专业训练、具有实践经验的专职人员所进行的专业活动。学校心理学即学校心理咨询人员或学校心理辅导教师(professional psychologist)进行的心理学方面的教育指导、咨询活动。学校心理辅导教师关心学生在学习、心理、适应三方面的发展,对学生的认知、情绪、行为方式、性格、社会人际关系等进行指导。学校心理学专家研究如何进行教育指导,用什么方法、措施进行心理咨询,用什么样的心理学知识体系辅导学生。

心理辅导(counseling)是指心理辅导者(counselor)对某个特定对象——心理求助者(client)的自我成长、人格、适应等问题予以心理援助,使其问题得以解决,从而获得更好发展的一种心理学应用性技术。心理辅导中求助者与援助者的关系从本质上讲是一种援助的、咨询的人际关系。心理辅导和咨询的范围涉及多种多样的领域,有以经济活动为背景的企业心理咨询,有对患有身心障碍或疾病的人在医院中进行的心理治疗,还有对人们的社会、家庭、婚姻、文化观念等问题进行的社会心理咨询等。此外,根据对象的不同,有儿童心理咨询、婚姻心理咨询、妇女心理咨询、老年人心理咨询等;根据理论与技术的不同,有精神分析的心理咨询、来访者中心的心理咨询、家庭心理咨询、艺术表现性的心理咨询、综合的心理咨询等。

以学校教育活动为背景的心理辅导和咨询,国内一般称之为"学校心理辅导",归属于学校心理学研究领域,主要以儿童和青少年的学习、适应、人格成长作为中心问题予以心理援助。被援助者有时不仅仅是学生,也包括学生的家长和学校的教师。学校心理辅导范围包括以学校教育为背景的校内问题(学校恐怖症、厌学症、学习困难、考试焦虑症……),学校外的家庭教育问题(拒食、失眠、夜尿症、神经质、手淫……),以及社会问题(不良行为、盗窃、暴力、自杀……)等等。此外,高等院校中的大学生心理咨询,也属于学校心理辅导和咨询范围。但是已经从学校毕业或退学的人,利用业余时间在各级各类学校中进修、学习的社会人士,其心理辅导和咨询问题,均不属于学校心理学研究范畴。

二、学校心理学在国外的发展历史

1896年,美国心理学家维特曼为了培训教师、家长,以及对大学生进行教育咨询,创立了学校心理学。

1905年,法国心理学家比纳与医生西蒙(Binet, A. & Simon, T.)受法国教育部委托制定智力测验量表。心理测量作为一门技术开始得以广泛实践,信度、效度、常模等测量的基本原理也得以公认。心理测量沿着科学化的道路前进。其对学校心理学的影响不仅在于它为教师和心理辅导人员提供了评估的工具,还在于它为心理辅导提供了更为可靠的依据,即以测量结果为依据进行辅导。学校心理学在欧洲繁荣发展起来。

1907年,美国的职业心理学家戴维斯接任密歇根大瑞城(Grand Rapids)中学校长时,要求教师每周给学生上一次辅导课,以帮助学生塑造个性和防止问题发生,并同时推行职业与品德辅导工作。这对将心理辅导工作纳入学校的正式教育体制影响极大。

1908年英国的《我寻回了自己》(A Mind That Found Itself)一书,引发了一场心理卫生运动。该书强调心理健康的自我调节,唤起了民众对儿童早期人格形成和发展行为问题的关注,并影响了早期的学校心理学工作者,使心理咨询活动在学校得以萌生,以预防和对付可能发生的心理问题,最终使心理咨询成为学校心理学学科的重要内容。该书作者比尔斯则从一个因患心理疾病而住院的患者,转而成为心理卫生运动的先驱者。他毕生致力于改善心理疾病患者的境况和治疗方法,提高人们的心理健康水平,成为美国的精神卫生运动创始人。

1910年,德国的斯特恩(Stern, L.)提出需要培养大批的学校心理咨询专业人员,并首次提出"学校心理辅导教师"(school psychologist)这一术语。1915年,美国耶鲁大学儿童发展心理咨询所所长格塞尔(Gesell, A.)正式在学术杂志上确定"学校心理辅导教师"的称谓,为学校心理学的发展作出了具有历史意义的贡献。

1911年,继帕森斯之后主持波士顿职业局的布隆费德(Bloomfield, M.)在哈佛学院开设第一个有关辅导学的课程,培育未来从事学校辅导工作的人员。此后,美国许多州的一些城市也陆续推行各项学校辅导计划。

直到20世纪50年代初,除了美国巴顿(Bardon, J. I.)是著名的学校心理学研究者以外,能称为学校心理学专家的人还是很少,而且研究学校心理学的理论书籍也几乎看不到。

当时作为新兴学科的学校心理学受到教育心理学、哲学、心理测量运动、特殊教育、学习理论和精神卫生运动等——尤其是心理测量运动与特殊教育及临床心理学的影响。正如巴顿所述,法国比纳的智力量表经过斯坦福大学研究人员的修订后,在美国的教育界得到广泛普及。这一智力测量活动与弱智儿童特殊教育联结在一起,即在当时城市中规模比较大的公立学校里,为了对不适合主流教育(mainstream of education)的儿童,有效地施行特殊教育,需要以斯坦福—比纳量表进行心理测量。在这一领域里进行教育研究的人,被称为学校心理学者。

20世纪50—60年代,美国社会和教育界对学校心理学者的任务规定如下:

第一,对儿童、青少年的智力、社会性和情绪的发展状况作出评估与解释。

第二,对特殊儿童(exceptional children),即具有特殊才能或能力缺陷等情况的学生,作出判定并与其他教育专家一起制定出个别、具体的教育计划。

第三,开发和促进所有学生的学习能力,制定提高学生适应能力的教育计划。

第四,研究学校教育中所产生的问题和解决的方法,并解释调查研究的结果。

第五,对学生的人格、受教育水平等问题进行测量,并制定辅导计划。

到了20世纪70年代,北美的美国、加拿大,欧洲的英国、法国、奥地利、瑞典、丹麦,亚洲的以色列,非洲的南非,南美的巴西都是学校心理学比较发达的国家。在美国,学校心理学更是成为四大咨询职业心理学之一。

第二次世界大战结束后,美国的学校心理咨询迅速传入日本,为日本教育部门采纳,并开始使用"学生辅导"一词。其最终目的,是使学生适应社会生活,有较好的品行并为社会所接纳。一般认为,日本的学校心理辅导的诞生,是从1946年日本教育改革时期开始的,但是,直到20世纪90年代初,日本才开始逐步地发展学校心理学。1993年,大阪教育委员会向全国发行了两本题为"什么是学校心理学"和"现在为什么需要学校心理辅导教师"的宣传手册,要求正式确定学校心理辅导教师的资格问题。鉴于日本当时的教育现状与存在的问题,开展学校心理咨询的研究与实践工作已经迫在眉睫。首先是学校恐怖症、压力症。例如日本中小学生"登校拒否"(日本教育界专用语,指中小学生不愿去学校学习的一种心理障碍现象)问题严重。具有这类问题的学生往往已形成神经症。他们一听到要去上学,就出现头痛、发烧、腹泻、腹痛、呕吐等诸多症状;只要不去上学,症状就会自然缓解并消失。据调查,1995年全日本约有15 000多名中小学生出现这种情况,并且大学生中也有"登校拒否"的问题。其次是校园暴力,主要是高年级学生对低年级学生的欺侮问题。1997年神户发生了15岁中学生残杀12岁弱智学生的案例,受欺辱的学生常常会自杀。再次,日本儿童中学习障碍(learning disabilities)问题也很突出,有待深入研究。对于现代学生身心发展,日本仍没有一个较完善的评价体系,且缺少进行学校心理咨询的专业心理学家。所有这些问题都促使日本心理学界希望尽快地开展学校心理学的研究。

日本学校心理辅导在管理、方法和专业人员方面都具有不同于美国的特色。在管理体制上,日本较美国更加严密。日本学校教育法规定:心理辅导由地方教育部门进行管理和监督。初级中学应设立学生辅导主任,掌管学生辅导;还应设立生涯前途辅导主任,掌管学生职业选择和其他前途辅导的事项。各级学校应制定周全的辅导计划,包括学生、学业的辅导重点,各部门辅导活动的计划等,并建立严密的组织网络和专门的学生辅导部。在人员配备方面,以中小学教师的兼职辅导和地方心理学专家的专职咨询相结合,借用一切力量,重视班主任的作用,邀请生活委员等学生干部来协助工作。在辅导方法和技术方面,日本保持和发扬了本民族的优良传统,如以日记、作文和信件为线索进行指导的生活作文教育法、班主任和学生恳谈的方法等。

总的来说,日本学校心理学在发展过程中既吸收了西方心理学的精华,又保持了本民族的传统,从而避免了全盘西化的倾向,更具有本土性和适应性,为亚洲其他国家的学校心理学提供了一些可借鉴的经验。

综上所述,我们可以从历史的角度对学校心理学的发展水平作三个阶段的概括:

第一阶段,心理测量的水平。这是学校心理学发展初期的水平。主要是对弱智或有发展障碍的儿童进行心理测量、智力诊断分类,然后根据诊断、测量的结果进行解释,对教师、家长提出建设性教育参考建议。

第二阶段,心理咨询和教育辅导活动的水平。第二次世界大战之后,临床心理学的发展促进了学校心理学者对"问题儿童"的关心。他们作为教育心理咨询家,对教师、家长、地区组织等介绍过来的"问题儿童"进行心理诊断,对儿童、青少年的认知、情绪、学习态度作出明确的分析并提供辅导对策。进入20世纪60年代后,学校心理学者不仅进行心理测量,还深入教育现场,到学校里去观察学生,通过集体心理辅导或一对一的面接心理咨询等方式去了解"问题学生"。他们制定针对学生、家长进行心理援助的教育计划,参与制定班级、年级乃至整个学校的教育改革计划。

第三阶段,综合的学校心理教育活动水平。最近的国际教育发展动向是学校的教育心理辅导和咨询不仅仅面向学生,而且面向全体教师和家长,面向学校行政领导、社会教育工作者、社区文明建设者等,为他们进行心理健康知识的教育,以增进整个国民教育的素质,改善整个民族的教育水准,形成一种全社会关心学校心理健康的环境氛围。学校心理辅导活动成为一种科学的网络化系统工程。

三、学校心理学在我国的发展现状

我国的学校心理学发展始于20世纪80年代,当时的社会教育背景如下:(1)从事教育实践的广大教育工作者对我国大中小学生心理问题日益严重、心理素质下降这一状况表示忧虑,因而自发地开展各种形式的心理咨询、心理辅导活动。这是推进我国学校心理健康教育工作的最直接的动力。(2)教育观念的更新。20世纪70年代末以来我国教育界开始强调知识比分数重要,继而重视学生能力、智力的发展,关注学生创造力的培养,近几年又认识到完整人格的培育、人的素质的全面发展才是至关重要的。教育观念的转变为学校开展心理辅导活动提供了理论背景。(3)部分心理学工作者力求以心理学的理论与方法为我国基础教育服务,在心理辅导的理论与实践的研究方面作了一些有益的探索。(4)行政部门特别是教育行政部门的认同给学校心理健康教育提供了支持。

到了20世纪90年代,中小学生心理问题增加,并表现出多样化和复杂化的特点。一方面,班主任光凭学校德育工作已不可能全面彻底地解决这些问题;另一方面,这些心理问题得不到妥善的解决,将进一步影响到青少年未来的发展,加剧青春期的心理冲突,对青少年非常不利。因此,学生心理健康问题的解决,被提到了议事日程,心理健康教育被正式列入《中共中央关于进一步加强和改进学校德育工作的若干意见》(1994年8月31日),心理健康教育成为学校行为,开始受到政府和学校的重视。

此后学校心理辅导在我国进一步深入发展,其理念在许多城市的学校里已不再陌生:开展心理健康教育的实验不断增多,心理辅导的课程化尝试开始出现,心理辅导教师的培训班层出不穷,心理辅导研究成了学校开展教育科学研究的重要课题。1994—1996年,全国学校心理辅导与教育研究会连续召开了三次学术研讨会,对学校心理辅导工作进行了总结和研究,并就今后心理健康教育工作的努力方向达成共识。这为学校心理学的发展奠定了坚实的基础。20世纪90年代末至21世纪初,中国心理学会成立了"学校心理学专业委员会",教育部连续成立三届"中小学心理健康教育专家委员会",以指导全国的学校心理学发展工作。在北京、上海、广东等省市的学校中,出现了专业的学校心理学家和持证上岗的专职心理辅导教师。

不过,学校心理学目前在中国仍是一片有待进一步开拓的领域。第一,在观念上,有些人将学校心理学的工作内容与教育心理学、辅导心理学的工作内容相混淆。不少学校里,本应由专业的学校心理辅导教师来担当的工作却落在了没有受过专门训练的普通教师身上。第二,亚洲中小学生的升学压力在世界范围内是最重的,而中国中小学生的升学压力在亚洲范围内又是首屈一指的。沉重的升学压力是导致学生心理异常、适应不良的重要因素。而产生升学压力的应试教育弊端在一定时期内却不能得到根本改变。尽管我国不断地提倡素质教育,但如果衡量一个学校是重点还是非重点的标准仍停留在升学率的高低上,那么素质教育为应试教育让步的实际情况就不可能根本改变。第三,目前,中国的教育界极其缺乏学校心理学专家。我国至今仍没有一套正规的研究学校心理学、培养专职学校心理辅导教师的教育训练体系。许多地方只是为了赶时髦或者是为了完成教委的任务而开设学校心理辅导课,且这些课在开设不久就变成了思想品德课。第四，普遍存在中小学校教师、学生和家长心理不健康的现象，急需对他们进行心理指导和援助。

长期以来，党和国家非常关注中小学生的心理健康。在1994年发布的《中共中央关于进一步加强和改进学校德育工作的若干意见》中明确要求："通过多种方式对不同年龄层次的学生进行心理健康教育和指导，帮助学生提高心理素质，健全人格，增强承受挫折、适应环境的能力。"在我国一些心理健康教育开展较好的省市，在经历了自发探索、积累成果、推广普及等阶段后，开始将心理健康教育全面渗透到整个学校教育过程中，把学校心理学与学生管理工作和学校德育工作紧密结合起来。

目前我国学校心理学的发展具有以下三个方面的基础：

第一，学校心理健康教育开始为人们所重视和关心，社会媒体对心理健康教育的报道越来越多，心理咨询与辅导的书籍在市民中热销。心理健康教育的重要作用和意义在一定程度上开始被学校和越来越多的教育工作者所认识。

第二，中小学和高校开始设立正规的心理咨询与辅导机构，有条件的中小学开设了心理健康教育选修课，绝大多数高校开设了心理健康教育公共课。

第三，开始形成一支热心从事学校心理学研究工作的教师队伍和专业人才队伍。对学校中专职和兼职心理辅导教师的师资培训工作正在走上正规道路。

但是目前我国的学校心理学在发展过程中也存在着种种问题和"误区"。人们对学校心理学这门学科的本质意义的认识尚不清楚，表现在以下几个方面：

第一，对学校心理学的意义和作用缺乏明确认识。把学校心理学简单狭隘地等同于心理咨询或学校辅导，或认为它是教育心理学的延伸、临床心理学的翻版，没有看到它的特殊性以及对整个学校教育的指导意义。

第二，误认为学校心理咨询和辅导仅仅是面对学生的。殊不知儿童、青少年的许多心理健康问题，是受到教师和家庭影响的。在现代的学校心理学领域，对教师、家长的心理健康援助和咨询，其实是必不可少的部分。

第三，在不少学校，专职或兼职心理辅导教师缺乏学校心理学的基本知识和实践经验。

第四，随着信息时代的到来，学科知识内容不断更新，教师需要不断地更新自己的教学知识和教材教法，花在"问题学生"身上的心理健康教育时间（特别是咨询面谈时间）没有了确切的保证。

第五，心理健康教育课程的计划、学校心理咨询的指导体系、组织管理体系尚未完善，不少学校还处在摸索试行阶段。

第六，一些学校把心理健康教育当作附加的学校教育任务，认为它是一种点缀性的应景的工作，不能真正发挥其教育功能。

为了发展我国的教育事业，将心理健康教育渗透到整个学校教育过程中，使我国的德育思想乃至整个学校教育思想发生质的飞跃，可从以下几方面着手：

第一，培养一批精通学校心理学、熟悉心理健康教育的高层次人才和专职的心理辅导教师，并且尽可能将他们的学历提高到研究生水平。

第二，对我国现有的专职和兼职心理辅导教师进行培训，加强心理辅导、咨询技术的学习、实践和研究方面的训练，使其尽快掌握学校心理学的基本理论和知识。

第三，学校心理学工作者与临床心理学家、精神卫生工作者以及医疗机关、社区专门机构中的校外专家，建立心理健康教育共同协作的体系，使学校心理健康教育发挥更大的效用。

第四，确立学校心理健康教育的主力军是广大教师的思想。积极地鼓励、敦促广大教师参加到学校心理学的研究、实践活动中去，对学生、家长进行发展性、预防性的心理辅导，同时注意教师自身心理保健，在学校教育活动中形成一种健康的师生关系。

四、学校心理学与其他心理学科的关系

学校心理学作为一门应用学科，与邻近或相关的心理学科既有联系，又有区别。

（一）学校心理学与教育心理学的关系

两者在学科理解上均可分为两个部分，即"教育"与"心理学"。首先，教育心理学中的"教育"既包括校内的教育，也包括校外的各种教育，如职业教育、业余教育、成人教育等，因此是广义上的教育。而学校心理学中的"教育"仅指大中小学的教育，是狭义的教育。其次，教育心理学的目标在于促进学生身心健康、全面的发展及学生对学科知识能力的掌握两个方面，而学校心理学的任务着重于学生的心理健康，即"心理辅导与咨询"的任务。教育心理学研究的是各阶段学生的发展变量与发展心理、学习动机的激发与提高、课堂教学的设计及教学的技巧、课堂的程序等，关注心理正常的学生群体，提出课题，着重研究集体变量，即一个集体的整体资料。而学校心理学研究的是儿童、青少年发展的心理基础，以及如果儿童、青少年心理发展出现偏常时应如何矫正等问题，针对心理偏常儿童提出问题，解决问题，着重研究个人变量，按个人的发展轨迹建立心理档案，着重进行个人或团体心理辅导。两者在研究中都要求进行测量与评价，但教育心理学注重学生学习方面与教育成就方面的计量评价；而学校心理学注重学生性格、社会适应等方面的诊断评价。

（二）学校心理学与临床心理学、咨询心理学的关系

临床心理学与咨询心理学（counseling psychology）被称为学校心理学的两大支柱。学校心理学的许多理论都是从临床心理学与咨询心理学中发展而来的，因此，有时也把学校心理学看作是针对学校的临床心理学、咨询心理学。学校心理学与临床心理学、咨询心理学的区别见表1-1。

表1-1 学校心理学与临床心理学、咨询心理学的区别

	学校心理学	临床心理学、咨询心理学
活动领域	学校	企业、医院、家庭、社区、教育机构等
研究内容	心理健康和心理适应的辅导	心理卫生方面的诊断和咨询
服务对象	学生、教师、家长	新生儿到老年人

在活动领域上,学校心理学仅仅面向学校;而临床心理学与咨询心理学则面向企业、医院、家庭、社区、教育机构等,范围要广得多。在研究内容上,学校心理学研究学生的心理健康和心理适应的辅导;临床心理学与咨询心理学则研究心理卫生方面的诊断与咨询,其中临床心理学是针对有重大心理问题、明显心理障碍的人,咨询心理学是针对身心基本正常但有轻度心理不适应的人。在服务对象上,学校心理学的服务对象是教师、学生以及学生的家长,临床心理学与咨询心理学的服务对象从新生儿到老年人都有,既包括正常普通的人群,也包括残疾人、弱智、自闭症儿童、罪犯、卖淫者和吸毒人员等。

(三)学校心理学与发展心理学的关系

两者最基本的区别是:发展心理学是一门进行基础理论研究的基础学科,其任务是找出并归纳一些基本原理;而学校心理学是一门应用学科,其目标是揭示问题和解决问题。

从研究对象上看,发展心理学研究人类个体从受精开始到年老死亡为止的发展全过程中的心理问题。其中从胎儿到成人早期的阶段称为积极发展过程,成人一直到年老死亡的阶段称为消极发展过程。学校心理学则只研究学生阶段个体的精神生活、行为过程的变化。从研究重点上看,发展心理学注重身心发展问题(包括正常发展与发展障碍两个方面),着重研究智能、记忆、思维、认知的发展。学校心理学则注重研究在教育中如何不出偏差以及如果出现偏差如何纠正的问题,注重心理的调适、康复与保健。具体区别与关系见表1-2。

表1-2 学校心理学与发展心理学的区别与关系

学校心理学	发 展 心 理 学
儿童、青少年的学习、认知、人格为主	研究个体从受精卵——胎儿——幼儿……老人,全部发展过程中的心理问题。其特点是:(1)有顺序,(2)由低级到高级,(3)由进化到衰退
揭示问题,解决问题	揭示真理、原理等基础理论研究
研究在教育中如何不出偏差;出现偏差,如何纠正	研究如何进行正常发展
应用性、实践性强	理论性强

(四)学校心理学与学习心理学、认知心理学的关系

学校心理学在发展过程中吸收了学习心理学、认知心理学领域大量的理论成果。从学习心理学中吸收的成果有:学习曲线,学习后的保持曲线及保持率,学习条件操作(即在S—R,刺激—反应模式中采取何种刺激,是处罚或是表扬)的问题,学习欲求与效率的关系,以及学习过程中的信息处理问题等。从认知心理学领域吸收的主要成果是皮亚杰的理论:智能是对环境的顺应,是在同化调整中进行平衡的过程;顺应越好,智能越高。

(五)学校心理学与学校心理辅导的关系

学校心理辅导是学校心理学的一个重要的分支领域,是以学校心理学的理论和研究作为

支撑的,是学校心理学在"辅导"领域里的具体技术、操作和实践的体现,两者之间的关系犹如母子。

"辅导"泛指专业人员对当事人的协助与服务。学校心理辅导(简称"学校辅导"),是指在一种新型的建设性的人际关系中,学校辅导人员运用其专业知识和技能,给学生以合乎其需要的协助与服务,帮助学生正确地了解自己,认识环境,根据自身条件确立有益于个人发展和社会进步的生活目标,克服成长中的障碍,在学习、工作及人际关系等各个方面,调整自己的行为,增强社会适应的能力,从而作出明智的抉择,充分发挥自己的潜能。

学校心理学的内容和研究目标,并不仅仅局限于"辅导"。它还包含了对学校教育的心理学研究,为有心理问题或心理障碍的师生提供心理咨询或精神卫生方面的服务,还关注特殊教育以及有特殊需要的学生,进而研究新世纪的学校办学模式等。

总而言之,在搞清楚学校心理学与上述学科的关系后可以看出,学校心理学是综合了上述各门学科内容的一门交叉性新兴学科。

五、学校心理学的研究方法

(一) 观察法

观察法(observation)包括自然观察法和实验观察法。

自然观察法是对社会中、现实中自然发生的未经人工操作、没有主观意图介入的状况进行观察记录的方法。这一方法最大的特点是不进行人工操作,如1977年国际交通学会在日本的大阪、东京、广岛、福冈等地所作的"日本居民每分钟走路步速的研究"、日本学者户川喜久二的"关于一天中人的7种步速的研究",所采用的研究方法都是自然观察法。因为研究者只作了观察记录,并没有介入情境。自然观察法中包括三种方法:(1)记录法。记录的内容既可以是不加解释的、忠于事实的行为描写,也可以是重点的、插曲性的事件描写。记录所使用的工具除了笔以外,还可以用摄影机、录音机和照相机。(2)对照、核查法,如行为检查法(check list)。(3)评定法。对观察的内容(如学生的行为特点、日记、作文等)进行评定,评定的尺度包括描述性尺度、图式性尺度和点数性尺度。

实验观察法是以特定的人工操作设置特定的环境,使行为重复出现而进行观察的方法。例如实验者提出当人们被凝视时会本能地产生逃避心理的假说,然后对此进行验证。实验时,实验者对经过十字路口的司机作出凝视和不注意两种态度,并将其作为实验的自变量,被凝视的司机为实验组,不被注意的司机为对照组,记录不同司机的行为反应并将其作为因变量。这一实验中,实验者在自然环境中人为地制造了实验条件,且实验对象并不知道自己参与了实验,可以说是典型地运用了实验观察法。

(二) 面接

面接(interview),也称为面谈,是应用于心理咨询中的一种技术,其具有很高的难度,在国外被称为是心理咨询中"最常用的技术"。

面谈过程中，心理咨询师要做到共感、受容与理解来访者。共感就是指感受对方的情绪、情感；受容是指能包含与自己不同的对方的价值观，最后达到理解对方的程度。心理咨询不是教育、说教、训示来访者。在咨询过程中，来访者是主体，咨询师起主导作用，对来访者心理偏差进行调整、纠正。

面谈开始时，心理咨询师要明了咨询目的、内容和提问的方式，从容貌、表情开始，通过观察来访者的体型、服饰、态度、语言等，对其作一个初步的了解。随着面谈的深入，咨询师不断通过相互谈话、接触了解对方，判断本次咨询是否有中断的可能。这要求咨询师在态度、气质、修养、诚实性、自我感情控制等方面都受过一定的训练。在面谈结束时，要求双方已能建立相互信赖的关系，并决定以后将进行多少次咨询。第一次面谈的时间安排以 50—60 分钟为宜，必要的话也可延长为两小时。对于每次咨询、每个案例，咨询师都应以正确的方式记录并妥善地保存。

心理咨询室的面积与布置也有一定要求。一般而言，咨询室的面积为 10—16 平方米。因为过大的房间有可能引起来访者的恐慌，而过小的房间又容易使来访者产生压迫感。室内光线应该适中，过于明亮或过于昏暗的房间都不利于心理咨询的开展。墙面的色彩应以暖色为主，墙面的布置忌繁复或刺激物过多。室内可放置一些绿叶植物，制造一种亲切的生气勃勃的气氛。咨询师与来访者的座位应呈 90 度角，要避免对视而坐或并排而坐，如果有记录员在场，他的座位可放在咨询师的后面，面向来访者。

（三）问卷法

问卷法（questionnaire）可用三种方式进行：口头回答、笔答和集体调查法。回答问题的方法可以是自由回答法，如"你的烦恼是_____"，对回答内容与字数都没有限制；也可以是限制回答法，即将答案编为多项选择（A、B、C、D……）或二项选择（是与否、对与错）。

采用问卷法进行研究要注意：(1)问卷用语要明确易懂，少用反问语或双重否定语。(2)注意学生是否虚假回答或拒绝回答。对拒绝回答问卷的学生尤其要多加注意，因为他们很可能已存在一定的心理问题。(3)如果是集体调查，要统计发出问卷的总数、问卷的回收率及回收问卷中的有效回答率。只有当回收率达到 60%—70% 时，所进行的问卷调查的结果才是有效的；而且如果有效回答率低于 60%，则问卷调查的结果不可靠。在调查结束后，要注意记录调查的时间、地点，最后归档存放。

（四）作品法

作品法（sample of works）是让来访者通过日记、作文、自述或象征作品（绘画、雕刻、手工艺品、诗歌）自由表现其思想、倾向、性格、情感发展等内容。如日本的箱庭（沙盘）疗法就是一种通过象征手段来表现内心世界活动的艺术疗法。

学校心理咨询中可以通过日记与作文的形式来了解学生的思想。日记既可天天记，也可以不定期地只记生活中的重大事件或印象深刻的生活插曲，其中的内容主要反映内心生活。自由命题作文、命题作文中的偏题、跑题作品等也有收集价值。

(五) 案例讨论法

案例讨论法(case study)是指几个地区或专业机构的心理咨询师集中起来开讨论会,由其中一人举出某个典型案例,大家一起探讨此个体问题出现的原因、客观环境、处理治疗方法的形式。在国外也有众多咨询师针对一个咨询师的某个案例的诊断、咨询、治疗措施提出质疑来进行研讨的形式。这种讨论会既能使被质疑的咨询师在理论和应用上都更成熟,也是对团体成员思维能力和咨询技术的一种训练。

在收集案例的过程中要注意:(1)案例的深入需要咨询双方的配合。特别是刚开始的时候,咨询中断的可能性很高,心理咨询师要尽量建立双方信赖关系。(2)研究案例时,要详尽地收集当事人的个人资料,包括其生育史、生活史、家庭状况、性格、问题发生原因、家庭事件、亲族遗传、家庭中有无精神病患者或自杀者等。这些内容都应该在第一次面谈(受理咨询)时着重了解清楚。(3)心理咨询师要遵守职业道德,要尊重、保护当事人的个人隐私权。

六、学校心理学向哪里发展:今后的二十年

在今后的二十年中,学校心理学有可能发生重大的改变,以此来应对学校教育不断变化的步伐。以下五种趋势对学校心理学发展将起决定性影响。

第一,学科间的交叉、渗透和合作研究将为学校心理学提供新的观念和方法。认知神经科学的介入将为进一步理解儿童、青少年的心理健康以及认知规律与脑功能学习状况,发挥极大的作用;临床心理学和精神医学的专业知识,将为学校压力症和心理疾患提供早期的诊断和干预;社会行为学从制度、组织、文化氛围上,为学校心理学的生态环境提供分析和理解;在以人为本,以学生发展为本的理念指导下,生命科学和生命教育在学校教育中将发挥极大的作用。21世纪初,日本的大学研究生课程出现一门新的学科,"学校临床社会学",这便是学校心理学、社会学和临床心理学的学科交叉融合的一个实例。

第二,对学校心理咨询人员和辅导教师的专业化、资格化的要求更严格。为了保证从事这一行业人员的专业知识素质,教育行政部门将制定出学校心理学工作人员的专业标准。获得学校心理教育资格的人员需要认证,需要接受继续教育和更高学历的教育,这些将成为学校心理学界通行的一种规则,学校心理学从业人员的培训期限将延长。

第三,定位于实践与绩效。学校心理辅导和咨询更加重视质量、防止形式主义。绩效评价在学校心理工作的指导作用将被提到重要地位。学校心理辅导和咨询更讲究问题解决的焦点化、简洁化。"心理辅导短期化"操作技术(如"60秒对话"、"5分钟心理辅导")将引起更多教师的关注。

第四,更多学校为学生提供心理学辅导课程。由于重视人的自身发展及生活品质的提高,学校将为学生提供内容广泛、生动有趣的心理学课程或相关辅导,如涉及生命的秘密、道德判断、心理卫生、灾难或危机事故的应对与处理策略、性教育及休闲方式等方面的课程,协助学生完善人格、适应社会生活。

第五,重视家庭、社区和学校合作的心理辅导。一种整合的、系统发生论的理论将影响未

来的学校心理健康教育的走向。充分运用社会生态网络的影响,家庭疗法的技术会被引入到学校心理辅导的实践中去。以积极心理学为导向的学校心理学,也将更加深入人心。

本章概要

- 学校心理学主要研究学生的人格、身心发展以及认知、学习、适应等问题,同时也根据学校教育工作的内容和要求,对教师、家长进行适当的心理援助和咨询。
- 学校心理学最初诞生于美国,受到心理测量运动、特殊教育以及精神卫生运动等学术研究的广泛影响,现已运用于世界各国的学校教育实践。
- 我国的学校心理学起源于20世纪80年代的学校心理辅导和心理健康教育活动,具有广阔的发展前景。
- 学校心理学是一门学科交叉性很强、又有自己独特研究内容和目标的新兴边缘学科。
- 学校心理学的研究方法种类较多,比较重要的一种是案例研究法。
- 学校心理学在今后的二十年中将会有更重大的进展和突破,多学科的合作研究和相互渗透、融合,将为学校心理学发展提供新的思路和方法。

关键词

学校心理学　　心理辅导　　面接　　作品法　　案例讨论法

思考与讨论的问题

1. 学校心理学的主要研究领域和研究目标是什么?
2. 你还知道哪些国家的学校心理学发展历史?
3. 学校心理学与学校心理辅导在研究方法上有哪些异同?
4. 谈谈你对学校心理学在我国今后的发展趋势之见解。

第二章 学校心理学的基本内容

导言

从事学校心理教育工作是一种既简单又复杂的活动,这么说的原因有二:一、确实没有什么事业比在学校中促进一个人的身心成长和发展更为单纯、更加专一了。二、一个人是怎么成长和发展的?期间可能会出现哪些不可知的因素和问题?这个人的性格、情绪和行为是什么样的?这些问题都会影响到教师的教育信念、方法、技术或价值观;反过来,一个人的成长好坏还关系到一个民族的未来、人口的素质等等,所有这些又使学校心理教育变得复杂,甚至变化多端。一方面,学校心理学本身是一种多学科相互交叉合作的学术领域,包含了多种不同的思想学派及实践方法;另一方面,现代的父母和孩子对学校心理教育的需求越来越多样化。因此,学校心理学的研究内容成了一个非常大的社会课题。

本章探究支撑学校心理学的基础理论、学校心理辅导的基本内容、学生身心发展各阶段中会出现的主要问题、开展学校心理教育工作的基本原理、方法和思路等。本章还对港澳台地区在学校心理辅导工作的发展进行了简述,并对两岸三地的学校心理学发展趋势作出比较。

一、学校心理学的基础理论构成

针对儿童、青少年的发展与成长进行心理健康辅导与咨询的理论基础——学校心理学这门学科,是心理学与学校教育相融合的一门新学科体系。这一学科体系中牵涉多种理论概念、教育模式,以及基础知识和实践技能。概括起来,主要有三个方面的基础理论支柱(见图2-1)。

一是心理学的基础理论。主要包括教育心理学、人格心理学、社会心理学、学习心理学、生理(神经)心理学、发展心理学等领域中的理论知识以及就学生中各年龄群(从幼儿到青年期)的发展问题(如"应该制定怎样的发展课题"、"怎样的发展状况才是属于正常范围的"、"会出现什么样的发展问题、如何解决"等)所提出的心理学解释和研究依据。

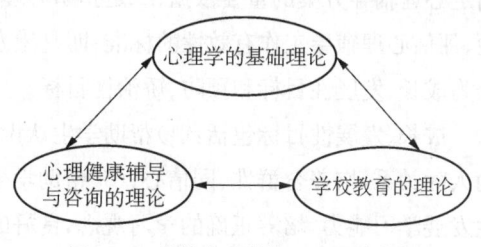

图2-1 学校心理学的三个理论支柱

二是学校教育的理论。一方面,学校心理学是一门对学校教育进行援助、咨询的学科体系,当然不能脱离学校教育的实际。另一方面,在学校中担任心理辅导和咨询的教师本身就是从事学校教育的工作者,因此,掌握和熟悉学校教育的各种理论,如教育管理学、教育哲学、特殊教育学、各科教材教法、思想品德教育及教育行政的制度与组织、班主任工作等各方面的理论知识显得尤为重要。

三是心理健康辅导与咨询的理论。学校心理学工作者的主要任务是进行心理健康教育,因此心理测量和统计、心理辅导和咨询的技术、心理学调查研究方法和案例研讨技术等都是学校心理学的核心内容。心理健康教育的目的是促进儿童、青少年的认知、情绪和自我理解的发展,解决他们成长中的适应问题。因此,不仅要对青少年进行集体和个别的心理辅导,还要为学校中的教师、家庭教育中的家长提供教育咨询和建议。所以,每一个从事学校心理学工作的教育者都必须切实掌握心理健康的辅导和咨询的基本原理与方法。

二、学校心理辅导的目标和基本内容

(一)学校心理辅导的目标

学校心理辅导,是指教育者运用心理学、教育学、社会学、行为科学乃至精神医学等多种学科的理论与技术,通过集体辅导、个别辅导、教育教学中的心理辅导以及家庭心理辅导等多种形式,帮助学生自我认识、自我接纳、自我调节,从而充分开发自身潜能,促进心理健康与人格和谐发展的一种教育活动。

学校心理辅导的目标与学校教育的目标是一致的。也可以说,学校心理辅导的目标就是促成学校教育目标的实现。但心理辅导毕竟只是学校教育的一个方面,其目标应有自己的独特之处。综合国内外学者的研究观点,可以将心理辅导目标的要点归纳为:帮助学生认识自己,接纳自己,管理自己;认识、掌握周围环境,同环境保持适应;帮助学生解决面临的问题,应对危机,摆脱困难,并增强面对困境与压力的能力和勇气;使学生能摆脱不适应症状,改善行为、化解负向的或冲突的思想与情感;指导学生选择、决策并制定行动计划;鼓励学生通过自己的探索,寻求生活的意义,认清自己内在的潜力与资源,充分发挥个人潜能,过上健康、有意义且自我满足的学习生活。

心理辅导目标在学校心理辅导工作中具有多种功能:一是选择与确定心理辅导内容,是制定心理辅导方案的重要依据;二是指引心理辅导方向,是调控心理辅导过程的参照;三是检验、评估心理辅导工作有效性的标准;四是激发学生接受辅导的重要手段。心理辅导目标可以分为成长、发展性目标和预防、矫治性目标。

成长、发展性目标包括:(1)帮助学生认识自己,接纳自己;(2)帮助学生学习如何发展良好的人际关系,培养合群性、同情心;(3)帮助学生适应学校生活环境,热爱学校生活;(4)帮助学生发展学习能力,培养正确的学习观念,良好的学习兴趣与学习习惯;(5)帮助学生提高承受挫折的能力,培养良好的意志品质;(6)帮助学生在学习、生活中学会调节、控制自己的情绪,经常保持乐观、平和、愉快的心境;(7)帮助学生培养独立自主的精神,懂得对自己的行为负责;(8)帮助学生培养创造性思维与创新精神等等。

预防、矫治性目标包括:(1)辅导学习困难的学生,帮助他们改进学习方法;(2)辅导有情绪困扰或行为问题的学生,改善他们的情绪,矫正他们的行为;(3)辅导家庭环境有压力(如单亲、离异、寄养或成员关系紧张等家庭)的学生,帮助他们健康成长;(4)辅导学业超常优秀或智力超常但情绪和人格有问题的学生,使他们获得更佳的发展;(5)辅导有心理困扰的学生,使他们健康成长等。

(二)学校心理辅导的基本内容

学校心理辅导也包括对家长进行辅导、为教师提供建议或咨询,但大量的工作还是针对学生。例如美国琼斯(Jones,1957)根据辅导所要解决的学生问题的性质,将心理辅导内容分为八个方面:(1)健康与身体发展问题(如身体缺陷、缺乏活力、营养不良、体型不匀称等);(2)家庭与亲属关系问题(如父母独裁或对子女不能控制的家庭、缺乏温暖、破碎的或受社会谴责的家庭、与学校不合作的家庭等);(3)休闲生活问题(如缺乏运动或阅读的兴趣、缺乏与休闲活动有关的技艺等);(4)人格问题(如多愁善感、害羞、自卑、过分自信、过度幻想、粗心大意、缺乏同情心、与人不能相处、情绪不稳定等);(5)宗教生活问题(如宗教信仰的改变、父母强迫子女信教、科学与宗教的冲突等);(6)学校教育与生活问题(如学习缺乏计划性、学习习惯欠佳、读书不专心、厌恶学习、逃学旷课等);(7)社会与道德问题(如说谎、吸烟饮酒、不礼貌、过度从事社交活动、交友恋爱中的问题等);(8)职业问题(如缺乏职业兴趣、不知如何择业、缺乏职业准备等)。

从文化背景和发展现状来看,我国学校心理辅导的基本内容可以划分为以下四个方面:

第一,学习辅导。学习辅导有广义与狭义之分。广义的学习辅导是对学生学习过程中发生的各种问题(如认知技能、知识障碍、动机、情绪等)进行的辅导;狭义的学习辅导是对学生经历学习挫折或困难时产生的心理困扰和行为障碍进行的辅导。值得注意的是,这里的学习辅导与家长请"家教"帮助孩子"补缺"或"提高"是完全不同的两个概念,和教师课后对学生进行辅导也是有区别的,后者只是学习辅导的一小部分。学习辅导主要是对学生的学习技能、学习动机、学习情绪与学习习惯从心理层面进行训练与辅导。

第二,人格辅导。这里的人格是指个人对己、对人、对事方面的个性心理品质。人格辅导着重对学生的自我意识、情绪的自我调适、意志品质、人际交往与沟通、群体协作的技能等进行辅导,以培养学生良好的个性心理品质与社会适应能力。

第三,生活辅导。主要是通过休闲辅导、消费辅导和日常生活技能辅导等,培养学生健康的生活情趣、乐观的生活态度和良好的生活技能。对学生将来获得幸福而充实的生活产生潜在的影响,对他们发展个性、增长才干、提高学习效率等方面也有很强的迁移作用。

第四,职业辅导。升学与择业是人生发展的必然过程,是事关个人前途的重要事件。职业辅导是为学生未来的生活作准备的教育活动,帮助学生在了解自己的能力、特长、兴趣和社会就职条件的基础上,确立自己的职业志向,进行职业的选择和准备,为今后顺利地踏上社会打下良好的基础。

三、学校心理辅导的"三层次介入"理论

学校心理健康教育旨在对儿童、青少年的学习、心理、人格、适应和社会性发展等方面进行

指导和援助。这种指导和援助主要是以心理辅导或咨询的方式来介入。这里的"介入"（intervention）是一种积极的心理援助，是对学生的心理问题进行积极的干预，使他们在学校教育的正常轨道上发展，它可以划分为三个层次。

第一层次，发展性辅导。面对青少年学生开展心理保健工作，提高全体学生的心理素质。主要工作包括教育开发和心理辅导，比如学校生活指导、适应指导、学习方法的指导、班级中的人际关系处理、如何成为一个受欢迎的学生等。

第二层次，预防性辅导。面对的是部分在学习、心理及生活适应上有可能发生问题或刚出现问题苗头的学生。主要目的是提高学生的适应能力，培养其学习兴趣。例如，可进行二三十分钟的游戏或松弛训练。这种辅导至少应做到不使学生的心理问题进一步恶化。

第三层次，矫治性辅导。面对的是在心理、学习、社会适应方面产生重大问题或不正常状态，如性格出现偏差、患有学校恐怖症、缄默症或存在逃学、孤独、自闭、暴力、偷窃、说谎、离家出走等情况，非常需要心理辅导的学生。主要是针对特定学生的心理障碍和精神卫生问题采取适当的方法予以矫治。

"三层次介入"理论具体见图2-2和表2-1。

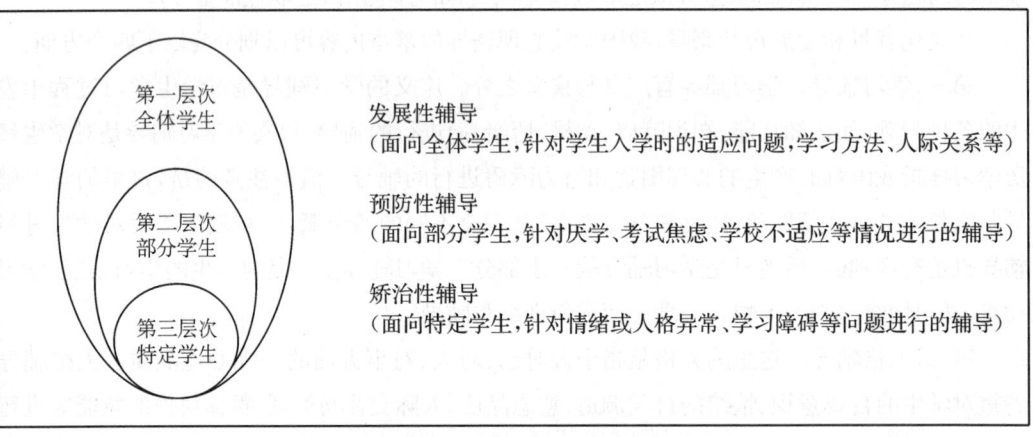

图2-2 三个层次的心理辅导

表2-1 三个层次介入的作用与主要内容

层次介入	作 用	主 要 内 容	负 责 人
第一层次	发展性辅导	1. 教育资源的开发 2. 研究素质教育：如何在素质教育中进行心理保健 3. 入学指导	校长、全体教师
第二层次	预防性辅导	对学习、生活上可能有问题的学生进行心理适应性分析，进行学习能力基础训练、学习方法指导等	班主任、心理辅导教师
第三层次	矫治性辅导	对心理、学习等已经产生问题的学生进行心理测量，弄清其问题产生的原因、问题的严重程度等，并对其进行辅导和行为矫治	心理辅导教师、特定专业人员

三个层次之间具有相辅相成的辩证关系。忽视了第一层次的辅导,会使第二层次的"部分学生"或第三层次的"特定学生"增加;忽视第二、第三层次的辅导与介入,将使有问题或心理障碍的学生范围扩大,从而影响到全体学生的发展。所以,三个层次之间的心理辅导必须有机地结合起来。另外,在对学生进行心理辅导的同时,也要对教师、家长进行心理援助和辅导,要构筑综合型的心理健康教育体系。

四、学校心理辅导与咨询的三个领域

学校心理辅导和咨询的主要内容可以划分为学习问题咨询、适应问题咨询、成长与发展问题咨询三大领域。

(一)学习问题咨询

寻找产生学习困难问题的根源。比如学习成绩为什么会下降?原因可以有很多,可能是学生能力差、身体疲劳、记忆力衰退,也可能是没有兴趣、恐学,或者是学习习惯不好等等。

心理辅导教师要提出解决问题的方案。例如学习计划是否合理,是否符合个人的学习目标,学习有没有效率,听课方法、态度如何,笔记方法,考试答题方式是否正确,对知识的记忆术是否科学,会不会利用参考书等等,视具体情况进行相应的心理辅导。

(二)适应问题咨询

适应问题又可分为行为问题和人格问题。

1. 行为问题

重大的行为问题,如放火、偷窃、暴力、不良性行为、杀伤、恐吓、欺侮、自杀等;轻度的行为问题,如厌食、失眠、夜惊、过度的手淫、性过敏、舔指、神经质、说谎等。对这类问题要从发展的角度看,有些是一时性的,在适当的教育环境中会逐步自动消失。

2. 人格问题

严重的人格问题,如神经症、境界例(国际精神卫生组织专用诊断术语,即边缘性精神病症倾向),此时应与神经科或精神科医疗专家联系;轻度的人格问题,如自卑感(缺乏自信)、自我中心主义、嫉妒、不安感、怠惰、偏执等。

(三)成长与发展问题咨询

主要是关于儿童、青少年德智体全面发展的问题,包括人生观、生活价值观的确立,对自我潜在能力和特点的理解与把握,对自我社会性的发展和将来人生的设计,青少年进入青春期后性心理、性生理方面的发展变化等。此外,交友、健康、安全、人际关系及亲子关系的处理也很重要,其中毕业升学或求职等人生发展的心理咨询尤其重要。学校心理辅导教师在处理这些问题时,可以把一些轻度问题留给班主任解决。

学校心理辅导教师在进行咨询与辅导时,必须注意:第一,不要片面地摆出说教、训示的态度,要引导学生把心里的话说出来,让他们安定情绪,减轻紧张程度。第二,站在学生的立场上,理解学生,理解他们的苦恼之处,进行共感性的心理辅导。第三,把学生的心理辅导与思想品德教育区分开来,不要一味指责学生的行为,要认真地倾听、全面地接纳学生的心声。只有这样,才能更好地引导、促进学生的自我成长。第四,辅导或咨询不要单方面中止,要有计划、有阶段地进行,以情感疏导为中心,使学生达到情绪上的释放,让其体验心理辅导后的愉悦。

学校心理辅导和咨询,并不仅仅是面向学生的,而且要面向教师和家长,对其进行教育咨询和心理援助。面向教师的教育咨询和心理援助包括:组织教师参加校内外的心理辅导讲座及研讨会,参加儿童、青少年的咨询案例讨论会,以加深对问题学生的理解,制定切实有效的教育方案;帮助相关教师对学生实施心理测量和调查,记录心理辅导的相关资料和数据;对教师自身的情绪压力和心理苦恼,进行适当的心理援助和咨询。帮助教师做到:第一,对学生的不适应问题及早发现、及早疏导;第二,倾听学生的声音,理解儿童、青少年的心理;第三,根除对学生的偏见或责罚;第四,改善教学方法;第五,使班级和年级更具活力和向上性;第六,激发学生的学习兴趣,多作鼓励性的评价;第七,使学生对将来感到有希望;第八,充分掌握儿童学校恐怖症的资料,并进行细致的了解;第九,建立一套打开心灵之窗的教育方法;第十,积极协助和建立心理健康教育的网络化工程。

面向家长的教育咨询和心理援助包括:成立家长委员会,举办家长学习班或业余学校;让家长深入理解儿童、青少年心理健康的含义,对家长进行心理健康教育的启蒙活动;制定相应的电话或网络咨询制度,解答家庭教育中所产生的各种问题;帮助家长在家庭教育过程中建立良好的亲子关系;促进学生所在的社区文明建设,帮助社区建立精神卫生的援助体系等。使家长信赖孩子,不把孩子当成玩偶;培养孩子的独立生活能力;创造和谐的家庭气氛;与孩子建立共同体验、相互理解的亲子关系;对孩子的基本生活习惯进行训练、培养;尊重孩子的人格;引导孩子培养良好的人际关系;纠正智育第一的思想;和各科教师共同协作,有效地指导孩子学习;积极参加社区的文明建设活动等。

五、学校心理学研究和实践的五大原理

目前,在学校心理辅导和咨询的研究与实践过程中,已提出各种各样的理论、方法和技术。如何消化、借鉴并在实践中加以运用,对学校心理学这门学科来说,如果没有一定的观点和立场的话,可能会将心理咨询理论与学校教育的实际割裂开来,从而使之仅仅成为一种简单的理论拼凑。将心理咨询的各种理论、方法和技术灵活地运用于学校教育,并渗透到学校德育思想教育的过程中,需要遵循一定的指导原理。著者根据自己在国内外长期从事心理辅导和咨询的研究及实践经验,提出以下五条原理。

(一)综合性、发展性的原理

学校心理辅导和心理咨询的理论流派可谓百花齐放、百家争鸣,有精神分析法、来访者中心疗法、认知行为疗法、家庭心理咨询法、生活分析心理辅导法、团体心理辅导法、心理演示剧辅导

法等。心理健康教育工作者在具体运用时,由于各人的学识和经验不同,侧重点也各不相同,但是如果心理健康教育工作者把自己固定在某一理论流派中,将自己依据的咨询、辅导技术模式绝对化,无限地夸大其作用,认识不到每种心理咨询技术都有其局限性,那是非常危险的。

一种心理咨询技术在其运用过程中,自身也有一个不断发展的过程。例如"来访者中心疗法"就是经历了非指示性心理咨询法(古典的罗杰斯学派)、人格中心接近法到体验过程心理咨询法的发展过程。此外各种心理咨询理论和技术在其发展过程中,又会相互影响,彼此之间取长补短、融会贯通。因此单纯的"本土派"、"欧美派"技术等是不存在的。

目前,教师和心理健康教育工作者在学校教育中会碰到各种各样的问题,有学习障碍的,也有适应困难的;有人格问题的,也有神经症问题、家庭亲子关系问题,以及异性交友等问题。单靠某种特定的理论、方法和技术来"快刀斩乱麻",是无法应付复杂多样的学生心理问题的。

因此,综合掌握、使用各种学校心理辅导和咨询的理论与技术,并且从发展的观点来把握它们,是一个成熟的学校心理学工作者必须具备的素质。为了做到这一点,必须把握好三个关键问题:第一,了解某种心理咨询的理论和技术对哪一种具有心理问题的人最适用、最有效。第二,了解这种心理咨询的理论和技术的界限是什么。第三,了解支持这种心理咨询理论和技术的实践成果有哪些,有无发展的可能性。

(二)心理辅导和咨询中人生哲学的原理

支撑心理辅导和咨询的有三门学问:心理学、社会学和文化人类学。这三门学问本质上都属于实证科学。但光靠科学有时并不能解决人生的问题。心理咨询工作者还必须具备自我的人生哲学观,这样才具备一个教育者的素质。

我在日本做心理咨询时,一位母亲问我:"我的儿子患上白血病,是一种不治之症,他恐怕活不到18岁。我内心很矛盾,是让她儿子轻松自由地生活到最后一刻,还是和其他孩子一样,把对他的教育培养进行到最后一刻。究竟应该怎么做才好?"我无法作出解答。

这一问题仅靠心理学是无法回答的,因为它是一个人生哲学的问题。也许会有学校心理辅导教师说:"对这个问题可以只倾听,不作任何回答,或者可以选择一种答案简单地加以回答。"但是,即使是只倾听,不作任何回答,有自我人生哲学观的人的倾听和没有自我人生哲学观的人的倾听,两者之间也有天壤之别。

作为一个学校心理学研究者或学校心理辅导教师,在教育工作中对学生进行指导、咨询、心理援助时,必须确立自我的人生哲学观。心理咨询中一项重要的技术是自我开示。没有人生哲学的人,其自我开示的内容是贫乏的、苍白无力的,不会对咨询对象产生任何适当的认知刺激,也不会给人以感动或启示。再者,没有自我人生哲学观的人,在对某种行为作出选择、决断时,常常会陷入盲目之中。

由此可见,确立自我的人生哲学观、价值观是学校心理辅导教师作为一个教育者、指导者必备的素质,他必须常常问自己以下三个问题:第一,我的人生观(人的本质、存在和性质)是什么?第二,我的认知观(知道什么、了解什么)是什么?第三,我的价值观(应该如何生活、什么是善恶等)是什么?

(三) 个别咨询与团体辅导的原理

学校心理辅导所要面对的，不仅仅是"问题儿童"或者有心理障碍的学生，一般学生和正常儿童也需要进行心理保健教育。一般情况下，正常的学生在学校生活中也会遇到各种各样的问题。不过，他们与"问题学生"相比，人格上比较健全或适应，因此未必需要一对一的个别辅导方式。这种情况下，团体的心理辅导，无论从教育计划还是从时间上看，都是经济的。

团体心理辅导有很多优点：第一，在团体心理辅导过程中，学生可以体验一种新的人际关系，调节自我感情变化；团体成员彼此间能形成一种相互支持、相互竞争的动力。第二，在团体心理辅导过程中，参与者可以从他人的发言、举动中，得到某种启示并加以模仿，从而彼此促进。这是一对一心理咨询所不具备的特点。第三，在自我的发言和行动之后，从团体成员中可以得到不同的反馈意见和评价，使当事者能发现或找出自我尚不知晓的特征或问题。第四，可以实践、磨炼团体成员的社会交往能力。在现实社会中尝试或实践某种行为，如果失败则不可避免地具有一定的损失。但在团体心理辅导过程中，尝试错误是没有任何损失的，所以可以较安心地进行训练。

团体心理辅导原则上面向心理健康的学生，如进行"考试对策"、"升学计划"、"自我方法"、"人际关系"、"异性关系"、"亲子关系"、"人生观"、"读书指导法"等教育专题辅导。对于有严重心理问题或心理障碍的学生，则应做到具体问题具体解决。这时，一对一的心理咨询就成为必不可少的方法。优秀的学校心理辅导教师，必须懂得如何把握个别咨询和团体辅导之间的相互关系和分寸。只有这样，才能在工作上做到得心应手、运用自如。

(四) 教育性与人性的原理

在学校心理辅导中，心理辅导教师和学生的人际关系有两种。一种是指导者、教育者对被指导者、受教育者的关系；另一种是平等的个人对个人的关系。学校心理学理论把前者称为"教育性"关系，把后者称为"人性"关系。在学校心理辅导中，这两种关系何者重要，在专家和研究者之间意见是不尽相同的。有的心理学家认为"教育性"高于"人性"，也有的心理学家认为应该是"人性"高于"教育性"。

这个问题甚至牵涉近年国际心理学界对一个新的学术概念的争论，即"心理咨询的精神"（counseling mind）的内涵是什么。日本的教育学家和学校心理学家认为"心理咨询的精神"是当前学校教育中不可缺少的。教师与学生之间的人性的接触，本身即是一种教育态度或教育方法。教师尊重学生的自我价值，同时又为学生的人格成长提供心理援助，这是与学校心理辅导教师的基本素质相关的一种教育理念的反映。

有的心理学家认为"心理咨询的精神"这一概念，超越了心理咨询的各种理论、方法和技术，是一种高度的概括，可以称之为"心理咨询的风格、意义"，既具有人性又具有教育性。他们认为在"心理咨询的精神"的内涵中包括了罗杰斯（Rogers, C. R.）对心理咨询人员的三个内在条件的要求：第一，纯粹性。心理辅导教师对自我的感情不仅不压抑，而且能明确地意识并正确地表达出来。第二，无条件肯定地关心。尊重每一个孩子，相信他们每个人都具有"自我成长的促进力"。第三，共感地理解。即从孩子的感觉与立场来理解他们。

为什么如此说呢？因为人的本性是积极的、向上的、富有理性且具有建设性的，可以通过自我教育不断地进行自我完善，达到自我实现的目标。自我实现指的是一个发展、扩充和成熟的趋向。罗杰斯曾说过：人类有机体有一种天生的"自我实现"的动机，所有其他动机都是这种自我实现的不同表现形式。所以心理学家认为不能将上述这三个条件误解为技术性的东西，而应该将其视为心理辅导教师的态度。只有具备这些态度，教师才会不断完善自己。只有具备自我完善的态度，才会有"心理咨询的精神"。因为"心理咨询的精神"本身即是一种新型的师生关系，是教师的态度和素质的体现。所以在学校心理辅导中，师生关系、教育性关系和人性关系这三者是不可偏废的，应该成为有机的统一体。

（五）从"矫治的心理辅导"到"培育的、发展的心理辅导"的原理

学校教育中，会遇到心理有问题、不适应的学生，不过更多接触到的则是健康、正常的学生。对于心理有障碍的学生可以采用心理咨询中矫正、治疗的方法，但对于健康、正常学生的心理辅导，就必须采取与治疗神经症者、人格偏常者不同的原理、技术和方法，也就是说应该采用培育、发展的心理辅导方式。

那么培育、发展的心理辅导具体又包括哪些内容呢？主要有六个方面的内容：一是教与学的心理辅导（包括对学生的读书、作业、自学等的指导）；二是学校适应的心理辅导；三是升学、毕业的心理辅导；四是班级工作的心理辅导（包括集体主义观念的培养、团队工作的指导）；五是学生生活（包括学校生活、家庭生活、社会生活等）的心理辅导；六是学校教育管理的心理辅导（包括学校环境的改善，心理辅导对策委员会的建立等）。在学校心理健康教育中，要开展对有心理问题、不适应的学生进行矫治的心理辅导活动，更要开展面向一般的身心健康学生的培育性的心理辅导活动。

人的素质包括生理素质、心理素质和社会文化素质（或称为道德素养与文化素养）。这三方面的素质相互联系、相互依存，共同构成完善人格的整体。其中心理素质居于人的素质结构的中间层面，具有特殊意义。它既与生理素质密切相关，又与社会文化素质密切联系。所以，学校心理辅导的直接目标是提高全体学生的心理素质，而最终的培育目标是促进学生身心人格的健全发展，也即培育的、发展的心理辅导的根本追求目标。

六、学校心理辅导的教育特征

学校心理辅导是整个学校教育中的重要一环。不仅要针对"问题儿童"或有心理障碍的学生进行心理健康教育，还要促进全体儿童、青少年的身心发展与成长，为实施良好的素质教育打下基础。其主要教育特征如下：

第一，学校心理辅导通过开设专门课程或选修课，通过心理健康知识与生活技能的训练和教育，来帮助学生解决成长过程中的心理问题，健全学生的心理素质和人格水平，这是整个学校教育计划的一部分。

第二，学校心理辅导特别重视开拓的、发展的心理健康教育活动，即对学校不适应行为、问

题行为等进行积极的预防,防患于未然,尽量消除其发生的根源;对广大精神健康、人格健全的学生进行建设性的、开拓性的、教育性的心理辅导。

第三,学校心理辅导的主力军是全体教师。心理健康教育是在学校内开展的,在学校中兼职和专职的心理辅导教师毕竟是少数,大部分则是语、数、理、外、体等学科的专任教师。所以,学校心理辅导必须发挥全体教师的协作教育咨询的优势,在日常的教育、教学活动中全面渗透心理健康教育的理念。

第四,学校心理辅导需要校长、教务人员、班主任、心理辅导教师等协同作战、配合教育,才能发挥更大的作用。这里特别推荐"学校心理辅导协作会议记录表",见表2-2。

表2-2 学校心理辅导协作会议记录表

日　　期(　　　)　　　会议出席者(　　　　　　)
学生姓名(　　　)　　　年级、年龄(　　　)　　　下次会议日期(　　　)

领域\学生	心理、人格的特点			辅导、教育方案		
	长处·特征	问题·缺点	先前的教育	心理辅导方法	辅导教师	时间
在校状况 ① 学习 ② 心理						
人际关系 ① 同学 ② 教师 ③ 家庭						
环境状况 ① 家庭生活 ② 学校 ③ 地区						

第五,学校心理辅导的重点是学生的学习问题和适应问题。对于学生中的学习困难、厌学和考试焦虑等问题,如何进行教学? 教育方法的改革、学习的心理辅导至关重要。学习计划与步骤的制定、课堂笔记方法、知识记忆的方法、辞典与参考书籍的利用方式、预习复习的方法、考试和答题的对策等,在学校心理辅导中占了很大的比重。此外,学习问题常常会引起不适应问题,不适应问题又造成学习问题。因此应对学生的性格、情绪、行为、生活习惯、学习态度等适应问题加强心理辅导的力度。

第六,对家庭的心理辅导教育也必须时常进行。因为儿童、青少年的许多神经症问题,性格、情绪、行为等适应问题都与家庭生活关系密切。所以对家庭教育辅导成功了,常常意味着对问题学生的心理辅导也接近成功。

最后值得一提的是,学校心理辅导在案例咨询时的"保密义务",也可以称为"心理辅导教师的职业伦理规则"。因为心理咨询的一个重要原则就是在咨询者和被咨询者之间建立真诚的信赖关系。

然而保守秘密是有一定界限的。碰到以下四种情况中的一种或几种时,心理辅导教师的保密义务可以解除：一是当事人有自杀或企图自杀的念头（先确定可能性）；二是当事人有伤害甚至杀害其他人的倾向；三是当事人有致命传染病（如艾滋病等），且有危害社会的倾向；四是当事人有虐待幼儿的变态人格。

以上四条可解除保密义务的规则，正是为了更好地保护当事人（比如阻止自杀、挽救生命等）。因为在这四种情况下，保密要比不保密所造成的损失更大。所以为了有效地保护儿童、青少年的安全健康成长，心理辅导人员碰到其中的一种或几种情况时，应采取必要的通报措施。在具体操作过程中，学校心理辅导人员还必须自觉接受有经验的学校心理学专家的督导，谦虚地接受案例研讨会议的指导、帮助，因为这是提高自身心理辅导和咨询实践能力的一种行之有效的方法。

七、港澳台学校心理学发展比较

目前港澳台学校心理发展的共同趋势就是整合学校、家庭、社区三方面的心理辅导网络。同时，无论是台湾所推行的"教学、训导、辅导三合一"的辅导新体制，还是香港的学校本位辅导模式，主要目的都是让全校教师参与和推动心理辅导工作。在此，针对港澳台三个地区的学校心理辅导现状及发展特点分别加以说明。

（一）香港地区

1. 学校心理辅导的现状

目前香港地区的学校心理辅导不仅在学校里建立起辅导体系，同时也在学校外结合学校、家庭、社区三方面，形成一个相互支援的辅导网络系统。其学校心理辅导共包含以下三种基本模式：

（1）学校本位辅导模式

这是指在校长的带领下，以全校教师参与的方式，共同识别学生整体的需要，并根据这些需要制定出共同的目标及工作焦点，通过全校性的心理辅导活动培养学生良好的行为，促进健康自我形象的形成。此模式主要在于全校参与，即全体教师面向全体学生。除专业心理辅导员及社会工作者外，训导主任、班主任及一般教师将分工合作，共同承担辅导的重任，为学生在个人学业、人际交往及情绪调控等各方面提供全面的辅导，使其在心智、情绪、能力等方面都得到协调发展。

（2）诊断矫治模式

这是指社会工作者或辅导员站在心理门诊或精神治疗的立场上，以心理医生的身份对学生的心理障碍或偏差行为给予科学的心理诊断及治疗，以期达到帮助学生缓和心理冲突、实现心理平衡的目的。此模式主要针对少数学习不适应或情绪、行为不良的学生，将他们安置在特殊学校或班级里，由社会工作者或心理治疗专家采用临床心理学方法和现代心理矫治技术，对其进行个别心理咨询或小组心理治疗。

(3) 社区学校模式

此模式要求学校在心理辅导工作上密切联系家庭及社会机构,彼此相互沟通及支持,充分利用社区资源,补充学校辅导力量。此模式主要在于充分利用校内及校外的辅导资源,也就是通过校内形成社工、辅导员、专业辅助人员、教师、学生辅导干部相结合的辅导网络,校外形成学校、家庭、社区相结合的辅导网络,以达到充分发挥辅导的整体影响作用。

2. 学校心理辅导发展的特色

(1) 大力倡导学校本位辅导方式

学校本位辅导的特色在于突破以往一对一的个案形式,利用教师集体辅导全体学生的方式,即全校教师针对全体学生当前存在的问题,制定一个共同的目标及工作焦点,通过全校性的辅导活动来改善学生整体行为。

(2) 将建立健康的自我形象作为辅导的核心内容

这种内容设计是以全人教育为依据,针对香港教育中过分强调学生成绩并以此作为评价学生价值的唯一尺度的弊端而来的。部分中小学辅导把强化自我形象作为中心内容,并以此开展系列的辅导与活动,通过教学、讨论和其他小组活动来协助学生认识自尊的重要性。

(3) 开展多样化的辅导服务活动

香港学校的辅导活动是多元化的,包括个别心理辅导、班主任课、小组辅导、生活讲座、联络校外团体及全校性辅导活动等内容。这些多元化的活动内容主要在于引导学生从被动接受教育转变为主动接受影响,有利于促进其健全人格的发展。

(4) 逐步建立学校、家庭、社区相结合的辅导网络

在香港的学校中,心理辅导工作一般由心理辅导主任、心理辅导教师和社会工作者分工负责。由于心理辅导人员与学生人数的比例悬殊,为满足多数学生对心理辅导的迫切需要,为了促进学生的整体发展,必须在校内形成社会工作者、辅导员、教师、学生心理辅导干部相结合的心理辅导网络,努力营造"辅导学生,人人有责"的良好氛围。除此之外,还通过心理辅导主任挑选适合担任心理辅导工作的高年级学生,对他们进行1—2周的短期培训,帮助他们广泛开展高年级学生帮助低年级学生的"朋辈辅导"活动。另外,还要求辅导员与家长保持密切联系,经常对青少年成长过程中的一些问题进行磋商;结合校外支援单位或个人,如心理卫生中心、家长委员会、辖区警察、少年警察队以及其他社区热心人士,共同为学生提供心理辅导服务。

(二) 澳门地区

1. 学校心理辅导的现状

20世纪90年代后,澳门地区的心理辅导活动广泛开展,学校心理辅导也逐步迈入正规化阶段。许多学校不仅将心理辅导工作纳入基本体系中,还成立了心理辅导组,聘任心理辅导主任。

在澳门当时的教育制度中,学校的类型可分为五类:官立中葡学校,天主教学校,基督教学校,社团学校,私立学校。从小学情况来看,官立小学受教育暨青年局和教育心理辅导暨特殊教育中心领导,因此较重视心理辅导工作,组织也很完善,有一名副校长负责;而社团及私立小学主要由班主任负责心理辅导工作;宗教小学出于注重良心教育的办学理念,多半强调尊重、慈爱,几

乎都重视心理辅导工作。不过,澳门地区小学的心理辅导教师往往身兼多职,心理辅导工作也大多以应急为主。同时,澳门学校的辅导资源也很有限,除学校本身的人力、财力资源外,教育心理辅导暨特殊教育中心应该是唯一的资源了,政府其他部门及社会服务机构的协助并不明显。

1996年以来青少年问题日趋严重,澳门各界开始呼吁加强学校的心理辅导工作,并重点关注青少年学生在学校的表现,澳门的心理辅导因此获得了重大发展。这样的发展体现在以下的几个方面:第一,将原本以官立学校为主的辅导工作转变为澳门所有类型学校的共同行动;第二,开始注重小学教育,将小学作为辅导工作的重点阶段;第三,许多机构相继建立起来,如负责社工服务的世界宣有会澳门分会等团体的成立对澳门心理辅导工作产生了积极的作用。

虽然说澳门学校心理辅导的最初目标是对问题学生进行行为矫治和问题解决,但随着心理辅导工作由问题救治转向预防为主,辅导目标也有所转变,主要集中在以下几个方面:一是帮助学生了解自我;二是培养学生的人际交往能力;三是帮助学生树立正确的学习态度和观念;四是帮助学生解决心理问题。

2. 学校心理辅导发展的特色

澳门学校的辅导工作,主要由学校主动向教育暨青年局申请专业社工或心理辅导员,通过教育心理辅导暨特殊教育中心的安排,按一校一个工作员或一校一个半工作员的原则,向学校免费派驻。

一般而言,政府并不会直接拨款资助学校聘请心理辅导教师。一切有关学生辅导服务的设备、活动经费、改善服务等都是由学校自己负责。不过,学校需要时,也可以向教育暨青年局局长申请学生辅导活动经费,使用中心免费提供的专业知识图书,接受中心免费提供的专业咨询、讲座及心理辅导教师培训等服务。

(三) 台湾地区

1. 学校心理辅导的现状

台湾地区学校心理辅导工作虽然开展较早,且在初期阶段确实起到了较大的作用,但随着社会的开放、经济的发展,尤其这些年来社会的急剧变迁,原有的辅导系统逐渐与社会脱节,已不足以应付多重且复杂的学生行为问题。

因此,台湾地区教育行政部门于1998年8月制定颁布《建立学生辅导新体制——教学、训导、辅导三合一整合实验方案》。其主要目的在于引进辅导工作的初级预防、二级预防、三级预防观念。所谓辅导工作的初级预防就是针对一般学生及适应困难学生进行一般辅导,二级预防就是针对处于偏差行为边缘的学生进行较为专业的心理辅导与咨询,三级预防就是针对偏差行为及严重适应困难学生进行专业心理矫治咨询及身心康复。该观念不仅充分体现出"发展重于预防、预防重于治疗"的教育理念,而且配合学校行政组织的弹性调整,激励了一般教师全面参与辅导学生的工作。

2. 学校心理辅导发展的特色

(1) 建构教学、训导、辅导三合一的辅导新体制

台湾地区的学校心理辅导工作面临两大困难:一是家庭、学校、社区三大辅导层面彼此未能密切配合、统合发展,以致力量分散,功能无法发挥;二是学校辅导系统本身强调辅导工作应

由全校教师及行政人员共同负责,却未能交互支援、分工合作,导致整合困难,绩效不如预期理想。再加上学校教师的教学或学校办学方针未能兼顾学生的需求与程度,形成部分学生课业适应困难,增加了许多不适应行为,因而加重了学校训辅工作的负担。

在此情况下,教学、训导、辅导三合一的辅导新体制的推动与执行就必须完成四大任务指标:第一,激励教师全面参与辅导工作;第二,增进教师教学效能,人性化地照顾学生,融合辅导理念,全面提升教学品质;第三,弹性调整学校训辅行政组织运作,为训辅人员及一般教师规划最佳互动模式;第四,结合社区辅导资源,建构学校辅导网络。

(2)"友善校园"总体营造计划

近年来,台湾地区整体政治经济环境的改变,造成学生的背景与需求条件落差逐渐扩大。以往教育单位的努力及各种方案和计划的推动,实际上仅起到了减缓恶化程度的功能,却无法协助条件薄弱、适应困难或行为偏差的学生提高受教性。

为了改善此现象,台湾教育行政部门特地颁布"友善校园"总体营造计划,希望能够透过学生辅导体制的主要策略"交互作用,整合发展"以及社区总体营造"资源整合的运作方式",借以整合力量,聚焦方向,真正落实并推动该计划。

"友善校园"基于学校本位管理的观点,强调学校教师及学生在进行教与学的过程中必须"如师如友,止于至善"。任何教育活动及辅导管教措施均可建立在"友善校园"的基础上发展。其主要内涵包括校园安全、人权法治教育、关怀弱势群体、辅导行为偏差学生,建立系统辅导机制,构建和谐的组织文化。主要的实施内容包括四个向度,分别是"学生辅导新体制"、"性别平等教育"、"人权教育"和"生命教育"。

"友善校园"总体营造计划的推出,不仅是对过去已开展的辅导工作所进行的统整,更是现今台湾地区学校辅导咨询工作中的重要指标。

本章概要

- 学校心理学的基础理论是由关于学生成长与发展的心理学基础理论、学校教育的理论和关于心理健康辅导与咨询的理论综合而构成的。
- 学校心理辅导的目标与学校教育目标是一致的,可分为成长发展性目标和预防矫治性目标。
- 学校心理辅导的基本内容主要分为学习辅导、人格辅导、生活辅导和职业辅导四个方面。
- 学校心理辅导实施发展性、预防性和治疗性"三层次介入"理论,构成一个统合型的心理健康教育体系。
- 学校心理辅导与咨询主要包括学习问题、适应问题和成长与发展问题这三个领域,对象主要是学生,同时也为教师和家长提供咨询和服务。
- 学校心理学的研究和实践要实施综合的、发展性的、以人为本的理念;贯彻个别咨询与团体辅导、教育性与人性以及从矫治的心理辅导到培育的、发展的心理辅导等原理。
- 港澳台地区目前都是以发展性、预防性与补救性三大目标来拟订学校心理辅导的工作内容,辅导工作的开展主要是以预防性为主。

关 键 词

成长、发展性目标　　预防、矫治性目标　　学习辅导　　人格辅导　　生活辅导
职业辅导　　"三层次介入"理论　　培育的、发展的心理辅导　　保密义务

思考与讨论的问题

1. 试说明心理健康教育辅导与咨询的理论在学校心理学理论发展中的重要性。
2. 试举一个案例说明对儿童青少年进行学习辅导或人格辅导的重要性。
3. 你认为社会上的心理教育工作人员或志愿者,如何在"三层次介入"的理论模式中发挥作用呢?
4. 学校心理辅导教师为什么必须确立自我人生哲学观?谈谈你的观点或见解。
5. 想一想,我们应该如何使用"学校心理辅导协作会议记录表"?

第三章 学校心理辅导教师

在学校中从事心理健康教育的人员,也叫"学校心理辅导教师",是指接受过心理学训练,并把心理学方法、知识和技术运用到自己教育工作中去的心理学专业人员。不过这种教育工作是要放到一定的文化背景和过程中进行的,即它必须在学校这样的组织类型或环境中进行,而教育环境的好坏在很大程度上是由组织和管理的因素所决定的。

学校心理辅导专业人员的能力、教育手段和方法,被称为"心理咨询师的自我效能",已经引起了广泛的关注。相关的培训和继续教育是一项重要的工程,因此相应的资格认证和考核制度也很快提到了议事日程。

一、学校心理辅导教师必须具备的理念

进入21世纪,学校的办学模式和教育方法有了很大的改变:一是要求学校职能从单纯选拔升学转向多元化发展,担负更多的社会发展重任;二是要求学校从知识教学转变为发展人的智慧,培养健康的、德才兼备的新型人才;三是要求学校从传统的堡垒转变为变革传统文化和旧社会体系的重要工具,传播文明,发展文明,推动社会和民族的发展。为此,现代学校要改变因循守旧的教育观念,改革单向灌输知识的教育方式和以学科为中心的教学体系。要把培养创造精神和创新能力贯穿于人才培养的始终;鼓励学生追求真理,敢于创新,营造独立思考、自由表达、求新务实的氛围;为学生研究问题、解决问题创造内部和外部条件。未来的教育目标的多样性决定教育结构和教育模式必须具有一定的灵活性和弹性,以适应不同规格的培养要求。作为学校心理辅导教师,必须具备以下几个方面的理念:

第一,全面推进素质教育是我国"教育思想和人才培养模式的重大进步"。实施素质教育,最初是为了克服"应试教育"弊端而发起的。随后人们发现驱动科学技术快速发展的原动力来自教育,来自进步的教育理念和先进的人才培养模式。推进素质教育,就是推进人才培养模式创新。素质教育完成的主要标志,应当是新型人才培养模式的最终形成。

第二,学生是学习的主人,具有不可替代性。学校为儿童的发展而存在,这样的理念源于我们对"教育"定义的重新探讨。也就是说,学校的一切是以学生的学习为中心,教师是为学生服务的,"研究学生"应成为教师设计与实施教学活动的自觉要求。要努力变教材为学材、变教案为学案、变课堂为学堂,让儿童在参与中学习、在活动中发展、在探索中提高、在合

作中创新。

第三，儿童的可持续发展观。为儿童一生的学习与发展着想，就要从儿童的需要出发，把重点放在培养儿童的求知欲、好奇心、想象力、思考力、观察力上，帮助儿童自主学习、独立思考，鼓励儿童发现问题、主动探索，掌握科学的学习方法、养成良好的学习习惯；激发他们乐学、善学的积极情绪。因为这些是他们可持续发展的必备条件，是形成学习能力、继续学习的可靠保证，也是一个人终身受益的东西。

第四，实施学校心理健康教育和辅导是为了帮助学生认识自己、认识环境，更好地成长和发展。辅导教师比较重视学生个体发展的内在需求。所以认定辅导的对象是人，而不是问题；虽然有时也要帮助学生解决学习上、择业上、情绪上以及人际关系上的种种问题，但最终目的还是通过协助学生解决问题来发展学生的自我治理、自我调节的能力，完善其自身心理素质。现实与未来对学校心理健康教育的期待归结为一点，就是如何把学生培养成为具有良好社会适应能力的、健全发展的人。

此外，人的全面发展理论也对我国的学校教育有着重大的启示意义。

马克思主义关于人的全面发展理论是马克思主义教育思想的重要组成部分，也是我国制定社会主义教育方针、指导社会主义教育事业发展的重要理论基础。

第一，"每个人的自由全面发展"是共产主义社会的基本特征。人的全面发展不仅是理想，而且是现实运动，不仅是结果，而且是历史过程。我国目前还处在并将长期处在社会主义初级阶段，所以，在学校教育办学思想上，要认识到理想与现实之间、理论与实践之间的差距，在教育实践中，应脚踏实地地为学生每一方面的发展做好深入细致的工作。

第二，人的全面发展是一个漫长的历史过程。前代人不能达到的境界，后代人会努力达到。从人的全面发展的长远来看，党和政府以及掌管社会资源和权力的部门，都会依法平等地支持和保障人人都具有全面发展的权益。他们主要运用公益的力量，重点对青少年进行教育、训练和培养，促使其全面发展。

第三，人的青少年时代是综合素质发展的最佳年龄。在这段时期，人的接受能力最强，最有可塑性，一旦错过这个时期，就失去了发展的最好时机。青少年的最佳发展时期是在学校中度过的，如果从小学到大学的学校教育都能给孩子以及时的教育和培养，使他们既能获得比较系统、完整的科学文化知识和技能，又能发展智力和体力，养成高尚的道德品质及良好的行为习惯，从而成为一个德、智、体、美等诸方面品格、素质和能力都全面发展的社会主义公民。

第四，学校教育为适应人的发展的不平衡状况，应该有层次地针对不同的人制定不同的发展标准。在中国，人的全面发展不是少数人或一部分人的特权或专利。然而，从个体发展规律来看，由于每个人成长的环境、所受的教育等不同，人的发展也表现出极大的个体差异。个人的智力、体力和个性等综合素质差异是客观存在的，所以，每个人的全面发展的起点是千差万别的。在这种情况下，实现人的全面发展就不能一刀切，不能对每个人都采取同样的标准。

二、学校心理辅导的校内组织与管理

学校心理辅导是学校教育活动的重要环节。因此必须建立起健全的管理体制和组织形式。学校心理健康教育的组织和管理的各级功能以及参与人员如下:

(1) 校长室。提出学校心理辅导课程目标、心理辅导工作目标、各年级学生心理健康和发展目标,对各级辅导成员提出要求,了解和评估学校心理辅导工作的部门。

(2) 学校心理辅导工作组。由分管校长、教导主任、专职教师、心理辅导员组成。选编心理辅导课程教材,组织培训指导教研,个案研究,协调各方面的力量。

(3) 班主任。了解学生心理健康状况和心理发展水平,选用心理辅导课程教材,参与个别学生心理辅导,对学生家庭教育进行指导。

(4) 学校心理辅导工作者,即心理辅导员、心理咨询师。参与心理辅导课程教学,选编教材,负责对学生进行心理咨询和心理辅导服务,对学校教育教学工作提出建议,对其他老师和家庭进行培训指导,负责学校心理测量和档案及其使用,对有心理疾病的学生做好转介工作。

(5) 心理辅导活动课程专职教师。选编心理辅导课程教材,进行心理辅导课程教学。

(6) 学生心理服务员。为心理辅导室做好服务工作,参与班级或低年级同伴心理辅导工作,开展心理辅导工作宣传。

(7) 任课教师。在教育教学活动中自觉参与对学生心理辅导。

(8) 家长。重视对学生心理品质的培养,配合学校心理辅导工作。

以上组织和人员可概括为三个层次:第一层次以学校心理咨询室为中心,对特定的学生进行心理辅导和咨询活动。第二层次是设立学校内的心理健康教育管理委员会,以校长、教导主任、心理辅导教师、卫生室教师、团委、德育室或政教处的老师为核心,对学校全体的教育咨询、心理辅导做出通盘的考虑、计划和指导。第三层次是召开学校内全体教师的共同研修和协作会议,特别是要支持班主任工作,使心理健康教育全面渗透到整个学校教育过程中。为了做好这三个层次的组织、管理工作,学校心理辅导教师要根据学校的教育方针,制定好学校心理健康或心理辅导的年度计划表,确定本年度心理健康教育的目标和重点,组织及管理学校心理咨询室的运作,推动心理辅导计划的实施,并敦促教职员的研讨、进修及家庭教育计划的实施,以取得全校师生员工的理解和通力协作。以下是供大家参考的学校心理辅导年度计划例表,见表3-1。

表3-1 学校心理辅导年度计划例表

月 份	内 容
9月	制定心理辅导年度计划,进行心理咨询室的准备工作,对家长的来访进行教育咨询,制定心理咨询室使用规章制度,公布心理咨询教师值班表
10月	心理辅导专题:心理测量,学生烦恼问卷调查,家庭访问,班主任会议
11月	案例研讨会,心理测量结果研讨会,定期心理咨询面接,全校心理健康教育专题讲座会议(教师)

续表

月　份	内　　容
12月	心理辅导专题:学习倾向实况调查,家长会议,案例报告会(全体教师)
1月	参加校外的心理辅导进修会议、讲座
2月	制定心理咨询室使用信息、规章制度,寒假中学生生活状况调查,"成长的烦恼"调查,定期心理咨询面接
3月	心理咨询案例研讨会,校内专题辅导讲座(全体教师)
4月	心理辅导专题:家长的家庭教育咨询活动,热线电话专题咨询
5月	案例报告会(全体教师),学习状况调查表,定期心理咨询面接,考试焦虑症克服对策辅导
6月	考试焦虑症克服对策辅导,升学咨询,毕业咨询
7月	心理咨询案例研讨会,校内专题辅导讲座(全体教师)
8月	心理咨询案例记录、资料整理,一学年心理辅导活动总结

专职的学校心理辅导教师在校内另一个重要的组织工作,是对学校心理咨询室进行管理运作。心理咨询室的建设首先要考虑是为谁设立的,要充分考虑儿童、青少年的需求和心理特点。要从减轻学生的顾虑、消除他们的不安等角度来组织管理。

第一,心理咨询室在学校内的位置:(1)尽量避免将心理咨询室设在有许多孩子活动的场所或教室集中的地方;(2)孩子进入心理咨询室时,不必经过校长及班主任等学科教师的办公室;(3)心理咨询室的位置最好邻近学校卫生保健室;(4)初中和高中的学校心理咨询室的周围最好设有图书室或资料室,便于学生在接受心理辅导的同时能及时查找信息。

第二,心理咨询室的名称:(1)"心理咨询室"的名称在中、小学中有些严肃,从儿童、青少年的心理特征出发,可以将名称改得亲切一些,如"心灵港湾室"、"成长热线室"等;(2)在咨询室的入口处,应布置一些轻松、热情的文字宣传版面。

第三,心理咨询室的物理环境:(1)色彩沉着、安定、温暖,避免过分刺激,采光和照明度适中;(2)心理咨询室的面积不超过普通教室的大小,室内可一分为二,半间作为心理辅导教师办公之用,半间是面接咨询室;(3)面接咨询的场所,不要设在咨询室的入口处,要有适当的隐蔽性;(4)室内布置要富有生机和亲切感,适当放置一些花草植物、水缸金鱼,并配置空调;(5)保持隐秘性。室外的声音要遮断,防止噪声和走廊上的噪音干扰,窗户装置以二重窗为好。

第四,其他要考虑的问题:(1)心理咨询室内要配置学生的饮水用具及盥洗场所;(2)适当配置图书、资料、录像等教育用品;(3)智力测量和心理测量的用具要整齐有序;(4)室内可安置播放轻音乐的设备,播放轻音乐对入室咨询的学生具有稳定情绪,解除心理紧张的作用。

在学校心理咨询室的具体日常运作过程中,心理辅导教师还必须抓住"四个P",即"人"(person)、"问题"(problem)、"场所"(place)、"过程"(process),进行秩序井然的管理运作。学校心理咨询室的日常工作内容可分成以下两大类:一类是心理辅导、咨询面接活动,如案例受理、心理测量、调查研究、案例研讨会、校内专题讲座、热线电话咨询等。另一类是心理健康教育活动,如心理辅导课、家庭教育启蒙讲座,班主任、团队辅导员的联席会议,心理辅导校内宣传小报编辑等。

三、班级经营的团体心理辅导

学校心理健康教育主要通过班级群体教育实现,因此小组化的班级经营成为心理健康教育途径的一大突破。

(一)让班级经营成为学生自我教育的组织

班级是学校实施教育的基本单位,班级管理的行政负责人是班主任。班主任管理班级不外乎民主和集权两大类型(在现实情境中还有民主与集权混合型的),"经营"在《辞海》里的解释是"筹划营谋"。集权制管理通常是把班级作为已经组建好的"单位",由班主任和几个班干部自上而下地来管好这班学生。"班级经营"则是民主型管理的典型。即把班级作为一个尚未建成的单位,由班主任和全体学生自下而上共同把班级的各项事务经营好。让学生先学会管好自己的事,再学会共同管好小组的事,然后再学会民主管理班级的事。

与学生共同经营班级,把过去少数人包办代替、多数人被动服从的班级,转变成全班学生共同经营的班级,体现了"学生是主体"的理念。不过班级学生参与经营的积极性,仍然要靠班主任调动:要使每个学生在心理上获得安全感、认同感和归属感;让每个学生感到"我在这个班级很安全",认同"这个班级是我自己的班级",产生"我对这个班级有一种不愿分离"的归属要求。这些与教师的教育理念和教育行为密不可分,取决于班级的心理环境即人际环境,核心是要有良好的师生关系,所以应了解和解决学生之间相处和交往中的问题,创设良好的人际氛围,并在此基础上逐步推行学生的自律教育。

(二)班主任的管理与"放手"

班级是学校教育的基本单位,学校心理健康教育要落到实处,一定要通过班主任工作这条线。只有转变观念,懂得班主任在新时代的一项重要工作就是抓好学生的心理健康教育,这样心理健康教育才有根基。班主任根据学生的具体情况融合各种教育方式开展班级经营活动,不仅能培养学生的思维能力,还能锻炼学生的工作能力,激发学生的创造能力,更重要的是使学生学会了与人共处、交往、合作的技巧,而这本身就是健康心理。另外,每个学生在小组、班级里还要学习领导与被领导的技术。可见,经营小组、班级的同时,每个学生又经营着自己,将自己调整成为一个既独立又合群、既能当领导又能被领导的民主型人才。

(三)班级经营的团体心理辅导的构成

所谓心理辅导中的团体应该是:在一定的目标引导下,通过成员之间的互动,满足成员一定心理需求的组织。具体地说:(1)团体是一种有序的组织。团体不是一群人的凑合,而是有组织的;大部分团体中,成员间的关系是稳定而有序的;团体的组织性由角色、规范和成员间的关系三种要素决定。(2)团体有一定的目标。团体通常是为了某种目的而存在的,成员聚集在一起,来完成他们独自无法完成的目标。(3)团体的成员之间具有互动性。团体成员通过语言、非语言方式互相交流,分享彼此感受,互相启迪。互动是团体达成目标的重要条件,促进了个人对自己和他人的觉知,从中得到学习、支持、反馈,促进了成长。(4)团体具有整体感。团体中的每个成员应将自己视为团体的一分子,与团体休戚相关、荣辱与共。团体不是个体的简单集合,而是成员间相互依存的共同体。

依据团体成员的问题性质,可以将团体分为异质团体与同质团体。其中同质团体是指团体成员的年龄、学历、生活经历、心理困扰或者说需要解决的心理问题相似,如社会上的老人团体、未婚青年团体、减肥团体、压力适应团体等等,学校里的学生适应性团体、学习困难儿童团体、亲子沟通团体、情绪调控训练团体等等。异质团体是指团体成员的某些背景或个人特质不大相同。当然,同质和异质是相对于某些指标的,如对学习成就、学习能力、情绪行为、家庭类型等等而言。而且即便是同一指标,也往往有程度上的差别。异质是相对的,不是绝对的。例如,一个班级,从年龄指标看,是同质的;但从学生的学业、能力、个性等来看,却是高度异质的。

在团体辅导中,由于同质组与异质组的特点不同,其适用范围也有所不同。一般来说,同质组成员,经验背景比较相似,彼此比较容易沟通、理解,有相同的心理困扰,在一起有"同病相怜"的感觉。某些特殊团体,如青春期女生适应辅导小组、考试焦虑训练小组、学习困难学生小组,采用同质组较有效。异质组成员,因为经验背景不同,所以组内可以提供不同的信息、意见与经验,小组成员能取长补短。异质组辅导比较适合于成长性或发展性的团体,如班级里以培养学生学习、社会技能、提高心理素质为目的的团体辅导。

(四)以班级为单位的团体心理辅导的设计步骤

1. 确定团体心理辅导的目标

团体目标是团体活动过程达到的预期状态,在团体活动中起导向性作用。团体辅导的内容和形式都是围绕团体目标制定的。团体目标对团体成员起凝聚作用,与成员的主观需求密切相关,两者一致性越高,其凝聚力就越强。

建立团体目标需注意:(1)目标应与学生成长密切相关。团体辅导比较适合帮助学生解决成长的问题。(2)目标应明确具体。团体目标越具体,就越容易在行动上实践,切忌笼统抽象。(3)目标应得到学生的认同。在设计活动方案时,要先了解学生的真实想法,他们希望从团体中学到什么?解决什么问题?然后在此基础上,与学生一起磋商可能达到的目标,经过大家探讨得出的目标,更容易被学生看作是"自己的"目标。

2. 确定小组成员

学校里的团体辅导,采用异质组,还是同质组,要视具体辅导内容和目标来定。有时往往以班级为单位开展辅导活动,这就需要在班级里组织若干小组。这样的小组,大多是异质性的,所以应尽可能采取自愿结合形式。因为自愿参加的小组,成员的入组动机较高,参与程度也较高。

3. 培训组长与组员

辅导老师要向学生讲解怎样做一个称职的组长和组员,学当组长和学当组员本身也是一项辅导内容。

4. 设计活动或团体辅导的具体内容与计划

活动内容可以有系列专题和单一专题,具体请看下面一则团体心理辅导活动的内容设计。

辅导方案:情绪"舞台"

活动目的

让学生通过表现不同的情感,产生不同的情感体验,从而能在实际生活中充分利用积极情绪,克服、舒缓消极情绪,健康、愉快地学习与生活。

活动准备

1. 环境布置:把教室前的讲台布置成可供表演的舞台,四周可有不同情绪的脸谱画面。

2. 卡片盒:写有情绪名称的卡片。

积极情感:愉快、欢喜、温和、感动、满意、自信、轻松感、爱(同学、父母)等。

消极情感:不高兴、忧愁、沮丧、伤心、悲伤、愤怒、恐慌、害怕、懊悔、生气、急躁等。

高尚情感:正义感、光荣感、义务感、爱国主义的情感、团结的情感、热爱劳动的情感等。

活动过程

1. 序幕

(1) 师:今天,老师和同学们一起看"演出"。这场"演出",要同学们自己来演,看谁演得最好。现在我手里有一个盒子,盒子里的卡片上写着多种感情,要求同学们用动作、表情将它表演出来。

(2) 学生自愿举手上台,根据卡片的不同内容进行表演。

2. 表演节目

在表演的过程中,学生若遇到无法理解或者无法用表情、动作表演出来的情绪时,应当停下来,让小组先帮助学生理解该情绪,然后再进行表演。

对于学生的出色表演,要给予肯定和鼓励。

3. 落幕

师:你们印象最深的是谁的表演?谁的表演最逼真?

4. 评选

分组评出最佳表演者,予以奖励。

说一说:

你觉得你的情绪表现像自己吗?

谈一谈:

当你遇到下列情况时,你的情绪如何?

1. 星期六,爸爸妈妈带你外出郊游。

2. 星期一,在升旗仪式上看到国旗徐徐升起。
3. 奥运会上看到中国健儿夺得金牌。
4. 考试结束后,发现算错了一道题目。
5. 当你生病时,受到同学和老师的关心。

四、学校心理辅导教师的职业特性

(一) 心理辅导教师在学校教育中的地位

学校心理辅导教师在很多国家由校长直接领导,其地位仅次于校长,负责全校的心理咨询工作。在美国,被称为教育咨询主任或心理咨询主任;在日本相当于"教头";在中国,则应相当于教导主任。学校心理辅导教师应与全体教师,特别是班主任紧密协作,形成相互信赖的关系,对学校教育工作有决定性发言权。

1982年,美国的巴顿教授对学校心理辅导教师的职业特点作了界定。将此职业定义为三种工作类型:第一,心理测量员。能区分弱智儿童和学习困难儿童;能对特殊儿童进行鉴别、诊断并汇报结果。第二,心理辅导员。能开设心理辅导课;能与校外的心理学专家联手,在对学生进行心理测量的同时,制定全校的教育和心理辅导计划,对学生、家长、教师三者进行咨询。第三,心理咨询和教育咨询两方面的专家。能对学校教育作出评估、评价;对课程的开发、设置和教育体制改革提出建议,起参谋作用。

(二) 心理辅导教师的任务

学校心理辅导教师的工作是综合性的,除了教育心理辅导工作以外,还包括心理咨询和教育改革两方面的任务。

进行心理咨询包括:(1)对问题学生进行咨询与指导,改变他们的行为、情绪、认知。至于辅导的形式,可以是个别辅导,也可以是集体辅导。(2)配合教师教育、教学工作,进行咨询指导。(3)调查研究。可以对智商、学习能力、性格、兴趣、学习方法(包括非智力因素)、适应性等进行测量;也可以对学生的生活环境、家庭状况(如是否单亲、孤儿)进行调查,如从人际关系、同学、朋友等处了解。另外,对于毕业班学生,还可了解其择业方向。(4)协调学校工作。

提供教育改革的建议包括:(1)制定全校的教育咨询计划和评估体系;(2)为教师的教育心理的业务进修提供信息;(3)召集班主任、思想品德老师、少先队及共青团的有关人士,进行案例咨询的研讨;(4)搜集咨询的资料、信息,建立档案资料文件柜;召集各年级学生收藏报纸和杂志上的资料、信息。学校心理辅导教师应有较强的社会活动能力,经常与少年宫、青年团、儿童保健中心、精神卫生中心保持联系,并接受专家、教授、医院医师的经常性指导。日本、美国学校专职心理辅导教师的学校工作和教育任务的类型概括如图3-1,以供参考。

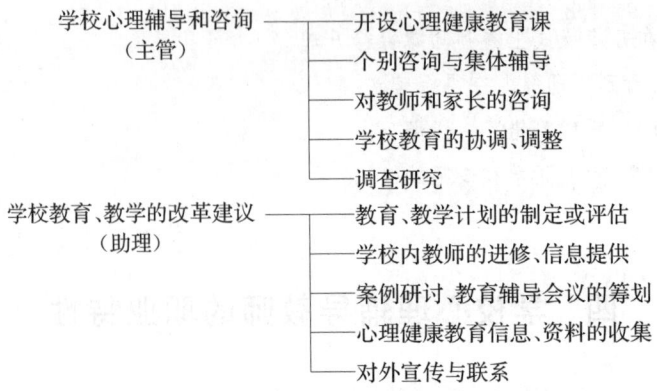

图3-1 日本、美国学校专职心理辅导教师工作类型概要

学校心理辅导教师对全校的学生实施心理健康教育时,必须与全校教师紧密配合,制定合适的教育、教学计划,与校外的各种教育机构保持紧密联系。在日常的具体工作中,须注意:(1)收集教育资料(包括升学、毕业、职业等方面的资料、统计数据),供教师、学生、家长参考。(2)调查研究与心理测量,把握学生的发展动态。有些结果要提供给班主任、团队辅导员,以利于学校教育工作的开展。(3)实施个别的心理咨询和集体的心理辅导,制定学年、学期的心理健康教育计划。(4)做好班主任教师和家长的教育咨询工作,协同开展针对问题学生进行的心理辅导工作。(5)制作并保管学生的"成长记录卡",其中包括姓名、性别、出生年月日、班主任姓名、生活史、家庭环境、病历、体格、性格、兴趣、特长、生活适应能力、在校学习状况等。"成长记录"可以分两种:一种是全体学生的一般资料,一种是特殊学生的研究资料。(6)学校心理辅导室的日常管理工作。(7)在校内教师研讨会议上发表专题演讲,对案例咨询会议进行组织、筹划,积极参与教育、教学改革计划。(8)对学生的生活(如抽烟、交通安全、性教育、娱乐、异性关系、媒体信息的接收等进行指导),关心学生的身心成长、发展状况。

(三)学校心理辅导教师的素质

从各国学校心理辅导的发展历程来看,许多教育先进国家中对学校心理辅导教师的素质和资格要求是十分严格的。美国的学校心理学家拉恩(Ryans, D. G.)曾用300个问题项目研制成"教师性格特征问卷调查表"(teacher characteristics schedule),在美国的1700所小学、初中里,对6000名教师进行调查。结果将优秀教师的代表性的性格特征总结为三个因素:(1)温暖的、理解的、友好的教育态度(反面则是冷淡的、自我中心的、权威的态度);(2)有责任感的、高效率的、规则正确的教育态度(反面则是逃避责任的、低效率的、无计划的态度);(3)刺激的、富有创造性的教育态度(反面则是迟钝的、单调枯燥的态度)。根据这些性格特征,拉恩进一步发现:在学校中,学生良好的行为与教师的性格特征有着密切的关系,反过来教师良好的行为也影响着学生性格特征的形成。教师的良好行为主要有以下六种:一是理解的、友好的教师行为;二是规则的、有效率的教师行为;三是生机勃勃、富有创造性的教师行为;四是以学生为本的发展的教育观;五是稳定的、良好的情绪适应能力;六是尊重学生的、良好的师生关系和发挥集体凝聚力的能力。

著名心理学家罗杰斯曾建议美国心理学会在选拔和考核心理咨询人员时,要注意以下的能力和素质:较优秀的智力和判断能力;既有独创性又有融会贯通的能力;旺盛的求知欲和好奇心;坚持自学、学而不厌的态度;不机械地看待人,对人具有较强的爱心和关怀;对自我人格或性格的特征能加以洞察,有幽默感;丰富的感受性,多方面的思考能力;谦虚、宽容、温暖、友好的人际关系,或人际交往能力;勤勉,工作习惯有规律,承受压力的能力较强,勇于承担责任;办事灵活机敏,富有协调性;性格安定,具有自制力;能够识别不同的伦理道德,文化价值观;文化根底深厚,富有教养;对心理学特别是心理咨询理论具有研究兴趣。

以上是心理辅导教师和心理咨询人员应具备的能力和素质。在具体的心理咨询过程中,令学生感到信赖的心理辅导教师的特征是什么?心理学家卡扎特(Gazda, G.)认为有以下八种:一是认真倾听学生诉说;二是对学生表示高度注意和关心;三是不轻率地命令学生;四是能自我评价,又不将自我的价值观强加给学生;五是能用宽容的态度对待学生;六是师生之间能融洽地交谈,又能保守学生秘密;七是言行一致,而又充满自信;八是具有幽默感。

目前我国对学校心理辅导教师的基本素质也有一些具体要求,如:

(1) 有较好的人际关系。对研究人的生活问题感兴趣;喜欢与人交谈,也愿意倾听别人谈话;易对他人感兴趣,能不惜时间地爱护、照顾他人。

(2) 有爱心。喜欢孩子,喜欢学生,对学生有真诚的爱。对苦恼、不安、紧张的孩子能用自己的爱心来理解、感受、关心。如果一个心理辅导教师见到孩子就烦,那他是不能胜任学校心理辅导工作的。

(3) 有奉献精神。学校中的心理辅导和咨询是免费性质的教育服务,不能用时间或金钱来计算。心理辅导教师应有爱心并愿意无私地奉献。

(4) 有宽大的胸怀。谁都有错,谁都不是完美的,谁都会失败。特别是对有盗窃、说谎、手淫、自杀倾向、早恋、成绩下降等问题的儿童和青少年,尤其要关心、爱护。

(5) 沉着、冷静、耐心。要理解学生,必须认真倾听学生的倾诉,不要说"简短明了些好不好?"、"快说快说"之类的话,在心理咨询中不要让催促、说教学生多于倾听学生。

(6) 有敏锐的感受性。要能敏锐地感知学生对什么感到烦恼,有何种隐痛,需要些什么?心理辅导教师对学生漠不关心、感受迟钝,常常会失去学生的信赖,甚至给学生心理造成创伤。

(7) 有较强的理解力。学生在面接时的叙述并非都有条理,可能暗示较多。心理辅导教师应有能力去粗取精,厘清主要矛盾抓住本质性的问题。

(8) 有良好的语言表达力。口齿清楚、音量适中;语言生动、有感染力;措辞合理、温和,使人安心。

(9) 有责任感。在心理辅导过程中对待学生要像对待自己的孩子一样,不能漫不经心,单方面中断咨询或改变咨询方式。心理辅导教师要多为孩子考虑,提高自己的咨询能力。

(10) 身心健康。心理辅导教师要有自我精神保健、心理问题预防的意识。平时要注意劳逸结合,在心理咨询过程中保持饱满的精神状态。

五、学校心理学专业人员的资格与培养

（一）美国

在美国,学校心理辅导教师称为"学校心理士"(school psychologist)。负责学校心理士的培养与训练的机构主要有两个:一个是 NASP(National Association of School Psychologists),即全美学校心理学协会,另一个是 APA(American Psychological Association),即美国心理协会。这两个协会在有关学校心理士的培养方面看法有所不同,具体简介如下:

1. 有关学校心理士的概念

1984 年,NASP 发表观点,认为学校心理学是心理学与学校教育学统合而成的一门新的学科体系,学校心理士是学校中的临床心理学家。

1981 年,APA 提出:学校心理学是与临床心理学、咨询心理学、产业—组织心理学并列的一门应用心理学科,是将心理学知识与技能应用于教育场所的学科,前述四个应用心理学科中的研究工作者应统称为"临床心理士"。

2. 资格与学历

在美国,研究生课程设置如下:硕士课程(30—60 学分)、研究生特别课程(60—80 学分)、博士课程(80—100 学分),其中研究生特别课程相当于中国的硕士毕业后的进修课程。APA 只将学校心理士(或临床心理士)的资格授予获得博士学位并完成有关课程通过资格考核的人;NASP 则将资格授予学过研究生特别课程并完成有关课程通过资格考核的人。因为获得博士学位才能申请资格考核,所以相对来说 APA 对学位的要求较高。

3. 培养方向

学校心理士的培养方向有三种:一是实践型心理学家(applied professional psychologist),他们将理论运用于实践,在理论与实践间起桥梁作用;二是科学工作者加实践型心理学家(scientist-practitioner),他们一边实践一边研究,考虑如何将研究成果运用到教育中去;三是纯研究者(scientist-researcher),他们主要从事理论研究工作。

4. 课程与科目内容

要获得学校心理士的资格必须经历学位课程、现场实习、学位论文三个阶段。

学位课程包括儿童发展心理学、心理咨询与治疗、学校教育测量与评估、学校心理士各教程以及心理学的研究方法等内容。其中心理学的研究方法包括如何选择资料、如何进行课题考察、如何统计数据资料、如何讨论或论证科研工作专题报告等,它是一门非常基础而实用的课程,所涉内容在今后的研究和工作中都用得着。

学校心理士的实习范围较广,从幼儿到青年都可作为其心理辅导与咨询对象。学校心理士的实习地点在儿童心理咨询中心、心理咨询中心、中小学教育现场等;实习时间为 1—3 个学期,约在 15—40 周内完成,实习期间每周要有 2 小时接受有经验的心理学专家的督导。APA 认为学校心理士的实习要以学生学习方面的问题为中心;NASP 则认为学校心理士的实习应以学校适应的问题为中心。

学校心理士资格的获取采取考核认定制,通过考核的人将被授予资格证书。在美国的50个州中只有少数几个州允许硕士参加学校心理士的资格考核,其他州都必须是博士才可以参加学校心理士的资格考核。

(二) 日本

1. 有关学校心理学和心理辅导教师的概念

20世纪90年代以前,学校心理学的研究及学校心理辅导教师的实践活动属于教育心理学的研究领域,所以在日本教育心理学会的指导下开展活动。日本一些心理学家提出,教育心理学从基本性质上来说,就是"学校心理学",是关于学校教育的心理学。因为离开了学校现场,教育心理学就失去了存在意义,所以研究教育心理学的人,应该成为"学校心理士"。学校心理辅导要把儿童、青少年的身心健全发展、学习问题辅导等作为中心任务,着重抓好儿童、青少年的心理保健预防和治疗工作。1993年开始,日本教育心理学会颁布了"学校心理学专业和学校心理士资格"的规定,但目前具体的操作方案尚在探索阶段。

2. 资格与培养

心理咨询师资格认定,由国家部门如文部省、劳动省等管辖下的财团法人设立的协会来进行,其中综合性的协会组织有"临床心理士"协会、"企业心理咨询士"协会等;专业分支性的组织有"日本教育催眠学会"、"日本行为疗法学会"等。专职学校心理辅导教师资格的取得,一般参照但不必完全等同于"临床心理士"资格考核规则。

资格认定的条件及程序如下:(1)学历,心理学专业或邻近学科(如教育学、社会学等)硕士研究生毕业后,有1年以上的心理咨询实际工作经验;或者4年制本科心理学专业或邻近学科毕业后,有5年以上的心理咨询实际工作经验的人。(2)申请手续,须交资格认定申请表、履历表、学位证明文件、职业证明文件、学习课程的成绩表及考核费等。(3)资格考试,须进行笔试和口试两种考核,考核内容有心理测量、心理咨询与辅导技术、社会活动及调查研究能力四个方面。(4)资格认定,考核合格者,由财团法人设立的专业学术协会予以"登录"(颁发合格认定证)并记入名册,且收取"资格认定费"(约5万日元)。

3. 培养课程

日本在参照别国先进教育的基础上,对专职的学校心理辅导教师提出了颇有本国特色的培养课程。下面介绍其中最有代表性的一种课程方案,见表3-2。

表3-2 学校心理学专业人员和心理辅导教师培养课程

类型	设置目的	课程名称(例)
基础课程	学习和掌握有关学校教育的基本理论知识	教育哲学论 学校管理学(或是教育管理学) 教材教法论及教育技术研究 特殊教育学 教育科学信息论

续表

类型	设 置 目 的	课程名称(例)
专业课程	学习和掌握儿童青少年身心发展的心理学基本理论和知识	儿童发展心理学 青少年发展心理学 学习心理学 认知心理学 社会心理学 神经心理学或精神病理学
实践课程	学习掌握如何对学生进行心理辅导、心理健康教育，以及如何对教师、家长进行教育咨询的实践技术	心理咨询的理论与实践 教育统计与心理测量技术 临床心理学研究与实践 心理健康教育的理论与实践 学校心理辅导研究与实践

（三）中国大陆

专职的学校心理辅导教师、临床心理师的资格考核制度尚未发展完善，相应的培养与训练工作之前还有四个方面的准备工作要做：

（1）市场的调查确定。对中小学的教师、家长进行心理辅导、教育咨询方面的需求调查，以确定市场的范围与需求。

（2）岗位职责的确定。由于心理咨询的考核制度尚未完善，学校心理辅导教师的岗位职责有待进一步明确。

（3）研究生课程的设置。学校心理学研究生课程应分为四个部分：专业课、必修课、选修课、实习课。其中专业课开设"学校心理学"和"学校心理辅导"等；必修课开设"儿童心理学"、"青少年心理学"和"学校教育学"等；选修课包括"临床心理学"、"学校心理学"、"特殊教育学"和"心理测量"等；实习课是指到中小学进行心理咨询实习。

（4）资格考核制度的确定。应该对专职学校心理辅导教师的学历、经验、实践能力、心理辅导的理论技术及师德素质等进行考核，从而作出综合的评定。

上海市中小学专职心理辅导教师培训课程安排见表3-3和表3-4。

表3-3　上海市小学专职心理辅导教师培训课程安排

分　类	课程内容	课时数
基础理论 （80课时）	普通心理学	20
	儿童发展心理学	30
	社会心理学	30
专业理论与技术 （180课时）	心理咨询概论	20
	心理评估与测量	40
	心理咨询的实施技术	90
	教师的心理健康及伦理道德	14
	心理咨询与学生思想道德教育	16

续　表

分　类	课程内容	课时数
心理咨询实践与个案督导 (140课时)	心理咨询个案分析	40
	个案督导	80
	心理咨询机构见习	20

表 3-4　上海市中学专职心理辅导教师培训课程安排

分　类	课程内容	课时数
基础理论 (80课时)	普通心理学	20
	儿童发展心理学	30
	社会心理学	30
专业理论与技术 (180课时)	心理咨询概论	20
	心理评估与测量	40
	心理咨询的实施技术(包括危机干预)	90
	心理咨询师的专业修养及伦理道德	14
	心理咨询与学生思想道德教育	16
心理咨询实践与个案督导 (140课时)	心理咨询个案分析	40
	个案督导	80
	心理咨询机构见习	20

六、学校心理辅导教师的进修与培训

(一) 学校心理辅导教师进修的必要性

因为专业资格不是永久性的"通行证",所以取得专业资格的学校心理辅导教师或心理咨询师,在今后的工作和实践中,还需要不断地学习新的知识,接受教育训练和技术培训,提高自身素质与能力。在国外,专业心理咨询人员的资格证书有效期一般为5年,5年之后需要重新申请。

日本的情况是：只有取得15个以上学分的心理咨询人员,才可申请更新资格。参加所在的心理咨询专业学会的业务进修(如专题讲座、案例研讨及论文报告会等),5年中最高可积累11个学分;参加所在的心理咨询专业学会所指定的,或其他研究机构组织的研究活动,5年最高积累可计9个学分;参加其他公认的心理咨询专业组织的教育培训和技术进修活动,5年中最高累计10个学分;接受所认定的高等院校中心理咨询专业培训课程两年,或参加全国重大心理咨询研究会议6次以上,可以获得3个学分;具有高级心理咨询人员或专家资格,并担任青年心理辅导人员的督导教师,具有丰富经验的人,5年中可以获得3个学分;在指定的心理咨询专业学术杂志上发表研究报告、论文和案例咨询报告的,5年中最高可获6个学分;出版有关心理咨询方面专著的,获12个学分;出版其他与心理学相关的学科专著,获10个学分。

在申请更新专业资格证书时,须提交有关的证明文件、材料和研究成果报告等,供有关机构进行审核评定。

　　学校中一般教师要申请成为兼职或专职的心理辅导教师,需要接受严格的教育培训。各教育先进的国家有专门的师资培训制度,主要规定:(1)参加培训的师资,主要为大学本科毕业(专业不论)取得教员正式资格后,有学校教育工作经验3—5年以上,热心于学校心理健康教育事业者。(2)师资培训课程,分初级、中级和高级,参加何级培训须通过相应的考核。(3)师资培训内容,主要有学校心理学的意义、学校心理咨询的问题、心理辅导的领域(儿童、青少年的心理与理解,人格形成与适应)和心理辅导的教育技术、咨询方法、心理测量理论技术等,以及学校心理咨询室的管理、运作等。

(二)具体的训练类型和内容

对学校心理辅导教师进行师资培训,主要有以下四种类型。

1. 对现有的学校心理辅导教师进行基本的心理素质、生活和教育技能的培训

(1)训练学校心理辅导教师保持和增进自身身心健康的技能,如有规律的生活习惯、营养平衡的饮食生活、自我和公共卫生的管理、调整体重、参加体育活动、劳逸结合及对突发事件的应急处理能力。

(2)训练自学能力,树立生涯学习的观念,形成"要想教得好,先要学得好"的态度,认为心理咨询教师要不断学习,研究各种新的心理咨询知识和方法。

(3)训练教师对道德价值观进行判断的技能,即不仅能正确理解自我的价值观,也能正确理解他人的价值观。

(4)训练并提高教师自身的教育能力和专业知识的技能,使其对学生的教育、辅导取得最大的效果。

(5)训练学校心理辅导教师的人际沟通、交流技能,特别是师生之间相互理解的能力,学会积极倾听学生的诉说和心声,理解学生内在感情的变化和发展。

(6)训练学校心理辅导教师组织管理学校集体的技能,包括营造良好的集体氛围的能力和建立和谐互动的集体关系的方法,并对集体中每个成员进行心理援助。

(7)训练教师对自我家庭生活进行管理的技能,包括拥有良好的家庭成员关系、安定的经济生活能力,以及对家庭未来生活的设计能力。

(8)训练学校心理辅导教师的自我情绪调控技能。"能控制自我的人才能控制世上的万物",心理辅导教师的情绪智慧和人格魅力,是心理健康教育取得良好效果的保证。

(9)训练学校心理辅导教师消解自我压力的技能,其中包括如何利用幽默、艺术、体育、假日旅游及和学生共同的游戏活动,来解除自身的"倦怠燃烧症候群"问题的产生。

2. 对已经入门或具有心理咨询日常经验的专职学校心理辅导教师进行的短期、集中的强化训练

(1)要求对有代表性的心理学理论(例如临床心理学、发展心理学、心理测量学等)进一步研修,对有关人的基本行为和性格的发展理论加深理解。

(2) 分组训练,采用小团体或小组合作学习的方式,训练学校心理辅导教师对别人的感受能力。训练的项目包括心理辅导教师自我的开放性、心理咨询中的纯粹性、倾听、接受、理解、共感等即时的感情表现,适当的反馈技术等。

(3) 运用心理测量、诊断的技术,分析、理解教师自我的性格特征。或者说在对学生做心理测量之前,学校心理辅导教师运用自我分析和教育分析的手段,自己首先接受相同的心理测量,对自我深层心理进行探求、洞察,这叫做心理咨询的"体验学习"。方法是两人一组:一位教师充当"来访者",可以诉说自己日常生活中的苦恼,或童年时的生活体验,也可以讲述自己的性格、人际关系等;另一位教师则运用心理咨询的技术对前者的问题进行教育分析。

3. 对已具备心理学、心理咨询的理论知识,但缺乏实践操作经验且正准备成为学校心理辅导专职教师者主要从实践技术入手进行的培训

(1) 训练心理咨询过程中人与人之间交流的基本技术,其中包括对他人的感知、认知的接受与反应,心理咨询中适当反馈的技术,咨询过程中心理抵抗或心理防卫机制的处理方法等。

(2) 在心理咨询过程中倾听与非语言交流技术的运用。

(3) 共感性(empathy)的训练,如何提高心理辅导、心理咨询的效果。

(4) 心理咨询过程中心理辅导教师的尊重、鼓励的态度训练。

(5) 心理咨询过程中具体性(concreteness)的训练,即将来访者的抽象或暗示的发言内容具体化,或者使无意识的问题意识化,使杂乱的问题简洁化、明确化的技术。

(6) 学校心理辅导教师的自我开示(self-disclosure,心理咨询专用术语,心理辅导教师向学生展示自己的个性、价值观念和生活体验等)技术训练,即以自己的真实感情、人格来感染学生,消除学生的心理阻抗。

(7) 学校心理辅导教师在与咨询的对象建立心理援助的关系时,促使咨询对象的行为、认知发生某种变化的技能训练。

4. 专职、兼职、新的、老的等所有学校心理辅导教师共同参加的培训

如对心理咨询案例进行研讨、研究。其目的在于对学生问题行为产生的原因作出正确的判断和理解,从中找出适当的心理辅导、教育、咨询的方法。这不仅对学生的生活、教育资料的收集、整理、积累有着重要的参考价值,而且对心理辅导教师自身的咨询技术、辅导能力的提高,也具有不可代替的作用。心理咨询案例研讨、研究能力训练主要有以下几种:

(1) 案例受理技术的训练。即心理辅导教师对来咨询学生的问题,如轻重缓急、状况、性质、今后的发展趋势等方面及时进行把握,根据受理案例所得到的信息、资料,对问题进行各个角度的分析,制定出合适的辅导、咨询方案。

(2) 心理咨询案例报告技术的训练。其中包括如何写案例概要,如何组织案例讨论,听取参加者的意见和感想,使心理辅导教师之间的工作相互沟通,促进相互理解,进而提高教师自身的心理辅导、心理咨询的技术能力。

(3) 心理咨询案例研究技术的训练。这种训练主要从心理学的理论研究立场出发,通过案例了解一个人的态度、人格、认知、行为反应的方式等,同时接受专家的指导、帮助,对自己目前所从事的心理咨询工作作出修正、评价和反省,是一种从理论回到实践,再从实践升华到理论的训练方式。

[附] 学校心理辅导教师的自我测量和考核

(一) 自我感觉类型心理测量

以下是10个问题,每题中有 A、B、C 三种回答。请仔细阅读问题,选择最符合自己感觉的项填到括号中去。

1. 当你第一次使用一种新的生活用品时,你会( )。

   A. 最好有个懂行的人说明一下
   B. 自己看说明书而无须别人指点
   C. 连说明书也不看,自己试着用用看

2. 出席宴会或聚会时,你常常( )。

   A. 听人说话,特别是有趣的谈话,自己则坐着不加入谈话
   B. 喜欢看他人的服装、表情、姿势等
   C. 直接与人交谈,唱歌、跳舞等

3. 唱卡拉 OK,轮到你休息时,你常常( )。

   A. 听别人唱得如何
   B. 喜欢看屏幕里的字句
   C. 一边看字幕一边哼唱

4. 如今天下午的知识课换成兴趣活动课,作为学生你会选择( )。

   A. 听音乐
   B. 欣赏美术作品
   C. 进行娱乐活动

5. 你认为要做一个受孩子欢迎的语文教师,首先应有( )。

   A. 流利的普通话
   B. 好的板书及好的文章
   C. 娴熟的语文教学艺术和方法

6. 当你做班主任时,与学生谈话会注意学生的( )。

   A. 语调、感情
   B. 表情、视线移动、姿势
   C. 形象、手势、前后态度反应

7. 背外语单词时,你是( )。

   A. 边听录音边记
   B. 看书、默默地暗记
   C. 边读、边写、边记

8. 晚上有时间,你的朋友打电话给你邀你出去活动,你希望一起去( )。

   A. 听音乐
   B. 看电影
   C. 逛商店

9. 许久不见的老朋友要看你,你希望他( )与你联系。

   A. 打电话
   B. 写信
   C. 直接见面

10. 接到好消息,你希望是( )。

    A. 电话传达
    B. 正式信件
    C. 会议上通知

答案分析:

(1) A(听觉型)、B(视觉型)、C(运动感觉型),某一单项(或 A 或 B、C 项)得分合计6分以上,则说明自己属于这一感觉优先类型者。一般来说音乐教师属于听觉型,美术教师属于视觉型,体育教师则属于运动感觉型的。

(2) 如果有两个单项的分数相近(相差不超过2分),则属于混合感觉类型者或感觉平衡类型者,我们大多数人属于此类。

(3) 学校心理辅导教师应了解自己的感觉类型。在心理咨询过程中,也必须了解学生的感觉类型。

这样,师生之间的交流才能充分展开,心理咨询的效果才会提高。

(二)心理咨询技术能力测量——"判断对象的发言内容"

进入心理咨询室的来访者或有心理问题的学生,他们倾诉的内容大致可以分为四类:

A. 行为的要求,如儿子对父亲说:"爸爸,给我买一块巧克力。"
B. 信息的要求,如学生对教师说:"老师,这次考试有哪些题型呀?"
C. 理解的要求,如学生对教师说:"老师,这次考试好难呀,我做错了好多题目!"
D. 评价的要求,如教师对校长说:"这件事挺难办的,您看怎么处理?"

下面,请根据来访者的发言内容,来判断其类型。

1. 学生对老师说:"我害怕做数学题,明天考试我一定不行。"（   ）

2. 学生对老师说:"老师你真好,你比张老师好,他布置的作业太多,其他老师也是。"（   ）

3. 老师对老师说:"某某同学的学习不错,但有时会钻牛角尖,上课时遇到这种问题真让人为难呀!"（   ）

4. 校长对老师说:"某某老师,今天张老师病了,请你代一下课好吗?"（   ）

5. 学生对老师说:"老师,这题我不明白,你能否再讲一遍?"（   ）

6. 学生对老师说:"老师,星期日我们要到学校参加活动,星期一又不放假,这不是很奇怪吗?"（   ）

7. 老师对老师说:"学校规定教师午饭要与学生一起吃,真没味道,教室里太吵了。"（   ）

8. 校长对老师说:"我今天对你讲的话在说法上也许有些不妥,但并不是命令你一定要去做,而是希望你们班的工作能够自觉些。"（   ）

9. 老师对老师说:"我今年这个班没法和去年那个班比,这个班学生太差,令人头疼!"（   ）

10. 学生对老师说:"老师,我想报考重点学校,你能否为我写一封推荐信?"（   ）

11. 老师对老师说:"某某同学家长要离婚了。干什么要离婚呢?这下这个同学成绩下降就没办法了。"（   ）

12. 老师对班主任说:"某某同学上课话太多,我很生气,请您对他说一下。"（   ）

13. 老师对老师说:"这学期区里统考,你知道考几门吗?学生问我,我也不知道。"（   ）

14. 学生对老师说:"听说你对某某同学正在进行心理咨询,他也的确是有些奇怪。"（   ）

15. 学生对老师说:"老师,你总是在周五放学后进行小组讨论,讨论的都是些什么内容呀?"（   ）

16. 学生对老师说:"某某老师找我有事,他在办公室吗?"（   ）

17. 学生对老师说:"老师,下个月我要搬到浦东去了,如果你知道那里的情况,请你介绍一下好吗?"（   ）

18. 校长对老师说:"我很看重你,也想提拔你,但你却对我很疏远,这让我很难办。"（   ）

19. 老师对老师说:"你去年做过某某同学的班主任,他的人际关系怎么样?"（   ）

20. 老师对后勤职员说:"对不起,这椅子太低,能否换一把?"（   ）

21. 学生对老师说:"我不喜欢体育课,考重点中学时是否要加试体育呢?"（   ）

22. 教师对教导主任说:"今年学校学生纪律较差,校长怪我们说:'你们在干什么',我倒要问问他,他整天待在办公室里干什么?"（   ）

23. 班主任对语文教师说:"我们班这次语文统考成绩这么差,我不能理解,你若知道原因,能否告诉我?"（   ）

24. 老师对老师说:"今天下午开会又要争论了,这个学校的教师太自以为是了,争论起来便没完没了,真是浪费时间!"（   ）

25. 学生对心理咨询教师说:"我总不能静心

学习,我的父母要离婚了,本来家庭成员和睦相处多好呀!"　　　　　　　　　　（　）

26. 学生对老师说:"老师,不管我怎么招呼某某同学,他总不理我,我想他大概对我有意见吧。"　　　　　　　　　　　　（　）

27. 校长对老师说:"某某老师,叫你的学生好好打扫教室卫生。今天检查下来,你们班最差。"　　　　　　　　　　　　（　）

28. 学生对老师说:"老师,考哪个重点大学好呀？我一下决定不了,你能否帮我参考一下呢。"　　　　　　　　　　（　）

29. 校长对老师说:"最近我们学校一些老师在闹对立,这让我很生气,但我不明白其中原因。"　　　　　　　　　（　）

30. 学生对老师说:"我毕业后不想考大学,只想找工作,但我不知道应该选哪种职业,有没有这方面的测验呀？"　　　　　（　）

正确答案见下表:

1	C	6	D	11	D	16	B	21	B	26	C
2	D	7	D	12	A	17	B	22	D	27	A
3	C	8	C	13	B	18	C	23	B	28	B
4	A	9	C	14	D	19	B	24	D	29	C
5	A	10	A	15	B	20	A	25	C	30	B

说明:

1. 正确理解上述来访者的谈话内容,在30个问题中能正确回答25题以上者,作为学校心理辅导教师,其基本的心理咨询交流技能可判定为合格。

2. 30个问题中允许有8个以下的误答,但在今后的训练和实践中须进一步提高自我的感受能力和理解能力。

本章概要

- 全面推进素质教育,是教育思想和人才培养模式的创新。从人的全面发展理念出发,培养学生良好的心理素质是素质教育的重要任务之一。
- 学校心理健康教育和辅导是学校教育的重要环节。因此必须建立起健全的管理体制和组织形式,完善学校的各级功能,建立一支心理辅导的队伍。
- 学校心理咨询室或辅导室的建立,要因地制宜,注意心理咨询的保密性、环境因素,以及使用率和实用性。
- 班级经营的团体心理辅导应该成为学生自我教育、自我成长的一个重要途径。
- 学校心理辅导教师应是心理和教育工作两方面的专家,负责对全校的学生实施心理健康教育,其职业特性主要有三种。
- 学校心理辅导教师的各种素质培养中,良好的性格特征是核心。
- 学校心理辅导专业人员的资格与培养需要借鉴国外优秀经验,进一步做到规范化、科学化。
- 保证学校心理辅导教师的进修和培训,是学校心理健康教育可持续发展的动力。

关键词

可持续发展　　心理咨询室　　班级经营　　团体心理辅导　　同质团体　　异质团体
教师性格特征　　资格考核　　学校心理士　　继续教育　　自我开示

思考与讨论的问题

1. 素质教育与应试教育在培养学生的心理素质方面有着怎样的差异？
2. 你认为我国的学校心理辅导教师的专业化途径和发展方向应是什么？
3. 设想你是一个学校的领导，请制定一个学校心理辅导教师进修和培训的计划。

第四章 学校心理咨询的理论与技术

目前,在学校心理健康教育工作中,除了对身心发展正常的一般学生进行保健性的心理辅导之外,还要对少数身心发展异常或有心理问题的、适应不良的儿童和青少年进行及时的、个别的心理咨询。这就要求学校心理辅导教师学习儿童、青少年精神医学的一些基础知识,熟悉心理咨询各种流派的理论知识,掌握心理咨询的面接方法和技术,具备较高的案例分析水平。

本章先说明学校心理咨询的定义及工作目标;然后,阐述心理咨询实践过程中的一些基本方法和技术,重点介绍心理动力学、认知行为主义和以人为中心的三种基本的心理咨询技术流派;最后,再说明心理咨询师培训和督导的重要性。

一、学校心理咨询是什么

近年来,我国心理咨询行业出现加速发展的趋势,适时推出心理咨询师资格认证制度已经非常必要。劳动和社会保障部于2002年颁布了心理咨询师的"国家职业资格鉴定办法",这套办法推出后,在专业领域内引起相当大的争议,许多专家质疑其合理性。尽管如此,仍有不少大中小学的教师参加了心理咨询师的培训班,他们获得劳动和社会保障部颁发的咨询师资格证书后,活跃在学校心理咨询的第一线。那么,什么是学校心理咨询呢?它产生的背景、存在的必要性以及任务和目标是什么呢?

(一) 对心理咨询的定义

国外心理咨询领域的权威人物对"心理咨询"的定义主要有以下两种:

> "心理咨询"这一术语蕴含着与不同个体协同工作的意思,指心理咨询师与不定期来访者之间建立的可能对其有帮助的、在其危机时刻给予积极支持、对其进行心理治疗或一定引导以协助其解决问题的某种关系……心理咨询的任务在于给"来访者"一次机会,使之能够探究、发现和寻求一些令他们活得更满足、更聪明的方法。
>
> (英国心理学会 BAC,1984)

心理咨询指的是受过专业培训的心理咨询师和来访者之间的职业关系。这种关系通常采用一对一的形式,也可能多于两人。其目的在于帮助来访者理解和分辨他们对生活的看法,并为他们提供有意义的、成熟的选择建议,帮助他们解决情感和人际关系问题,从而使他们学着实现自己设定的人生目标。

(Burks & stefflre,1979)

从这些定义中,可以看出心理咨询概念有很多种不同的含义。例如,伯克斯和斯蒂弗洛(Burks & Stefflre,1979)的研究着重强调咨询师与来访者之间的"专业性"关系以及"自我设定"目标的重要性。BAC的心理选择定义则侧重于探究和理解,而不是行为。费尔斯姆和德莱顿(Feltham & Dryden,1993)在研究过程中则更重视分析心理咨询与其他协助形式(比如护理、社会工作,甚至还包括日常的朋友关系)所重合的领域。这些各具特色、对比鲜明的对心理咨询的解释和定义是随着心理咨询在现代社会中的产生而出现的。

(二)学校心理咨询师的主要工作任务

现在学校中的学生,包括教师和家长的心理健康问题极其值得关注。儿童的多动症、学习困难、学校适应不良、青少年的考试焦虑、网络综合征、早恋早孕和大学生的精神障碍、自杀等问题困扰着学校的教育。这些问题中有一部分是由教师的自身心理健康或学生家庭教育问题所引发的。

学校心理咨询师的任务是协助学校科学地解决这些问题,维护师生的精神健康,有效地开发教育资源,培养人格健康、身心正常发展的新一代,这也是时代的需求和社会的呼声。作为专职的学校心理咨询师,他的活动模式并不仅仅是模仿医疗模式对心理患者进行测量、咨询或矫治,而更应重视在身心发展、人格健全方面的教育咨询工作,因此他所面对的也不仅仅是心理有障碍的学生,而是有健康发展需求的全体教育对象。有鉴于此,我们认为学校心理咨询师的主要工作任务有以下五个方面:

第一,心理健康的教育辅导和咨询。对学校教育过程中的个体和团体的身心、人格的健康发展进行辅导教育。如果发现有因心理障碍、人格偏常而造成学校适应不良或行为异常问题的学生,能及时地实施心理辅导或心理矫治,调整当事人的家庭或学校教育环境,即实施"发展的"与"矫治的"相结合的心理教育工作。

第二,心理测量与调查。即应对学校和家庭的教育要求,对儿童、青少年的个体特征,如性格倾向、学习能力、人际关系、环境适应以及态度、情感、潜力等进行测定、评估,由此获得有针对性的教育指导参考数据或资料,因人而异,因材施教,也称"预测的"心理学技术工作。

第三,学校心理教育的顾问。对学校心理健康教育的计划制定和工作实施,甚至对学校的整个教育教学改革方案起到"参谋"的作用。此外,为有行为障碍、适应不良学生的班级的班主任、教师提供帮助、咨询,为教育环境、教学员或教学资源的配备提供参考性方案等,起到学校教育的"桥梁"作用。

第四,心理健康教育的组织、宣传工作。例如对心理健康教育信息、资料的收集,提供学校内教师的心理教育进修计划,筹划校内的案例研讨、心理辅导的会议,积极开展对社区、对家长的心理健康教育宣传与联系等,起到学校教育资源的"整合"作用。

第五,心理健康教育的研究工作。对学校或学校周围的社区生活环境进行心理学的调查统计,与大学和相关的研究所协作开展心理教育的课题研究,自觉地接受有经验的学校心理学专家的督导,并积极地学习最新的心理咨询的理论和技术等,具有"科研的"心理学专业能力。

(三)心理咨询的目的

心理咨询学者明确或隐含的心理咨询目的有:(1)洞察力,即了解情绪问题的根源及其恶化的原因,进而增强对情绪和行为的理性控制能力;(2)更好地与他人相处,即较好地建立和维持与他人之间更为有意义的、令人满意的人际关系,如家庭和学校中的人际关系;(3)自觉性,即更进一步了解自我封闭或被抑制的思想和情绪,更准确地认识自我是如何被他人感知的;(4)自我接纳,即培养看待自我的积极态度,最显著的一点在于深入了解自我以及批评和拒绝的能力;(5)自我实现或个性化,即将自我中先前相互冲突的各个方面向着合适的方向调适,使自我成为一个有活力的、不断完成中的综合整体;(6)启迪,即帮助来访者达到更高的精神觉醒状态;(7)问题解决,即帮助来访者寻找那些他们自己解决不了的特殊问题的解决方案;(8)心理教育,即帮助来访者掌握行为控制的思想和方法;(9)获得社会技能,即学习并掌握社会及人际关系技能,例如接触的技巧,谈话的技巧,以及对冲动和愤怒的控制,等等;(10)认知变化,即修正或改变那些通常与自我伤害行为联系在一起的非理性的信念及不合乎社会规范的思维方式;(11)行为变化,即修正或改变那些不合乎社会规范及自我破坏性的行为方式;(12)系统的变化,即把变化引入社会组织系统(比如家庭)的运作之中;(13)授权,即对来访者进行技能、意识和知识等方面的训练,使之学会掌握自己的生活;(14)弥补,即帮助来访者为先前的破坏性行为做出补偿等等。

对于一个心理咨询师或某个心理咨询机构而言,要达到上述所有目的是不可能的。学校心理咨询师应将主要的关注点放在如何促进学生的发展以及培养其良好的心理素质、积极健康的人格和协调的社会行为上面,因为这些是学校心理咨询的首要目标。

二、心理咨询面接的方法与技术

学校心理咨询,是对学校教育过程中产生心理问题或人格障碍等不适应情况的学生进行心理援助和教育指导的一种方式,需要心理咨询师耐心细致的教育活动和长期艰苦的努力,通过与学生进行心灵交流,相互理解,促使其自我意识发生变化,人格得到健全发展。

(一)心理咨询的几个基本问题

1. 心理咨询的基本态度

无论哪个学派,在进行心理咨询时对咨询均先有个基本态度。以罗杰斯的"来访者中心疗法"为主的心理咨询学派,认为"尊重、理解"应是心理咨询中的基本态度,到了20世纪90年代,该基本态度进一步发展为"肯定的尊重,共感的理解"。这是目前国际学术界共同认可的心理咨询的基本态度。这里要注意,"尊重"是指对来访者人格的尊重,要认识到来访者与咨询师之间的人格是平等的;"理解"并非指一般的同情,"同情即治疗"的心理咨询态度是极其危险的,因为它可能会造成移情,使咨询师卷入对方的感情,所以在咨询中,必须进行共感的理解,防止卷入同情及移情的旋涡。

学校心理咨询中,心理咨询师既是心理学专家,又是教育工作者,从事的是一种特殊的教育活动,对于来咨询的学生不仅要尊重他们的人格,理解他们的思想;还应循循善诱,谆谆教诲。

2. 心理咨询的规则

在心理咨询中,最大的规则是保守秘密。这是心理咨询的"生命线",因为如果不能保守秘密,双方就不能建立相互信赖的关系。在美国,这是必须遵守的职业道德规范。案例不能随便公开,即使在心理学专业工作者的圈子里,也必须隐去当事人的姓名等细节才可进行讨论。而且参与讨论的心理医生要共同保守秘密(如 A 接受的咨询案例若与 B、C、D 进行讨论,则 A、B、C、D 有共同保密的义务)。另外,案例发表时,也要注意隐去有关当事人隐私方面的细节。

3. 心理咨询的基本技术

在咨询中,心理咨询员首先要接受,即倾听来访者的倾诉;然后要适当地给予反应,使来访者的感情清晰化,问题明确化;接下来要给予支持,再提问,使问题本质显现,并适当地给予一定的指导、援助。这些都是心理咨询中的基本技术。

4. 心理咨询中的记录

咨询中的记录可分为两种:一种是在面接过程中进行的,用速记记下关键词,面接结束后再进行整理;另一种是在面接后不久,将信息尽快地记录下来。对于有经验、素质好、记忆力强的咨询员来说,记录可在每次咨询结束后进行。在记录中,要抓住要领,记下自己印象深刻的东西,语言要简洁通顺。

5. 面接时间

一般来说,面接时间应控制在 50—60 分钟。学校心理咨询中,小学生的咨询时间应在 30—40 分钟,高中生在 45—50 分钟,大学生、成人的咨询时间在 50—60 分钟。第一次面接,时间可适当延长,但不宜超过普通面接时间的两倍。每周咨询一次的间隔时间最为适当;如果情况紧急,也可每周进行 2—3 次。

为什么要强调心理咨询每个单位时间的限制呢?主要有以下原因:(1)向来访者示范一种现实性原则,使来访者明白现实不是按其主观想象进行的,必须尊重现实的存在;(2)让咨询双方均留有回味、思考、再构成、再出发的余地,利于今后咨询的继续进行;(3)从健康角度考虑,时间过长对咨询双方的生理、心理的健康均不利;(4)国外也有人认为明确时间单位便于费用的计算,即采用小时计费制。在心理咨询中采用付费制,有利于双方契约关系的构成,使来访者明确自己的责任;对于咨询专业人员来说,这是劳动应得的报酬,是知识、经验价值的体现。学校心理咨询是在学校内开展的一种心理健康教育活动,面向全体师生和部分家长,不同于面向社会公开营业的心理咨询机构。因此所有的心理咨询服务,原则上采取免费制。这也是学校心理咨询与临床心理咨询、企业心理咨询的不同之处。

6. 心理咨询面接的方式

学校心理咨询中,案例面接的方式主要有:(1)时机性咨询,即在学校日常教育、生活中,敏锐地发现学生的心理问题,抓住适当时机,主动地寻找有关对象进行心理咨询;(2)特定性咨询,即对特定的或特殊的学生进行召唤性咨询,这类学生的心理防卫机制非常强烈,缺乏主动寻求心理辅导的动机,心理辅导教师为了解消他们的顾虑和不安,必须给他们安排特定的咨询机会;(3)定期性咨询,即面向校内全体学生的调查研究性质的咨询;(4)求助性咨询,即学生产生无法解决的心理问题或烦恼,自己主动进入学校心理咨询室要求的辅导、咨询。

(二) 心理咨询过程中的基本技术

1. 接受

每个来访者都有自己的价值观,通过接受性倾听可以了解其语言背后的感情、世界观、人生观、价值观等等。在接受时,最常见的用语是:"是啊"、"嗯"、"哦,原来是这样的"等等。

2. 反馈

也就是将对方讲的话复述给他,如"你觉得……"。复述并非一字不漏,而是复述要旨、要义。比如:

来访者:"×××对我无理,轻视我。"

咨询教师:"受到朋友这样的对待,你感到非常生气。"

有时,当来访者语言混乱,无法清楚地表达自己的感情时,咨询人员应及时发现他的感情,并恰当地表达出来,帮助来访者明确自己的感情。

3. 支持

要对来访者的感情、行为给予积极评价,而不是批评、教育。比如:

来访者:"我这样努力地学习,学校却不让我参加表演。"

咨询人员:"这实在太遗憾了,你的确是相当努力啊!"

4. 提问

提问可分两种:关闭式提问和展开式提问。如:

"学校生活快乐吗?"——关闭式提问

"学校生活怎么样?"——展开式提问

"今天身体好不好?"——关闭式提问

"今天早上一到学校,你想到的是什么?"——展开式提问

至于何时用关闭式提问,何时用展开式提问,应视具体情况而定。在一开始建立信赖关系时,既要有关闭式提问,又要有展开式提问,两者比例要适当控制。对于精神混乱度高的来访者,应以展开式提问为主;精神混乱度轻的来访者,对其以关闭式提问为主,但当中也要加入几个展开式提问以调节气氛。当希望获得更多信息时,运用展开式提问;当来访者心理抵抗强时,展开式提问最有效果;当心理抵抗减轻或发生阳性感情(积极、友好的态度)转移时,展开式提问要尽量少,要进行关闭式提问。总之,来访者心理抵抗强时,则以展开式提问为主;来访者愿意展露感情时,以关闭式提问为主。

5. 指导

也就是给来访者一定的方向，建议来访者尝试新的体验。如："是不是做一下运动，也许对你减轻疲劳有好处"或"还是去旅游一次，调整一下更好"。心理咨询过程基本技术示例见表 4-1。

表 4-1 心理咨询过程基本技术示例

技 术	主 要 内 容	在咨询中的作用
关闭式提问	常以"是不是"、"要不要"等发问，来访者能以"是"、"否"或几个简单的字作答	用于有针对性地收集资料；中断来访者滔滔不绝的言谈
展开式提问	常以"什么"、"怎样"、"为什么"、"能不能"等字眼发问，"什么"能引出事情经过或情绪；"为什么"能引出原因说明；"能不能"能引出一般性情况	用于搜集资料；促使来访者自我分析；推动咨询进行
鼓励	复述来访者话语中的词或短语；以语气词和非言语动作反应	鼓励来访者对某个特别的思想或感受作深入探讨；支持谈话进行
反馈	将来访者讲话内容的主要意思重复给来访者	促进探讨和领悟；向来访者表明他的话被咨询者所理解；检验咨询者理解的程度
情感回应	有选择地对来访者在会谈中的情绪内容予以注意和反应	澄清事件背后隐藏的情绪，推动来访者对相关内容的讨论
概述	完整而扼要地叙述来访者已谈过的事实、感受和原因	使来访者有机会回顾交谈过程；产生咨询的进展感；结束一段或一次的交谈

（三）心理咨询中的初次面接

心理咨询中的初次面接，也就是第一次给当事人做心理咨询，这个过程应注意以下技术要点：

第一，重点在于建立相互信赖关系，而不是马上解决问题。

来访者走进心理咨询室，一般都带有否定感情，在潜意识里本能上带有拒绝的成分，带着"还是不来咨询为好"，"究竟怎么讲才好呢？怎么说才好呢？"等困惑；或者有些是因为家长、老师的压力来的，所以会有"还是不来为好"的思想。如果第一次咨询使来访者感到"想不到，来咨询了倒更好"，"这位老师对我很理解"，"还是来谈了好"等等，则有利于咨询关系的延续。

第二，注意理解问题本质，发现问题背后的问题。

记录主诉时，可以采用来访者的原话，更有助于分析其背后的问题；也可对来访者的话进行概括，再进行分析。如学生情绪烦躁，睡不好觉，学习搞不好，是因家庭、学校环境不适应，还是因同学之间关系不好。如果不能理解来访者问题的概要，从技术上来说，就应该对学生的家庭关系、学校环境进行了解；如果还是不能理解，就要了解其个人生育史，对家长进行咨询。对13岁以上的青少年来访者，应重点把握其个人生活史，从中分析问题产生的原因和机制。

第三，注意理解非语言行为方面的表现。

（1）时间方面的行为。从来访者比预约时间是迟到还是早到，可以判断其咨询动机的强弱。从规定时间内是提前结束还是结束不了,进入重要话题所需的时间是长还是短,可以判断来访者心理抵抗的程度。看话的总量或独占量,如果是咨询师的话多于来访者,则这样的咨询不合格。来访者对提问作反应的时间,如果倾向于急速频繁反映,躁症的可能性大;如果反应时间过长或迟缓,则来访者可能有忧郁情绪。心理咨询人员还要根据来访者情感反应时间的长短及时判断来访者沉默、哭泣的含义。

(2) 空间方面的行为。在一对一咨询时,来访者和咨询师座位距离的远近;身姿、动作方面,对男性来访者应观察其两手的姿势,对女性来访者应观察其两脚的姿势;以及身边物品摆放的位置等等。

(3) 身体语言状况。如从视线上看来访者是否能够凝视(如自闭症患儿就无法对视,咨询师找不到视线的接触),皮肤是否苍白、出汗等,可以判断来访者身体健康的程度。所以应把握来访者的姿势、表情等特征。

(4) 观察来访者是否有反复行为、意图行为、接触行为,以及行为接触的部位、方向。作为咨询人员,有时需要与儿童、青少年来访者进行一些身体接触,如轻轻地拍打、握手等。

(5) 观察来访者的外貌。注意其体型、发型、服装特征,特别要观察女性来访者的妆容打扮和携带品等等;有时还要记录来访者声调、语调、语速,是否有口吃现象等。

其他非语言行为方面的表现见表4-2。

表4-2 来访者其他非语言行为方面的表现

身体姿态	紧张、放松、前倾或后仰、肩膀下垂、架腿或平放
肢体运动	手脚姿势、抖腿、抱臂、摇头或点头、手指屈伸、拍对方、玩弄小物件
眼　睛	含泪或流泪、睁眼或闭眼、转动眼珠
目光接触	稳定的接触、视线的闪避、转动眼珠
嘴　部	笑、咬嘴唇、紧闭、放松
面部表情	生动的、呆滞的、皱眉、怪相
皮　肤	脸红、出汗、苍白
声　音	快、慢、高尖、颤抖、低语

(四) 心理咨询中面接的继续、中断和终结

1. 面接的继续

初次面接主要是了解当事人的有关情况,理解和把握当事人的问题所在;之后,还要进行若干次面接,展开具体的心理咨询以进一步了解当事人问题的症结,并针对问题制定相应的对策加以实行,这称为"面接的继续"或者"导入期咨询"。

2. 面接的中断

面接继续的过程中,当事人可能会产生心理抵抗和情绪转移反应等,咨询人员可能会产生逆向阻抗等。这些给咨询人员提出了难题,影响到面接的继续。如果不能恰当地解决还会导致面接的失败,即面接的中断。导致面接中断的原因有二:一是阻抗(resistance);二是转移(transference)。

阻抗指在咨询过程中可能会产生与心理咨询人员主观意图相反的情况,引起咨询关系的不

协调甚至产生矛盾。如果处理不当，就可能导致咨询关系破裂，使面接无法继续下去。阻抗分为两种：当事人方面的阻抗和咨询人员方面的阻抗。来自当事人方面的阻抗，通常由其内心的防御机制引起，可能是显性的，如敌对的态度表现；也可能是潜伏性的，如缄默或回答内容空洞。另外，咨询人员方面也可能产生违背原先咨询意图的阻抗现象，多是由于咨询人员自身无意识的影响或逆阻抗，如由于自身的经验，对当事人产生不良印象，从而影响了当事人的情绪和治疗过程。

转移指过去生活中形成的人际关系或认知模式的特定印象存在于当事人的内心，留存在其潜意识和记忆之中，当事人对其有特定的感情、欲望、阻抗或情绪表现。在咨询过程中，当事人将这些东西转移到咨询人员身上，以一种不合理的、非现实的态度，表现自己的感情、幻想和要求。此时，如果咨询人员不能给予恰当的处理，咨询就会陷入困境，从而导致面接的中断。

碰到上述问题时，咨询人员除了运用好相应的职业技术，把握住自己的情绪，还要注意以下两点：(1)要善于利用来访者情绪积极的一面，使其不阻碍面接的继续，同时注意不要卷入对方感情的旋涡中。咨询人员如果不能处理好上述问题引起的矛盾和不协调，就要及时将案例转介给其他更有经验的专业咨询人员。(2)接受有经验的心理咨询师或上级咨询机构的督导。

3. 面接的终结

在面接中，如果咨询人员对于可能出现的问题能给予恰当的解决，那么咨询便能达到一定的预期效果，面接也能顺利地结束，这被称为面接的终结。具体情况有三种：(1)当事人主诉问题基本解决；(2)当事人主诉问题没有解决，但当事人的情绪得到了根本的释放，有了自我理解，并准备迎接新的生活和体验；(3)主诉问题是否已解决比较难判断，但当事人已经找到了将来的发展方向，今后的生活找到了支点，心理统合也已成为可能。既然当事人人格中的健康部分已苏醒，心理咨询人员就应给当事人一定的生活体验余地，让当事人去现实中实践一下，促其自我奋斗、自我实现。

4. 面接终结时心理咨询人员应持有的态度

对于有自知之明的当事人，在终结前给予一定的暗示就可以了；对于尚不明了的当事人，面接的终结要逐步进行，在终结前要将"面接就要结束"的信息传达给当事人，让其有思想准备。

在最后一次面接中，咨询人员应将"如果需要再咨询的话，任何时候都欢迎，老师永远是你心灵的朋友……"信息传达给当事人。

（五）面接终结后的追踪调查

通常，在案例面接结束后，要对当事人进行一定的追踪调查，了解当事人的发展趋向，以确认心理咨询面接的效果。追踪调查所获得的信息，也是心理咨询专业人员今后研究咨询工作的有效资料。

1. 追踪调查的对象

追踪调查的对象分为个人和团体两种：前者是在面接结束后对个别当事人一段时间内的情况进行横向、纵向的追踪调查，以确认心理咨询的效果和当事人可能的发展趋向；后者是指在面接结束后，将曾经有相同或相似心理问题的当事人集中在一起，通过定期的小组活动来进行团体追踪调查。后者的好处是既可以减少心理咨询人员的时间和精力的投入，也可以通过团体内的互动作用来促进其成员的良好发展。

2. 追踪调查的方法

追踪调查的方法有：(1)由心理咨询机构发出慰问信，了解当事人面接终结后的有关情况；(2)针对团体的追踪调查可约定时间，让曾有过相同或相似心理问题的人回到咨询机构进行聚会，通过观察在聚会中各当事人的表现(如有无找到"新的感觉")，来确认面接的效果，并从中了解各当事人可能的发展趋向；(3)通过电话进行追踪调查，定期询问当事人的发展状况；(4)进行问卷调查，问卷可通过函寄的方式送达。这种方式可以保护个人隐私，从而得到较多的反馈信息。

3. 学校心理咨询中的追踪调查

在学校心理咨询中，对咨询对象进行一定的追踪调查非常重要，既可以帮助心理咨询师确认心理咨询的成效，又可以从发展心理学的角度来了解儿童、青少年成长和发展的轨迹，有助于学校心理辅导工作的进一步开展。

4. 对追踪调查结果的灵活运用

追踪调查的结果如果不加以灵活运用，就不能发挥信息的最大效用。那么，怎样活用追踪调查的结果呢？(1)追踪调查所获得的信息，可以作为心理咨询人员今后提高自己技术水平或进行研究的资料积累；(2)分析追踪调查所获得的信息，可以对有某种心理问题的人作进一步了解，并预测其以后的发展，帮助心理咨询人员制定良好的治疗计划；(3)对于有同样心理问题的人，可以运用追踪调查所获得的信息制定有效的团体心理辅导方案或预防的措施；(4)在学校心理咨询和辅导工作中，有效地利用追踪调查的信息，可以帮助学校向校外推广和宣传自己的心理辅导成果，也可以成为心理咨询人员个人成长、成才的重要途径。

心理咨询中的主要面接技术与方法概括见表4-3。

表4-3 心理咨询中的主要面接技术与方法

技法的类型	目 的 与 内 容
咨询关系的构成	建立信赖关系，向来访者表达心理咨询人员的义务、咨询的目的、时间和次数等
咨询技术的选择	考虑对象的特点(年龄、性格、智力、理解力)，问题的内容(情绪的、行为的、紧急的、慢性等)，咨询方针(问题解决的方法、现实的处理、人格的变化等)
保守秘密的义务	心理咨询中得到的个人生活信息和隐私，原则上加以保密。需要向学校有关方面、家长转达的内容，可以先向来访者说明，应取得当事人的同意
理解	理解来访者的生活经历、心理测量结果等外部信息很重要，理解其内心世界、感情生活更重要
分析与解释	对来访者行为、态度进行适当的分析，提出心理咨询人员的观点，促进当事人自我洞察，改变认知态度
主体性	问题的最终解决，取决于来访者自身的努力。心理咨询人员帮助当事人形成发现问题、解决问题的能力
自我一致	心理咨询人员在咨询过程中有必要开示自我的感情、思考、态度等，做到感情、举动、语言表现的安定性和一贯性，需要不断进修和磨炼自身的心理咨询技术

三、以人为本的咨询方法：来访者中心

（一）"来访者中心"心理咨询法的创立

美国心理学家罗杰斯于1940年在明尼苏达州立大学的演讲中首次使用"来访者中心"这一名称。他在1942年完成的论文《心理咨询与心理治疗》中，正式提出了"来访者中心"的名称，标志着"来访者中心"心理咨询法的初步创立。

以人为本的心理咨询认为，人们努力实现的需要主要有两种：第一种是自我实现的需要；第二种是被他人爱和获得价值的需要。根据马斯洛的观点，这两种需要可以被看作是独立于生物学生存需要之上的。不过，当运用"机体评价"这一概念时，人们很可能被看作是一种具体化的生命体。

在以人为中心的理论中，"自我概念"的观点具有重要地位。人们的自我概念被理解为人们能够说"我是什么……"的那些特征或者领域。这一疗法的创始人罗杰斯运用"价值的条件"描述父母影响儿童自我概念形成的方式。他认为：在童年时期，人类有一种被爱或被重视的强烈需要，特别需要得到父母或重要他人的爱和重视或认可。然而，父母所给予的爱和重视或认可也许是有条件的，也许是无条件的。在无条件的认可中，儿童可以自由地表达其潜力以及对内心感情的认可。当爱和重视或接受是有条件的，是根据行为方式而给予的时候，如果表现出其他的行为或倾向，儿童就得不到这种爱和接受，那么儿童就会根据父母的价值观学着对自己进行定义。

以人为中心的心理咨询鼓励人们去接受和采纳他们自己的个人内部评价。罗杰斯对人性持一种积极而乐观的看法。他认为：一个可信而有自我意识的人会在内部评价源基础之上作出决策，这种内部评价源不仅对自己是有效的，对于他人也是有效的。

以人为中心理论中的自我概念表明：人们不仅拥有一个关于自我的概念或"这就是现在的我"的定义，而且也有一种"这就是理想中的我"的感觉。"理想自我"表现了罗杰斯关于人类努力去实现更高级统合能力的工作中，有关一致性主题的另一面。以人为中心疗法的目的之一是帮助人们追求理想自我。

（二）"来访者中心"心理咨询法的核心理论

1. 心理咨询的目的

咨询的焦点不是针对个人具体问题，也不是为了解决某种特殊症状，而是针对个人的成长、发展进行援助，帮助个体对将来可能产生的问题用一种较好的统合的方法来进行自我处理。其理论核心是发展的自我成长观。

2. 具体的咨询方法

不给来访者任何忠告、指示及心理劝告，也没有分析、解释等等，只是认真地倾听来访者所表述的语言背后的感情，进行非指示性的心理咨询。1950年，这一提法发生了改变，去掉了"非指示性"一词，更强调"心理咨询的态度"，同时提出这样的观点：心理咨询成功与否与咨询师本人的态度以及他与来访者的关系至关重要,而与其知识、技术、学历、学位、资格等无关,认为要在安全的气氛中尊重来访者的主体性、自尊心,带着发展的观点来进行咨询。从这些观点可以看出罗杰斯的叛逆精神。他要将心理咨询从专家的权威控制中解放出来,因此也遭到了国际心理学界的全面攻击。这些攻击中有的是对其叛逆精神的非理性的攻击,也有些是针对观点本身的理性的批评。比如:完全没有心理学知识的话,如何进行咨询?所以,罗杰斯的提法也是值得商榷的。

3. 心理咨询的特点

心理咨询的特点可以归纳为五点:(1)心理咨询的印象是友好的、支持的,咨询者和来访者之间有一种温馨的气氛。(2)来访者(或心理患者)的个体内部具有自我成长潜力和自我实现倾向。心理咨询者引导当事人的内在潜力朝创造、积极的方向前进,而不是朝破坏、消极的方向发展。(3)心理咨询者要关心、尊重来访者,理解来访者的内心世界,在咨询过程中建立起一种真诚的信赖关系。(4)在心理咨询过程中,要让来访者有新的体验和感受,促使其自我认知、行为等发生变化。(5)心理咨询过程中,对来访者的倾诉要逐字记录或录音,以便进行细致的分析、评价,从而实证、科学地研究心理咨询技术。

(三)"来访者中心"心理咨询方法的发展过程

20世纪40年代,"来访者中心"心理咨询这一流派的学者最早提出"非指示性"的心理咨询方法。20世纪50年代后期,"非指示性"技术被发展为"心理咨询的态度";同时大量的实证性研究资料和自我心理学发展表明,心理咨询的目标是要使当事人的人格发生变化。经过进一步的深入实验,且根据20世纪50年代末到90年代对精神分裂症研究的结果,提出心理咨询师的"纯粹性"最重要,在注重心理咨询师学历、知识、咨询态度等的同时,也注重发展心理咨询师个人的人格魅力。

在罗杰斯以后,他的弟子们不断创造出新的咨询方法。如20世纪60年代以后提出的"人格中心接近法";20世纪70年代,"体验过程"的咨询理论在亚洲兴起,盛行于日本、我国台湾等地,强调心理咨询过程的关键是"体验过程",试图克服罗杰斯心理咨询经典方法中的抽象性和暧昧性。在罗杰斯经典方法中,心理咨询师只提问而不回答、不解释,而"体验过程"的咨询理论则用弹性、灵活的方法进行多种形式的分析、解释,或者把解释权归还给来访者自己。

(四)"来访者中心"心理咨询法的主要学派

现在,国际上"来访者中心"心理咨询主要形成了三个代表学派:(1)古典罗杰斯学派,强调非指示性咨询,注重倾听;(2)人格中心接近派;(3)体验过程疗法派。对于古典的罗杰斯学派,前面已作了很多介绍,下面主要介绍后两种学派的思想。

1. 人格中心接近派

第一,"来访者中心"的人格理论。

罗杰斯的人格理论认为,"对人要充满信赖。人有一种自我维持的强化技能,有自我实现的倾向"。曾经有人对两三岁的幼儿做过实验,让他们对24种食物按顺序排列其重要性,以判定幼儿对食物的价值观。结果绝大多数幼儿首先选取淀粉丰富的食物,其次是蛋白质丰富的食物,再次是维他命丰富的食物。可见幼儿已经有维持自我生命的智慧了。罗杰斯认为从安全的需要出发,拥抱、爱抚是一种肯定的价值,所以婴幼儿需要父母的拥抱与爱抚。到了少年期,人的自我生长力更旺盛了。罗杰斯从生物学出发,认为植物生长需要土壤、阳光、空气、水分等要素;那么人的生长也需要有相应的要素;来访者的心理障碍可能正是因为缺少了这些要素而造成的。他认为关怀、理解和尊重是心理咨询的三要素。

第二,人格中心理论。

自我心理学认为外界事物反映到人的主观意识中,形成"现象的场",规定着人的行为。个人对自我形象所持的概念,则是"自我的场"。人的自我概念和自我构造,既是"现象的场"影响的结果,又受到"自我的场"的影响。人的心理状态不适应或出现问题,主要是由于自我概念与外界经验相分离。心理咨询成功,则人格中的自我概念和现实的经验逐渐吻合,从而导致心理适应。反之,两者分离则导致心理不适应。如,自我概念认为做任何事都可自己完成,而现实的经验却告诉自我很多事需要与他人合作,两者分离,产生心理不适应。但经过心理咨询后看到,有些事可以自己完成,有些则需要与他人合作,从而逐渐使心理产生适应。两者摩擦大时,心理不适应程度大;摩擦减小时,心理也逐步处于适应的过程。这一过程必须经过个人体验尝试才能完成,所以称为体验过程的人格中心理论(见图4-1)。

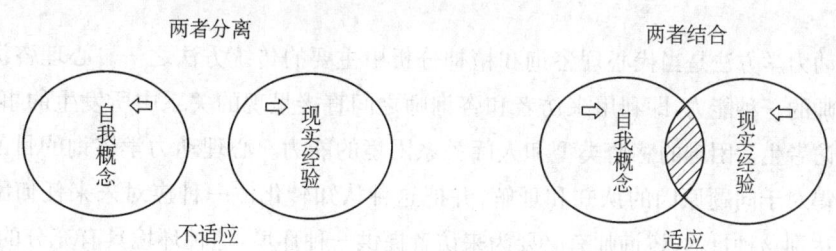

图4-1 人格理论的适应变化

2. 体验过程疗法派

这是目前国际上"来访者中心"心理咨询的主流学派。其核心理论是:心理咨询的主体不是心理咨询师,而是来访者。心理咨询师的一切活动都是为了让来访者在自我体验的过程中对自我的内心世界加以解释说明,主要的技法是对来访者的主体性过程表示尊重、保护并加以促进。心理咨询师必须从各种学派的枷锁中解放出来,从被动的倾听中解放出来,既积极地参与,又不剥夺来访者的主体性立场,从而使心理咨询真正具有效果。

(五)"来访者中心"心理咨询方法的总结

1. 咨询气氛

在"来访者中心"心理咨询中要求营造安定、安心的气氛:(1)让来访者产生安全感。咨询人员要遵守保密义务,保护来访者的隐私。(2)安定则有赖于心理咨询室的整个状况,如面积大小适中、无过多噪声、空气清新等。

2. 咨询关系

"来访者中心"心理咨询方法认为咨询的主体是来访者,咨询师仅起引导作用。应尊重来访者,尊重其感情,让其成为真正的主体。

1957年,罗杰斯在美国《心理咨询与心理学》杂志21号上发表的《人格治疗变化的十分必要的条件》中,提出心理咨询的三条件:(1)无条件的肯定性关心(unconditional positive regard);(2)共感的理解(empathic understanding);(3)纯粹性(genuineness),即咨询师必须明确,在咨询中自己对来访者的哪些表述感受真切,哪些表述感受模糊。

1960年,这三个条件又进一步发展为六个必要条件:(1)心理咨询实际上是两个人之间的一种关系,像恋人之间的恋爱关系,需要彼此的信赖,所以,在咨询中如何发展这种关系是关键;(2)来访者心理中的自我概念与现实经验常常处于矛盾中,由此产生心理摩擦和不适应;(3)心理咨询师的任务是要将来访者的自我概念与现实经验统合起来,使其心理产生适应;(4)心理咨询师要有一种无条件的肯定性关心;(5)心理咨询师要对来访者的心理进行共感性的理解;(6)要使来访者对心理咨询师的这种肯定性关心和共感性理解有所感知。如果能达到这六个条件,罗杰斯认为心理咨询就能达到圆满的境界。

四、心理动力学的咨询方法:精神分析

心理动力学方法是当代心理咨询和精神分析中主要的传统方法之一。心理咨询动力学强调咨询师的一种能力,即利用来访者和咨询师之间直接呈现的关系中所发生的事情,去探究造成来访者生活困难的感情类型和人际关系困境的能力。心理动力学咨询的目的是帮助来访者获得对于问题原因的认知和理解,并把这种认知转化成一种应对未来任何困难的能力。为了达到这种目的,咨询师有必要为来访者提供一种环境,这种环境具有充分的安全性,允许来访者安全地对其感到痛苦或羞愧的白日梦或冲动进行表达。

利用精神分析方法对来访者进行治疗的咨询师,都倾向于对来访者的问题实质作出类似的假设,即精神分析方法是解决这些问题的最好方式。精神分析方法的主要特征是:(1)假设来访者的困难都可以追溯到其童年经验,所以探究其情感问题的童年根源。(2)假设来访者没有意识到其行为背后的真正动机或冲动,即"潜意识",潜意识是重要的,所以通过精神分析将其挖掘出来。(3)注意移情关系的解释在心理咨询和心理治疗中的应用。(4)提出了依恋理论,即亲子关系的安全和不安全型。

在学校心理咨询的实践中,我们应该如何运作这些理论呢?

(一)明确运用精神分析法进行心理咨询的关键

现在我们所论述的精神分析法的心理咨询,是传统的弗洛伊德的精神分析疗法的简易形式。与传统的精神分析疗法相比,该形式心理面接的次数少、时间短,目的是使来访者的人格发生变化,使其产生一种解决问题的志向,而不是问题的解决;核心是将来访者潜意识、无意识中的东西挖掘出来,使之意识化,即通常所称的"洞察",也是咨询的关键所在。

洞察的主要内容是来访者过去和现实的生活状况、人际关系,甚至心理咨询过程中体现出来的自我的感情、态度、行为产生的原因、表现类型及其对他人或自我造成的有害之处。洞察有时发生在心理咨询师的一个明确的分析解释之后,但更多的是在心理咨询过程中随着来访者的感受和认知的不断深化,积累到一定程度时才产生的。此外一种特定的洞察并不会引起来访者人格整体状态的变化,只有来访者不断地进行自我洞察,才能取得预期的咨询效果。

(二) 精神分析法的三种形态

1. 精神分析疗法

创始人是弗洛伊德(Freud, S. 1856—1939)。本来主要用于治疗人格神经症,属于传统的治疗方法,现在主要用于婚姻、性生活不和谐和神经症、歇斯底里症等的治疗。传统上一个星期进行4—5次,而长期的治疗,需要坚持2—3年。方法上主要是进行自由联想、梦的分析或催眠治疗等,然后对结果进行分析。

2. 精神分析心理治疗

这种治疗每周进行一次,全疗程25次左右,约需半年至一年。特点是不再使用自由联想或催眠治疗等,而是追溯来访者生育史,了解来访者家庭的动力关系等,有时也对来访者进行梦的分析、性格测量,主要从来访者的人格变化入手。

3. 短期精神分析的心理咨询

这种咨询每周一次,在5—8次,最多10次之内结束。如果是关于婚姻、考试、择业等问题,有时一次就结束。自由联想、梦的解析等传统方法均不采用,有时心理测量也不进行。这种咨询并不是要解决问题,而是要使当事人产生解决问题的志向。比如学生因对学校、教师不满而表现为攻击性行为,在咨询中,要让他将攻击性情绪发泄出来,通过"净化"或理性分析使其冷静下来。

(三) 精神分析心理咨询中的几个主要问题

1. 洞察的类型

第一,对自我行为类型的洞察,比如一个人内向封闭,一般是源于内心自卑感,如果他认识到这一点,就是对自己行为类型的洞察。

第二,对自我行为意义的洞察,比如一个人想匆忙结婚,实际上可能是对父母、对家庭的反抗等。

第三,对自我行为产生的原因的洞察,比如一个人到了三十几岁还很依赖父母,原因可能是强烈的依存感或心理断乳还未完成等。

2. 与"来访者中心"心理咨询法的比较

在精神分析的心理咨询中,咨询者的任务是对当事人未能理解的事实进行解释分析,整个咨询进程以咨询师为中心,所以咨询师要有渊博的学识和丰富的经验,这与"来访者中心"心理咨询法相反。"来访者中心"咨询法是来访者自我主导,"精神分析"咨询法则是咨询师主导。我们常用这样的比喻来形象地描述两者的不同:在"来访者中心"咨询法中,来访者像是游泳池中学习游泳的儿童,自己摸索,自己游,咨询师站在水池边上,给予一定的指导;而在"精神分析"咨询法中,咨询师在水中,带领并引导着来访者,且和来访者一起游。由此可见,这两种疗法的主导者不同:"来访者中心"咨询法需要来访者较长期的自我探索,而"精神分析"咨询法短期即可完成。

3. 心理防卫机制

在心理咨询过程中,如果咨询员对来访者的问题难以进行了解、洞察,往往是当事人的心理防卫机制在起作用。

第一,适当与不适当的心理防卫机制。

心理防卫机制的必要性在于,当危险出现时能够感知,从而进行安全防卫。它实际上是一种自我保护的本能,有适当和不适当之分。所谓适当,是指根据具体环境、条件进行必要的正确的防卫,并对不必要的防卫有所警觉。所谓不适当,是指对不必要的、不正确的防卫无警觉。适当的心理防卫机制是心理适应的表现,而不适当的防卫机制则会产生心理不适应。防卫机制僵硬或过剩,浪费了很多不必要的努力,消耗了过多的精力,且处于过度的精神紧张的压力中,久而久之还会导致神经症的产生。因此既要有健全的防卫机制,又要防止不适当的防卫机制。总之,防卫过分和不防卫都是不行的。

第二,三种值得注意的心理防卫机制。

心理咨询的目标是要让人的防卫机制进行适当的构成或再构成,在进行学校心理咨询时,要注意以下三种心理防卫机制:(1)父母的防卫机制。这主要是一种投映,如自己的孩子学习不好,就认为是学校、教师或孩子的责任。(2)学生的防卫机制。这种机制主要是一种情绪的转移,如父亲非常严厉,经常对孩子进行体罚,学生也许会转化为对教师的不满,转而将严厉的教师视为父亲的"替身",产生故意在课堂上捣乱等行为问题。(3)教师的防卫机制。教师可能会因为学生、家长称呼其"老师",自我评价过高,自认为是"救世主",实际上却是"疲于奔命"。教师如果在平日生活中总以拯救一切的面目出现,就属于一种强迫性的防卫机制,会给自己和家人都带来压力。在这种机制作用下,只要受到一点儿批评,就会产生抵抗感、挫折感。因此,对教师来说,懂得何时穿、脱教师的"外衣"非常重要,否则易患"职业压力症"。

下面是几种主要的心理防卫机制种类与内容,见表4-4。

表4-4 主要的心理防卫机制种类与内容

种 类	主 要 内 容	正常者	异常者
压抑	将现实中不能接受的感情、欲望、记忆等压抑封闭到潜意识中	△	○
投映	将自己对他人的感情和欲望,反过来想象成他人对自己的感情和欲望		○
替换	将他人的特点和属性等想象为自己的东西	△	○
同一化	将他人和自己等同化起来	○	○
转移	将内心的矛盾、欲望、不安等向自己的行为、身体症状方面转移	△	○
代替	将自己未满足的欲望在另一种对象上得到补偿	○	△
相反	让自己未来的欲望和感情用相反的形式表现	△	○
否定	对于内心的罪恶感用其他行为来加以否认	△	○

续表

种类	主要内容	正常者	异常者
合理化	用歪曲的论点或谬论来解释问题	△	○
知识化	将内心的感情、矛盾、不安或欲求用知识来掩饰、控制或压抑	△	○
升华	将内心的痛苦、欲求或感情等转向被社会接受的方面(例如创作、诗歌、音乐、拳击等活动)	○	
逃避	对自己的不适应问题不敢正视,在空想和疾病中逃避	△	○
退化	感情和人格向幼儿、儿童状况退化	○	○
补偿	在某一方面的自卑感,去其他方面寻求补偿(例如在围棋上输了,到中国象棋上取胜)	○	
解离	将自己的感情和行为割离开,以一种不统合的人格形式出现		○

注:○指经常使用　△指有时偶尔使用　空白指不使用

(四)精神分析心理咨询中的技术

最主要的技术是感情的发泄,分为:阴性发泄,如攻击或冷淡,阳性发泄,如产生爱慕之情。如果感情得不到发泄,就会出现身心症(如头痛、失眠等症状);还会产生行为不适应(如暴力、吵架、不良性行为等)以及心理不适应现象(如不安、恐惧、怀疑等)等。

在心理咨询中,要让来访者把内心压抑的东西释放出来,产生新的自我认知,树立新的自我价值观。这一过程的技术要点包括:(1)咨询者在分析来访者问题时要避免以自我为中心、独占话题等,要避免过于啰嗦,要认真倾听来访者说话;(2)要有心理学素养,保守秘密,与来访者建立良好信赖关系;(3)共感性要强。总之,在心理咨询过程要通过各种方法帮助来访者尽量将感情宣泄出来。

(五)精神分析心理咨询的技术和方法的总结

第一,精神分析咨询法是一种次数少、时间短、直接有效的方法。主要让来访者洞察无意识,净化内心世界的感情。

第二,咨询师在倾听来访者倾诉时,既要倾听其语言,又要观察其非语言行为,如表情、身体特征、姿势特征等等。

第三,解释时要注意有尺度、有分寸。如不能说"你因为有自卑感,所以虚张声势,将对父亲的感情移到了老师身上",应尽量委婉,如"你是不是……"。在分析、解释中要传达大量信息,但不要以"你……"开头,而应说:"我是这样想的……"、"我认为……"。解释要适当,一次不要解释太多,否则来访者会"消化"不了,不能很好地接受。

第四,解释的顺序一般是:先解释行为类型,再解释行为内涵,最后找出行为原因。

五、从行为主义到建构主义的咨询方法:认知行为疗法

认知行为传统以其自身鲜明的方法与观念代表了一种重要的咨询方法。这种咨询方法

从行为心理学中发展而来,关注改变及问题解决,关注人们借以监控自身行为的认知加工过程,尊重科学价值。近年来,许多曾接受认知行为方法训练的咨询师和心理治疗师对建构主义者的观点产生兴趣。建构主义对人们用以创造生活的现实世界的语言给予了特别的关注。建构主义治疗师试图帮助来访者更多地了解,并改变这种语言,在实践中把认知行为的重点放在了实际问题的解决上。

认知行为疗法的心理咨询过程或程序为:(1)心理咨询师和来访者之间建立和谐关系,形成工作联盟的同时解释治疗的基本原理;(2)评价问题,确认和确定问题行为和认知的频率、强度及适当性;(3)设置改变的目的或目标(来访者应当选择清晰、明确且可以实现的目的或目标);(4)应用认知和行为技术;(5)监控过程,利用对目标行为的即时评估;(6)终止,制定下一步计划,强化成果的泛化。目前学校心理咨询运用较广泛的是行为疗法,以下作重点介绍。

认知行为心理咨询师直接观察来访者在生活中处理问题的方式,发现:(1)人们加工外部世界信息的方式不同;(2)人们所拥有的关于世界的信念,即认知内容方面各不相同。因而设计了相应的干预策略和手段:(1)挑战不合理的信念;(2)重构主题,比如把内心的情绪状态理解为激动而不是害怕;(3)与咨询师一起来演习不同自我陈述的作用;(4)测量感情,比如把当前的焦虑或恐惧情绪放到一个0—100等级的量表中;(5)停止思考不是让焦虑或摆脱不了的思想占据自己的内心,而是让来访者学着去做一些事以打断这些想法,比如猛弹束在手腕上的橡皮圈;(6)系统脱敏是用所习得的放松反应来取代焦虑或害怕的反应,由咨询师带领来访者经历相应等级的害怕情境;(7)进行关于自信或社会技能的训练;(8)布置家庭作业,在治疗期间,对新行为和认知性策略进行练习;(9)暴露在真实情形之下,来访者与心理咨询师一起进入非常可怕的情境之中,比如,与患有广场恐惧症的来访者一起去逛商场。总之,心理咨询师的作用就是鼓励来访者运用认知行为技术来应对这种情形。

(一)行为疗法概述

"行为疗法"一词最早由斯金纳(Skinner,B.F.)等心理学家于1954年提出,是利用学习心理学和行为科学的原理,使人的行为发生变化以解决人的不适应问题的一种心理疗法。行为疗法使人的行为认知发生变化,具有客观的治疗效果,从而获得较好的社会评价,使得行为疗法的技术不断地被开发出来。在当前的学校心理咨询和辅导中也有一定的应用价值。

1. 行为疗法的特征

第一,行为疗法并不是使人的人格发生变化,而是使人的行为发生变化。

第二,注重人与环境的关系,在治疗时注重行为和环境的协调。

第三,重视人的生活经验,认为有经验的人,其行为质量水平较高。在治疗时要求来访者要吸取经验教训,注重今后的发展,不要对过去耿耿于怀。

2. 行为疗法的常用技术

行为疗法的基本理论主要来自行为主义学习原理,如经典的条件反射原理、操作性条件反射原理和模仿学习原理。下面是行为疗法常用技术的简单介绍:

第一,系统脱敏。

这种技术适用于焦虑和各种恐怖症的治疗。有些来访者在某种人际关系或社会环境中感到非常不安、恐惧，产生行为异常（如害怕与人交往、逃离等）现象或问题。这时，可采用系统脱敏技术，通过建立相反的条件反射使来访者的身心处于放松状态，降低不安和恐惧的水平，直至最终消除过剩的不安或恐惧反应。

第二，渐进的接近。

即为了达到最终的目标，采用"目标分层"技术，将治疗过程划分为几个阶段，每个阶段各设目标，分层实现。如果某个阶段的目标没有实现，那么就不能继续下一阶段的治疗。

第三，社会技能训练。

日常生活中社会交往技能的缺乏，会导致不适应的社会行为。如与领导见面或即兴表演时会手足无措等，均可以采用"角色扮演"的技术训练来加以改善。角色扮演既是对现实生活的一种重复，又是一种预演。通过角色扮演，来访者可以学习新的行为，改变自己旧有的行为，从而达到增强社会技能的目的。

第四，参与造型技术。

参与造型技术主要依据主动的模仿学习原理，使来访者通过模仿和实际参与，习得新的行为。一般先指导来访者观察针对其问题而设计的示范情境，然后让来访者模仿并参与该情境进行实践。开始时，来访者可以边观察边模仿，此时咨询师要注意强化来访者的适当行为倾向；接着，咨询师可用声音、言语等指导来访者模仿学习；最后，让来访者独立地参与实际或模拟情境，激发、强化来访者的创造性行为。行为疗法的技术总结见表4-5。

表4-5 行为疗法的各种技术一览

主要技术	治疗方法和主要内容
正强化	运用喜好的刺激作练习的强化物，增加良好行为的出现率
惩罚	施加惩罚物或取消正强化物，减少不良行为的发生率
负强化	减少或撤消消极刺激，增加来访者良好行为的出现率
消退	停止强化使行为出现频率降低或停止惩罚使原减少的行为增加
变时强化	有时强化，有时不强化，以增加良好行为或减少不良行为
塑造	建立新行为，从不会到会，以增强行为数量和行为的力量与强度
渐隐	逐渐变化刺激，使个体对适当的刺激做出反应
连锁	通过一连串刺激与不良强化物多次重复配对，使不良行为减少
厌恶法	将厌恶刺激与不良强化物多次重复配对，以减少不良行为
模仿示范	通过示范、观察学习来获得或增加良好行为，减少或消除不良行为
指导	通过言语、书面指导以及身体接触上的动作指导，使个体控制自己的行为
情景诱导	有意识地运用情景和场所来控制行为
报酬法	用积累起来可以计算成绩或成果等的报酬物充当强化刺激来矫正行为
自我控制	来访者自己对自己实施矫正程序，以抑制不良行为或增加良好的行为
系统脱敏	在放松条件下从弱到强呈现刺激或情境，以使个体逐步脱敏与适应
生物反馈	通过电子仪器学会有意识地控制自身的心理生理活动

(二) 治疗过程

1. 明确治疗要达到什么样的目标

在治疗过程中确定治疗目标,即通过治疗使来访者的行为、感情和认知发生什么样的变化。在这里,要区分"希望达到的目标"和"可能达到的目标",前者是理想的,后者则是现实中可以达到的。如果目标过高,就会脱离现实而无法实现;目标过低,往往又会导致心理咨询或治疗的过早中断。

2. 其他注意事项

第一,对可能达到的治疗目标进行客观的观察,掌握客观的数据,以确定治疗的方向及有效性。

第二,必要时进行心理测量,通过心理测量可知道来访者的承受力,以确定治疗的频率、每次治疗的时间长度等问题。如对于学习有障碍的孩子,要针对其注意持续时间和言语能力等情况进行心理测量,以安排好每次治疗的时间和言语的使用策略等。

第三,要注意对来访者的问题或不适应行为背后的原因进行分析。

第四,注意在治疗过程中对来访者的情绪反应进行修正。在治疗过程中,肯定和否定要交替进行:让来访者保持积极的情绪、有新奇感,以强化其治疗的动机和求知欲。如果来访者在治疗过程中出现了厌烦等消极情绪,应及时采取调整措施。

第五,对部分来访者的不适应行为应采取渐进疗法,渐进地达到目标。

第六,注意促使来访者对自己的人际关系进行修正,使其回归社会现实生活。

第七,对治疗结果进行及时的评定和反馈。

(三) 行为疗法重点技法介绍

1. 系统脱敏法(systematic desensitization)

系统脱敏法是最早也是最常使用的行为治疗技术之一,利用交互抑制原理来达到治疗目的,主要用于治疗来访者在某一特定情境中所产生的超出一般情况的不安和恐惧,如社交紧张、恐惧症、强迫症、儿童或青少年厌学症和考试焦虑等方面,因为这些问题的刺激与反应之间都有明确的关系。至于人格障碍,因其刺激—反应间并无明确关系,所以其矫治不适用于系统脱敏法。

系统脱敏法由三个步骤组成:(1)弛缓训练。代表性的方法有渐进肌肉放松法、自由联想、音乐疗法和自律放松法等。(2)建立不安刺激阶段表。先找出使来访者感到不安或恐惧的刺激(事件),让其报告出对某一事件感到不安或恐惧的主观程度。这种主观程度可用主观感觉尺度(0—100,单位为SUD,"主观干扰程度"的缩写)来衡量,其中 0 代表心情平静;25 代表轻度恐惧;50 代表中度恐惧;75 代表高度恐惧;100 代表极端恐惧。将当事人报告出的不安或恐惧事件按等级程度由小到大排列,一般建立 10 个左右的等级层次。一个对考试感到恐惧的男孩,他的主观等级的阶段排列见表 4-6。(3)脱敏训练。先弛缓训练,按前述方法放松;再利用想象进行脱敏,从等级层次中最低的一个事件开始,由治疗者做口头描述,让来访者进行想象,保持想象 30 秒左右;然后,停止想象,来访者报告此时感觉到的主观恐惧和不安的等级分数并作记录;然后,再做弛缓训练;重复上述三个步骤,直到来访者对此事件不再感到恐惧和不安为止;再对下一个事件进行同样的脱敏训练……要注意,应根据来访者的体质确定时间的长短。

表 4-6 不安刺激阶段表举例

编号	不安程度(SUD)	等 级 事 件
1	0	学期结束,再也没有考试了
2	10	上学期开始,老师告诉我们考试的计划
3	20	考试前两周,我感到有些压力
4	30	考试前三天,我开始紧张,感到难以集中注意力
5	50	考试前一夜,我失眠了
6	60	考试的当天,我走在路上有些头晕
7	70	我走进教室,双手潮湿,心脏猛烈跳动
8	80	考试铃响,我全身紧张,无法行动
9	90	拿到考卷,我全身僵硬,头脑一片空白
10	100	看着考卷,我无法动笔,有一次我中途离开教室

2. 自律训练法

自律训练法由德国心理学家休尔斯(Schultz, T. H.)于1936年发明并首先使用。其原理是:当人处在心理放松的自律性状态时,交感神经系统中的一些过度活动就会受到抑制,从而促进血液循环。在心理治疗和咨询中采用自律训练法可取得一定的身心保健效果。心理层面上可以防止紧张,减少攻击性,减轻焦虑及矛盾心理;生理层面上对失眠、肠胃障碍、头痛和抽筋等问题比较有效,坚持训练2—3个月,还可改善人的呼吸系统;社会层面上可以帮助促进人际交往,增强人的某些社会功能;能力层面上能使人的注意力得到强化,改善记忆力,帮助提高体育成绩,开发青少年创造力等。

自律性神经放松的技术可分为七个阶段,我们称之为"七式":第一式,安静练习(每一式中都有暗示语,要求练习者感情沉着,心境安定);第二式,四肢重感练习,先是两手手腕,然后是两脚脚腕,先右后左(左手利者则反之),练习时用缓慢而有力的声音自我暗示"我的手腕沉重,沉重,越来越沉重……我的脚腕沉重,沉重,越来越沉重……";第三式,四肢温暖感,先是两手,然后两脚,也是通过与第二式相同的暗示方法来进行;第四式,心脏调整,自我暗示"心脏安静且有规律地跳动";第五式,呼吸调整,自我暗示"悠长、轻松地呼吸";第六式,腹部温感练习,将温暖干燥的手置于腹上,通过自我暗示来进行,在练习时注意保暖(此式可针对食欲不振、恶心、腹痛和焦虑等症状);第七式,前额清凉感练习,可提高注意力水平,增强记忆力,自我暗示"额前有清凉的感觉",这是七式中难度最大的一项。

自律训练技术的练习方法要求:(1)每天至少练习一次,不可中断;(2)练习前全身放松,可仰卧在床上或沙发上,如果坐在椅子上,要让背部舒适;(3)取闭目养神的姿势,调整呼吸,排除杂念,清心寡欲;(4)自我暗示"松,松,全身放松……","安定,安定,心情安定"等词句;(5)顺序练习一开始每次可进行1—2式,之后逐渐增加动作和时间,直到完全掌握;(6)开始时每练习一次用时3—5分钟,以后逐渐增加时间,心理患者每天2—3次,一个疗程2—3个月;(7)在平时工作时进行自律训练,要有苏醒感觉,在苏醒前要做准备工作;(8)若在晚上睡觉时进行,则可直接进入睡眠状态或接着做音乐疗法(但时间不可超过自律训练的2倍);(9)练习期间,不喝凉水、冰冷的饮料;(10)配合一些散步和体育活动。

3. 暗示疗法

暗示疗法是指在心理咨询的场合中,通过语言和非语言的交流,使来访者的认知、感情和行为发生潜移默化的变化。这种方法可用于消除心理不安或不良习惯,使心理症状得到缓解,心理机能得到提高。

第一,不同的标准下的分类:(1)语言暗示和非语言暗示。语言暗示是指利用权威方法,用语言诱导,使治疗对象进入催眠状态;非语言暗示则是通过姿势动作、影视和象征物品(摆件或灯光)等手段来诱导治疗对象进入催眠状态。(2)直接暗示和非直接暗示。直接暗示明确地表达治疗意图;非直接暗示将治疗的意图隐去,减少当事人的心理阻抗。(3)他人暗示和自我暗示。由他人发出的暗示称为他人暗示;由被治疗者本人发出的暗示为自我暗示,如前面所讲到的自律放松法中的暗示。(4)人格暗示和非人格暗示。通过咨询师的感情、认知、思考和人格魅力来达成的暗示,我们称之为人格暗示;通过物品、录音、录像和影视等进行的暗示为非人格暗示。(5)单独暗示和团体暗示。在一对一的场合进行的暗示为单独暗示;若接受暗示的对象为团体,则为团体暗示。

第二,暗示并不等同于催眠。暗示虽然可以分为觉醒暗示和催眠暗示两种,但后者与觉醒状态的催眠情况不同。要注意对于中小学生应尽量多采用觉醒暗示。

第三,暗示疗法的适用范围。暗示疗法适用于不安、恐怖、睡眠障碍、过食、多动、口吃和交通不适应(如晕车)等,除此之外对健康人也适用,例如可帮助学生增强注意力和记忆力。

第四,使用暗示疗法要注意以下事项:(1)心理咨询人员与来访者之间一定要建立相互信赖的关系,如果心理咨询师具有权威性则效果更好;(2)对于来访者可能出现的心理抵抗,咨询师要根据对象的人格、治疗动机、情绪变化和反应灵活应对,注意采用适当的语言技巧;(3)在实施暗示疗法的过程中,语言上多用肯定句,尽量不用否定句;(4)每个人都有被暗示性,但暗示的反应程度因人而异,问题在于如何巧妙地使用暗示,消除对方的心理抵抗;(5)心理咨询师要注意将各暗示方法综合使用,这样才能取得较好的治疗效果。

认知行为主义的心理咨询,在20世纪的最后20年经历了一场理论革命。该领域的许多领军人物,自称为建构主义的临床心理学家。目前,建构主义的理论仍在不断发展中,从事学校心理咨询工作的专业人员应密切关注。

建构主义有三个基本假设:(1)每个人都是积极的学习者,均有目的地为自己的世界赋予意义;(2)语言功能是主要的方法,人们通过运用语言,建构他们对世界的理解,因此建构主义咨询师对语言学的产品表现出特别的兴趣,如小说、比喻均被视为构建经验的方法;(3)人们建构世界的能力具有发展性。这三个核心的假设使早期认知主义和认知行为主义的咨询师与新近的建构主义者之间形成鲜明的对比。对于使用认知行为疗法的心理咨询法来说,建构主义显然是未来的趋势,而不是走向完全不同的方法。表4-7对认知主义咨询方法和建构主义咨询方法进行了比较。

表4-7 认知主义咨询方法和建构主义咨询方法的比较

特 征	传统认知疗法	建构主义疗法
干预和评估的目标	隔离掉自动想法或不合理的信念	建立系统的、个人化的叙述
关注时态	现在	现在,但更具发展性的重点
治疗的目的	矫正的、消除功能紊乱的	创造性的、促进发展的
治疗风格	高度的指导性和心理教育性	较少的结构化,更具探究性
治疗师的角色	说服的、解析的、技术性地指导的	沉思的、高度个体化的
解释情绪	消极情绪是由于被曲解的思想;呈现问题用以控制问题	把消极情绪作为向现存事物挑战的情报性信号;值得尊重
理解来访者的阻抗	缺乏动机,被看作是功能紊乱的	努力保护核心的秩序进程

来源:Neimeyer(1993,1995b)

六、国际上其他心理咨询技术的介绍

学者们普遍认为心理动力学、认知行为主义和人本主义学说,代表着考察人类情绪、性格和行为问题的最基本方法,是三种最"核心的"方法。但是,在实际操作的心理咨询过程中,由于文化、经济和社会力量的融合,以及学校教育的变革,产生了多种多样的心理咨询理论和技术。根据国外学者的统计数据,目前世界上的心理咨询与治疗的模型有400余种,以下介绍几种代表性的心理咨询技术或方法。

(一)精密型心理咨询

1. 咨询过程的五个阶段

精密型心理咨询将各种心理咨询的方法综合起来,形成一套精致有序的心理咨询技术,共分五个阶段进行:(1)支持与改造化阶段。心理咨询的面接导入,主要与来访者建立相互信赖关系。(2)倾听阶段。切实把握来访者的问题,不发表意见。(3)选择方案。针对来访者的问题,确定解决的目标和解决方案。(4)明确具体的对策。一般有几个可供选择的对策,要求当事人最后决策,并对自己的选择、决定负责,以避免当事人对咨询师产生依存心理。(5)将对策付诸实践。对策选定之后的实行,要求学生每次将学习结果告诉教师,而心理辅导教师要做一定的观察和调查。比如在实践中发现同样的问题,心理辅导教师不能急于替其解决,要让学生有尝试错误的机会。

2. 特征

这种咨询方法不是改善来访者的短处,而是发挥其长处。根据来访者感情、认知发展的程度来设定相应的对策,在不同阶段可使用不同方法。此外,根据来访者的具体问题状况,也可综合使用各种咨询方法。

3. 技术

主要有四种:(1)相互接触技术,通过适当的视线位置、身体姿势的表现、声音、音质、语言力度和场面构成技术来达到良好的接触;(2)对焦的技术,心理咨询师在分析、解决问题时不能模糊,要找准来访者问题的症结和主诉背后的烦恼;(3)积极的技术,心理咨询师在咨询过程中除了对来访者指导、提供帮助和建议之外,还应有适当的自我开示,并在必要时提供建议;(4)对立的技术,指心理咨询师在与来访者进行价值观念碰撞时要善于指出来访者行为、感情和认知中不一致的地方,以引起来访者的反思和内省。

(二) 小团体心理咨询

近年来团体咨询正日益受到关注,其形式是由 4—5 个人(最多不超过 7—8 个人)组成一个咨询的小团体。参加该团体的人员具有相同或相似的问题。心理咨询师在咨询时担当主持人,先确定其中一个最典型的案例,然后组织大家进行讨论。

小团体咨询具有以下优点:(1)团体中人和人的接触可防止来访者的孤独感,在团体交流中每个人显示出不同的特点和个性,相互比较后能取得共同的理解。(2)有相同苦恼的人在一起,容易相互关心、产生共感,所谓"同病相怜",大家同是弱者,由此产生心理上的安全感,进而彼此关心、相互援助。(3)其他人的语言行为对自己而言是一面镜子,镜子中能映出自己的影子,能帮助自己获得洞察力;反过来自己的语言、行为和思考又可以从团体其他成员那里得到反馈,心理咨询师只需协调、把握住团体成员之间的关系即可,省去了心理咨询师的许多精力。(4)让来访者在团体中自我成长,产生"这是我们共同的想法"的观念,形成共识,才能使每个来访者的认知、感情发生变化,并从中获得满足和自信。

(三) 野外合宿讨论咨询

野外合宿讨论咨询的对象以中学生和大学生为主,成员自愿报名参加,原则上心理健康者占多数(2/3 或 4/5 以上)。野外合宿的时间一般为 2 天 1 夜到 4 天 3 夜,地点多选择森林、温泉地带或"文化孤岛"(与媒体、网络等隔绝的地方)。在野外宿营期间可进行登山、探险等活动;讨论时不以团体中的案例为对象,而是选择与宿营群体相关的其他类似事例作为讨论主题,目的是促进参加者的自我理解和对他人的理解,学会自我开示,改善人际关系。

(四) 演剧心理咨询

演剧既是对现实生活的一种重复,又是对新的人际关系和生活的一种预演。演剧心理咨询就是通过角色扮演使来访者表现自己的情绪、认知和思想,多用于改变来访者的不良行为和进行社会技能训练。

第一,演剧心理咨询由五个要素构成:(1)导演,这一角色通常由心理咨询师担任,指导、监督和控制剧情发展。(2)助理导演,这一角色通常由团体中心理健康者或某一方面能力比较强的学生担任。他们一方面支持演员,另一方面把导演的指示传达给演员,给演员某些活跃性的刺激。还可以作为替补演员临时上场演出。(3)演员,即来访者。可一人饰两个角色也可两个人合饰同一个角色,在演出途中演员可以更换。(4)观众,指参加演剧观摩并受教育者,十几人到三十人之间。(5)确定舞台地点。

咨询师在演剧过程中只需大致把握主题,鼓励演出者即兴发挥即可。来访者发挥得越好,心理问题表达得越淋漓尽致,效果就越好。

第二,关于心理剧。心理剧是一种即兴的演出剧,来访者表现的主要是对过去生活的体验,对未来生活场景或行为改善、发展的预想。来访者内心的问题、矛盾在"现在"的演出中得到展示或受到启示,非常重视"现在"、"在这儿"的场景体验,不仅要重视来访者的语言表现,还要重视其非语言行为的表现。心理剧的演出没有固定的剧本,来访者以个人的自由意愿为主,不带任何强制性。不过仅凭个人的自由意志,并不能成为真正意义上的心理剧。因此在进行心理剧时,特别要注意三个阶段的准备工作,即演出前的准备、策划,演出中的剧本的大致线索、场景设定及演出后的集体讨论。

心理剧对问题儿童、不适应学生或神经症患者具有一定的效果,至于儿童、青少年的人格障碍问题,还须与其他心理辅导、教育方法结合起来,才能发挥矫治效用。

(五)生活分析的心理辅导法

生活分析的心理辅导技术(life analytic counseling,LAC)是国外学校心理健康教育活动中新开发出的一种辅导技术。主要以缺乏学习动机、生活目标及理想的儿童、青少年为对象,帮助他们对自己的学习、生活、奋斗的目标、奋斗的方式进行分析、反思、计划等,使他们的认知、行为朝着积极的方向发展。

1. 材料准备

第一,20—30张1.5 cm×4 cm的标签纸;

第二,生活分析心理咨询的具体示范样本或事件(如学习问题、人格问题、适应问题或成长问题等)画板A、B两块;

第三,"生活行为的分析计划图"两张,用来粘贴标签纸;

第四,B4纸张,用以制作"生活分析目标图表"。

2. 辅导制作过程

指导语:"把你想做的事情写在标签上,然后粘在'生活行为的分析计划图'上";"在'生活行为的分析计划图'中,将所做的事分类,如健康、朋友、学习、活动等"。

第一,要求当事人将分类出来的东西用名称区别。

第二,要求当事人制定"生活分析目标实践日程表"。根据现在要做的事情的必要性和重要性排序;在"分析计划图"中给排好次序的项目配置分数,可以从10—100分进行配置;从最重要的目标中选择两项,对之进行细致的行为分析,制定日程表;制定好"生活分析目标实践日程表";每一个月进行一次行为评估和反馈。

第三,对新的"生活行为分析目标图表"进行总结。6个月至1年后,对长期行为进行结果评价。

3. 辅导技术特征

第一,重视现在的生活,重视个人行为的具体化和数量化;

第二,尊重来访者的主体性,使其生活具有积极的目标;

第三,使来访者具有自我洞察力,使其个人生活特征化;

第四,通过反馈和评价强化动机。

(六) 沙盘疗法或箱庭疗法

1. 理论依据

人们的欲望、精神能源和潜意识在一起联系,可以通过某种艺术手法或游戏表现出来。儿童、青少年的自我表现愿望、创造性可以与适当的表现形式结合起来,成为人格发展的强有力的精神能源。在心理咨询过程中,不能用语言表现的深层心理问题为数不少。在需要克服这种自我表现的困难时,以艺术和游戏手段为主的沙盘疗法或箱庭疗法(sand play technique)既可以降低来访者的紧张,减少其心理抵抗;又可使其内心世界更容易表现出来。因而成为心理咨询专业人员常用的一种治疗方法。

2. 材料

箱庭疗法的主要工具是沙箱,通常使用的规格为 $57 \times 57 \times 7$ 或 $57 \times 72 \times 7$(单位:cm);箱内漆成蓝色,象征着海洋或河川;箱子边上有道具架,上面摆放各种小道具,如微型房屋、树木、人物、动物、山峰、田舍、汽车等小玩具;沙子要干净、细腻,并保持适宜的湿度。

其中各种微型道具的摆设,能使孩子在沙盘这个小世界中自由地表现自我感受,发挥创造力,从而诱发内在自我治愈或自我成长的力量。干净、细腻的沙子,在心理治疗上能使儿童、青少年产生情绪上的放松感。

3. 游戏过程简述

在箱庭游戏过程中,心理咨询师并不要做这做那,而是采取守护者、旁观者的态度在一旁观察;再以自己的心理学知识对照画品的象征意义作分析解释,采用心理分析疗法,然后再转向感觉性的表现疗法,通过摆放微型道具摆设等,激发来访者的自我表现力和创造力,来净化潜意识中的各种杂念,达到治疗效果。如果来访者在游戏制作过程中,表现出一种无法克制的破坏、冲动的行为,咨询师可暂时中止游戏过程。

4. 箱庭游戏疗法制作的象征意义举例

城市、山峰:心理紧张度高。

乡村:内心不平静,希望宁静的生活。

全部采用动物摆设:人际关系可能淡薄。

使用坟墓或战场等表现手法:内心矛盾、攻击或纠葛较多。

激烈的战争场面:攻击欲或性欲强烈。

反复性、固执性画面:判断可能有偏执性格或强迫症倾向。

整个画面支离破碎、难以解释:可能有精神分裂症倾向。

只利用沙盘一角或沙盘较空泛:可能患有神经症。

动物、人出现的次数少,画面分割、无统一感但内容能解释:可能患有人格分裂症。

(七)叙述性方法:用故事来进行咨询

心理学家杰罗姆·布鲁纳(Jerome Bruner,1900)认为范式(paradigmatic)、知识是认识世界的方式之一,即人们通过故事来获得对世界的感觉过程。布鲁纳认为我们生活在一个充满故事的文化中,每天都被故事如神话、小说、电视肥皂剧、办公室里的闲谈、家庭历史等等所包围。我们一直在对自己及他人讲故事,通过故事来构建、存储和交流我们的经验。不过,布鲁纳也指出,社会科学和心理学直到最近才对故事给予了一点关注。布鲁纳指出,认识世界的真实知识需要通过抽象科学和日常生活故事两种方式,两者相互影响。所以,应该对故事更认真严肃一些。

故事与单纯的事件记录不同。一个建构很好的故事能生动地传递悬念和感情,传递故事讲述者与故事中人物的人格方面的东西。故事可能含有评价的成分,如故事中经常有一个"道德",讲故事是为了"立论"。与之相比,叙述是一个更具有包含性的术语,它用来解释描述一个发生的事情,可能包括几个离散的叙述;也可能包括对一些叙述的解释或结合了事件和解释的解释。因此,在一个咨询阶段中,来访者所说的可以认为是其几小时的进程中所讲的,三个或四个离散的"叙述"所构建起来的"叙述"。在学校心理咨询实际操作过程中,某个学生叙述的故事如下:

> 我是"学校的替罪羊",总是被回避和捉弄……我的父母都是非常聪明的人……他们是好人,现在我跟他们的关系开始变好……压力很小,现在压力很小……他们从来没有具体的目标,但是他们希望我有……我的意思是他们在音乐方面强迫我,因为我曾经是一个非常优秀的双簧管演奏者……他们帮助并支持我……但是他们要求我每天练习一个半小时,或者以其他的要求让我继续努力……我希望出去与我的朋友以及我所有的任何朋友一起玩,一起在森林中奔跑。

叙述性方法的心理咨询技术,经历以下五个阶段:

阶段一:回忆叙述。运用指导性的想象练习帮助回忆。对重要的生活事件进行回忆,家庭作业包括写每年生活中的关键故事;回顾收集的生活故事,并从中选择一个"原型"来叙述。

阶段二:叙述的客观化。使用"让读者进入正文"的方式来重述重要的叙述,如更多地关注感觉线索(视觉的、听觉的、嗅觉的、味觉的和触觉的)。收集文献和人工制品(如照片、音乐、信件),通过对故事所指的外部事务进行定义,使故事客观化。

阶段三:叙述的主观化。这一阶段的目的是使来访者对自己叙述的故事增强内部体验的意识性。如,咨询师激发来访者回忆一个重要的故事时,可以通过指导语"让你自己只意识到自己此刻所体验到的",使来访者将注意集中于对事件的内部体验。

阶段四:对叙述进行比喻。对来访者进行由故事产生比喻的联想训练,接下来再对其生活中的想象来源进行分析和探讨。

阶段五:对叙述进行计划。对来访者进行构建替代性比喻的练习,其中的比喻来自资料和艺术,是咨询阶段和以后日常生活中新的比喻来源。

综上所述,目前世界各国的心理治疗技术和心理辅导方法正在不断更新和发展,其中的一些对我国的学校心理学研究和心理辅导事业具有借鉴、学习的意义。可以进一步结合我国的国情,具体分析、考察,有针对性地加以学习和吸收(表4-8为心理咨询技术使用比较)。

表4-8 对不适应、问题学生的各种心理咨询技术的使用比较

分类	不适应、问题行为	心理咨询技术								
		游戏疗法	箱庭疗法	描画疗法	音乐疗法	行为疗法	自律训练法	催眠疗法	团体辅导	个别心理咨询
人际关系问题	自闭性障碍	○			○	●			○	
	缄默症	●	○	○		○				
	人际关系紧张、恐怖	○	○	○		○	○	○		●
	攻击、破坏倾向	○	○	○						
	内向、孤立、胆小	●	○	○						○
适应问题	注意缺陷、多动	●			○	○				
	情绪不安定	●								
	反社会行为	○	○	○		○			○	○
学校学习生活问题	学校恐怖症	●								○
	厌学症	○	○	○		●			○	●
	学习困难、障碍						○			
神经症问题	夜尿症						●			
	神经性不安	○	○	○	○	●		○	○	
	强迫倾向									
	口吃等	●				○		○		
身心症问题	神经性头痛、呕吐等	○					○			
	摄食障碍	○	○							●
	呼吸急促、紧张性胸闷	○	○						○	○
	夜惊、失眠等	●	○	○				○		

注:●经常使用的心理咨询、治疗技术 ○有时使用的技术 (空白)不使用

七、学校心理咨询师的督导制

在心理咨询的实践中,为保护儿童、青少年的身心健康,克服心理咨询技术运用中出现盲目和偏差的可能性,特别是对新从事心理咨询的人员和学校心理辅导教师进行指导和带教时,必须采取心理咨询实践督导制度(supervision)。新从事心理咨询工作、缺乏学校心理辅导

工作经验的人员,则有必要主动积极地争取和接受督导,以克服自身工作中的盲目性或可能出现的偏差,提高自身的心理学素养和实践能力。

心理咨询的督导、带教主要内容有:(1)心理咨询过程中,心理咨询人员与来访者的相互关系形成及其交流的方式;(2)对心理咨询的场面、状况的把握,及时理解、洞察来访者内心世界的方式、方法;(3)制定解决问题的方法,使来访者的行为、情绪、认知活动等变得更为适应。

进行带教、督导的专业人员,必须是心理咨询领域里的专家或富有实践经验的专业心理辅导人员,应具备以下条件:(1)带教、督导者自身积极参加心理咨询和心理辅导的实践工作,具有丰富的临床实践经验。(2)带教、督导者受过严格的心理咨询专业课程的培养和训练,具有扎实的理论根底和专业背景。(3)在心理咨询领域里,具有一定的科研能力和研究成果。(4)学校心理辅导教师的带教者、督导者,必须是熟悉学校教育工作或自身具有教师工作经验的人。如医院中的心理咨询医师虽然具有丰富的心理治疗的临床经验、技术和理论知识,但作为学校心理辅导教师的带教、督导者显然不合适。

督导的对象有两类:一是从事心理咨询事业的新手或刚入门的年轻教师,二是较有经验,心理咨询技术较熟练的人员。后者接受督导的主要目的是使其发现自己心理咨询过程中的"盲点"问题。督导方式有个别辅导与小组(或团体)辅导两种。其中个别辅导要预约,然后进行面接、导入、指导、洞察、交流、布置研究"作业"、结成协作关系等。标准的带教、督导时间与心理咨询的案例面接时间单位相似,每次约50—60分钟。

督导者在督导过程中所运用的指导方式也有两种:一是传统的"分析评价式",督导者对被督导者的案例进行细致的分析、批评和指示等,这种方式虽然容易学到许多新的东西,但容易使被督导者产生被评价的自卑感。第二种是"自我洞察促进型",启发被督导者思考"你对这个来访者是怎么理解的?"、"这个学生想告诉你什么呢?"、"你的根据何在"等问题,使被督导者做到自我洞察、自我发现,从而提高心理咨询的技术和能力。无论接受何种督导,以何方式接受指导,在督导开始之前,被督导者都要准备好有关资料,并提交一份给督导教师;在接受督导过程中,被督导者都要认真做好学习记录。

从1945年美国最早进行心理咨询师专业化资格的认证开始,心理咨询师专业化进程已经有了60年的历史。到目前为止,世界上很多国家都建立和完善了心理咨询师资格认证制度,有力地促进了世界心理咨询事业和学校心理健康教育工作的发展。所以从自身今后的更好的专业化发展途径来看,学校心理辅导教师和咨询师应积极参加到国家政策规定的心理咨询师的培训、督导和资格认证的进程中去。

美国学校心理咨询师的培训和资格认证主要有以下几个方面:(1)资质鉴定(accreditation),指对教育培养机构(如大学心理学系、心理学研究院所等)所提供的心理咨询专业课程之质量和水平进行评价的制度;(2)资格认证(credential),指认可某一专业人员是否达到了既定的职业标准和开业要求的制度;(3)注册(registration),与资质鉴定、资格认证相比,不够严格;(4)认可(certification),资格认证的一种,由非官方机构实施,具有非强制性的;(5)执照(license),是资格认证的最高形式,获取执照被称为"开业"(practice act)。

英国在规划心理咨询师的培训课程的认证方面取得了引人注目的巨大成就,具体有二:

(1)在培训要求上的统一性。规定不管支撑培训的资格认证模式是什么,所有培训课程都必须含有九大要素,即职业资格取得、理论知识、操作技能、个性发展、职业发展、咨询实践、督导、测查和评估。(2)强调心理咨询师的伦理和被服务者的投诉。被强调的伦理原则包括诚信、自觉、慈善、无伤害、公正、自尊等条款;被强调的咨询师的道德品质包括共感、诚实、正直、达观、尊重、谦虚、能力、公平、睿智、勇气等,人本主义色彩非常浓厚。

国外的心理咨询师的培训和资格认证制度中的某些做法,可供我们在今后的研究过程中参考或借鉴,见表4-9。

表4-9 世界各国心理咨询师资格认证制度一览表

国名	资格内容	制定年度	备注
美国	博士学位,医师资格证或同等条件	1945年	1978年推广到全美50个州
加拿大	同上	1970年	仿照美国
瑞典	颁发资格证书要依据相关法律条款	1978年	由政府依照法律来进行资格认证
法国	同上	1985年	同上
澳大利亚	同上	1965年	由州政府来进行资格认证
巴西	同上	1962年	根据中央政府法令,由各州自行认证
英国	颁发资格证书要实行公证制度	1968年	国家学术委员会认证制度
德国	同上	1986年	同上
日本	同上	1990年	国家教育科学部认可下的学术协会认证制度

本章概要

- 心理咨询是指受过专业培训的心理咨询师与来访者之间的职业关系,它是一种关注人的需要和目标的帮助方式。
- 学校心理咨询师的主要任务就是在实施心理健康教育的过程中,对有心理不适应问题或障碍的学生实施"发展"与"矫治"相结合的咨询和辅导工作。
- 所有的心理咨询方法都强调咨询师和来访者之间关系质量的重要性,因此必须处理好咨询过程中面接的技术。
- 心理动力学咨询的主要观点是:(1)情感问题有其童年经验的根源;(2)潜意识是重要的;(3)在心理咨询过程中要注意移情关系;(4)提出了依恋理论。
- 认知行为疗法、建构主义疗法以及关注问题解决方法的疗法已被广泛地应用于心理咨询的过程中,同时,这些方法也被应用到目前的学校心理咨询中。
- 以人为中心的心理咨询技术是人本主义心理学运动的关键成分,强调个体的自我概念、成长和实现能力;咨询关系的特征是充分地接纳、和谐和共感。
- 心理咨询的技术和实践多种多样,彼此间相互竞争,不能说哪一种就一定是最好的,但均可视为促进学校心理健康教育工作的积极力量。
- 心理咨询的培训已经变得越来越专业化和规范化,对于绝大多数学校心理咨询师来说,定期接受督导是继续教育和培训的主要形式。

关 键 词

学校心理咨询　　洞察　　面接　　非语言行为　　追踪调查　　心理动力学
精神分析　　认知行为疗法　　建构主义　　系统脱敏法　　来访者中心疗法
自我概念　　演剧心理咨询　　箱庭疗法　　叙述性方法　　督导制　　资格认证

思考与讨论的问题

1. 仔细阅读心理咨询的相关定义和目的,你认为在学校教育领域的实际过程中,可以对它们作哪些修正?

2. 与你的朋友或同学做一次微型的心理咨询面接过程的演练,与本章所述的内容作对照,看看有什么收获。

3. 在心理动力学、认知行为主义和以人为中心的三种心理咨询理论和技术中,你最喜欢哪一种?请说说你的理由。

4. 你还知道国际上有哪些新的心理咨询技术或方法?请介绍给大家。

5. 心理咨询师的督导制和资格认证制度究竟有哪些重要意义?

第五章　学校心理测量与诊断的技术

心理测量在学校中应用很广:在新生入学分班前,可以给学生实施普通的智力测验;为了解学生的人格特质,可进行有关的人格测验,并据此进行心理辅导;对学习有特殊困难的学生,可以实施专门的学习障碍诊断测验;在学期结束的时候,通过对学生实施各学科的学业测验,可以了解学生对本学期学习内容的掌握程度;在学生行将毕业、面临升学或就业选择之际,可进行各种职业性向和兴趣测验,以发现其才能和兴趣,选择适合的专业或职业。由此可见,心理测量与诊断在学校的心理咨询和教育、教学活动中具有举足轻重的地位。

本章先介绍学校心理测量与诊断的基础知识、分类与运用,再对学校心理咨询中临床诊断的技术与分类作了简要的阐述,最后呈现了学校心理测验的编制和使用过程。

学校的发展需要心理测量与诊断技术。希望从事学校教育工作的相关人员,可以从本章学到学校心理测量与诊断的技术,并严格地坚守心理测验与诊断人员的道德标准,提升个人素养,为学校的教育教学工作提供更好的服务。

一、学校心理测量与诊断的基础知识

(一) 什么是心理测量

1. 心理测量的定义

心理测量是根据一定的法则,依据一定的心理学理论,使用一定的操作程序,用数字对人的行为和心理属性加以确定。

2. 心理测量的可能性

心理属性与物理属性一样,皆可测量。首先,任何客观存在的现象都有数量性质;其次,凡有数量的现象都可以测量。心理现象是客观存在的现实,也有数量的差异;心理属性必然会反映在某种行为之中,因此,可以依据对行为的测量来推测某种心理属性。

3. 心理测量的特点

(1) 间接性。心理测量是一种间接的测量。迄今为止,科学无法直接测量人的心理,只能测量外显行为。特质理论认为:某种内在的不可直接测量到的特质,可表现为一系列具有内在联系的外显行为;测量者可以通过一定的方法测量这些外显行为,并由这些行为分辨特质的性质。心理测量中"事物的属性或特性"即"特质",这是一个抽象的产物。因此,基于特质理论的心理测量永远只能是间接的测量。人的心理活动与行为是因与果的关系,由"果"可溯"因",这是心理现象只能间接测量的根本原因。

(2) 相对性。人的行为没有绝对的评判标准,心理测量考察的是个体处于连续序列上的相对位置。事实上,测验所得的智商高低、兴趣大小等,是与其所在团体多数人的行为或某种人为确定的标准相比较而言的。

4. 心理测量的水平

不论是对智力、能力倾向还是对人格的心理测量,都只具有等级量表的特征。测验分数一般只能显示等级位次,而没有相等的单位,因此不是等距量表。不过,由于多数心理特征呈常态分布,没有绝对零点,我们可以把原始分数转化为常态分布下的标准分数,把标准分数形成的量表当作等距量表来处理。

5. 心理测验和心理测量的联系与区别

心理测验(psychological test)和心理测量(psychological measurement)的内涵相互重叠,但它们的区别也非常明显:心理测验是了解人心理的工具,主要在"名词"意义上使用;心理测量则以测验为工具,是了解人类心理的实践活动,主要在"动词"意义上使用。因此,相对而言,心理测量的意义、范围更广。值得一提的是,能被应用于实际心理测量的测验才是真正有效的测验工具。

6. 心理测量和心理诊断的区别

心理测量是教育用语,一般指在学校心理健康教育活动中为了加深对儿童、青少年的理解而进行的评价,具体包括对学生的智力、学习能力、社会适应等的测量,对学生的发展兴趣、特长、性格、价值观等作出综合的理解。心理诊断是心理治疗过程中的专业用语,它从临床心理学角度,针对部分有心理障碍的学生进行筛查,目的是了解个人问题的本质,不适应症状的产生机制、种类、问题异常的程度,有无病理变化的可能性等。

从使用范围来说,学校心理测量最主要是用于教育心理领域中,以学生的智力、特长、学习能力、性格、适应能力、兴趣等方面的评定为主;而对儿童青少年问题行为、不适应症状、异常人格进行测量时,则以学校心理诊断为主。

(二) 如何选择心理测量量表

选择恰当的心理测量量表需依据以下条件:

1. 版权条件

所选量表是否为国家正规出版物?盗版量表不仅质量和科学性得不到保证,而且一旦受到版权追究,学校心理咨询室也可能会受到牵连。

2. 效度

效度是指一个测量相对于其测量的东西达到的正确和客观程度,分为内容效度、预测效度和结构效度。

3. 信度

信度指同一测量在相同（相近）情况下两次（多次）测量同一组被试，其结果的相关程度。一般地，智力测验的信度系数在 0.90 以上为优；个性、态度等测验，信度系数大于 0.80 为佳，大于 0.70 是可信赖的，若在 0.60 左右仅有参考的可能性，小于 0.40 则是不可信赖的。

4. 难度与鉴别力

测验量表的好坏与项目的选择有很大关系。好的测题是鉴别力高并且难度适宜的项目。其中项目难度是衡量测题难易水平的数量指标。估计项目难度的方法通常是计算被试通过每个项目的百分比。如果某一项目通过百分比太高或太低，则说明该项目太易或太难，应该删除。鉴别力是衡量测题对不同水平被试区分程度的指标。如果一个测题的鉴别力高，那么水平高或能力强的被试就会得分高；水平低或能力弱的被试就会得分低。一般情况下，中等难度的项目鉴别力最高。

5. 客观性

测量与诊断不以个人的主观意志为转移，优秀的量表在评分中对个人的好恶、先入为主的观念或成见等因素均能排除。

6. 实用性

在中小学中使用的量表必须是易于实施的，施测过程不需耗费过多时间，施测内容易于被儿童、青少年理解，施测技术易于被学校心理辅导教师掌握。

7. 计分的容易性

简单的计分可以避免计算时的失误，增加学校心理辅导教师操作的方便性。

8. 经济性

量表的纸张、工具不是很昂贵，不会给学生、家长增加过多的经济负担。

（三）把握心理测量的基本技术

1. 测量方法

为了消除学生的阻抗，在心理测量之前可先与其进行轻松的谈话。对年龄小的学生则可事先安排一些简短的游戏。学校心理辅导教师的神情不要过于严肃，要使一切在轻松的氛围中进行。正式施测前，要反复练习有关的测量技术。长时间的测量，中间要有适当的休息。若学生出现身心不适状况应立即停止测量。施测过程中，学校心理辅导教师不能给予学生任何的暗示或帮助。

2. 测量时间

学校心理测量时间最好选择在上午，因为上午儿童、青少年的情绪、行为较为稳定。在运动会、旅游、展览会、艺术节等类似的学校活动后，最好避免立即实施心理测量，因为此时学生的精神处于兴奋、疲倦或情绪不安定的状态，会直接影响测量结果的正确性与客观性。严寒、酷暑、雨、雪、阴天等情况下，应避免施测。总之，应在学生精神状态最佳的情况下实施心理测量。

3. 测量准备工作

（1）预告测量。事先通知学生，保证学生知道测量的时间、地点、内容范围、试题类型等，使学生有所准备。一般情况下，学校心理测量不搞突袭。当然，根据需要，有时也可以不告知学生真实目的。

（2）主试自身。熟悉测验的指导语并能流利地用口语表述出来，并且熟悉施测的具体程序。测验的实施并不仅仅是分发、收集试卷。就某些个别测验和团体测验来说，测验的实施必须由受过专门训练的人来完成。主试的训练，通常包括讲解或阅读测验手册、观察演示和操作练习等。主试还必须做好应对被试提问以及突发事件的心理准备，如，学生由于过分紧张而晕倒，夏季中暑，测查病态人格时病人突然发作，作弊或突然停电等。

（3）测量材料。测量材料包括测验题目、答卷纸、记分键、指导书、纸、笔及计时表等必需材料、工具。

（4）测量环境。测量环境会对测量的结果造成影响，如，一个人在酷暑和正常天气下所做的智力测量的结果会有差别。因此，主试必须对施测时的光线、通风、温度及噪声水平等物理条件统一布置。总而言之，室内光线要适当；室内温度要保持在15—20摄氏度之间；避免噪声，保持安静，测量场所最好不要设在音乐教室附近，不要面向操场；测量地点的房门上最好有牌子，示意测量正在进行，不许随便进入。

二、学校心理测量的技术与分类

学校心理辅导与咨询主要涉及：（一）学生的学习、学业问题；（二）适应问题；（三）儿童、青少年身心发展问题。因此，学校心理测量的技术与分类也应围绕这三大问题展开。下面我们从教育发达国家的学校心理测量技术研究的角度展开论述，以供我国学校心理学工作者参考。

（一）学习、学业问题的心理测量

在学校心理辅导与咨询的日常工作中，碰到的大量教育问题是儿童、青少年的学习问题。学校心理辅导教师要配合好学校教育、教学工作，就必须对学生的智力、学习能力、性格、适应能力、兴趣特长等进行测量、分析、理解。学习、学业问题的心理测量技术种类繁多，在国外，与学习心理辅导有关的心理测量类型主要有以下几个方面：

1. 智力测量

在学校教育中，学生对于各学科基础知识、内容的学习和问题的解决，以及在认知、理解过程中，都需要智力活动的参与；智商的高低可以通过智力测量加以了解。智力缺陷或发展迟缓的儿童，其学习目标的达成必然受到影响；而智力测量可以早期发现、预见这些问题的产生，从而为这些儿童提供特别的教育计划和课程。

智力测验的种类多种多样，主要分个别式和团体式。个别式中主要以斯坦福—比奈智力测验和韦氏智力测验为主。韦氏智力测验中的 WPPSI（学前儿童智力测量，4—6岁用）和

WISC-R(儿童智力测验,6—16岁用)较为常用。在日本,团体智力测验分 A 式(语言式智力测验)和 B 式(非语言、操作式智力测验)两种。下表 5-1 为几种智力测量分布比较表。

表 5-1 几种智力测量分布比较表

智力程度	韦氏智商	人数分布(%)	田中—比奈智商	田中团体智力测验	人数分布(%)
极优秀	≥130	2.2	≥141	≥75	0.6
优 秀	120—129	6.7	125—140	65—74	6.1
中等以上	110—119	16.1	109—124	55—64	24.2
中 等	90—109	50.0	93—108	45—54	38.2
中等以下	80—89	16.1	77—92	35—44	24.2
边 缘	70—79	6.7	61—76	25—34	6.1
最劣等	≤69	2.2	≤60	≤24	0.6

2. 基础学力测量

基础学力是指儿童、青少年在进入小学、中学前,所具备的预备性学习能力。如果预备性学习能力缺乏,在以后的教育、教学过程中,对基本学习内容的掌握就会出现困难。如对整数的加减、九九乘法、除法等预备性知识没有掌握的话,分数加减的数学指导就无法进行。在有些西方国家,基础学力一般在升入高一级学习阶段前进行测量,测量内容和形式可以由学校具体制定。

3. 学习能力测量

学习能力测量是学校心理学工作中的重要一环。在具体的教育教学过程中,学生对所学内容和授课在怎样的程度上能够理解、掌握;教师的教学效果如何;学生的哪些学习能力得到了促进与发展等,这些方面都必须加以测量。学习能力测量分类主要是教师制作的"学校教育中的学习能力测验"和心理学专家制作的"标准学习能力测验"两大类。"标准学习能力测验"又分两种,一种是常模参照测验(norm referenced test,NRT),以团体的平均学习能力为标准,对个人的测量结果作出相对评价;另一种是标准参照测验(criterion referenced test,CRT),以学习前所设定的学习目标为标准,对个人的测量结果与目标相对照,作出绝对的评价。

目前国外学校中学习能力测量技术量表主要有:语言能力测验(IT-PA),文章完成测验(SCT),格特勒夫人物描画智力测验(DAM),Frosting 视觉发展测验,图画语言发展能力测验,考夫曼儿童学习、认知能力综合测验(K-ABC 心理、教育综合测验)。

4. 学习不适应的心理测量

学生的智力、学习能力处于正常水准,但学习成绩和效果达不到理想标准,这一状况是学生的学习动机、愿望低下,还是学习方法、学习态度的不当而造成的呢?对学习不适应原因的心理测量此时显得极其必要。学习态度和学习行为不协调的情况,被称为学习不适应。学习不适应造成学习成绩低下,各种心理问题或心理障碍产生的可能性也相应增大。因此对学习不适应问题的早期发现、早期测量,有利于学习心理辅导工作的开展。现在国外学校中常用的学习不适应心理测量量表有:学习能力向上因素测验(FAT),效率化学习方法测验(ESHI),学习动机、意志的心理测验(FIGHT)、新学习适应性心理测验(AAI)、环境适应性测验(EAT)、学习动机心理测验(MMAT)、欲求不满调查问卷(PCL)等。

5. 性格测量

学习不适应问题可能是由自卑感、神经质、固执刻板、情绪不安定等原因造成的。因此对学习不适应问题进行心理测量时，对儿童、青少年的性格测量也是一个重要的组成部分。性格测量的量表有：Y-G性格测验、MMPI明尼苏达多相人格测验，以及CAT、TAT等儿童、青少年绘画投射测验。

（二）适应问题的心理测量

儿童、青少年的学校恐怖症、学习压力症、考试焦虑不安、神经症、自杀念头等心理问题产生之前，先表现为情绪或行为的不适应，如个人与环境不协调，在学校教育中主要表现为情绪障碍(emotional disturbance)或行为异常，其生活处于危机之中。学校适应问题的心理测量主要有以下几方面：

1. 性格的适应、欲求测量

目的是了解学生的情绪、行为是否安定、适当等，主要量表有社会生活能力测验、CAS不安倾向测验以及欲求不满心理调查量表等。

2. 亲子关系、家庭环境的测量

主要有家庭绘画测量法，即KFD测验，由心理治疗家德埃纳(Drainer, A.)和布勒(Buras, F.)在1970年创立，还有日本的TK新亲子关系测量法等。

3. 不安倾向、人际关系的测量

主要用于发现有早期神经质(孤独、自罚、过敏、恐怖、冲动等)倾向的儿童或社会性、人际关系方面存在问题的学生，以便不失时机地对这些学生实施心理辅导和教育指导。

4. 行为问题的预测性测量

对于具有不适应倾向的学生，预测其问题或障碍产生的可能性原因，有无危险性，当前内心的苦恼程度，以及对教师、父母的不满意等心理状态，常用的心理测量量表有16PF人格测验、Y-G性格测验、树木人格投影法测验、CMI康奈尔大学健康调查表等。

5. 发展性测量

PEP、美国自闭症儿童、发展障碍儿童诊断量表等都是发展性测验。在对儿童、青少年进行适应问题的心理测量时，要注意以下问题：第一，心理测量是心理健康教育的辅助手段，学生的不适应问题是发展的、动态的，因此测量的结果不能绝对化，只能作为一种参考辅助性资料来分析。第二，不适应问题的心理测量要注意技术实施的客观性、中立性和正确性，测量者不能有先入为主的观念。第三，人格投射测量技术(如罗夏墨迹人格测量法、TAT测量法等)难度较高，没有专业的心理诊断技术水平很难完成全部测量，一般在学校心理辅导和咨询中较少使用这类测量技术。第四，在不适应问题的心理测量过程中，被测量者(儿童、青少年)的情绪起伏变化较大，要注意做好他们的情绪调节工作。第五，学生的年龄和个人能力发展的不同，某些心理测量技术本身也具有"不适应"问题，即同一种测量并不能测出千差万别的各种学生的问题,具体的不适应问题需要最适用的心理测量量表和技术。第六,组合、比较多种心理测量方法,对学生的不适应问题进行多视角、多层次的考察。

(三) 发展问题的心理测量

在国外的学校中,儿童、青少年的成长、发展问题的心理测量大致可以分为两类。一类是从身体方面(例如运动能力,探索、操作能力,社会性,进食、排泄等生活习惯,体格、身高、体重等)进行测量;另一类是从儿童、青少年的精神机能、认知机能方面(例如知觉、运动机能、记忆、推理、判断、语言、情意发展,社会性发展等)进行测量。国外学校心理测量常用种类见表5-2。

根据测量结果,得出学生的个人发展商数(development quotient)。在发展商数异常的情况下,需要制定特别的心理辅导教育计划。我国关于儿童、青少年的成长、发展性问题的心理测量量表和技术较少,仍需大力开拓。

表5-2 国外学校心理测量常用种类表

类别	目的	特点	例子
学习能力测量	通过测量发现经由学校教育、学生自己获得的知识技术如何	发现部分有心理障碍或学习困难、厌学、学业不良的儿童	ITRA
智力测量	发现智力与学习能力的关系以及智力和其他学习技能、适应等方面的关系	发现智力因素和非智力因素的关系,确定其非智力因素	K-ABC 迷津测验
性格测量	调查学业不良的原因,发现有无自卑感或神经质及不安倾向等	调查学生人格各个侧面的表现掌握学生的心理健康状况	Y-G、MMPI
适应性测量	对其问题行为产生的原因进行诊断	发现学校、家庭环境对学生的情绪、社会生活、身体状况的影响	CMI、CAS、TAT
发展性测量	判断有无发展性问题,即正常的或异常的发展以及发展停止或发展退化等	可早期发现,及时进行心理辅导或咨询	PEP

(四) 学校心理测量的基本技术知识

学校心理测量是一门理论运用和技术色彩都很强的学问,需要深入地钻研、努力地实践,才能通晓其中的理论和操作技术。此外,同一类心理测量技术,由于心理咨询人员的专业水平不同,因此使用时获得的效果也会不同;同一个专业的心理测量人员,也会受不同测量技术和范围的限制。因此,学校心理辅导教师对自身的心理测量技术要时时钻研,以提高自己心理测量的实践能力。

1. 心理测验结果的专用术语

CA(chronological age)—实足年龄(例:CA=8/5 即 8 岁 5 个月=101 个月)

MA(mental age)—心理年龄(例:MA=10/9 即 10 岁 9 个月=129 个月)

EA(educational age)—教育年龄(例:EA=13/11 即 13 岁 11 个月=167 个月)

IQ(intelligence quotient)—智商

EQ(emotional quotient)——情绪智商

AQ(accomplishment quotient)——成就商数

VQ(version quotient)——性格倾向商数

ISS(intelligence standard score)——智力标准分

ASS(achievement standard score)——学习能力标准分

其中，<30为低；40—50为中等；>60为优秀。

2. 心理测量的常用计算公式

智商 $IQ = (MA)/(CA) \times 100$

教育智力 $EAQ = (EA)/(CA) \times 100$

成就指数 $AQ = (EAQ)/(IQ) \times 100$ 或 $AQ = (EA)/(MA) \times 100$

智力标准分（T分）和学习能力标准分（T分）

标准分（T分）$= 10(X - M)/SD + 50$（X，每个被测量的个人得分；M，集体平均得分；SD，集体平均得分标准差）

百分等级（percentile rank）$PR = 100 - (100R - 50)/N$（R，顺位；N，人数）

三、心理测量的用途与基本功能

心理测验的种类不同，功能不同，用途也就不同。

（一）了解个别差异、增进自我了解

了解个别差异是心理测验的最基本功能，其他功能均由此衍生而来。个别差异，是指个体在成长的过程中，受遗传与环境的相互影响，在身心上显示的各不相同的特点。个别差异可以归纳为三方面：一是认知，如能力、智力和学业成就等；二是人格，即非认知或非能力的心理特质，如动机、兴趣、态度、情绪与自我概念等；三是社会背景，如同伴关系及父母的职业和受教育程度，本人的职业类别和经济收入等。前两方面的差异均属于心理特质，我们可以借助测验的实施，发现一个人在认知和人格方面的特点，从而了解其个别差异。这一点对学龄儿童和青少年来说，尤其重要，因为我们可以据此给予其最适当的教育和辅导，让其提出恰当的努力目标，促使其发挥最大的潜能。

（二）诊断、预测和评价

事实上，对智力落后者的鉴别和诊断，是促使心理测验产生的最初原因。发展迄今，在临床上对各种智能缺陷、精神疾病和脑功能障碍的诊断也仍是心理测验的主要用途之一。当然，心理测验的诊断功能不仅仅运用于临床，也应用于教育和职业等领域，以了解被试是否具有能力或个性上的缺陷。在教育实践中，可以用测验来发现学生适应不良（困扰或挫折、高压力或焦虑）或学习困难的真实原因。了解这些适应不良和学习困难到底是智力因素，还是知识掌握的缺陷，或者其他心理因素所造成的，为采取适宜的帮助和补救措施提供依据。测验还具有预测功能,如智力测验、能力倾向测验等,可以推测个体在某方面成功的可能性。此外,测验的结果还可以用来评价个体在能力或性格上的长处和短处,以及评价儿童已经达到的发展阶段等。

(三) 甄选、分类和安置

借助特质测验可确定最有可能的成功者,再"因材施教"从而使"人尽其才"。学校可按能力对学生分班,进行更有针对性的教学;各种职业对从业者的能力有着不同的要求,除了依照其兴趣和志愿等条件外,还可以进行智力和能力倾向测验,筛选人才;智力测验和能力倾向测验可以作为职业指导的工具,提高职业指导的效率。

(四) 为心理辅导和心理咨询服务

目前,在广泛开展的心理辅导和心理咨询实践中,适当地利用标准化的测验与量表的量化结果资料,有助于来访者发现自己未知的潜能以及情绪困扰和人格障碍的问题所在,从而为其升学、课程和职业的选择等提供参考。这不仅使心理辅导和心理咨询更有针对性,而且使来访者的自我决策和行为矫正建立在科学的基础上。

(五) 心理和教育科研的辅助手段

1. 搜集资料

在心理和教育科研中,越来越多的事实说明,测验已经成为研究者搜集资料(量化的原始资料)的有力工具。心理学研究中许多数据就是通过测验得到的。

2. 建立和检验假说

心理测验在心理学和教育学基本理论的研究方面发挥着重要作用。心理学中的许多理论是在分析测验资料的基础上提出、并用测验来加以检验的。例如,在教育工作中,不同教育措施的效果往往通过测验来比较和检验。

3. 实验分组

在心理学研究中,常用测验对被试进行实验分组,实现等组化。如对实验组和对照组分别实施智力测验,就可了解各组原有的平均智力水平,从而对实验干预的作用作出评价。

四、学校心理咨询中的临床诊断

"诊断"这一用语原来是医学术语,学校心理学中的"诊断"是从临床心理学的角度出发,对有问题行为、心理障碍或人格异常的儿童,进行生育史、家庭环境、精神卫生以及与家长的心理面接情况的考察,有时还要参考医学检查(例如脑电图、神经系统检查)等方面的资料,是一种综合、客观地了解儿童的技术方法,所以也称为"心理诊断"、"心理临床的理解"或"教育临床"。

学生形成问题行为、心理障碍的原因多种多样,要找出其中特定的因素,就离不开心理诊断。心理诊断需要学校心理辅导教师具有非常扎实的专业知识、丰富的经验和综合的分析、判断能力，还必须抓住以下五大因素：第一，身体因素（有无脑器质性、身体机能性障碍）；第二，智力因素（有无弱智、智力发展迟缓现象）；第三，人格、情绪因素（有无心理异常状态）；第四，环境因素（家庭、社区、学校、社会的环境如何）；第五，体质因素（有无遗传性问题、过敏性体质、营养不良等）。

表 5-3　心理诊断与医学诊断的区别

心 理 诊 断	医 学 诊 断
着眼于问题或行为的异常	着眼于身体或精神的疾患
诊断是心理治疗的一部分	诊断与治疗明确区分
诊断是发展的、动态的、不固定的	诊断有一定的基准，具有持续性和不可变性
诊断者与被诊断者之间需要建立相互信赖关系	诊断者与被诊断者之间是权威的、专业的关系
诊断从整个人格入手	诊断从身心的一部分入手
诊断以人格理解为核心	诊断以疾病分类为中心

（一）学校压力症（恐怖症）的诊断

学校教育过程中，儿童、青少年由于精神、身体、行为等方面的不适应，容易陷入"学校压力症"（又称为儿童期、青春期学习压力症）之中。主要表现为：(1)消化系统问题，如呕吐、恶心、腹痛、青春期消瘦、神经性厌食等；(2)呼吸系统问题，如气喘、胸闷、紧张性胸痛、神经性咳嗽、呼吸困难等；(3)皮肤系统问题，如多汗症、发疹、神经性皮炎、脱毛、拔毛症等；(4)运动系统问题，如紧张性头痛、关节痛、抽筋等；(5)循环系统问题，如心悸、乱脉、高血压、头晕眼花、起立性调节障碍等；(6)泌尿、生殖系统问题，如尿频、夜尿、月经障碍或遗精频繁等。

在诊断此类儿童、青少年时，我们需要进行前兆行为的观察、识别和记录，主要参照：(1)表情方面以及是否焦躁不安、易兴奋发怒；无精打采、讲话无力、音量小等。(2)学习方面是否成绩直线下降，自信心丧失；上课回答问题次数越来越少；有时看起来在听课，实际上注意力涣散，心不在焉等。(3)人际关系方面，下课或午间休息总是孤单一人；在集体中，与人交谈少且不轻松；与小朋友打闹少；班级分组时，通常任何组也进不去。(4)来校情况方面，经常迟到、早退、无故缺席，特别是在双休日或假期后。(5)家庭情况方面，早上起床困难，上课无精打采，精神不佳；少女期原因不明的生理症状多，经常头痛；放学不直接回家，独自一人在外闲逛，并不与别的同学在一起；家长问其在学校的情况时，不愿讲，与家里人不说话，逆反心理强；退化发嗲、食欲不振、住校夜眠害怕等。

（二）弱智或智力发展迟缓的诊断

弱智又称为智力、精神发育迟滞（mental retardation），一般是指智力、精神机能明显低于普通儿童平均水平，并同时伴有适应行为的障碍，且发生在 18 岁以前。国际上对智能障碍的程度区分，请参照表 5-4。

表 5-4 智能障碍程度的区分水准（根据美国《DSM-Ⅴ》诊断标准）

障碍程度	智商(IQ)水准	障碍程度	智商(IQ)水准
轻度弱智(愚钝)	50—55 至 70	重度弱智(白痴)	20—25 至 35—40
中度弱智(痴愚)	35—40 至 50—55	最重度弱智	20—25 以下

国际上各种类型论对于弱智或智能发展迟缓均有自己的诊断。

1. 外因类型的诊断

在生育史上，出生前、出生后（或产后早期阶段）有外伤或炎症等，大脑机能有明显损伤的证据，有显示脑损伤的微细神经学的症候。

外因类型的重度弱智儿，其直系家族及兄弟姐妹中没有智力低下或遗传现象。据此标准诊断的弱智儿童，在知觉、思维、行为方面的障碍概括如下：视觉、听觉、触觉等各种感觉器官对事物全体把握较困难，行为有较为强烈的固执性、刻板性、注意力涣散，情绪、行为较冲动或调控困难等。

2. 高级神经活动类型的诊断

从病理机制导致的大脑皮质神经活动过程的障碍，如认知活动中抽象能力和一般能力的缺陷、神经的兴奋过程和抑制过程的平衡失调来诊断分类。其中神经的兴奋过程与抑制过程存在三种类型：基本型，兴奋与抑制过程基本上平衡，但神经活动的全体机能迟钝、低下；兴奋型，兴奋与抑制过程的平衡失调，兴奋、冲动等过程占据优位；抑制型，兴奋与抑制过程的平衡失调，抑制、收缩等过程占据优位。

高级神经系统活动的临床诊断方法如下：生育史、养育史的调查，身体健康检查（包括眼、鼻、耳、喉科等），神经系统检查（包括头盖骨的 X 线透视检查、脑电图检查、高级神经活动技能测量），心理测量（包括视觉分析，空间定位，语言、运动技能分析、语音听力、认知活动测量和行为特征分析等）。

3. 其他类型的诊断

一种是外因类型和高级神经系统活动类型相结合的诊断。如诊断为外因类型脑机能损伤的弱智儿童，从行为特征上看，与高级神经系统诊断类型中的兴奋型和抑制型相似；基本型应该属于内因类型（即先天的或孕产期中的大脑器质性发育迟滞）的范围，两种诊断方法结合，在临床上有许多区分上的优点。

另一种是从生理、环境条件和行为特征类型方面的诊断，分为弱型、固执型、兴奋—冲动型、支离破碎型和梦游型等。这是从行为障碍儿童的脑电图检查中发现异常所形成的诊断结论。不过，在用行为障碍与脑器质损害的相互关系作为诊断的决定性依据时，尚需慎重。

（三）学习困难或学习障碍的诊断

学习困难，又叫学习障碍或学习能力障碍。即儿童的学习活动不能达到与其实足年龄相应的教育水准，学习成绩、技能、知识的发展受到明显的损害，称为学习困难，国际上简称"LD儿童"。

1. 缩写相同含义不同的词语及用法

（1）learning disabilities：美国的教育用语，译为"学习障碍"。含义是学习能力障碍，学习能力的各种机能不全、有缺陷的意思。

（2）learning disorders：出自美国精神医学会的《DSM-Ⅳ》，虽同样译为"学习障碍"，但属于医学、临床心理学用语。

（3）learning difficulties：在英国等国家译为"学习困难"，是儿童学习成绩、知识、能力全面不良的通用语，常用于我国。

（4）learning differences：指个人的程度不同，学习的方法、进展也不同，它不属于正式学术用语。

2. LD 或学习困难儿童的诊断要领

（1）因身心发展迟缓或障碍（如大脑中枢神经系统的发展迟缓和偏常等）导致的学习机能障碍，可能是产生学习困难的基本原因。

（2）认知—信息处理过程的机能不全或缺陷。学习是一种信息处理过程；信息是通过不同的感觉器官（如眼、耳、口、手等）并经过大脑进行处理。学习困难如果是这些机能不全造成的结果，那么运用心理测量就可以检查出问题的症结所在。

（3）掌握基本的学习能力（如听、说、读、写、计算、抽象概括等技能）明显困难，称为学习能力障碍。

（4）具体各学科有学习困难的表现。基本的学习能力掌握困难的问题，表现到具体的学科（如语文、数学等）上，呈现出特异的学习困难情况（例如对文章中特定的词语、语法结构或数学中的应用题理解困难），与一般的、全面的学业状况不佳样式不同。

（5）由学习困难派生出二次性心理障碍，即情绪、行为方面的不适应状况。在行为上对自己缺乏调控、注意力涣散、多动、人际和社会认知能力发展迟缓等状况，各种各样的学校不适应症状也因此产生。

3. 对学习困难进行诊断的焦点问题

学习困难与弱智是怎样一个关系，两者之间有没有区分？从医学的观点来看，学习困难与弱智两种障碍重复交叉是可能的。但在国际上，从教育行政管理角度看，为了避免区分标准的混乱，许多学者主张学习困难和弱智是不同的障碍。两者的诊断必须明确区分，即学习困难儿童的智商（IQ）水准应该在边缘性智力水准 70—75 之间；而轻度的弱智儿童的智力水准在 70 以下。学习困难具体表现为学习领域的各种障碍，美国的《精神障碍的分类与诊断手册（DSM-Ⅴ）》中，将学习能力障碍主要区分为以下几种类型：阅读障碍（reading disorder）、写作表述性障碍（disorder of written expression）、非定型的学习障碍（learning disorder not otherwise specified）、发展性协调运动障碍（developmental coordination disorder）。

（四）语言发展障碍的诊断

语言发展障碍属于社会生活和人际关系交往中意思交流的障碍（communication disorder）。语言是由输入和输出两个方面构成的"语言环"来表现的：通过视觉或听觉器官所接受的语言刺激(前者为文字语言,后者为声音语言),从人体神经末梢向中枢神经传送,称之为"输入";从中枢神经再向神经末梢(如口、唇等)传送有关的命令,并产生语言的表述,称之为"输出"。这两方面构成的语言环,称为"语言的反馈系统"。很显然,所谓的语言障碍,是因为这一"语言反馈系统"构造中某个环节出了故障,导致系统的反应(运动)迟缓或受阻,产生各种各样形态和特征的语言障碍问题。

《DSM-V》对常见的儿童语言障碍的诊断分类如下:表述性语言障碍(expressive language disorder)、接受和表述混合性语言障碍(mixed receptive-expressive language disorder)、构音障碍(phonological disorder)、口吃症(stuttering)、非定型意思交流障碍(communication disorder not otherwise specified)。

为了教育、治疗上诊断和区分变得容易,目前国际上许多研究者主要从"语言环",即"语言反馈系统"的构造上来诊断、区分语言文字障碍的类型。

1. 语言输入机制方面的障碍

(1) 听力低下或听力障碍,特征是语言学习方面不明了,容易出错。其结果是造成语言表述时,构音不明确,语言的声音、韵律、声调异常,听觉认知机能学习条件障碍等。

(2) 弱视或阅读障碍,特征是文字语言的学习困难,信息处理或语言思维的发展迟缓,造成写作或语言表达的障碍。

2. 语言输出机制方面的障碍

(1) 中枢神经部位的障碍,特征是管理语言输出、表达的中枢神经系统不能很好地产生指令或产生错误指令导致语言表述的障碍,如失语症,出现声音语言和表述性语言文字障碍,也即"中枢性语言障碍"。

(2) 末梢神经部位的障碍,特征是失声、麻痹性构音障碍。其中口唇、食道发音器官的异常,称为"末梢性语言障碍"。

3. 语言学习机能方面的障碍

(1) 不适当的语言环境,例如从乳幼儿期就在同语言刺激相隔离的环境中成长(如狼孩、野孩子等),或者在不适当的语言环境中成长,造成语言机能发展的障碍。

(2) 不适当的家庭、人际关系,例如在病理家庭中的母子语言关系中,儿童的意思交流、语言感情的表达受压抑、妨碍或身心受到虐待,以及养成不良生活习惯等,口吃症是其中典型的症候表现。

(3) 情绪障碍造成的语言消失现象,例如心因性缄默症造成儿童的情绪不安、紧张和防卫,形成语言、无言症的状况。

美国特殊教育和临床心理学家就儿童的语言障碍,从听觉特征出发,分为构音、发音障碍、音声障碍(失声、失音)、音律障碍(口吃、表述混乱等);从语言心理发展出发,分为语言发展机能迟滞、中枢神经语言信息处理机制不全;从器质性疾病或心理障碍出发,分为口唇麻痹性语言障碍,视听觉派生出语言障碍,脑性麻痹(脑瘫)派生出语言障碍,失语症,情绪因素派生出的语言障碍(缄默症、自闭症等)。

在学校心理辅导和咨询中,关于儿童的语言发展障碍的观察和心理诊断分类,主要从以下几个方面来进行：(1)发音障碍方面，如声音高低、强弱、音质、语速的变异，主要原因是器质性喉头病变。(2)构音障碍方面，如发音不清晰，常有脱漏、省略，甚至发生歪曲，主要原因可能是大脑中枢有问题，可做脑电图检查。(3)口吃方面，如检查大脑左半球有无损伤，如无则是神经性口吃，注意进行语言矫正。(4)语言发展迟滞方面，如检查是否有口唇运动能力障碍或智力障碍。(5)脑瘫性失语症方面，如大脑神经中枢某部分麻痹导致神经障碍，可进行游戏治疗。(6)缄默症方面，如在受到巨大打击后突然不再讲话。(7)听觉性语言障碍方面，如由于遗传或药物，食用有毒食物，或是由于音响声音过大，导致听力低下，形成听觉性语言障碍。检查外耳、中耳、内耳的机能状况，如内耳损伤，可能是由于环境造成；中耳损伤，则可能是由于遗传问题造成。

（五）注意缺陷—多动性障碍的诊断

注意缺陷—多动性障碍(attention — deficit hyperactivity disorder)是幼儿、儿童期较常见的一种心理障碍。主要表现为注意力难以集中，在学习或游戏中缺乏一定的精神注意力和持续力；容易受外界的刺激或干扰；产生多动或冲动的行为。他们一般在学校教育中被视为"问题儿童"，状况严重时，有健忘、攻击、破坏等行为障碍，严重影响学校教育秩序或个人的学业成绩。

注意缺陷—多动性障碍如果仅是影响个人的情绪行为，对个人的生活、适应行为及学习成绩造成影响的，称之为"内向型"障碍；如果对他人构成妨害、干扰，或者对社会构成攻击、破坏的，如破坏学校的公共财物或对课堂教学秩序造成干扰等，则称为"外向型"的障碍。

注意缺陷—多动性障碍与儿童的脑器质病变、神经系统异常或存在损伤的部位有关。如果脑电图(EEG)及神经生理学的检查发现儿童的左侧额叶或右侧额叶有异常的状况，除了进行心理治疗以外，还必须配合药物治疗。

对儿童的注意缺陷—多动性障碍必须从精神机能、行为反应、情绪适应等方面去诊断：

第一，发病年龄须在7岁以前，一些症状在幼儿生活早期阶段就已出现。

第二，精神机能或神经生理学方面的问题，如：(1)在学习、游戏等或其他教育活动中，缺乏注意力，或者注意力低下；(2)学业或学科活动中，持续性、持久性差；(3)与之说话时，经常有注意力涣散、听而不闻的现象；(4)很难遵守教育规则或指示，有逆反或反抗现象；(5)学习活动很难顺利地开展或完成；(6)对学习活动中需要精神努力或持久力的课题感到讨厌，常常有逃避行为；(7)对学习活动所必需的东西（例如玩具、铅笔、本子或作业工具等）经常有遗忘的现象；(8)经常容易因外界的刺激、干扰而分心，不能集中注意力；(9)经常容易遗忘每天预定的学习活动。这些症状，至少必须符合其中6项，并且障碍持续的时间在6个月以上。

第三，行为的多动性问题，如：(1)经常坐立不安、心神不定；(2)在教室里或其他环境中，不能听从教师指定安坐；(3)多余的来回走动、爬动或爬高等；(4)缺乏安静的、余暇的活动时间；(5)活动经常过于忙乱；(6)话语过多，缺乏控制力。

第四，情绪的冲动性问题，如：(1)经常没有听完提问就回答；(2)经常不守秩序，对需要按顺序处理的事情感到困难；(3)经常妨碍他人的学习活动。

以上第三、第四条症状中,至少必须符合其中6项,并且障碍持续时间在6个月以上。

第五,以上症状所造成障碍,必须同时体现在学校和家庭两种场合中。

第六,这一障碍不是由小儿广泛性发展障碍(例如自闭症、阿斯贝格症候群等)、精神分裂症或其他心理障碍(如弱智、神经症等)所引起的,并且用其他心理障碍诊断手段(如人格障碍、学习困难症、情绪障碍等)不能完全很好地加以解释、诊断。

注意缺陷—多动性障碍的各种主要表现类型有:(1)混合型,以上诊断标准中,第二、第三、第四条症状全部具有;(2)注意缺陷优势型(或内向型),以上诊断标准中,符合第二条的症状项目,未满第三、第四条症状标准;(3)多动性冲动性优势型(或外向型),以上标准中,符合第三、第四条的症状项目,未满第二条诊断标准;(4)非定型注意缺陷—多动性障碍,以上诊断标准中,第二条或第三、第四条的症状项目呈优势状态,但两者都未满其中6项症状,而临床的心理障碍明显者。

(六)儿童排泄障碍的诊断

排泄障碍(elimination disorders)是幼儿期较常见的由于心因性原因而引起的便秘或排泄失禁的生理障碍。3岁至学前儿童中较为频发,如果教育指导、训练不当,到了学龄期障碍就会延续,即儿童夜尿症或情绪性便秘等障碍仍会出现。儿童身心发展失调包括:(1)幼儿期的探索—支持的行为体系未形成或不适当;(2)幼儿自我良好刺激的行为条件欠缺;(3)乳幼儿期母子分离不安或教育管理方法不当。这些均会对儿童的身体、精神机能造成不良刺激,使他们产生紧张、不安或恐惧等心理,并作为心理障碍的一种表现形式,转移为器官精神症中的排泄障碍,形成病理条件反射。按照弗洛伊德精神分析学的发展论,一个人的身心发展过程经历口唇期(例如授乳、吮吸等)→肛门期(例如依存与排泄等)→性器期→潜伏期→生殖期等,幼儿、儿童的排泄障碍,是肛门期的自我感情及自律性受损害或失调等所造成的心理不适应问题。

排泄障碍的诊断方法和主要分类如下:

1. 遗粪症或心因性便秘

(1)有意识或无意识地,在不适当的场所或环境(如衣服、床、教室里等)反复出现排泄或遗泄大便的现象。

(2)以上状况的出现,至少持续3个月以上,每月至少1次。

(3)实足年龄在4岁以上,即排泄自理完全确立的年龄阶段。

(4)这一行为障碍,必须排除便秘后转移性症状、使用排泄剂等物质而导致的原因、一般身体疾患或其他直接的生理原因。

(5)与上述症状相反的状况,即排便不能或排便抵抗、拒绝的现象称之为"心因性便秘"。伴随有紧张、不安、恐惧或啼哭等情绪行为,且这一障碍不是由于身体疾患或医学病理等原因造成的。

2. 遗尿症

(1)有意识或无意识地,在不适当的场所、环境(例如衣服、床、教室里等)反复出现遗尿现象。

(2) 这一行为障碍临床症状显著,至少持续 3 个月以上,每周至少 2 次,并且伴随心理痛苦,在社会生活或学习活动等方面造成明显的不便或障碍。

(3) 实足年龄至少已达到 5 岁。

(4) 这一行为障碍不是由一般的身体疾患(如糖尿病、抽搐、痉挛性疾病等)、生理不适或物质作用(如利尿剂)等原因所造成。

(5) 这一障碍分为三种类型:夜间型,只在夜晚睡眠中遗尿;白昼型,在白天觉醒中遗尿;混合型,上面两种状态兼有。

(七) 不良行为的诊断

儿童、青少年的不良行为主要有:偷窃、暴力、打架、流氓活动及反社会行为;离家出走、怠学、游荡生活;饮酒、吸烟、滥用药物及吸毒等。是由儿童、青少年的情绪障碍或不适应问题所引起的,在心理上常常表现为欲求不满、人际关系不良、易冲动、具有神经质倾向。心理诊断主要从以下几方面考虑:

第一,学校环境。在学校中经常处于劣等地位,自我觉察没有价值;班主任、教师的个人价值观、教育观对其影响小。

第二,社区环境。周围有不良少年集体引诱。

第三,家庭亲子关系。父母大多不闻不问或随意打骂处罚,家族生活教育不良等。

第四,Y—G 性格测量中,社会适应性和情绪安定性的各项目得分显著低下。

第五,性格特征中极端性、神经质和自我否定概念表现明显,大多数问题学生缺乏家庭情感,对人际关系敏感、不信任或充满敌意等。

(八) 精神障碍的诊断

临床心理学中,从神经症到精神病都是"精神障碍",从小学生到大学生都容易患此病,因此心理辅导和咨询人员要积极开展学校心理健康教育活动,防止儿童、青少年中精神障碍的患病比率增加。精神障碍出现前,有四个方面的症状要加以观察和注意,这也是学校心理诊断的依据。

第一,语言、表情、情绪表现得异常。正常、健康的孩子语言、表情、喜怒哀乐等情绪表现适度、明确、较为丰富,心理异常的孩子语言沉默、表情贫乏、自我情绪封闭,常常有发展成精神病的倾向。

第二,身体、感觉表现得异常。原因不明的头痛、腹痛、腹泻,以及呕吐、发热等,身心的不安状况非常显著。

第三,思考、想象、观念表达的异常。经常有逃避现实的空想或妄想、不安感、恐怖感或强迫观念;人格中自我防卫机制僵化;中学生、高中生对异性的想法奔逸、离奇,有时充满强烈的妄想。

第四,活动、行为的表现异常。经常成为学校中、家庭中的问题孩子;有时会出现行为不良,如盗窃、暴力等反社会行为;女孩子会出现食欲不振、神经性无气力症。严重者在青春期会出现忧郁性的自杀念头。

在学校中,儿童、青少年出现精神障碍的症候时,学校心理辅导教师单靠个人的"孤军奋斗"是不能解决问题的,必须尽快地争取上级专业心理咨询机构或医疗机构的诊断与治疗。

五、学校心理测验的编制和使用

心理测验是大家非常熟悉的工具,因为我们或多或少地接触或使用过某种心理测验。心理测验并不仅仅是一些题目的集合,科学的心理测验对测验的编制、实施以及解释都有一整套标准化的要求。

(一)测验编制的一般程序

测验的编制是一个非常复杂的过程,测验的性质不同,编制方法也各异。但不管测验的编制有多大的差异,都得按照一定的理论基础,遵循一定的程序。

1. 确定测验的目的

编制测验首先要确定测验的目的,主要解决两个问题:测量什么(测量的用途)?所测量的是哪些群体(测量的对象)?

(1)明确用途。测验的编制者首先要明确"测验是用来测量学生的哪种心理结构,是智力、人格、注意力抑或态度";其次,还要明确所编制的测验是常模参照测验还是标准参照测验。因为测验的性质不同,测验项目所要求的难度水平及编制要求也有所不同。

(2)明确对象。进一步具体地明确测量的目的。心理结构因年龄、教育水平、文化背景等的异质性而呈现出较大的差异,如果测量尽可能地排除这些差异,就能保证测验结果的不同只是由个体之间心理结构的差异所致。

2. 分析测量目标

测验的目的确定以后,需要据此来具体分析测量目标。

(1)确定能表征所测心理结构的行为。心理测量所选择的行为要有代表性,可以先回顾以往的研究成果,看哪些行为经常被用来界定该心理结构且效果较理想,那么这些行为就可以作为候选对象。再考虑时代特点。由于时代的进步,某种行为或者操作对于人们的重要性会发生改变。再了解受测群体实际情况,深入测量的对象中进行实地考察。再向有关专家、资深心理测量人员咨询。这样得到的有代表性的行为称为行为样组。

(2)确定每一类行为的项目比例。确定每一类行为在心理结构中的比重,使测验结构的各种行为的比重与测验编制者所认为的比重相当。

3. 产生测题

(1)测题形式

也称项目格式,有两种形式:选择型和供应型。前者提供备选答案;后者由被试根据要求写出答案。同样的测验内容,采取选择类型,难度相对较低,主观性较小,常称为客观项目。选择型测题的常用形式有判断题、选择题、句子匹配,其中前两者最为常用。供应型常用的形式有简答法、论述法等。

(2) 初步组成测题

初选题目的数量应是测验计划的 2—3 倍。编写和收集测题是测验编制过程中最直观、最重要的一步。在国外常用的方法是针对某一心理结构先产生一套界定所有项目范围的说明书。鲍勃海姆提出,项目说明书应包括:项目内容的来源、问题情况、正确反应的特点以及多项选择项目的情况、不正确反应的特点等。在国内,测验编制者往往只是根据自己的想法"虚构"出自以为既有效又可行的测题,缺乏可比性,给教学评估和测量造成不便。一般来说,测题可直接选自国内外优秀的相关测验,也可以修改前人测验中的相关测题,或者自己编写也行。

(3) 检查测题并初步修改

测题初步形成后,应该进行初步检查,而非立即预测。检查包括:测题编制的技术性问题,词汇是否恰当、有无语法毛病、有无歧义句、是否涉及文化或存在年龄等方面的偏见等;初步确定测题是否具有有效性,其可信度如何。有的测题在这两方面的问题是比较严重的,可以在初步检查时就辨别出来,对于明显有问题的项目,应立即剔除。

(4) 预测和对预测结果进行分析

测题初步确定以后,有必要在小样本内试验,以获得测题性能优劣的客观性资料,同时也为进一步筛选题目提供依据。预测应注意:被试应该是从测验对象全域中抽取的,应具有代表性;人数要适宜,教育测验通常以 370 人为宜,智力测验至少需 30 人;预测力求按正规的要求进行,使其与将来正式测验的情况相似;确保被试有充分的完成作业时间,以便搜集反应资料使统计分析结果可靠;在预测过程中,随时记录被试的反应情况,如完成预测所花时间、题意不清楚的部分、产生误解的测题、长时间的停顿处等。

预测完成以后,可以对预测的结果进行项目分析。项目分析主要涉及测题的难度、鉴别力、验证测验结构的合理性等。根据分析结果对测题进行选择、修改,选择较好的测题组成测验。

(5) 测题的选择、编排及最后测题的确定

将经预测分析,鉴别力较高的测题选出;再依据难度指数选择合适的测题。中等难度的测题能产生最大的变差,故最好选择难度系数在 0.35—0.65 之间的测题,然后再选出少数较难和较易的测题,使整个测验难度近似常态分布。

人格、态度以及心理健康测验等对难度的要求不高,难度系数在 0.1—0.3 之间即可。如果是标准参照测验,则应根据编制测验时所确定的目标来选择难度;如果用来评定弱智儿童的入学资格,则难度应较低;如果用来选拔大学生,则难度应较高。

测题的编排一般有三种方式:并列直进式,依据测验的性质将测题组织成为若干分测验,同一分测验中的测题依难度由易到难排列;螺旋式,将各类测题依难度或年龄分成若干不同层次,再将不同的测题予以组合,作交叉式排列,其难度则逐渐升高;混合式,将所有的测题依难度排列,而不管测验的性质。在是非题和选择题中还必须避免将相同选项的测题安排在一

起,以免定势反应。

4. 测验的标准化

标准化是指测验的编制、实施、计分以及分数解释的程序必须一致,目的是为了使不同的被试所获得的分数有比较的可能性。其中测验内容的标准化是指给所有被试实施相同的一组测题。测验实施的标准化是指测验必须包含三个要素。

第一,指导语,理想的测验总是希望所有的被试是在相同的条件下进行的,但是,测验的完成常由于时间、地点、条件、被试的主观体验(如情绪、动机等)的不同而无法保持一致。为了尽可能地减少误差,主要的方法就是使用相同的指导语。实施指导语要说明两个方面:一是对被试的,二是对主试的。对被试的指导语应力求清晰简单,应向被试解释如何对测题做出反应。对于容易对测验紧张、焦虑的被试,实施指导语时应尽量消除被试情绪反应。这时,可以向被试说明测验的目的。如果是人格测验,要力求让被试明白答案无对错之分,应根据自己的实际情况回答。主试的指导语还包含对测验细节的进一步解释,甚至包含其他相关事宜的交代,如熟悉测验、测验的场所安排、测验材料的分配、计时和计分,假如在测验进行中出现问题或其他意外事件时应如何处理等。

第二,时限,由测验目标确定,不可太短,也不可太长。态度、人格测验一般不受时间限制。但是,这些测验往往要求学生在看完测题后尽快按第一印象作答,因此为了避免有的被试过分考虑问题或延迟时间,仍然要规定时限,但应放得较宽,使90%以上的被试能在规定的时间内完成测题。

第三,计分,客观计分是指两个及以上有能力的评分者之间具有一致性。首先,对被试的反应要及时和清楚地记录,以提供将反应加以分类的基础;其次,使用计分键。对于采用选择法的测题来说,计分键即计分套版,包括每一道题的正确答案;对于简答式的测题来说,包括一系列正确答案与容许变化的范围;对于论文格式的测题,包含评分的要点大纲。最后,将被试的反应和计分键进行比较。

此外,测验量表和常模涉及测验分数的解释,也要标准化。测验量表指用以测量的准尺,是一个具有单位和参照点的连续体。将被测量的事物置于该连续位置,看它离参照点多少单位,便得到一个测值。常模是用来解释测验结果的参照指标,它的制定是依据测验适用对象总体的平均成绩。其可信度取决于样组的代表性和可靠性,也取决于样组的取样原则和容量大小。常模的适用范围取决于取样的范围,若从全国取样,得全国性常模;若从地区取样,得地区性常模,不能随意适用于其他地区。此外,常模应及时修订。

5. 鉴定测验的基本特征(包括鉴别力、难度分布、信度、效度等)

在实际工作中经常遇到要在短时间内两次或多次使用同一种测验的情况,这时就需要等值量表。等值量表要求测量的是同一种心理结构,在难度、鉴别力、信度、效度以及项目的数量、项目类型等方面都是相等的。常用的方法是先将测题按难易程度排列:

A: 1 4 5 8 …
B: 2 3 6 7 …

如果是三个复份的话则是:

A: 1 6 7 …

B: 2 5 8 …

C: 3 4 9 …

依照上述方式所编成的两个(A,B)或三个复份(A,B,C),其平均数和标准差可大致相等,复份编成后需施测一次,以确定各复份相等。

6. 编写测验指导书

测验指导书是向施测者说明如何实施测验,同时也使测验标准化。指导书包括:(1)测验的目的和功用,测验测量的是什么心理结构,目的是什么?(2)测验编制的理论背景以及测验材料根据什么原则、应用什么方法选择得来的?(3)关于如何实施测验的说明。说明的文字力求简洁,如测验有几部分,每部分有多少测题,如何作答;提醒被试不要在每题上停留太久,不可先翻看内容;做例题的方法,对主试的训练要求,时限。(4)测验的标准答案和记分标准的规定。(5)常模表,如何应用常模解释结果的说明。(6)测验的基本特征,包括难度、鉴别力、信效度以及因素分析的结果等。(7)关于如何应用测验结果的指示。

(二) 测验的使用

"你想知道你是内向还是外向的性格吗?"、"测测你的成功指数!"我们在娱乐杂志上经常可以见到这些类似心理测验的小栏目,许多人参加了"测验"并就此得到"我是一个内向的学生"的结论,因此或喜或忧。有些私立幼儿园通过智力测验选拔入园儿童,结果却给没能进园的儿童、家长造成巨大的心理负担……由此可见,标准的测验实施过程是实现心理测验功效的必要环节。

1. 测验的选择

测验的选择是使用测验的前提之一,选择测验必须注意两个方面:

(1) 符合测量目的

由于每个测验都有其特殊的用途和使用范围,所以测验者应当了解各种测验的功能和优缺点。不同的目的要选用不同的测验;不能仅依据测验名称盲目选择,必须了解测验的适用范围和功效,否则可能导致使用不当。

(2) 符合心理测量学的要求

选测验还应考虑该测验是否经过标准化,信度如何,常模样本是否符合测试对象,常模资料是否太久而失效等;不具备心理测验知识的个人最好不要自己盲目选择测验或自行施测、解释,应由心理测验机构中的专业人员来操作;标准化测验必须经常修订,使测验内容、常模样本、分数解释更符合时代。许多人常使用没有重新标准化的经典测验或者是许多年前的老版本,更有甚者将国外的测验直接译过来使用,而不考虑是否符合我国国情。这些做法均不值得提倡。

2. 测验的施测

实施标准化测验的基本原则是努力减少无关因素对测验结果的影响。主试必须按照规定的程序施测。在使用测验时,有些人由于不了解测验标准化的意义及方法,往往任意变更施测的程序,忽视测验实施的各种要求,导致结果的误差。

(1) 指导语和时限

指导语对被试的反应态度、反应方式及主试的行为、说话方式作了严格的规定。另外,时限也是测验标准化的一项内容。主试应事先告诉被试该测验具体的时间限制。对于有分测验的测验,主试应根据有关时限的操作语执行。

(2) 计分及解释

计分和解释是将被试的反应数量化并赋予意义,必须遵循标准化的原则。标准化的关键是使评分方法尽量客观,使得不同评分者对同一测验反应赋予相近的分数。大多数心理测验采用选择题等客观题型,无疑使计分更简便、客观。一些标准化测验应配有记分键,对于论文式作答的测验则应给予计分要点。标准化的计分方法应力求客观、正确、经济、实用。主试对测验结果可依据常模或其他参照标准作出解释。一般在测验指导书中对于各种分数的意义都作了详细的说明。

(3) 主试与被试的关系

主试和被试建立良好关系,并不意味主试对被试作出暗示或提供帮助,而是要求主试促进被试更好地完成测验。在施测过程中,主试和被试之间应当建立良好的协调关系,促使被试最大限度地做好测验,要求主试尽可能地激发被试的兴趣,使其积极地应试。在测试学前儿童时,考虑到儿童的羞涩、分心等特点,主试应友好、愉快、轻松、自然地与儿童交流。对于胆小的儿童,由于他们需要更多的时间去熟悉环境,主试应有耐心,等儿童熟悉环境并愿意合作时才进行测试;测试时应灵活,努力使测验生动、有趣,像做游戏一样吸引孩子们。对于年龄大些的学生,则应当通过竞争来激发测验动机。成人测验,主试则应强调测验的目的,强调测验对其有利的一面,在测验中尽量减少伪装。

3. 心理测验的管理

在使用心理测验时尤其应当注意保密性和科学性。

(1) 保密性

心理测验工作者应尊重被试的人格,保护个人信息。除非被试对个人或社会有可能造成危害时,才能将被试个人信息告知有关方面。在测验中只提与测验目的有关的问题,无关的概不询问;同时,在进行测验时还必须征得个人或有关监护人的同意,不可强行测验。

(2) 科学性

测验中必须保证结果的真实、准确。测验时应该严格按照标准化测验的指导书进行,具备科学的态度,依据道德准则,才能发挥测验的功效。

4. 对测验的正确态度

测验自问世以来,人们对其褒贬不一,存在两种极端看法:测验完美论和测验无用论。测验完美论高估测验的功效,单纯依靠测验作出决策,而忽略其他信息,夸大分数的意义,认为分数说明一切。测验无用论则完全否认测验的功效,认为测验对实际工作毫无益处。如著名的心理咨询学家罗杰斯认为,应该全面地接受来访者,尊重他们的感情并给予援助,而不需进行任何心理测量。那么,对测验应该持何种态度?研究表明:

（1）测验是心理学研究的一种重要方法和决策的辅助工具。

心理测验采用客观的量化技术将心理现象量化,这无疑是十分科学的,但并不是在任何场合心理测验都是最有效的。在使用测验时,应将其看作一种工具,同时考虑其他方法的可行性,而不应盲目崇拜。另外,在实际应用中,许多人往往将测验的结束看作研究的结束,而忽略了测验的工具性。测验只是一个起点,我们应依据测验的结果改进教育,因材施教。测验是手段,而不是目的。心理测量与诊断的技术及量表,并不是万能的。它只是学校心理辅导和咨询的一种辅助性手段,所以使用时必须懂得其长处、短处、特征和界限,科学地加以实施,才能发挥其效用,更好地促进学校心理健康教育工作的开展。

（2）测验作为一个研究手段和测量工具尚不完善。

测验发展至今,在理论和方法上都存在不少漏洞。由于心理测量对象的复杂性、主观性,与物理测量相比,其精确度远远不够。同时,心理学本身理论体系的薄弱也是心理测验尚不完善的原因。测验分数不是绝对可靠和准确的,它只是对一般水平的最佳估计。不过,不能因为测验的不完善而否定测验的功用。测验作为一种工具,能提供许多有用的信息,因此我们应取其精华,弃其糟粕。如果在使用测验时能及时发现错误,不断地改进和完善,我们将获得更大的益处。

本章概要

- 心理测量是根据一定的法则,依据一定的心理学理论,使用一定的操作程序,用数字对人的行为和心理属性加以确定;具有间接性、相对性,属于等级量表,但可以通过转换当作等距量表处理。
- 心理测量可用于了解个别差异,增进自我了解;诊断、预测和评价;甄选、分类和安置;为心理辅导和心理咨询服务;也是心理和教育科研的辅助手段。
- 心理诊断是心理治疗的一部分,它从人格入手,以人格理解为核心,是发展的、动态的、不固定的;它着眼于问题或行为的异常;诊断者与被诊断者之间需要建立相互信赖的关系。
- 学校心理诊断要抓住以下五大因素:身体因素,智力因素,人格、情绪因素,环境因素,体质因素。
- 学习困难,又叫学习障碍或学习能力障碍。即儿童的学习活动不能达到与其实足年龄相应的教育程度水准,其学习成绩、技能、知识的发展受到明显的损害。
- 注意缺陷—多动性障碍是幼儿、儿童期较常见的一种心理障碍,主要表现为注意力难以集中,在学习或游戏中缺乏一定的精神注意力和持续力,容易受外界刺激的干扰,产生多动或冲动的行为,一般在学校教育中被视为"问题儿童"。
- 编制测验的一般程序是:确定测验的目的,分析测量目标,产生测题,测验的标准化,鉴定测验的基本特征,编写测验指导书。测验的使用要注意保密性、科学性。

关 键 词

心理测量　　心理测验　　心理诊断　　信度　　效度　　难度　　鉴别力
常模参照测验　　标准参照测验　　学校压力症　　智力发展迟缓　　学习困难
语言发展障碍　　注意缺陷—多动性障碍　　行为样组　　项目比例　　指导语
常模　　等值量表

思考与讨论的问题

1. 举例说明心理测量在学校中的具体运用。
2. 目前智力定义尚无统一看法之前,智力测验可否进行?如何施测更为合理?
3. 简述心理诊断的具体分类,并列举其在学校中的运用。
4. 试论如何正确使用测验,防止测验的滥用。
5. 举例说明学校心理测验的编制过程。

第六章 学习心理辅导

学校教育的重要内容之一,是如何使各学科课程的教学内容与教育学和教育心理学原理相符合,以构建学科教育的科学化体系。国外的学校心理学研究把学科教育中的学习心理辅导作为一个重要研究领域给予高度的关注。而学习心理的研究更是为教师科学、明确地指导学生如何更为有效地学习提供了直接的帮助。

本章从学科教育与学习心理的关系入手,着重阐述了最优化学习的智力因素与非智力因素的心理辅导,从学习心理方面提出如何培养学生的创新能力,同时呈现了学校教育中常见的学习心理问题,并对学业不振提出了相应的诊断与辅导的对策。此外,从学校未来的发展方面,提出对各类特殊儿童和各种特殊需要学生的心理辅导和教育管理方法。

一、学科教育与学习心理

学习涵盖了许多方面。从学习水平看,可以分为模仿学习、记忆学习和理解学习;从学习内容来看,包含技能学习、概念学习、情感学习;从学习场所看,包括日常生活学习和学校课堂学习。

在学校场所实施的学科教育与学习心理的关系密切,教育教学工作需要在心理层面上把握教学规律和学生的学习心理,这样才能保证教学的科学性,从而进行有针对性的心理辅导。深入的学习心理研究和恰当的学习心理辅导,有助于提高学生的学习效率和学习能力。

(一)学习心理辅导的发展与演变

纵观我国传统的教育史,学习心理辅导曾经受到极大的重视。如《学记》中所说的"君子之教,喻之,道而弗牵,强而弗抑,开而弗达",就是强调教育不能强行灌输、压迫学生学习,不能剥夺学生的学习主动性,而要引导、协助、促进学生主动地追求知识。孔子在教育弟子时,往往根据学生的资质、能力和个性差异因材施教。孔子主张的"有教无类"思想,与罗杰斯的心理咨询理论所提出的"无条件地、积极地尊重"有相通之处,是我国古代的教育心理学思想的反映。

从世界的学校教育发展过程来看,学习辅导的内涵经历了三个发展阶段。

第一阶段是在20世纪30年代前。这时学校教育重视对学生听、说、读、写、计算、推理等基本技能的培养,学习辅导是学科教学工作的中心。如何使学生掌握更多的知识和技能是学校教育的重要课题。教师对学生的辅导,就是让学生正确地学习。

第二阶段是第二次世界大战结束后至20世纪80年代。这时国际社会的形势发生了重大的变化。学校教育开始重视人的发展,对儿童、青少年的学习与身心成长关系的研究进展迅速。教师不仅要教学生掌握学科课程的基础知识和技能,还要注意发掘学生内在的学习潜能,发挥他们自主学习的能力,学习辅导以学生的发展为本。各国均把这一点视为教育的本质所在。

第三阶段是20世纪80年代以后。随着国际化、信息化时代的到来,学校教育在引导儿童、青少年掌握学科知识和技能的过程中开始运用发展的观点。如何帮助学生在发展过程中克服困难、承受压力、增强心理抗压能力,成为一个身心健全的人(主要表现在德、智、情、意、体的协调上),也已成为各国教育界着重研究的课题。如何在学校教育中形成儿童、青少年健全的人格、丰富的人性,是新的教育本质所在。因此,这一阶段的学习辅导,已经演变成学习心理辅导。

(二) 学习心理辅导的主要内容

学校心理学中学习心理辅导的主要内容有以下几点:(1)帮助学生了解自己的学习心理特征,对自身的体力、智力、性格特长有所认知,以便找到适合自身的学习方法和目标。学校心理学家德夏姆(Ddecharms,R.)认为学习的主体性在于自我,自我的行为和自我所选择的目标是决定自我发展方向的重要原因,明确指出"自我原因性"发展,培养"自我评价"的能力和习惯。(2)培养学生的学习动机和兴趣。(3)培养学生创造性思考以及创新的学习能力,这符合国际社会的科技、经济以及国民素质与人才竞争的发展目标。(4)对学生的学习习惯和学习态度进行心理辅导,使其养成有规律的学习习惯,科学地安排、组织学习时间,以提高学习的效率,减少学习的压力和疲劳。(5)及时发现阻碍学习进展的因素以及学习过程中潜在的问题,对有学习困难以及有学习心理障碍的学生进行诊断和心理辅导教育。(6)学校心理辅导教师要配合日常的学校教育、教学工作,对全体学生的学习状况进行诊断性和形成性评价,将学校教育目标、教学活动和评价活动三者有机地结合起来。

在学校心理咨询中,经常可以看到来访的家长诉说自己的孩子缺乏学习意愿,或者有"厌学症"倾向。从学习心理学来看,学生的学习积极性和意愿是由以下因素构成的(见图6-1)。在进行学习心理辅导时,要做具体的分析和诊断。

学生的学习能力和效率,并不是坐在书桌边、椅子上的时间越长就越高。国外开发的学习能力、学习效率的心理诊断量表,如FAT(学习能力提高因素诊断量表)、ESHI(有效的学习方法测验)、AAI(学习适应性诊断)等,提出以"讲究效率、效果的学习方法与学习策略"对学生进行学习心理辅导。归纳要点为:(1)放学回家后,应立即复习,立即完成当天作业;(2)有不明白之处,应及早地寻求帮助或解答,养成"不积压"的学习习惯;(3)经常使用的辞典、参考书和资料等要整理有序、随身携带,对学习中难解之处、疑问之点,要有勤翻参考书、资料的习惯;(4)课堂笔记要简明扼要,清楚整洁;(5)学习疲倦或瞌睡时,运用出声朗读和动笔描画的方法辅助记忆;(6)根据学习计划合理安排、组织学习时间;(7)作业的答案要认真书写,并检查核对;(8)合理安排作息、娱乐、体育时间,做到劳逸结合等。

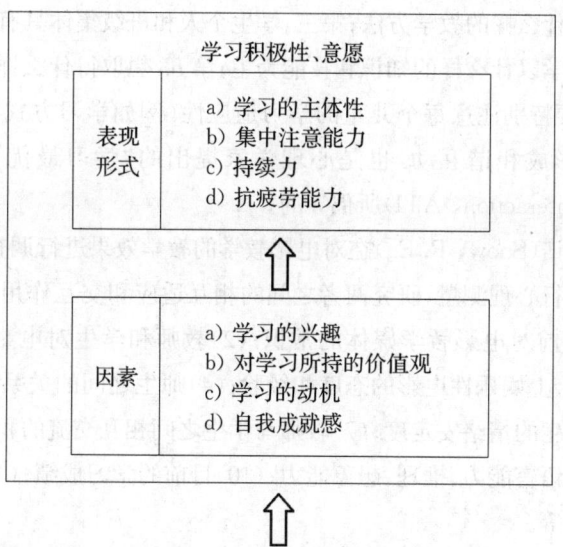

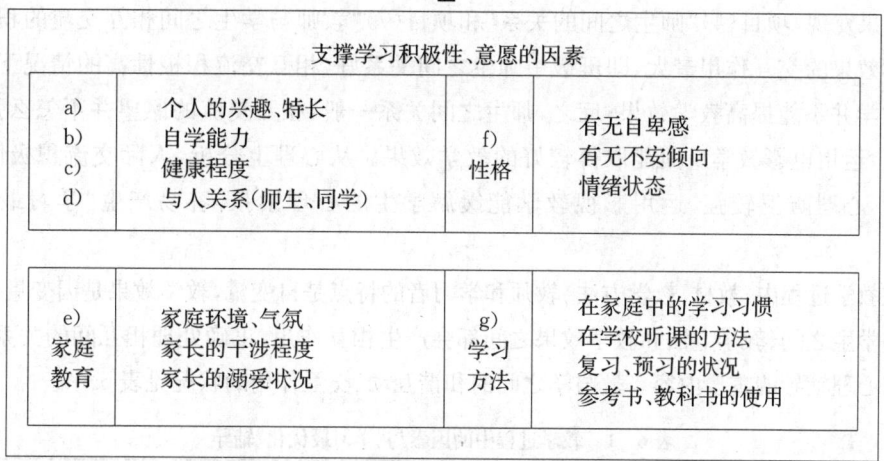

图 6-1 学习积极性和意愿的形成因素和构造

二、最优化学习的智力和非智力因素的辅导

最优化,是为了获得列宁所说的"最大、最持久的结果"。不以"大成"为目标,不去追求大的成功,怎么可能取得最大、最持久的结果呢?中国古人早就指出"取法乎上,仅得其中;取法乎中,仅得其下",所以目标必须高远,必须"取法乎上",在学习上必须以"大成"为目的。

学习辅导最优化(optimization),可以从智力与非智力两方面进行心理辅导。智力因素包括观察、记忆、思维、想象、注意等,非智力因素包括兴趣、动机、情绪、个性、意志等。智力因素方面可能存在两种情况:第一,由于主客观原因,正常智力没有发挥出来;第二,智力因素如注意障碍、记忆障碍、思维障碍等。非智力因素方面可能也存在两种情况:第一,非智力因素的积极性没有激励和发挥出来;第二,非智力因素所包含的某方面因素产生了问题。如情绪障碍、意志障碍、学习焦虑、人格适应不良等。

学习辅导最优化应该始终考虑这样几个问题:第一,使用什么样的教材或如何有效使用这些教材;第二,运用什么样的教学方法;第三,学生个人和班级集体具有什么样的心理特征和学习特点;第四,教和学以什么样的知识和技能为主;第五,想取得什么样的教学效果。

学习心理辅导,要特别注意每个儿童的学习适应性(例如学习方式、认知方式、性格特点等),即教与学之间形成和谐互动,也是心理学家提出的"学习最优化的交互作用"理论(aptitude-treatment interaction,ATI)所倡导的。

学校心理学家斯诺(Snow,R.E.)在对电影教学的教学效果进行调查时,将教师和学生分成两个实验对象群进行心理测量,研究两者之间的相互适应和交互作用的关系。其实验主要调查项目有:(1)学习前对电影教学媒体的常识;(2)教师和学生对电影教学的态度和经验;(3)教师和学生对社会上娱乐性电影的态度和经验;(4)师生之间的关系;(5)教师和学生对教与学的责任感;(6)学生的情绪安定度;(7)教师与学生之间相互交流的积极性;(8)学生的自我性格评价;(9)学生的语言能力、推理、想象能力;(10)目前的学习成绩;(11)利用教育影视录像带所获得的学习经验等。

结果发现,项目(4)"师生之间的关系"和项目(7)"教师与学生之间相互交流的积极性"与教学效果的交互作用最大,即班级中师生之间关系好,相互交流积极性高的情况下,使用电影教学并不能提高教学效果;反之,师生之间关系一般,相互交流的愿望并不怎么强烈的情况下,运用电影教学反而能取得较好的教学效果。从心理上分析,人际交流积极性低的学习者,心理防卫较强,运用影视教学能缓解学生的心理紧张,容易产生"学习最优化"状态。

在教学过程中,教材、教学方法、教师和学习者的特点是自变量,教学效果是因变量。其中教师与学生之间、教学方法和教学效果之间都会产生相互作用,正确处理相互间的关系,是开展学习心理辅导的重要内容。教与学之间的和谐互动、交互作用的状况见表6-1。

表6-1 教学过程中的因素与"学习最优化"辅导

学校教育、教学目标			
自变量	教学方法	调控:内部的认知活动,外部的学习活动	
		教材提示:方向、知识与技能,提示媒体、对象等	
		培养动机:诱因、强化、求知欲、主动性	
	交互作用	教 材:质、量	
		教 师:把握教材中的核心知识、技能、目标,掌握学生的个性特征、班级学习心理状况	
		学习者	个人:思考、学习的样式,学习能力、意愿动机等
			集体:凝聚性、交流、创造性
因变量	教学效果	第一层次:教材内容的学会、理解等 第二层次:长期的自学能力、求知态度的培养 第三层次:身心的成长,人格的发展	

学校心理辅导教师在进行学习心理辅导时,要注重做好教师和学生两方面的咨询和辅导工作,同时兼顾智力因素和非智力因素的辅导。

(一) 协助学科教师

1. 正确认识和评价学生的智力

智力是一种综合能力,包括观察力、记忆力、抽象思维能力、分析能力,受遗传、环境(胎内、教养、自然、社会)的影响。学习活动的有效性则主要受智力的影响。

2. 正确评价与认识智力与学业成绩的关系

智力虽然与学业成绩成正相关,但不是决定学业成绩的唯一因素,人的学习成绩好坏还与非智力因素有关,如人的主观努力和成就动机等。

3. 正确评价男、女生的智力与非智力因素的差异

在智力因素方面,男生在运动、逻辑、推理方面比较强;女生的形象思维、精细分辨能力强,对信息比较敏感。一般说来,男女两性在记忆力、思维能力、感知能力以及言语能力方面都具有各自的优势。在大脑的优势半球方面通常"男左女右",见表6-2。

表6-2 智力因素性别差异

智力因素	男生优势	女生优势
记忆力	理解、抽象、长时记忆	机械、形象、短时记忆
思维能力	逻辑思维,事物的比较能力强	形象思维,计算成绩好
感知能力	视觉能力,空间知觉能力	听觉能力,对声音的辨别和定位
言语能力	相对较弱 逻辑性、哲理性	言语表达能力强 流畅性、情感性

从兴趣、行为和自信心等非智力因素来分析,男女生也存在不同,具体见表6-3。

表6-3 非智力因素性别差异

差异表现	男生优势	女生优势
兴趣方面	物体定向	人物定向
行为方面	侵犯性强	侵犯性弱
	易支配他人,具有个人自我支配感,不易受他人影响	易受他人影响、暗示,容易被说服,易产生从众行为
	寻找年龄比他大的伙伴,对同伴问题漠然	合作性活动多于男生;易找年龄比她小的伙伴,对同伴表示关心和帮助
自信心方面	高,比较自信	低,自信心不足
	自我评价倾向于过高估计	自我评价倾向于过低估计
	成功归因:能力强 失败归因:任务太难	成功归因:运气好 失败归因:能力不足

4. 积极帮助学生发展自己的潜能

了解学生活动兴趣、喜欢的学习方式(空间、时间安排、生物钟变化状况)及其擅长的学习科目,让学生学会知识、技能迁移的方法。任课教师在制定教学目标时区分学生可能达到的目标和希望达到的目标,不要制定过高的教学目标。

帮助学生掌握学习策略,如:学习的前后顺序,学习快慢速度调整和时间安排;如何将课堂上的重点学习内容记笔记,教会学生预习的方法,教会学生利用工具书、参考资料。

5. 在教学中注意对学生进行情感教育

促进师生之间的情感交流,培养学生兴趣、愿望、价值观,常给学生一些前沿性知识,让他们有追求知识的好奇心。反之,如果一个学生常受到批评嘲笑,则会产生消极情感而影响教学效果。

6. 利用多种现代化教学手段提高教学的效率和质量

(二) 对学生的学习心理辅导

1. 学习动机的培养

动机(motivation),是由某种需要所引起的直接推动个体活动、维持已引起的活动并使该活动朝向某一目标以满足需要的内在过程或内部心理状态。学生的学习行为同样受到动机的支配和调节,学生的学习活动也离不开学习动机在其中所起的激发、调节、维持的作用。学习动机实质上是激发个体进行学习活动、维持已引起的学习活动、并使学习行为朝向一定目标的一种内在过程或内部心理状态。学习动机水平低会导致学业不良。一旦学业不良,这些学生在学习态度、学习动机、学习意志以及自我意识方面就会存在较多的障碍,其能力也更多地为学习动机的不足所抑制。如何调动这类学生的学习积极性,帮助他们树立积极的自我概念,激发学习动机是一个关键点。学习动机激发的途径主要包含外部动机激发和内部动机激发两个方面。

(1) 外部动机激发

首先,适当地运用奖励与惩罚。奖励要与学生实际付出的努力相一致,使他们感到无愧于接受这种奖赏。奖励要注意以精神奖励为主,物质奖励为辅。因为对于学业不良学生而言,最大的奖励莫过于得到别人的称赞和肯定,教师的鼓励、微笑等社会性强化尤为重要。惩罚包括施加某种痛苦(或厌恶)的刺激和取消某种喜爱的刺激(如取消娱乐活动等)。惩罚不当,非但不能改正学生的错误行为,反而会强化这种行为,引起学生的对立情绪。

其次,创设合作的课堂学习环境。目前教学中的弊端之一是过于强调竞争而忽视合作。由于课堂竞争中优胜者只是一小部分,大多数学生是竞争的落后者,因而更容易诱发学业不良学生的自卑和自暴自弃心理。因此,应通过建立合作的课堂学习的方法,如改进评分方法,采用鼓励性评价,淡化竞争气氛,用类似分层作业的方法提倡互助与协作,强调教师与学生之间、学生与学生之间的互助与协作,有效地调动学生学习的积极性、主动性和参与性。

(2) 内部动机激发

外部学习动机产生的激励效应维持时间较短,它依赖于情境刺激。只有当学生对学习感到有兴趣、有信心、有责任时,他们才会为学习付出努力。内部动机激发的措施主要有:

首先,进行有效的归因训练。它有利于学生分析失败的主、客观原因。德威克指出习得性无能学生常常把失败归因于自己能力低下;而自主性学生则把失败归因于自己努力程度不够或策略不对,两类学生的归因倾向与他们的目标和信念有关。

其次,帮助学生实现角色转换。一旦学业不良,这类学生在教师、同学的眼里往往就是"嫌弃儿"的角色。这种角色地位深深影响他们的自尊与自信,使他们对课堂学习更加反感、敌对。相反,如果采取让小学高年级学生担任低年级学生的辅导老师这一角色,要求他们课后对低年级学生进行某种辅导,这类学生的自我概念、成就动机、人际关系、测验焦虑等就会出现不同程度的积极改变。

再次,为他们创设成功的机会。学业不良学生常常过分夸大学习中的困难,过低估计自己的能力。教师需要为他们创设成功的机会,让他们在学习活动中通过成功地完成学习任务、解决困难来体验和认识自己的能力。另外,还要给他们树立一些成功的榜样,因为一个人看到与自己水平差不多的示范者取得成功,就会增强自我信念,认为自己也能完成同样的任务。

最后,增强他们的自信心、胜任感。学业不良学生往往容易把自己同学习优良的学生作比较,越比自信心越低,甚至觉得自己样样不如别人。如果改用现在的自己同过去的自己比,就能从自己的进步中获得成功的体验,增加自信心。因此,在对学业不良学生个别辅导中,要求教师帮助学生制定个人的目标与计划,并制定出落实这些计划的具体措施。在实施过程中使学生能够发现自己的进步,通过实现自我参照目标来体验成功,从而正确认识自己的能力,改变对学习无能为力的心理状态。

2. 学习兴趣的激发

学习兴趣是学生基于自己的学习需要而表现出来的一种认识倾向。影响学习兴趣的因素主要包括教学的方法、师生关系、教学效果、教学策略、对学生的注意和了解程度、赏罚情况等。

对学业不良学生的调查表明:①27%的学生对学习不感兴趣是由于教师的教学方法单一、枯燥;②26%的学生是因为应付各科学习和作业太累,失去了学习兴趣;③13%的学生觉得学好学坏一个样;④34%的学生认为学习是件痛苦的事情。一旦对学习失去了兴趣,学习就会成为负担,对学习产生焦虑、恐惧抵触甚至对抗情绪,有的还会由于连续的失败而逃避或回避学习,出现学习抑郁症,如食欲不振、孤独、懒散、过敏、闷闷不乐等,会导致学习成绩下降甚至学业不良。要改变这种现状,可从以下几个方面入手:

(1) 切实改进教学方法

知识学习中总有一些枯燥无味、很难引起学生兴趣的内容,在传授这些知识时,教师要用新颖的方法来激发学生的学习兴趣,要使有趣的内容与枯燥的内容交叉进行,并巧妙地把枯燥乏味的东西变为津津有味的东西。

(2) 合理安排教学内容

教学心理学的研究表明,学生对所学内容感到新颖而又无知时,最能诱发好奇内驱力,激起求知、探究、操作等学习意愿。教学内容过深,学生畏而却步,会降低学习兴趣;教学内容过浅,唾手可得,也会丧失学习兴趣。所以要从学生的"最近发展区"出发,注意深浅得当。

(3) 充分挖掘学科知识中的兴趣点

每一门学科都有自己的知识特点,学生对某学科的兴趣往往是由于该学科特别有趣所引起的。因此,教师要注意充分发掘学科知识中那些使学生感兴趣的东西,如语文的文情诗意、数学的奇思妙想等,以期引起学生对该学科的特殊兴趣。

此外,兴趣应当与树立崇高远大的理想结合起来,应使学生的学习兴趣扎根于人生观和理想的沃土之中,由有趣、乐趣变为志趣。组织学生参加课外活动,创设问题情境等,也有助于学习兴趣的培养。

(4) 及时帮助学生解决学习困难

学生在各科学习的初始阶段往往会遇到一些困难,即一些难以理解的知识,只要度过这些难关,学生就能顺利地掌握该学科的基础知识和学习方法,兴趣也会渐趋稳定。闯不过这些难关,学生在学习上就会困难重重,学习兴趣也会锐减,甚至会感到味如嚼蜡。所以难点或关卡是学生兴趣和成绩的分化点,应及时帮助学生解决学习困难。

3. 良好学习习惯的养成

习惯是后天获得的一种趋于稳定的动力定型,其形成是由于一定的刺激情景与个体的某些动作在大脑皮层上形成了稳固的暂时神经联系——条件反射系统。良好的学习习惯不仅能帮助学生节省学习时间,提高学习效率;还能帮助学生减少学习过程中的差错,使他们养成勤于思考、勇于攻克难关的习惯。

在学业不良的学生中,大多缺乏毅力,自我控制能力较差,在学习中遇到困难时,往往不是动脑思考,而是遇难而退,或者立刻转向教师、同学寻求答案。在这种情况下,教师不要代替学生解答难题,而是要用坚定的目光鼓励他们动脑筋,用热情的语言激励他们去攻克难题。因为教师或家长任何一个亲切和信任的目光,一句热情而富于鼓励的话,都可以使他们产生战胜困难的信心和力量。另外,给学生讲一些中外名人克服困难的故事,也能使他们懂得一个人具备坚韧不拔的意志品质的重要性。

总之,在辅导学生学习时,最重要的是教育他们学会用脑,要帮助学生克服内部或外部的困难和障碍,使之树立坚定的信心和增强克服困难的毅力;帮助他们养成在规定时间内学习的习惯,力戒拖延和磨蹭。学校里的学习有严格的时间规定,在家里也应该有固定的学习时间,养成复习旧课和预习新课的习惯。此外,教师要教会学生检查作业的方法,使之养成细心检查作业的习惯。

4. 不良情绪的排除

很多学生在学习方面存在某些情绪或情感问题。这些情绪、情感问题往往是由学习而产生,再反过来严重地影响或阻碍学习,应设法予以排除。

(1) 克服焦虑与恐惧

有些学业不良的学生在学习过程和考试情境下,其焦虑水平明显高于学习优等生和中等生。尤其是考试焦虑水平,比学习焦虑水平更高。对失败的担心会造成注意力难以集中,学习所必需的一些能力(如记忆能力、组织技能等)的发挥也会受到干扰。

教师应尽量让学生多回忆成功的经验,忘却不成功的经验,因为再小的成功体验也能增强学生的自信;应帮助学生增强心理素质,增强抗焦虑的心理能力,提高身心抗压能力,比如帮助学生对焦虑进行合理的分析,以减轻焦虑程度。

(2) 避免产生逃避或回避心理

连续的失败,使学业不良学生失去了对学习的自信心或自尊心,不愿上学甚至逃学以回避学习课程,从而使成绩越来越糟。所以教师应通过各种途径,有效地帮助他们减少逃避或回避心理的产生。

(3) 减少对抗或抑郁

长期的成绩不良或学业失败,损害了学生的自尊心与自信心,有的甚至对学校、教师、家长产生敌视对抗心理,出现某种程度的抑郁状况,如食欲不振、孤独、懒散、过敏、闷闷不乐等。反过来,这种对抗与抑郁的心理又会进一步造成学习的退步。因此,应设法防止和消除对抗或抑郁的产生。

5. 良好个性的塑造

(1) 树立自信心

学业不良学生往往认为自己不够聪明,学习能力不强,缺乏应有的自信心。而自信心的缺乏,多数是由于日常生活中教师、家长或他人过多的责怪与批评等造成的。因此,教师、家长要特别注意关心、鼓励他们,使之树立自信心。

(2) 增强意志

不良的意志品质是学生产生学业不良的重要原因之一。做事没有持久性、稳定性,遇到小问题便退缩,对自己的行为缺乏应有的控制能力,容易被外界事物所诱惑,缺乏责任感等,都会对学习产生不良的影响,严重阻碍学习的进步。为此,要经常为孩子设置一些他们能够克服的障碍,鼓励他们积极地迎接困难,鼓起勇气克服障碍,学会如何去排除障碍,征服挫折,以培养其意志品质。

(3) 提高适应能力

有些学生由于从小受父母呵护过多,个性及性格上产生一些问题,如内向、孤僻,行为幼稚、不成熟,不愿意与同伴和教师接触、交往,在学校活动中退缩等。他们可能一时难以适应学校的生活与学习,学习效果差,就会造成学业不良。所以教师与家长要密切配合,以培养孩子的适应能力。在课余时间家长可以多带孩子到公共场所活动,使之多与外界接触,鼓励他们与同龄伙伴交往,为他们提供独立办事的机会,不强迫他们做自己害怕的事情。教师要加强班集体的建设,使每个学生都感受到集体温暖等。

6. 自我调控行为训练

包括深呼吸、松弛、对大脑和四肢等部位进行的自我按摩、考试前身心调整、重大考试前的食物营养调整(如对甜食、高蛋白物质或刺激性大的食物摄入的调控等)的技巧。

7. 对学生进行学习策略的辅导

包括知识、信息的记忆策略,如复述、背诵、默记、抄写等学习策略等;学习的组织策略,如知识内部的前后联系、因果联系、分类、编码等;学习中的支持策略,如参考资料、工具书的使用、记笔记方法、摘录方法等。

8. 培养学生的自学能力

包括自学的方式、自学的感受和自学的技巧(自学计划、速度快慢、控制、反馈)的培养、自学中的基本认知策略等。

三、培养创新能力的学习辅导

当前,学校教学非常重视培养学生的创造精神,强调培养创新型人才。因为创新能力的高低直接决定了与创造性想象紧密联系的创造性思维活动,而创造性思维的活动又直接决定了创造性问题的解决。

(一) 创新能力的因素与阻碍

日本心理学家将创新能力定义为"一种具有创造性的有价值的东西或者新观念的人格特性在能力上的反映"。创新能力的核心是创造性思考;创造性思考是发散性思维(思考的方向多种多样、广泛丰富)和集中性思维(指向一定方面的思考)相结合的产物,是一种常人不容易注意的、运用不同信息的组合产生新结果的思考方法。

日本的创造心理学家恩田等人认为创造性思考由四个因素构成:(1)流畅性,能在多大的程度上出现新的观念,即思考的数量如何;(2)柔软性,从多层次、多角度、各个方面去看问题,即思考的自由度怎样;(3)独特性,非凡的、巧妙的观念组合产生的能力,即思考的质量如何;(4)具体性,所产生的多种多样的观念,并不是不着边际的空想或幻觉,而是充满具体性的、可操作性强的产物。四个因素中,其中独特性最重要。衡量独特性的标准有三个方面:(1)新颖性,指非常见、统计上稀少的、发生频率虽低但却出现的东西;(2)远隔性,即发现无关系的两种事物之间的联结性;(3)巧妙性,所考虑的东西非常新鲜、巧妙。创造性思考中,联想和类推也是非常重要的思考技巧。为了培养这种能力,有时需要运用集体思考、集思广益(brainstorming,团体大脑风暴)的技术,在集体中运用自由联想训练技术,使个人的想象奔放流畅起来。

创新能力和创造性思考的培养也有一些阻碍因素,主要有五个方面的问题:(1)认知上的障碍,不能正确、适当地把握所要解决的问题的本质。由于受到认知方面的阻碍,如"这不合逻辑"、"这不是我的专长"、"我没有创造力"等,而丧失了解决问题的时机。(2)文化上的障碍。由于受到自身所在的社会文化、价值观、阶级制度的影响或束缚,观念慢慢地趋于僵化,创造性思考受到了外界的压力而不得不放弃。(3)感情上的障碍。个人内在的消极、被动、无所作为的感情使人们对于变化、创新的现象产生心理的抵抗、恐惧或缺乏自信。(4)人格上的障碍。个人对环境的不适应,导致人格防卫机制的扩大化,抑制了性格中创造的欲求。(5)教育上的障碍。应试教育追求的是标准、整齐划一的答案;学生接受的是机械的、封闭的、只有一种正确答案的试题训练,久而久之丧失了创造性思考的能力。

下面是美国创造力开发专家罗杰描述的他的亲身经历,对我们就很有启发意义:

当我还是高中二年级学生时,英文老师在黑板上画了一个小粉笔点。

他问同学那是什么,过了几秒钟,有个同学回答道:"那是黑板上的一个粉笔点。"其余的同学似乎都明显地松了一口气,没有人加以补充。"你们太令我惊愕了!"老师对班上同学说:"昨天我问一群幼儿园小朋友同样的问题,他们有五十种不同的说法,例如,猫头鹰的眼睛、烟蒂、电线杆的顶端、星星、小石头、南瓜虫、腐坏的蛋等等,他们有极灵活的想象力。"

幼儿园与高中二年级刚好相差10年,我们虽然学会了寻找正确答案,但我们失去了大部分想象力。就像著名的教育家尼尔·波斯特曼(Neil Postman)所批评的"孩子们入学时像个'问号',毕业时却像个'句号'"。

对以上阻碍学生创新能力培养的因素,学校心理辅导教师要正确地加以预见和判断,从心理辅导的角度予以排除。

(二)创新能力培养的主要方法

培养学生创造性思考的基本方法,就是用与传统或平常不同的思维方式与态度去看待问题,或者进行特殊的创造力开发训练。应试教育产生的僵化头脑,经常只能按传统的思路来考虑问题,他们的大脑在思考问题时如果能增加一些"新的回路",意想不到的解决方法可能就会涌现出来。以下是培养创造性思考能力的一些方法。

1. 思考柔软性训练

(1) 从固定的思路中解放出来

例如著名的以线画点的问题,有纵横排成3行的9个点,用4条直线将它们连接起来。许多人的思路被限制在"所画的直线不能从9个点所形成角框里出去",因此不能解决问题。但如果将这一固定思路解除,给予一定的暗示,问题就轻而易举地解决了。从固定的思路中解放,多层次、多角度地看问题是创造性思考的基础。

(2) 思考方向的变换

荷兰有个城市发生了垃圾处理问题,人们不愿意使用垃圾桶,结果香烟蒂、啤酒瓶、废品、旧报纸堆得到处都是。卫生部门提出了许多解决方法,如对乱扔垃圾的人罚款、增加街道巡逻管理人数等,但都收效甚微。最后,有人提出"假如人们把垃圾放入垃圾桶里,可以拿到奖金呢?"——一个思考方向变换的杰出提议,即从"处罚乱丢垃圾者"转变为"奖励保护环境者"。不过,这个点子有一个明显的谬误,即如果卫生部门采纳这个建议,过不了多久,财政就会出现问题,所以这个建议未被采纳,但是它却成了创造性思考的基础,即"是否有其他奖励大家用垃圾桶的方法呢"。这样一来,也就找到了解决问题的答案:如设置有预先录音的"音乐垃圾桶"、"说笑话的垃圾桶"等,对问题的思考方面和意义转换后,使其得到创造性解决。

2. 创新思维的训练

即把两个根本不同的事物连接在一起,找出其中共同的东西,从而产生创造性飞跃的训练方法。发明家古登堡的故事就是一个极佳的案例。他把两个原先毫无关联的东西——硬币打印机和葡萄榨汁机结合起来,形成一个新的创意。硬币打印机的用途是在金币之类的小面积上留下印记,而葡萄榨汁机则是在大片的葡萄上用力压出果汁。有一天,古登堡可能是带着醉意,开玩笑地对自己说:"我为什么不把硬币打印机放在葡萄榨汁机下面压,然后在纸上留下印记呢?"这项结合,使他发明了活版印刷机。

创新思维的训练方法,主要有三种:(1)KJ法(由日本川西田二郎创立的训练方法),即在众多的信息中,找出其中相互关联的内容,进行构造、结合的思考技巧。(2)NM法(由日本中山正和创立的训练方法),即用关键词进行自由联想,最后找出有意义、符合目标的新类型。(3)等价迁移思考法(由日本的市川龟久弥所创立的训练法),即在已知的事物上,找出其中的原理,适用于未知的新事物,进行创造性探索与开发的技术,又称之为过程迁移的发明理论。

(三) 学校教育中的创新能力培养与心理辅导

1. 培养学生质疑问难的能力

质疑问难,是人类、特别是儿童的天性之一。在"生疑"能力的驱使下,人们去学习知识,解决问题,探索、创造新的事物。学贵存疑,只有在学习中发现问题,发掘难点,不断地产生疑难,又不断地解决疑难,才能获得知识,发展思维。教师在学科教育过程中必须善于启发学生质疑问难,使他们通过紧张的思考、分析、探索等智力活动,为创新能力的发展打下基础。

培养学生质疑问难的能力需注意以下几点:(1)质疑问难要建立在学生的学习兴趣和注意力的基础上;(2)能充分组织起学生的注意力(包括有意注意和无意注意);(3)要建立在学生求异思维的基础上;(4)给学生设置发现问题的情景,引导学生深入探究问题的本质;(5)交给学生解决问题的"钥匙"或"拐杖",在已知和未知之间架设解疑的"桥梁";(6)鼓励学生大胆"存疑",将问题带到课外去解决。

2. 培养学生热爱创造的人格

创造性思考和创新能力受人格的影响很大,因为人格是形成创造力态度和方法的心理基础。创造的态度以主体性、独立性和持久性为核心,追求新的感动和兴趣,不满足于既成的现状,敢于从安定走向冒险,充满了积极的自信。而有了创造的方法,创新能力便会得到发展、壮大。教师培养学生热爱创造的人格,要做到以下几点:(1)对学生的各种个性和兴趣特长要充分尊重和宽容;(2)对学生的"问题"要表示敬意;(3)识别儿童的思考中是否有颇具创造价值的东西;(4)鼓励学生不要害怕失败、不担心被评价,勇于实践是最重要的;(5)对于学生新奇的反应和创造性的行为要运用心理学中行为主义的理论予以适当的刺激和奖赏,强化他们的创造动机。

3. 从发展心理学观点上把握学生创新能力

儿童、青少年的创造力和创新能力,是受年龄、身心发展阶段所制约的,其各年龄段主要特征如下:(1)6—7岁,创造的想象力缺乏现实的方向,但丰富多彩,好奇心、探索心发展较快。(2)8—10岁,开始学习创造性思考的方法,但缺乏持久的兴趣和努力,需要指导其制定长远的计划。(3)11—12岁,对艺术的适应性增强,是创造性思考急速发展的时期,也是探索自我才能的时期。(4)13—14岁,社会性、情绪性上处于冒险、挑战思考的萌芽期,对成人的规则和说教开始提出疑问。优秀的孩子在想象、美术、音乐、工艺制作领域开始展现创造性才能。(5)15—16岁,思维的训练期,有创造性实践活动能力,经常有逆反、矛盾、疑问的念头,但开始能创造性地解决各种难题。(6)17—18岁,创造能力既有建设性的一面,也有破坏性的一面,所以要指导其树立积极乐观的人生观,明确创造的方向。该阶段的青少年具有丰富的艺术感受力、充沛的社会活动力,处于创新能力成型的时期。

学校心理辅导教师要根据儿童、青少年不同的年龄特征,有的放矢地实施创新能力的培养计划。

四、学习的诊断性评估与形成性评估

(一)学习评价的作用与体系

在儿童、青少年的学习过程中,对他们的学习活动进行诊断性评价和形成性评价,是具有重要意义的。一方面,学习评价是学校心理辅导教师对学生进行心理辅导的重要内容。学习评价可以使学校教育工作更加适合学生的需要与背景,为学校制定更加正确的教育目标和教育方针提供重要依据。另一方面,这里的诊断不是指医疗诊断,只是一个表示特殊测量与鉴别的概念。学习中的诊断性评价既要发现有障碍的儿童,又要发现优秀的儿童。"诊断"性评价不是给儿童贴标签,其结果也不是为了给儿童分班,主要是为了了解儿童的学习特征,促进儿童的学习。

学校心理辅导中的学习评价活动,是为了对学生的学习能力进行分类,了解学生的兴趣、个性、背景、才能、特长、学习程度等。学生产生学习困难可能是学校制定的教学目标不适当,也可能是学生的身体、精神、家庭环境等因素造成的。另外,我们对于优秀的学生,也应有特殊的教学辅导计划。学习评价的体系见图6-2。

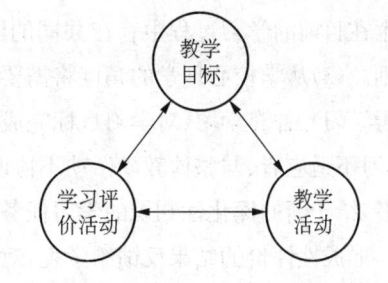

图6-2 学科教育中学习评价的体系构成

(二)诊断性评价与形成性评价的主要内容

诊断性评价是在教学活动开始前,对学生已具备的必要的学习能力、兴趣、态度以及已具有的基础知识、技能等各种教学信息进行收集,使教学目标和教学方法建立在学生的适应性和能力的基础上,从而提高教学效率的教育手段。此外,诊断性评价还可以对学习不适应儿童或有学习障碍的学生的问题进行分析、判断。诊断性评价主要有以下两大类:

第一,短期的诊断性评价方法。主要形式分三种:(1)在学习新的知识、新的学科内容时,对学生预备性知识、技能,即先行的学习能力的诊断;(2)对学生能否达到教学目标,以及他们对新的学科知识了解多少,进行事先的确认;(3)对学生学习方式、学习类型进行测量。

第二,长期的诊断性评价方法。主要形式分两种:(1)对学生基础学习能力和课堂教学理解力的诊断评价,其中包括必要的智力测量、标准学习能力测量和学习成就测量等;(2)对学生的学习动机、态度、情绪、意志等性格特征方面的诊断,以发现学习困难问题产生的症结。

形成性评价是在一定的教学、学习活动过程中展开,对教学过程中所期待达到的教育目标进行信息收集,并反馈给教师和学生,以期达到最佳的教学效果,是教育活动的自行调整与修正。同时,它对于课程的构成和教材教法内容的改善也能起到促进作用。形成性评价的主要方法有问答法、观察评定法、报告法和作品展示法。形成性评价的过程与作用见图6-3。

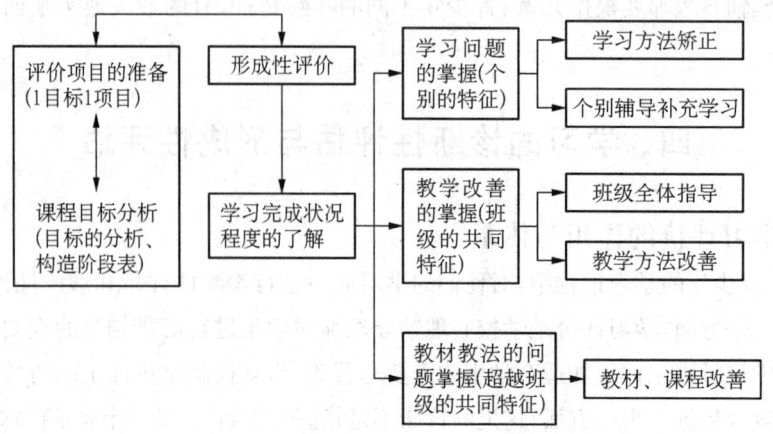

图6-3 形成性评价的过程及其主要作用

形成性评价的结果反馈给教师,对教师有如下帮助:(1)对每个学生的学习目标达成状况做到明确地把握;对达不成学习目标的学生,可考虑分析其是否有学习困难、学习障碍。(2)当学生在目前的学习过程中存在共同的困难和问题时,考虑改善、改进现行的教材教法和教学计划。(3)从学校心理学的角度将需要进行学习辅导的学生分成再学习(学习目标完成不了,得再学习)、补充学习(对学习目标完成有部分缺陷的学生,须进行另外的补充学习)、学习调整(学习不适应者、与整体教学活动不协调者的学习方法调整指导)、深化学习(提前完成学习目标者,给予新的深化性知识的学习任务)四种类型。

形成性评价的结果反馈给学生,对学生有如下帮助:(1)促使学生自我确认学习目标达到的状况,自我调整学习活动;(2)给予学生一种目标整体达成或部分完成的满足感,强化他们的学习动机;(3)促使学生自己发现学习上的困难和疑问,明确自我所缺乏的知识和基本技能,找到努力的方向;(4)让学生养成自我评价的能力和习惯,培养他们的"目标意识"。

(三) 学校教育中的其他学习诊断法

1. 学习习惯、卫生状况诊断

1974年,美国的比贝德(Biband,S.[①])在这一方面进行了研究,问卷形式见表6-4。

表6-4 比贝德问卷

	很少	有时	通常
(1) 影响学习的卫生习惯			
① 每晚至少有八小时睡眠			
② 有正规的体育锻炼计划			
③ 三餐饮食均衡			
④ 在合适的光线下阅读和学习			

---

① B·S·布卢姆等编,邱渊等译:《教育评价》,华东师范大学出版社1987年版。

		很少	有时	通常
	⑤ 休息时间很有规律			
(2) 时间安排				
	① 每天的学习时间表事先都做好了安排			
	② 有一个固定的学习场所			
	③ 安排好一段段的学习时间,使它们紧靠在所学科目之前或之后			
	④ 在白天的空余时间内抓紧学习,避免把所有的学习任务都留到晚上			
	⑤ 在每天、每周和整个学期的时间安排中,留有充分的余地,以写作学期报告和完成特别的任务			
	⑥ 每天、每周都有固定的复习时间			
	⑦ 每天留出一段不长的时间参加文娱活动			
	⑧ 安排好社交生活,使其不至于严重影响学习			
(3) 记笔记				
	① 有一本厚厚的大笔记簿			
	② 听课时要注意教师关于哪些内容重要的暗示			
	③ 不要试图把教师讲的话一字不漏地记下来			
	④ 只把每堂课的要点和关键事实记下来			
	⑤ 在整个讲课或课堂讨论的过程中,全神贯注地进行批判性的思考			
	⑥ 把公式、方程式和图表快速而精确地写下来			
	⑦ 记笔记时,留有一定的间隔,不要太挤			
	⑧ 课后尽快把每种笔记复习一遍			
	⑨ 把笔记重新加以组织,使重要标题从次要标题中凸显出来			
	⑩ 按课程把笔记分成若干部分			
(4) 做作业				
	① 明确作业的目的和性质			
	② 开始学习,毫不拖延			
	③ 仔细阅读之前,先把课本各章略读一遍,得出一个大致印象			
	④ 阅读过程中,每隔一定时间就自己背诵一下			
	⑤ 在做阅读作业时,要记下主要思想和关键事实			
	⑥ 重新核对书面问题,确保其正确无误			
	⑦ 把不熟悉的术语列出来			
	⑧ 即使某一作业很难,也要坚持到做完为止			
	⑨ 避开干扰、喧闹,不作无益的交谈			
	⑩ 每工作一小时,停下来稍事休息			
	⑪ 偶尔与教师讨论讨论			

2. 对学生学习兴趣、情感的诊断

很多时候,儿童的兴趣、情感也会影响到认知发展和学习质量。教育心理学界对此作过一个研究。他们把 40 名儿童分为两组去完成一项工作。一组对这项工作很有兴趣,另一组则无兴趣。结果表明,有兴趣组出成果的人数是无兴趣组出成果的人数的 4 倍。儿童、青少年的学习兴趣可以分为外在的和内在的两部分。其中外在因素有:想取得好成绩、好分数(这种兴趣不会持久),为了考进大学让父母高兴等。内在因素是发自学生内心的求知欲望。

调查可分为两部分。第一部分是对学生进行的调查,包括:(1)把各学科单独列开,让学生对这些学科进行情感反应,得出喜欢、不喜欢的比例;(2)了解学生对这门课的好奇心、要求及欲望;(3)了解学生对这门课的了解程度。第二部分就是对教师进行的调查,包括:(1)每节课是否花过一些时间来培养儿童、青少年的兴趣;(2)是否设计一些有兴趣的课外作业;(3)在教学中能不能利用现代化多媒体教学手段;(4)在班级中是否开展学习竞赛,激发学生兴趣,例如小组竞赛等;(5)教师是否了解学生的课外兴趣。

3. 优秀学生和天才儿童的诊断

美国的乔治(Georgi, S.)和索拉诺(Splranor, R.)等人制定了识别、诊断天才儿童和优秀学生的如下 15 条准则(1985),规定符合其中的 12 条以上才能被诊断为优秀儿童。

第一,能流利而准确地使用大量词汇;

第二,在口头表达和书面写作中能流畅地表达思想;

第三,阅读经验丰富,喜欢思考、讨论和辩论;

第四,兴趣广泛,在某种场合对某种事物兴趣非常集中;

第五,在通常布置的作业以外肯花时间研究其他感兴趣的事;

第六,把大量时间放在一些感兴趣的、好奇的、古怪的现象上;

第七,在班级中、学校中学习成绩超出同年级学生;

第八,通常在学科标准测试中成绩较好;

第九,通常在各科成绩方面差距不会很大;

第十,能看出某项活动的毛病,指出改进方法;

第十一,能质疑问难,提出的问题通常会令人耳目一新;

第十二,对班级中的常规传统秩序缺乏耐心;

第十三,能够对一些事物从因果关系上加以把握或推理;

第十四,喜欢探讨难题、解难题,喜欢预测、推测、描述、解疑等;

第十五,经教师指点,能很快把握各种事物中的关系和准则。

五、学校中常见的学习心理问题辅导

学习焦虑、学习恐惧、学习障碍、学校适应不良等心理问题是学校中学生心理失调、心理障碍的主要症状,主要表现为:(1)幼稚、好动、贪玩、不肯学习的滞留心理;(2)不肯动脑筋独立思考、不肯及时写作业的拖沓心理;(3)靠老师和同学帮助的依赖心理;(4)对某门学科不感兴趣、不爱学、不愿学的偏科心理;(5)学习情绪不稳定、学习成绩时好时差的波动心理;(6)对学习持有忧愁、烦躁、恐慌和惧怕的焦虑心理;(7)容易自我满足、不求进取的心理;(8)自认为无能、不如他人的自卑心理;(9)视学习为负担、讨厌学习、最好不要读书的厌学心理;(10)为性发育苦恼、好奇,或对异性好感引起情绪不稳以致影响学习的青春期困扰心理等。这些症状在不同的学生身上可能会呈现出不同的组合,在特殊环境与实际情境中也有可能呈现并发的现象。

学习焦虑是心理障碍表现较为严重的一种症状,过度焦虑会使人失去平衡导致失败;一次失败体验往往给下一次失败埋下祸根;如果没有得到及时地改善,经过一次次的恶性循环,那么自卑、厌学、忧虑、无望、抑郁等多种情绪问题便会接踵而至。

学习障碍是指智力正常,但因学习能力落后而导致成绩低下的现象。研究表明,大约5%—10%的在校生属于学习障碍儿童。主要包括:书写障碍、阅读障碍和数学障碍等。下面就学习方面比较典型的心理问题分别加以说明。

(一) 依赖心理

这类学生表现为依赖性强,习惯于求助他人,不能独立思考和解决问题,有时甚至抄袭作业、考试作弊。他们一旦离开教师的辅助或别人的帮助,便会产生无所适从的消极情绪和行为倾向。在家里,由于父母"望子成龙"、"望女成凤"心切,自愿当孩子的家庭"助教",许多应该由孩子独立完成的内容都由家长包办代替了,多年"保姆式"的教育使孩子产生了较强的依赖心理,结果出现了教育的负效应。

(二) 自卑心理

这类学生轻视自己,认为自己不如别人。有的因为自己有生理缺陷而害怕见别人,怕参与学习活动,经常离群独处;有的因为学习基础差,但对自己的期望值又较高,形成理想与现实的矛盾,因而产生自卑情绪,羞于听到自己的成绩;有的因为父母离异给自己笼罩上阴影,产生自卑心理,听课时注意力分散,不认真做作业,考试成绩自然很差;也有的自以为优秀,可是一旦自己的成绩不够理想,便一蹶不振,从而陷入自卑的深渊。

(三) 厌学心理

厌学心理主要表现为学生对学习认识存在偏差,情感上消极对待学习,行为上主动远离学习。这类学生对学习失去兴趣;不认真听课,不完成作业,怕考试;甚至恨书,恨老师,恨学校,旷课逃学;严重者一提到学习就恶心、头昏、脾气暴躁。

(四) 懒散心理

这类学生精神松懈,行动散漫。有的在课堂上无精打采,或歪头,或趴在桌子上,不动脑筋,作业拖拉;有的学习缺乏热情和主动精神,推一推,动一动,应付差事;有的千方百计摆脱纪律的约束,借种种理由逃避集体活动,对老师撒谎,编造不完成作业的理由;有的在老师面前积极勤快,老师一走,便自由散漫,外勤内懒。

(五) 逆反心理

这类学生总是在特定的条件下产生一种负向的心理活动。有的在学习上,反对师长为他安排一切,拒绝受教育;有的具有反抗性,常用"恶作剧"的形式表现出来,你叫他写作业,他非但不做,还用脚去踢凳子,摔打身边的小物品或狂叫乱吼;有的表面上情绪似乎缓和一些,但实际上仍旧和老师"对着干",在课堂上,用冷眼看老师,对老师的问题不理不睬;有的对师长的吩咐或教育"阳奉阴违"。

六、学业不振的诊断与心理辅导

(一) 定义

学业不振,一般是指有学习欲望,但学业成绩不高,常常处于受挫状态,由此引起的学习自信心丧失。可能的原因是学习方法、技术缺乏或不妥当,引发情绪不适应,由此形成学习活动过程中的恶性循环从而造成学业成绩不良。

日本心理学界定义:学生具有在概念集中平均的学习能力和发展水平,但在某个阶段的学习活动中出现迟滞、落后状态,学习成绩低劣,称之为"学业不振"。

学校心理辅导教师的主要工作是:(1)配合任课教师进行学习方法的指导;(2)对学生进行情绪适应的指导。

(二) 教育测量

对学业不振的一般教育测量要从四个方面综合进行。一是智力测量,包括语言和非语言方面;二是学习能力测量,包括学习的基础知识和基本技能等;三是性格测量,包括内向和外向的;四是学习方法、学习习惯的测量。

(三) 心理测量

日本的心理诊断量表FAT(学业不振原因诊断,松原达哉著)从四个领域八个方面来诊断:(1)健康问题,M(精神健康)/P(身体健康);(2)学习态度,H(学习方法)/S(动机、兴趣);(3)人际关系,M(同学关系)/T(师生关系);(4)环境状况,D(家庭环境)/E(学校、社区、居住环境)。

美国的学习适应性心理诊断,主要测量学习态度(学习愿望、动机、兴趣)、学习方法(主要包括学习计划、听课方法、教材阅读、笔记方法、问题理解、记忆、测验的对策、方法等)、学习环境(主要是学校环境、家庭环境对学习情绪的影响)和个人身心健康问题。

(四) 辅导方法

对学业不振的学生要从三个方面进行辅导:(1)学科辅导,主要是进行学习指导,帮助学生掌握该学科中的重点知识和技能构造;(2)生活指导,帮助学生处理好周围的人际关系,养成良好的学习习惯和学习态度,适应学习环境;(3)心理指导,帮助学生了解、认知自我的性格,做好学习的情绪调控训练,在自我发现、自我评价过程中形成良好的自信力。

七、特殊需要学生的心理辅导与教育管理

(一)什么是特殊需要的学生

所有儿童在身体素质和学习能力方面都显现出差异。特殊需要学生,既包括那些在学习中有困难的儿童,也包括那些由于成绩优异而必须对课程和教学进行调整才能帮助其发挥潜能的儿童。

1. 智力落后儿童

智力落后是指一般智力功能水平明显低于平均水平并同时存在适应性行为的缺陷,表现于发展时期并对儿童的教育表现产生不利影响。因此,智力落后的诊断结果应以"一般智力功能水平明显低于平均水平"为先决条件;另外,智力功能并非判定智力落后的唯一标准,适应性行为也应同时低于平均水平;还有,这种智力功能低下与适应性行为缺陷必须同时出现在发展时期,从而使智力落后能够区别于其他一些类型的残疾。

2. 学习障碍儿童

"学习障碍"指一种隐性障碍,是对一群异质性很高的群体的综合性描述,并无统一的定义,其定义标准众说纷纭。美国《残疾人教育法》将其定义为:在理解和使用语言、说话或写作过程中所涉及的一个或多个基本心理过程所存在的障碍。可能表现为听、思考、说、读、写、拼写或者数学计算方面能力的不完善。包括知觉障碍、创伤性脑损伤、轻微脑功能失调、失读症和发展性的失语症,不包括由于视觉、听觉、运动障碍、智力落后、情绪障碍或者环境、文化、经济的不利因素所造成的学业问题。而全美学习障碍联合会针对《残疾人教育法》定义中的问题,重新提出了学习障碍的定义:是一个概括性的术语,涉及一系列异质性障碍,表现为习得和运用听、说、读、写、推理或数学能力方面存在显著性困难。这些障碍对个体说来是内在性的,是由中枢神经系统功能失调造成的,有可能发生在生命的各个阶段。自我规范行为、社会认知、社会互动方面的问题常常与学习障碍同时存在,但它们本身并不导致学习障碍。我国台湾地区学者将学习障碍定义为:神经心理功能异常,导致学生在听、说、读、写、算之学习时,表现为注意力、知觉辨识、记忆、理解、推理或表达等能力有显著困难。

3. 情绪与行为障碍儿童

情绪与行为障碍,是指在学校活动中表现出与实际年龄、文化或种族标准不相符的情绪或行为上的反应的一种缺陷。它包括同时存在其他残疾类型的情绪与行为障碍,包括精神分裂症、情感障碍、焦虑症或其他行为或适应性障碍,且这些障碍影响了儿童的学业成绩。另外,个体易感受困扰或易引起别人困扰,也被认定为是情绪障碍。情绪障碍对学业成绩(其中包括学术的、社会的、职业的或个人技能)产生不利的影响;不仅对压力事件产生一种暂时性的、预期性的反应,还会在两种不同的环境背景(其中至少一种是与学校相关的情境)下持续表现出来。有这种障碍的儿童对普通教育的直接干预是没有反应的,也就是说,这样的儿童仅接受普

通教育的干预是不够的。

4. 自闭症儿童

自闭症(autism)是一种最神秘、最吸引研究人员,同时也是最令人困惑的儿童期精神障碍。自闭症又叫做早期幼儿自闭症、儿童期自闭症或孤独症,是发展性障碍,对言语和非言语的交流以及社会互动产生显著的影响,一般在三岁前症状就已出现,并会对教育产生不利影响。自闭症儿童也是各种身心障碍中较难令人了解的障碍。其智商水平分布很广,既可能伴随严重甚至极重度的智力残疾,也可能具有天才的智力。尽管自闭症患者的智力出现在智力分布图的所有水平上,但70%—80%的自闭症患者是弱智。对于大多数自闭症儿童的家长和家庭来说,自闭症简直就是一个噩梦,令人恐惧、感到精疲力竭并无力。

技能的不均衡发展是自闭症的一个普遍的特征,除极少数的自闭症天才,许多自闭症儿童都表现出过度的选择性:把注意力集中于事物的较小特征,而不是整体;对于特殊物体或活动具有强迫性注意;对于感觉刺激具有异常反应,要么反应过度,要么反应不足。另外,可能还具有日常规范和重复行为方面的问题,如:表现出对一致性的强迫需要,会从事仪式性常规活动以及重复性的不寻常行为模式;具有更多的行为问题,会攻击别人或自己。最近几年,自闭症的研究发生了巨大的变化,已经成为教育和社会领域普遍关注的热点之一。

5. 天才儿童

最早人们认为天才儿童的显著才干和潜能主要体现在以下六方面:一般能力、特殊学术能力倾向、创造思维能力、领导能力、视觉和表演艺术能力以及心理运动能力。美国联邦政府对天才儿童做了如下定义:与年龄、经历和所处环境相同的人相比,有杰出才能的儿童和青少年能表现出创造高水平成就的潜能。他们在学业、创造思维、艺术领域表现出获得非凡成就的能力;拥有罕见的领导才能,在一些特殊领域出类拔萃。他们所需要的不是一般学校所提供的服务和教育。其卓越才能存在于来自不同文化背景、不同经济地位的儿童和青少年身上,存在于人类活动的各个领域。即天才的基本特质有:中等以上的智力、非凡的任务完成能力和杰出的创造力。天才儿童有这些能力的基本特质并能将其应用于任何有潜在价值的社会领域。关于"天才儿童",还有许多其他不同的定义,如成功智力三元理论、多元智能理论、天才差别模型等。

(二) 心理辅导及教育管理方法

尽管很多特殊需要儿童常常跟我们在一起,但是他们的特殊需要并没有被人们所注意。因此,将每个特殊需要的儿童科学地安置在免费的公立教育计划中,对儿童的能力进行适当的训练,并对他们的特殊心理需要进行科学的干预和辅导,采用有系统的教育管理方法,可以进一步确保他们能够获得合适的教育,满足其独特的需求,为他们继续学习和独立生活做好准备。

1. 智力落后学生

针对智力落后学生的明确的系统性教学方法主要包括以下部分:任务分析、学生的积极反应、系统性反馈,从教师提供的线索和暗示迁移到自然刺激的所谓刺激控制的迁移,知识技能的泛化与持续化,直接且经常性的测评。

在进行教育安置时,可以将 50％的智力落后学生安置于被隔离的特殊班级中接受教育,30％在资源教室接受教育,12％在普通班级接受教育。在小学低年级中,许多智力落后学生都能够从完全的或者部分普通班级融合教育和同伴互助中受益,得到健康成长。围绕被融合的焦点学生所设计的团队活动、合作学习、小组探究计划以及直接训练所有学生彼此交流的特定技能等教学策略可以使普通班级的融合模式更加成功。

当一些学生从小学升入中学之后,以社区为基础的职业技能以及生活技能的教学将会变得更加重要,因此在普通班级中被容纳的水平也应该发生相应的变化,智力落后学生在普通班级中接受什么程度、什么范围的教育,完全应该尊重学生个体的独特需求。

2. 学习障碍学生

学习障碍学生一般有 50％左右安置在普通班级中接受教育。在融合班级中,自我控制(在发生冲突的情况下控制自己的脾气)和合作(遵从教师指导)是获得成功必需的关键能力。另外,与已经获得成功的学生进行交流,找出他们在特定教师的课堂上取得成功的小秘诀也很重要。

学习障碍学生在普通班级中获得成功最重要的十点是:(1)在课堂上遵从指导,(2)带齐上课所需的材料,(3)聪明地使用课堂时间,(4)及时认真地补作业和补考,(5)对教师和同伴有礼貌,(6)准时完成作业并上交,(7)在小组中与同学合作,(8)完成考试且及格,(9)表现出对学习的兴趣,(10)在课堂上记笔记。

咨询教师是为普通班级的教师和其他直接与学习障碍学生打交道的工作人员提供支持的重要角色,可以帮助普通教师选择评估方法、课程材料和教学活动,甚至示范教学方法和行为管理策略。他们对这类学生进行鼓励和指导至关重要。

资源教室是一个有特殊人员配备和设备的专门教室,学习障碍学生在校时间中的一部分时间或全部时间要到资源教室接受个别化的教学,一名资源教室教师平均服务于 20 个残疾学生。大约 37％的学习障碍学生都在资源教室接受服务。

隔离教室中,学习障碍教师负责 8—12 个学习障碍学生的所有课程。约 13％的学习障碍学生在隔离教室接受教育,但只有在最少受限制环境中为儿童提供有效的、服务的、合法的、有支持的尝试已经被证明不成功的情况下,才能将学生安置到隔离教室中。

3. 情绪与行为障碍学生

情绪与行为障碍学生应该在自修式教室或资源教室里接受教育。几乎一半的情绪与行为障碍学生在普通教室里接受部分教育。通过比较不同教育安置机构里的这类学生在行为和学业上的进步,可以确定哪种安置方式最佳。

社会认可通常通过口头表扬来表达。对于大多数人来说,这是一种很强的力量,对于情感与行为障碍学生来说尤其如此。教师应该经常关注学生值得表扬的行为,即使是那些能力低下、蛮横任性的学生,当他们表现正常或听话的时候,也要予以关注。应该经常为学生提供一些可以获得教师肯定的机会。一开始教师不用担心自己的表扬会显得呆板和虚假,因为表扬也需要不断地训练。要运用自我管理来增加教师的表扬率,不要担心过度表扬;另外,对这类学生要有较高的期待,为他们获得成功创造良好的学习环境。与每个学生建立一种健康的工作关系,成为一位敏锐的观察者和活跃的听众,与学生进行直接坦诚的交流。

除了为所有已经表现出情绪与行为障碍的学生提供支持性服务,还需要努力鉴别那些处于行为问题边缘的孩子,防止其反社会行为的进一步发展。

4. 自闭症学生

大约4个自闭症学生中有1个可以在普通教室接受教育。约有18%的自闭症学生在资源教室接受教育,44%的自闭症学生在特殊教室,而11%的自闭症学生则在特殊学校。

不管自闭症儿童在哪种安置中接受教育,培养儿童的社会能力是关键。在融合环境中教育自闭症儿童有一种主流观点,认为同伴参与、干预是儿童发展社会性不可或缺的部分。教师要安排好环境以激发和促使儿童在日常生活中的各种活动里使用和扩展他们的社会技能,帮助自闭症儿童和其他发展性障碍的儿童获得技能,发展人际关系,参与到班集体。下面是对自闭症学生的5种有效的融合策略:(1)教授学生沟通与社会能力;(2)在班级的自然活动进程中运用指导性策略;(3)教育学生并提供机会培养其独立性;(4)建立能融合所有学生的班级团体;(5)促进学生技能的泛化与保持。

在资源教室或其他特殊安置中,教育指导的要点有:高频率的指导次数;转换控制的策略,即帮助学生从对教师人为设置的事件进行反应迁移到对自然发生事件进行反应;促进新习得技能泛化的策略;每天对每个学生表现的数据进行回顾,以便进行课程和教育决策。

5. 天才学生

为天才学生设置的特殊学校很早就有了,挑选出来允许进入特殊学校的学生必须通过竞争性的考试并达到一定的智商分数。英才学校则强调专长,例如外国语、艺术表演或数学和科学。

自修班的课程和教育关注高能力的学生的需要。另外,学生可以尽可能按照与他们能力相当的速度学习。一些学校运用资源教室和抽离式模式为天才学生提供服务。尽管资源教室方案有许多优点,但他们仍有缺点并面临着种种挑战。多数天才学生在普通班级里接受教育,受过天才教育培训的教师经常帮助普通班级里的普通教师做计划并提供专门的指导。

天才教育领域的多数教育人员和研究人员认为如果天才儿童要发挥他们的潜能的话,分组是必要的。班内分组和跨年级分组是能力分组的两种形式,这两种形式是根据学生的成绩和兴趣为学生提供实行分化式教育的有效方法。

本章概要

- 学习心理辅导在我国传统教育史上受到了极大的重视,学习辅导的内涵经历了三个发展阶段:从正确学习到以学生发展为本,再到加强学习心理辅导。
- 学校心理辅导主要内容有:帮助学生了解自己的学习心理特征;培养学生的学习动机和兴趣;培养学生创造性思考、创新的学习能力;对学生的学习习惯和学习态度进行心理辅导;及时发现阻碍学习进展的因素;学校心理辅导教师应对全体学生的学习状况进行诊断性和形成性评价。
- 在学习辅导最优化上,可以从智力与非智力两方面进行心理辅导。主要包括:培养学习动机、激发学习兴趣、养成良好的学习习惯、排除不良情绪、塑造良好个性、训练自我调控行为、学习策略的辅导等。创造性思考有流畅性、柔软性、独特性、具体性四个因素,其阻碍因素有认知、文化、感情、人格、教育五方面的因素。
- 对于学生学习效果优劣的科学评价应该从诊断性评价和形成性评价两方面进行。学校中最为常见的学习方面的心理问题通常包括依赖、自卑、厌学、懒散、逆反五种心理。对学业不振的学生要从学科辅导、生活指导、心理指导三个方面进行。
- 对特殊需要学生采用系统的教育管理方法,对他们进行科学的心理辅导,能确保他们获得最合适的教育。

关 键 词

学科教育 学习心理 学习辅导最优化 创新能力 诊断性评估
形成性评估 厌学心理 自卑心理 学业不振 学习动机 特殊需要
自闭症

思考与讨论的问题

1. 作为一名学校心理工作者,你认为学校心理辅导的主要内容有哪些?
2. 如何有效地激发学生的学习兴趣?
3. 阻碍培养学生创新能力和创造性思考的主要因素有哪些?应该如何避免?
4. 评价结果及时反馈给教师和学生,分别会具有哪些不同的作用?怎样有效通过评价改善教师的教与学生的学?
5. 你认为学校中最常见的学习心理问题有哪些?请选择其中一种你较为感兴趣的问题进行描述并提出相应的辅导策略?
6. 如何对特殊需要学生进行心理辅导?

第七章 学校适应与社会生活的心理辅导

 导 言

随着素质教育的推行、教学评价制度的改进,中小学的整体办学水平也在不断提高。但是系统调研表明,学生、家长和学校却承受着来自方方面面的过重压力。

本章先描述了学生所遇到的问题,如学习压力、学习挫折、考试焦虑、升学竞争等,介绍了儿童、青少年可能产生的问题行为,还把文化时尚和大众传媒的重要影响纳入分析,对偶像崇拜、追星、选秀节目等热门话题进行讨论,并介绍了学校心理辅导与咨询的注意点:基于生命成长的心理健康教育。学校工作者可以在教育教学中参照本章,了解孩子们的压力,倾听孩子们的心声,用新的教育理念为孩子们创造一个轻松、愉快、积极等助于成长的学习环境。

一、学校压力与学习挫折

(一)学校压力症

"压力"这一概念,原来是物理学的专业用语,指外界对物体所施加的力,但现在已成为日常用语,并引申到压力症(对压力不适应症状),医学上最早使用是在1935年。心理学上关于"压力"的研究是20世纪50年代初开始的,在此之前,心理学词典中没有此术语。

压力是身体对应激物、紧张性刺激物的反应。身体反应过度时,身体机能的损伤和生理组织器官的病变就常常会发生,即出现压力症候群。压力症从其内容来说,有时与身心症、不适应症基本上处于同一概念范畴。儿童、青少年处于身心发展阶段,在精神、身体、情绪、行为等方面容易受到压力产生不适应状况。

1. 学校压力症的定义和测定

关于学校的学习生活对青少年心理健康的影响在国外的心理学研究中已有许多精辟的论述,如日本的安藤(1985)、坂野(1990)认为:在学校生活中,儿童、青少年行为情绪的异常主要是由学校生活压力增大而引起的。美国的布洛姆(Brown, D. T.)认为:对青少年来讲,最感到压力的场所是学校,压力的主要来源为四个方面:一是学生与教师的关系;二是同学之间的关系;三是成绩与考试;四是学校的批评与处罚。

学校压力症的定义也经历了一个发展的过程。塞尔亚(Selye, E.)于1958年出版了《学校压力说》一书,初次对学校压力症下了一个定义。菲力浦(Phillips, B. N.)于1978—1989年对

此概念进行了修正,提出了学校不安反应与学校压力反应的相关学说。他们均指出,压力既可以从行为的变化来定义,指人体受到某种威胁时行为发生变化,引起急剧的、极端异常的受刺激状态;也可以从情绪的变化来定义,指引起个体不安的,包括一些想象中的、使精神感知异常的刺激;还可从生理的变化定义为对身体有害的刺激,包括生理威胁所产生的身体抵抗和防卫的一种综合的应激状态。日本的研究者中野(1995)认为应该从心理、行为、认知、情绪等多方面反应来定义;美国埃伦茨(Ahrentzen, S., 1981)将它定义为孩子对学校环境有一定的不适应性和由此产生的不快感;日本的岛田认为不快感分为个人层面和集体层面两部分。

学校压力症,现在权威的定义是由日本东津大学的藤井义夫于1997年提出的:儿童、青少年在日常的学校教育生活中受到一种威胁性刺激,想从这种环境中摆脱出来而产生的不快感、恐惧感以及出汗与心跳增加等一系列生理反应状况。藤井义夫的"学校压力症"定义从"行为的变化"、"情绪的变化"和"生理的变化"这三个方面来论述,因而是比较正确的定义。

那么如何对学校压力症进行研究和测定呢?美国的菲力浦于1982年开发的"儿童学校压力测验"("Children's School Questionnaire",简称CSQ)认为学校压力症包括四个因子:自我主张与自我表现的恐惧、与他人交往中缺乏自信、对压力的抵抗以及由此产生的相关生理反应、考试不安。

日本的研究者通过初中生的学校压力测验,发现学校压力症有四个因子:学生与教师的关系,学生与同学的关系,课外活动和学习成绩。通过小学生学校压力测验,发现有四个因子:厌恶和愤怒的情感,身体反应状态,抑郁不安的情绪和无力化的认知体系。通过高中生学校压力测验,发现有三个因子:学生不合理的念头,心理压力反应和对学校有不适应感。

此外是对学校压力症的生理变化的研究。当人感到压力时,由于交感神经和副交感神经的相互作用,会出现心跳加快、血压升高、出汗、毛孔扩张、毛细血管收缩、唾液分泌减少等生理反应。因此,对学生的压力状况进行生理测定成为必要的研究课题。根据美国曼德尔(Mandler, G.)和克莱门(Kremen, J.)的APQ量表,可以从心跳、出汗、体温、呼吸、胃的感觉、皮肤紧张、脸色的变化七个方面进行测定,主要是探查压力出现后是否有身心症、"失感情症"(即情绪恶化、语言消失、身体组织机能成为压力的排泄口)等。

是什么原因造成了学校压力症呢?不同的专家对此有不同的解释。例如,美国的学校心理学家弗洛特(Freud, A., 1949)认为是由欲求没有得到满足、矛盾心理、对现状和未来的恐惧或缺乏自信等造成的。克莱(Klein, D.C., 1961)则认为是由于家庭中母子关系不正常,缺乏理解,对教师的恐惧,社会地位和关系的变化等造成的。以上的一些研究主要强调学校环境(教师对学生的态度、评价,家庭与学校的距离,学校教师的环境等)和失败的经验(是不是已经威胁了自我)等因素。

学校压力症依据每个学生性格、体质、情绪行为、家庭关系的不同,以及身心发展、年龄阶段的不同,而表现出不同的症状。有时学校压力症和问题行为(例如厌学症或偷窃行为等)交互出现:一方面,问题行为成为学校压力症的诱因;另一方面,学校压力症反过来又产生出种种问题行为。

2. 教师的压力与学生的学校压力症关系

教师的压力问题长期存在,并没有得到很好的解决,以至于影响到教师的身心健康状况。

如1996年第9期《焦点》杂志的一篇调查报告以"上海半数小学教师面临心理危机"为题指出小学教师群体心理问题严重,100人中有48人有心理危机,其中12人问题严重。这篇文章以上海这一经济文化比较发达地区的教师作为调查对象,结果发现教师有心理健康问题者所占比例之高令人触目惊心,对学生产生的消极影响实在难以想象,由此可见,对中小学教师的心理咨询确实刻不容缓,缓解中小学教师的心理压力和不适应问题已成为一项重要的教育工作。

那么教师存在哪些心理压力或心理障碍倾向呢?上述调查结果显示在中小学教师中:(1)26%的人患有各种身心疾病(由心因性反应而导致的生理疾病),其中4%的人症状严重;(2)29%的人有强迫性神经症(行为刻板、固执),其中4%的人症状严重;(3)10%的人人际关系有障碍,其中2%的人症状严重;(4)13%的人有焦虑症,其中2%的人症状严重;(5)18%的人有抑郁症,其中3%的人症状严重;(6)15%的人有逆反心理,抵触领导和权威,其中2%的人症状严重;(7)15%的人偏执、多疑,听取不了别人意见;(8)10%的人有社会恐怖症,如害怕人群,害怕交通拥挤的地方,其中1.6%的人症状严重;(9)6%的人有初步的精神症状,出现幻听、幻视,是处于神经症和精神分裂症之间的境界例。上述这篇调查报告得出以下见解供有关方面商讨:(1)中小学教师的心理保健刻不容缓;(2)青年男教师出现心理问题的比例大于女教师。虽然这篇报告的统计数据的科学性尚可商榷,但至少说明教师群体的心理健康问题值得引起我们的警醒。

当教师出现心理压力和问题时,必然影响到学生的心理健康状况,这是由教师的职业性质所决定的,而且影响的是一个群体。下面,我们从两个案例来看看教师心理问题对学生可能产生的影响。

[案例]

小明是小学四年级学生,心理咨询中主诉问题:最恨语文老师,因为他的行为恶劣卑鄙。小明为了报复,称自己从不写一篇好作文去满足他。有一次语文老师惩罚一个学生,竟要求全班同学当众打那个学生,还说:"你这么差劲迟早要受到社会惩罚,倒不如让我们先惩罚你一下。"那个学生被打得流下了眼泪。

从这个案例看出,由于教师的心理压力(对差生恨铁不成钢)而使学生受到侮辱、惩罚,使其幼小的心灵中产生被鄙视的自卑感。

[案例]

某重点中学的一名优等学生在某次考试中成绩下降了5分。他的老师是一个非常敏感、焦虑的人,他想这名学生成绩下降了5分,那么整个班级就会下降5分。于是,该老师一面加班加点批改作业,研究试题;一面不断地做这位学生的工作,要他努力学习,不要拖班级后腿。一次次的说教终于使学生心情越来越紧张,因而出现了考试恐怖症状。每次考试前该学生都会出汗、肚子疼,最终,在一次考试失败后,该学生自杀了。

从上述例子我们可以得出以下结论：(1)教师不健康的心理或沉重的压力感造成了学生的压力；(2)学生所受的心理压力将影响到他们的情绪、行为；(3)教师心理压力来自外部环境的影响，例如片面追求升学率等。由此可见，解决学生的学校压力症问题与关怀和保护教师的心理健康有着密切的关系。教师健全的人格，积极的自我，以及良好的情绪，是学校心理健康教育得以实施的重要组成部分。

3. 学校压力症的处理

学校心理辅导教师在处理学校压力症方面要注意以下三个方面：

第一，对儿童、青少年的学校压力症要早发现、早诊断，从而使教育辅导和心理咨询工作取得良好的效果。在心理诊断时要注意分析儿童、青少年的精神、身体异常症状，不要全部简单地归结于"学校压力"的问题。特定的身心症状和不适应问题行为，是压力的原因，还是大脑神经系统、内分泌的障碍，或者是忧郁症、青春期发育问题等原因引起的，需要上级专业心理咨询机构或专业医院的鉴别诊断。此外，即使诊断为"学校压力症"，如果症状的变化过程不同，且心理辅导或咨询效果不显著，也有必要考虑医疗机构进行药物和医学的协同治疗。

第二，当学生身心不适应，出现压力症状(例如头痛、呕吐、腹痛、不明原因的低热、食欲不振、呼吸急促等)，应让他们到学校卫生室"避难"或回家休息，教师不要在精神上过分激励，促使学生奋发努力，即别把学生"逼得太紧"。学校压力是儿童、青少年的精神健康在心理、身体程度上恶化，呈现危机的信号，比激励、辅导更重要的是保证让学生有充分的休息。

此时，学校方面对有关教师、学生家长也不要责备、非难。因为过多地责备，会导致教师和家长的自尊心损伤及心理压力的增加。例如学校对教师批评，教师对家长责备，家长再对子女进行"逼迫"，这种不良循环容易使学生压力症恶化。对于儿童、青少年的心理危机和不适应问题，学校、教师和家庭要形成一个关心、援助的共同体，以善意的姿态和科学的教育态度进行心理辅导。教师和家长的态度及积极协作是学生早日恢复适应的重要条件。

第三，近年来，随着临床心理学的发展，心理学家对于儿童、青少年的身心压力症采用种种心理治疗方法，取得了一定的效果。在学校心理学领域中，比较常用的心理疗法有儿童游戏疗法，行为疗法中的自律训练法、系统脱敏疗法、渐进松弛疗法、自我调控法，精神分析法中的催眠疗法，艺术疗法中的音乐、绘画疗法以及印象认知治疗的心理咨询技术等。这些心理疗法，着重让学生内在的自我治愈能力得以发挥，减少不安、紧张和恐惧，使他们在身心上放松，调控自律神经，其中最重要的是压力的消解和情绪的释放。这些心理治疗法需要专业的技术训练，学校心理辅导教师要积极依靠临床心理学专家，接受心理咨询专业人员的指导和协助。

总而言之，学校压力症是儿童身心发展过程中常见的不适应问题的表现。轻度的问题和症状，可以运用心理咨询的方法，调整学习环境和人际关系，积极地给予心理援助。碰到症状程度较重，有长期化的趋势，并伴随各种问题行为的情况时，则要积极获取专业心理咨询机构专家的指导和协助。学校心理辅导教师要和学校中的班主任、卫生室教师、学生家长保持紧密联系，对儿童、青少年的心理、身体的危机进行深入理解，把健全和充实心理咨询与支援的体系，作为一项重要的工作来完成。

(二) 学习不适应问题

1. 学习不适应问题

儿童、青少年在学习过程中不可避免地会产生种种心理压力及消极的情绪体验,如疲倦、恐惧、焦虑、嫉妒、忧郁和无力感等,这些现象对学生的学习以及人格发展会产生重要影响。学习的心理压力和不适应问题,主要表现为两大类型:兴奋型和抑制型。抑制型以厌学症(学习抑郁症)为主,兴奋型以学习或考试焦虑症为主。两种状态对学生身心健康都会造成损害。

厌学症主要表现为无力感,缺乏学习欲望,看不到目标和希望,主要有四个方面的特征:(1)丧失了意志、毅力,无动力、方向感、计划性和持久力;(2)兴趣和好奇心低下,缺乏自发的行为;(3)缺乏对事物的希望;(4)强烈的消极感,回避人际交往。引发学校抑郁症的原因主要有三个方面:(1)在学校里有连续的失败经历,对学习内容不了解,挫折感持续不断,形成每件事都完不成的观念;(2)缺乏某种特定的能力,可能是智力发展迟缓或缺乏自信、忍耐力等非智力因素;(3)缺乏某种特定的信念,找不到学校生活的意义,产生不适应的无力感,即学生处于抑郁状态,由于学习成绩下降,产生一种无力感,认为自己的努力不会得到成功,进而动机低下,情绪混乱。

考试焦虑症是一种特定的对学习紧张、不安、担忧的心理压力反应,集中表现为对考试情境的一种类似神经症的紧张、担忧的反应,主要源于日常学习过程中对学习目标把握不大而缺乏自信,使学习的动机和心理受到威胁和抑制。过度的焦虑会干扰学生的情绪、行为,形成"学校压力症",严重的会出现失眠、紧张性头痛、食欲减退、生理组织的病变等,严重影响身心健康状况。

针对厌学症和考试焦虑症,学校心理辅导教师除了对特定的学生进行心理咨询、指导以外,还应在平时的教育工作中有计划地、及早地对全体学生做好心理预防性辅导工作,增强学生承受挫折的能力,提高学生的自信心。

2. 学习不适应问题的案例介绍

[案例]

厌 学 症

咨询对象:N,16岁,男生,某中学高中一年级学生。

主诉:没有学习的愿望,对学校的学习生活丧失兴趣和努力方向,有得过且过混日子的想法。

问题概要:升入高中后感到学习很困难,作业太多,第一学期期中考试有三分之一的科目不及格,需要补考。高一下学期,学习兴趣急剧消退,迷上了科幻小说和足球,上课时连教科书也不打开,班主任警告他要么留级,要么转校。N感到再这样下去不行,但提不起学习兴趣,只求混过高中,拿到毕业文凭。

家庭状况:父亲是某公司的管理职员,收入一般,母亲下岗,姐姐中专毕业后进入一家合资公司。母亲和姐姐比较关心他,父亲比较严厉,他对父亲有畏惧情绪。

生活史:幼儿时期比较老实,常一人待在家里,缺乏人际交往的技能;小学成绩中等,初中成绩一般,经过家庭教师的补习考入重点高中之后学习有不适应现象;朋友很少,平时也很少参加课外活动;教师认为他是比较容易管理的学生。

性格:内向,感情深藏不露,缺乏毅力,不合群,对一些小事敏感,容易满足,缺少目标和追求。

原因分析:学习能力一般,因为学习中连续失败,受到多次挫折,所以对学习产生厌恶;升入高中后又有连续失败的经历;性格内向,不与同学交往,缺少向教师、同学求助咨询的机会,最终导致缺乏学习毅力、耐心、动机和成就感。

指导方针:心理咨询,一周一次,每次一小时。首先让其理解自我性格;其次,设定学习目标时要设定分目标(最低目标和最高目标),在最低目标中设定几个小步骤,如数学及格、语文及格等;最后,对成绩的提高要及时表扬,使其成功的感觉维持下去。

咨询过程:初期,双方形成信赖的关系,学生愿意讲出自己的想法;中期,双方共同讨论如何设定最低目标,尽量多说优点少说缺点,适当增加学习时间;后期,进行心理测量,找出适合他的学习方法(辅导该生不断强化自己的学习动机,对其进行记忆方法,笔记方法和课堂、课外提问的技巧等方面的指导)。

咨询结果:高中二年级第一学期的期末考试中,所有学科成绩及格,该生初步树立了学习信心。

[案例]

学习障碍问题

对象:Y,小学一年级男生,诊断时为6岁10个月。

家庭构成:父亲,39岁,公司职员;母亲,37岁。

生育史:怀孕8个月有早产的迹象,9个月时,妊娠中毒;分娩时正常,3680克。始步在11个月,始语在12个月,双词语出现在4岁;大小便有抵抗感,5岁时,小便还不能自理。

养育史:幼年时比较老实,缺乏表情,不大会笑,断奶比较困难,偏食倾向严重;对幽灵、怪兽感兴趣,很少与其他小朋友玩耍。

教育史:2岁6个月接受心理咨询与语言矫正,脑电图检查正常;5岁1个月进入幼儿园;5岁6个月形成基本的学习态度,接受小班制教学的管理,但一个人独立排便和睡觉仍有困难,与小朋友交往少;6岁时进入小学普通班学习,放学后参加儿童美术班训练。

个案研究型心理教育测量与诊断(此案例诊断的结果仅作为临床心理咨询中的参考性数据,以便心理咨询师把握心理治疗方向,并不作为正式的教育测验结论):6岁4个月时韦克斯勒智力测验(WISC-R)的结果为VIQ(言语智商)68,PIQ(操作智商)118,FIQ(总智商)85;6岁4个月时语言学习能力测验ITPA(Illinois Tests of Psycholinguistic Abilities)的结果为PLA(学习能力)5岁;SS(社会学习能力)31;K-ABC中的继时加工能力为84,同时加工能力为105。

诊断分析：在语言学习上理解长句子比较困难，理解指示代词困难，词汇量比较少，不能选择适当的词语。对语文没兴趣，写作比较困难，文章理解困难；算术方面两位数计算可以，两位数以上较困难。手工图画出色，粗大运动不行，小脑机能不发达；精细运动中使用剪刀很出色，但不能很好地使用筷子。生活行为方面不能自理，有偏食现象。人际关系方面能够和别人一起玩耍，但不主动。需要特别的心理指导咨询。

辅导与咨询方针：(1)生活上，指导家庭培养其独立生活的能力，包括穿衣、整理学习用具、制定作息计划、不偏食等；(2)行为方面，培养其良好的注意力，多与教师、班级中的小朋友接触、交往，多参加集体生活；(3)情绪、性格方面，进行游戏辅导，促使其身心健康发展；(4)学习方面，制定个别的辅导方式，先开发其学习兴趣。

[案例]

考试焦虑症

咨询对象：C，13岁，男，某中学初二年级学生。

主诉：不合群，不能遵守集体生活规则，运动能力差，初中一年级第二学期开始出现严重考试焦虑情况。

家庭：父亲是保险公司职员，42岁；母亲是医院护士，38岁；父母学历都是中专。

生活史：婴儿期胆小拘谨，对于晃动的东西有恐惧感，容易感冒，经常尿床，对大小便排泄缺乏控制能力；小学二年级时割除了扁桃体。

形象特征：左右脑发育无明显特征差异；写字左右手都可以，但使用筷子和打球用右手；远视，小学五年级起矫正视力。

教育史：3岁时独立排便经常失败，专家认为是学习障碍儿童；在幼儿园中不合群。

行为特征：体育活动能力差，踢球容易踢空，对汽车有兴趣，情绪不安定，经常和同学打架。作业完成困难，周五的家庭作业要拖到周日晚上。中学一年级第二学期起对考试感到担忧、不安，考试中有频繁的小便感觉。晚上失眠，在学校有呕吐、恶心的现象，并经常有攻击行为。

学习能力：在小学学习时，课文朗读需要用手指指点，否则会出现跳行的现象；理解能力不强，很难理解因果关系；不能理解文章中人物感情；讨厌作文；计算能力方面，十位或百位的计算容易搞错，不会做应用题；学习热情不高，对学习有厌恶感。小学毕业前和刚进入中学的一段时期，成绩有所提高。

心理测量：WISC-R的言语智商分为92，操作智商为70，总智商为81；K-ABC测验显示，继时加工的能力为100，同时加工能力为61，平均分为77；认知能力测量的IQ为83。

分析：言语智商属于中等，操作智商属于边缘；听觉的短时记忆比较好，视觉的空间能力比较差；认知方面，同时加工信息能力很差，认知能力的不平衡导致了学习能力的困难，几何图画方面比较差，对文章中要点的把握有困难。因学习经常受到挫折和失败，导致自信力丧失，产生不安、紧张的情绪。考试焦虑只是上述这些问题的集中表现。

> 咨询与辅导方法：由学校专职心理辅导教师担任主要辅导工作，专业心理咨询机构的专家进行定期心理咨询指导。首先减轻学生对学习的抵抗感，根据他的兴趣将语言和数学的知识变成能继时加工的知识内容，并设定时间让他多动手，培养其运动感觉。在规定的时间内，要完成计划中的学习量。在学习辅导时，对考试焦虑问题进行定期的系统脱敏心理疗法。讲授数学中图形知识及应用题时速度应放慢，语言明确，便于操作，多重复，直到他理解为止；数学辅导从式子题开始，逐步增加应用题和思考题的比例；行为上调整人际关系，多与同学、朋友交往，增加其社会自立性。

3. 对学习不适应问题的心理辅导

对学习不适应问题中的厌学症，以及缺乏学习动机、忧郁、有无力感的儿童、青少年的辅导方法如下：(1)要早期发现问题。进行心理测量和诊断，分析问题产生的原因，及时制定心理辅导的计划。(2)培养他们的自我效能感和成就感，多鼓励，少批评，肯定他们点滴的成绩，培养他们的自信心。(3)制定适当的学习目标，分小步子、小阶段地完成学习目标。特别是根据学生的兴趣、特长，从他们的长处入手，帮助他们建立有效的认知观念，逐步摆脱受挫的心理阴影和感受。(4)调整学习环境。家庭环境方面，让家长接受心理教育咨询，调整家庭的学习气氛和亲子关系；学校方面，同样要让学生生活在一个充满活力、相互援助的班级中，教师不断改善自己的教学方法，注意培养学生的学习兴趣。

对于有考试焦虑的儿童、青少年的辅导方法如下：(1)在考试焦虑心因性反应的初期阶段，要及早地介入学生的心理危机中；当考试焦虑成为自律神经失调症时，要从身、心两个方面关心学生，即适当的休息与心理咨询相结合。(2)进行情绪和认知方面的心理辅导。让学生给自己的焦虑、担忧列表，写出详细项目；然后在心理辅导教师指导下，进行合理性分析，对不合理担忧的项目，找出克服、解决的对策；最后，将找到的对策措施重新列表，构成新的认知反应。(3)采用自律神经调控训练、松弛呼吸疗法及自我暗示法等心理疗法，对考试焦虑进行心理脱敏。在考试前指导学生安排一定时间进行体育、文娱方面的活动，以增强体质、改善情绪。(4)对学习能力差的学生要指导他们调整学习目标，使目标与自己的能力水平相适应。高焦虑、高期待与低能力相联结，常常导致学习的失败与挫折。因此应指导这些学生有的放矢地进行基础知识、基础技能方面的补充学习，并掌握一些有效的考试对策和技巧（如答案的书写法，难题、易题的解答训练法、检查方法等），以便更好地适应考试情境。

二、考试压力与升学竞争

考试压力对中小学生的心理影响巨大，一项关于青少年学习与生活的调研报告显示：76.2%的中小学生因为考试而"心情不好"，且该比例随年龄的增加呈递增趋势；因考试而不想学习的中小学生占25.1%，因考试而自卑的中小学生占24.5%，且该比例随年龄增加而增加。

(一) 考试压力

1. 考试焦虑

考试焦虑是一种由考试压力引起的心理障碍。Sarason 考试焦虑量表(test anxiety scale，TAS)，由美国心理学家 Irwin G. Sarason 教授于 1978 年编制，是目前国际上广泛使用的最著名的考试焦虑量表之一，具体见表 7-1。

表 7-1 Sarason 考试焦虑量表(TAS)

[指导语] 此量表用于测定初中以上学生在考试期间的焦虑水平。下列 37 个句子描述人们关于参加考试的感受，请你阅读每一个句子，然后根据你的实际情况(感受)，在每一题号后选择回答(是或否)，答案没有对错、好坏之分，只求按实际情况填写，尽可能快些作答，但切勿遗漏。

项目编号	题　　目	是	否
1	当一次重大考试就要来临时,我总是在想别人比我聪明得多		
2	如果我将要做一次智能测试,在做之前我会非常焦虑		
3	如果我知道将会有一次智能测试,在此之前我感到很自信、很轻松		
4	参加重大考试时,我会出很多汗		
5	考试期间,我发现自己总是在想一些和考试内容无关的事		
6	当一次突然袭击式的考试来到时,我感到很怕		
7	考试期间我经常想到会失败		
8	重大考试后我经常感到紧张,以致胃不舒服		
9	我对智能考试和期末考试之类的事总感到发怵		
10	在一次考试中取得好成绩似乎并不能增加我在第二次考试中的信心		
11	在重大考试期间我有时感到心跳很快		
12	考试结束后我总是觉得实际上可以做得更好		
13	考试完毕后我总是感到很抑郁		
14	每次期末考试之前,我总有一种紧张不安的感觉		
15	考试时,我的情绪反应不会干扰我考试		
16	考试期间我经常很紧张,以致本来知道的东西也忘了		
17	重要考试的复习对我来说似乎是一个很大的挑战		
18	对某一门考试,我越努力复习越感到困惑		
19	某门考试一结束,我试图停止有关担忧,但做不到		
20	考试期间我有时会想我是否能完成大学学业		
21	我宁愿写一篇论文,而不是参加一次考试,作为某门课程的成绩		
22	我真希望考试不要那么烦人		
23	我相信如果我单独参加考试而且没有时间限制的话,我会考得更好		
24	想着我在考试中能得多少分,影响了我的复习和考试		
25	如果考试能废除的话,我想我能学得更好		

续 表

项目编号	题 目	是	否
26	我对考试抱这样的态度:虽然我现在不懂,但我并不担心		
27	我真不明白为什么有些人对考试那么紧张		
28	"我很差劲"的想法会干扰我在考试中的表现		
29	我期末考试复习并不比平时考试更卖力		
30	尽管我某门考试复习很好,但我仍然感到焦虑		
31	在重大考试前,我吃不香		
32	在重大考试前我发现我的手臂会颤抖		
33	在考试前我很少有"临时抱佛脚"的需要		
34	校方应认识到有些学生对考试较为焦虑,而这会影响他们的考试成绩		
35	我认为考试期间似乎不应该搞得那么紧张		
36	一接触到发下的试卷,我就觉得很不自在		
37	我讨厌老师搞"突然袭击"式考试的课程		

TAS共37个项目,适用于大、中学生群体;采取0—1评分,"是"计1分,"否"计0分;其中第3、15、26、27、29、33题为反向计分,其余为正向计分;12分以下考试焦虑属较低水平,12—20分属中等程度,20以上属较高水平。

2. 考试怯场

考试怯场是指走进考场,由于受到了紧张情绪的干扰而呼吸急促,头脑空白,甚至当场晕倒等心理障碍。为了避免考试怯场,考生必须注意:(1)在考试前做充分的准备,如树立信心,感受自己生活中曾有过的成功,临考前保证充足的睡眠等;(2)当意识到自己已经出现"怯场"现象时,及时转移注意力,停止强行性的回忆,过一段时间,等抑制解除后再进行回忆;(3)不要过早进入考场;(4)练习平稳的呼吸术;(5)进行积极的自我暗示,如"太棒了,今天又做出了一道题";(6)采取有效的回忆方法,有意识地利用联想。

3. 懊悔心理

懊悔心理是指一门学科考砸了,就懊悔万分,以致影响其他学科的考试和发挥。为了避免懊悔心理的产生,建议:(1)考试结束后,不要对题,不要看笔记,全力以赴下一场考试;(2)考完后,休息一下,洗澡或者短睡;(3)全部学科考完后,可以去看一场电影或参加别的娱乐休闲活动放松一下。

(二)应对考试压力,提高学习效率

1. 提高注意力

提高对事物细节的注意力,收集信息的能力以及辨别正确与错误的能力。如类似"在一张100元钱的人民币上,100有多少个"的测试训练。

2. 集中注意力

集中注意力可以提高学习效率,节省时间,保持大脑觉醒程度。注意力的经常转移是很正常的事情,只有当注意力为一定的目标服务,监督并帮助自身实现目标的时候,注意力才具有定向性和理智性。

注意力的不集中可能源于:(1)自控力不足,压力不够;(2)外界环境的干扰;(3)自身的主客观条件,如生病、疲倦或情绪波动等;(4)用脑不卫生。

可以通过以下方法提高注意力:(1)放松身心,做深呼吸和大脑按摩;(2)把你要注意的问题、目标等醒目地写在一张纸上,然后凝视它几秒钟,撕掉它,回忆内容;(3)读书看报时,关掉身边的电视机;(4)注意听别人讲话,然后用一句话概括;(5)找一份报纸,把其中的一条新闻标题覆盖住,读完全文,比较你的猜测和原来题目的异同。

3. 加速学习法

加速学习法是由美国学习革命专家柯林和麦尔孔发明的一种学习战略,有六个步骤:(1)端正学习态度,轻松、自信、目标明确,保持一种"兵来将挡,水来土掩"的心态;(2)吸收信息,客观理解,建立核心知识,以摘要方式记下已知的信息,一次一小步,不断质疑问难,视、听、触综合;(3)找出其中意义,如"为何北京成为中国的首都";(4)启动记忆;(5)展示所知,解释给别人听;(6)反省学习的过程,不断修订和改进。

4. 锻炼记忆

好的记忆方法可以提高学习效率,达到事半功倍的效果。锻炼记忆的方法有很多,如利用情景记忆(如利用形象、图表、故事、视听、多媒体等)和联想记忆(如记电话号码等),运用视觉和听觉记忆(如记忆图画、歌词等),把自己记住的东西讲解给别人听,保证充足的睡眠时间,及时复习,减少紧张状态,学习记忆术(如扑克牌联想记忆法、钉子或挂件串联记忆法、催眠记忆法等),有强烈的求知欲望,勤于锻炼,增强记忆。

(三)针对考试压力,坚持放松训练

放松训练就是通过一定的方法,如呼吸法、暗示法、表象法和音乐法等,使人体的肌肉一步一步地放松,使大脑逐渐归于宁静,从而调节中枢神经系统的兴奋水平,缓解紧张情绪,增强大脑对全身肌肉的控制支配能力。放松训练认为肌肉和大脑之间是双向传导的,大脑可以支配肌肉放松;而肌肉的放松,又可以反馈给大脑。

通常考试焦虑者每天进行20—30分钟的放松训练,只要态度认真,要领正确,不间断地坚持几周,大多数人都可以减轻焦虑症状。

1. 肌肉放松法

放松训练使用得最多的是肌肉放松法,临床上也常以这种方法让患者进行放松,具体做法是:(1)头部放松,用力紧皱眉头保持10秒钟,然后放松;用力闭紧双眼,保持10秒钟,然后放松;用舌头抵住上腭,使舌头前部紧张,保持10秒钟后放松。(2)颈部肌肉放松,将头用力下弯,努力使下巴抵达胸部,保持10秒钟,然后放松。(3)腹部肌肉放松,绷紧双腿,并膝伸直上抬,保持10秒钟,然后放松;将双脚向前绷紧,体会小腿部的紧张感10秒钟,然后放松;肩部、臀部、胸部等身体各部位肌肉逐个地放松。

2. 深呼吸缓解法

保持坐姿,身体向后靠并挺直,松开束腰的皮带或衣物,将双掌轻轻放在肚脐上,要求五指并拢,掌心向下。先用鼻子慢慢地吸足一口气,大约数四个节拍,然后慢慢吐气,也用四个节拍,每次连续做4—10分钟。也可以闭上眼睛做,边做深呼吸边想象一些美好的情景,效果会更好。除了在安静的环境中进行深呼吸外,还可以在看电视、临考前去做。

(四)应试基本能力训练——有效的答题策略

对学生进行应试能力训练非常必要,有效的答题策略可以归纳为五个部分。

(1)统览全卷,心中有数。拿到试卷,不要匆忙写,先浏览全卷,了解各类题目的分值分配和难度,合理安排答题时间。(2)卷面整洁,字迹清晰。让评分者产生愉悦感,获得心理印象分。(3)全力以赴,拿足考分。基础题应仔细审题,少丢分;中档题应一丝不苟拿足分;疑难题应坚定信心多得分。(4)拓宽思路,巧答题目。碰上难题,不急不躁,善于改变思路,调整自己的思维方向,不要钻死胡同。(5)认真复查,审慎修改。

(五)升学竞争

考试压力导致学生负担过重,这是长期困扰我国基础教育的顽症,也是推进素质教育的严重障碍,更是抑制孩子天性的可怕束缚。从2005年6月开始,教育部与中宣部、人事部、社科院、共青团中央等部门联合进行了素质教育系统调研,结果发现,困扰中小学教育状况多年的升学竞争压力仍然居高不下。

1. 严峻的升学竞争,繁重的课业负担

多数中学生认为课业负担"比较重"或"过重"。中学生,特别是高中生,用于文化课知识的时间明显过长,普遍睡眠不足,自主支配的时间狭窄;一半以上的小学生认为课业负担"一般";教师、校长和家长认为,从小学、初中到高中课业负担由轻到重,认为升学考试压力大是学生课业负担重的最主要原因。多数教师认为,学生的考试成绩和升学率是评价教师和学校的首要依据。

综合各方观点可知:课业负担重是造成学生压力大的最直接原因,而家长对子女的过高期望也是一个重要因素。此外,对学校工作的评价体系是中小学办学的指挥棒,把升学率和考试成绩作为评价学校首要依据的现状若不改变,减轻学生的课业负担就无从谈起。

2. 升学压力的特点

当前的升学竞争具有新特点:(1)竞争目标不断提高。现实生活中许多学生、家长在发展预期上追求高学历,不仅仅想上大学,而且都想上重点大学。(2)竞争重心不断下移。许多家长从幼儿园阶段开始就为孩子增加大量的校外辅导班、家教等负担。(3)部分大中城市择校现象愈演愈烈。(4)教育的目的和学校教学行为发生扭曲。一些地方的学校和教师由于面临着不断增大的各种压力,教育教学片面地适应升学的需要,忽视了学生身心健康和能力发展,导致国家规定的课程计划难以落实,题海战术、反复考试大行其道。

3. 学生的心声

第一,学习生活。他们期望课堂教学是注重多角度的启发思考、积极开展思维、增强动手能力的实践课程;希望通过学校教育获得分析问题、解决问题和适应社会的实际能力;期望走出学校,深入开展社会实践活动,了解大自然,了解社会,增加自信心,磨炼意志力;期望丰富的课外校外生活,培养多方面的兴趣。

第二,对未来的渴望。他们期望有公平客观的评价标准;期望通过学校教育所获得的知识和能力,适应未来就业和竞争的需要;期望通过学校的教育,提升综合素质。

第三,对成长环境的呼吁。他们期望从保证睡眠充足、保证运动时间和拥有可支配的自由时间开始,切实保障他们的合法权益;期望社会和成人能更多地倾听他们的心声,关注他们的心声和难题,满足他们正当合理的需求;期望获得更多的发展机会,不会因经济困难等问题影响学习和成长成才。

4. 应对升学竞争的建议

建议逐步缩小学校之间的差异,实现教育均衡发展,缓解小学升初中、初中升高中的升学压力和竞争;建议重新确立针对中小学及其教师的评价体系,把完善基础教育的任务和为高校选拔学生的工作做适度分离;建议逐步调整高考招生办法,大力发展职业技术教育,拓宽成才渠道;建议加强社会舆论的正确导向,营造有利于全面实施素质教育的良好社会氛围。

三、儿童、青少年的问题行为

(一) 问题行为的分类

儿童、青少年行为问题(behavior problem)或问题行为(problem behavior)在临床心理学上也称作行为障碍(behavior disorder),是指在儿童和青少年中出现的那些妨碍人格的良性形成、学习能力的正常发展、身心的健康成长,或者给家庭、学校、社会带来某种麻烦的行为。行为问题的分类因研究角度、研究对象的不同而不同。

我国心理学家用内部动因、外部情境、心理活动状态及个性特点、行为方式、行为后果、自我评价及体验、性质程度七项指标,将行为问题分为四类:(1)过失型。由不正当或不合理的需要,或者好奇、好动、试探、畏惧等心理引起。因缺乏知识经验或认知能力不足,采取了不适当的行为方式而产生的问题行为,过失型问题行为带有情境性、偶发性、盲目性等特点。(2)品德不良型。由不良需要引起,受不良意识倾向或个性特点所支配而产生的违反道德规范、损害他人或集体利益的不良行为,带有经常性、倾向性、有意性等特点。(3)攻击型。由挫折造成的愤怒、不满等情绪所引发,并在一定程度上受情感、性格所制约,如与他人发生冲突时易产生发泄、对立、反抗、迁怒等攻击行为,一般带有公开性、爆发性等特点。(4)压抑型。由挫折引起焦虑,受情绪、性格(抑郁性气质、内倾性格者居多)的制约,在挫折持续作用的条件下所产生的逃避、消极、自暴自弃的行为,一般带有隐匿性、持续性等特点。

美国心理学家维克曼(Wickman, E. K.)在20世纪20年代,就把问题行为分为扰乱性的(破坏课堂秩序、不遵守纪律、不道德行为等)和心理性的(退缩、抑郁、神经过敏等问题)。目前美国教育界采用的分类方法是根据下列五类现象来定义问题行为的:(1)学校学习不适应状态;(2)人际关系不良;(3)不适应的行为和情感表现;(4)身心成长发展过程中的无力感、抑郁和痛苦感;(5)与学校压力症有关的身心症状。

日本的心理学家松田等人在20世纪80年代对297名日本的初中、高中教师进行调查,让他们对学生的问题进行分类,并按问题的严重性排列顺序,然后将这些问题行为分成两大类:反社会倾向的行为和神经症倾向的行为。其调查结果见表7-2。从调查结果的排列表上所列举的顺序,可以看出教师对问题行为所产生的影响和后果的重视度。

表7-2 日本教师对学生问题行为重视度的顺序排列表

顺序	问题行为项目	类型	顺序	问题行为项目	类型
1	向教师、同学使用暴力	×	18	违反学校纪律规则	×
2	吸食毒品倾向	×	19	在学校中选择性缄默	△
3	性问题	×	20	不合群,与集体格格不入	△
4	离家出走	△	21	无力感,无学习兴趣	△
5	不上学、怠学	△	22	上课经常迟到、早退	△
6	家庭内攻击、暴力倾向	×	23	逆反、反抗行为	×
7	学校恐怖症	△	24	经常打架、吵架	×
8	损坏学校公物	×	25	忧郁,在班级中孤立	△
9	偷窃	×	26	污言秽语	×
10	违反交通规则	×	27	多动,在课堂里不安静	△或×
11	抽烟、酗酒	×	28	消极、情绪低沉	△
12	无故旷课	△	29	嫉妒、憎恨所有人	△
13	欺辱小同学	×	30	毅力和意志软弱	△
14	愤怒、攻击倾向	×	31	手淫	△
15	没有目标、希望	×	32	神经质言行	△
16	说谎	×	33	无精打采、沉默寡言	△
17	考试作弊	×			

注:"×"反社会倾向的行为 "△"神经症倾向的行为

此外,国外的心理学者在广泛调查研究的基础上,为了对问题行为进行人格、心理上的临床诊断,还制定了儿童问题行为测量量表。在这方面比较常见的有埃切巴克(Achenback, T. M.)的CBCL量表(child behavior check list)和康涅斯(Conners, D.)的儿童问题行为量表。在CBCL中行为问题被分为分裂性因子、多动因子、抑郁因子、体质因子、焦虑因子、违纪因子、攻击性因子、交往不良因子、退缩因子、性问题、不成熟、残忍、攻击性、强迫性等。在Conners

儿童问题行为量表中则将儿童问题行为更详细地分为吮吸手指、咬手指、依赖性、退缩行为、发脾气、多动症、语音不清、口吃、选择性缄默、夜遗尿症、睡眠不安、攻击性行为、说谎、手淫、焦虑症、学校压力症、摄食障碍、偏食共18种问题行为。有的临床心理学家认为，儿童期的抽搐、秽语也是问题行为的一种。

（二）对问题行为的认识

对儿童、青少年的问题行为如何认识、判断是因人而异的。同一种问题行为，有的教师认为"是这个年级的学生常见的毛病"，并不感到过分紧张或担忧；但另外的教师却认为"这一问题不处理，将会产生重大的影响"，而感到非常紧张和担心。对有的女性班主任老师来说"这个儿童是班级中最麻烦、最调皮捣蛋的学生"，有令人讨厌、头痛的感觉；但对于一个男性班主任来说"男孩子的天性是调皮捣蛋，否则显得有些缺乏健康和朝气"，就会以一种理解的态度来对待。

同时，对同一问题行为产生的影响和后果的重视度，也是因人而异的。一般来说，教师和家长与医生、精神卫生人员等在对待儿童、青少年的问题行为上看法是有差异的。教师和家长对学生暴力攻击、盗窃、使用毒品等反社会行为非常重视；而精神卫生人员、医生等对儿童、青少年的忧郁、精神异常等神经症行为较为重视。

学校心理辅导教师和心理咨询人员对儿童、青少年的问题行为，不仅要从自己的专业知识角度去认识，还要把握学校周围环境中他人对这一问题的认识，全面地、综合地去分析、研究儿童、青少年的心理问题。以下是学校心理学研究人员对问题行为的五种认识。

1. 问题行为的"麻烦观"

在学校教育中，儿童、青少年的行为是否构成问题行为，许多教师是从是否对日常的教育、教学工作带来麻烦、不便或损害上进行判定。比如"这一行为影响到班级的纪律"、"这样的游戏玩耍会影响学习情绪"等，担心给教师自身的工作和管理带来不利的影响，"不听话"、"难管教"常常成为教师判断学生问题行为的首要考虑因素。这种判断与教师的职业经验、性格、教育观念、师生关系和责任感等各种因素相关联。这种判定有其有利的方面，即问题行为在早期便能被敏锐地发现，使有不适应行为的学生及早得到教育指导或心理咨询，促使问题早日解决；但也有其不利之处，即容易从教师个人的主观判断上入手，出现先入为主或警戒心过度的情况，使一些从心理学角度来看并非问题的行为，也扩大为"麻烦、有害"的问题，造成师生关系的紧张。

2. 问题行为的"异常观"

医疗和一般的咨询机构对儿童、青少年的问题行为较多地从正常和异常的角度去理解，即从健康还是病态的角度去判断。例如，某少年整日沉湎于电脑游戏和不健康的读物之中，昼夜颠倒，妨碍了正常的学习和生活，某咨询机构的咨询人员认为"中学一年级学生这样的行为必然会损害其身心健康"，这就是从正常、异常的观点去判断。

对于正常和异常的判定，心理学上一般使用的标准分为五种类型：(1)统计的标准，即与大多数人、群体的普通状态是否偏离；(2)病理的标准，即医学上疾病的诊断标准；(3)价值的标准,即是否符合社会的规则和法制;(4)发展的标准,即是否有退化、偏离正常发展轨道的现象;(5)环境的标准,即在不良环境中,将来是否会成为重大的问题。学校心理辅导教师在判断儿童、青少年的问题行为的性质时,可以综合地使用以上五种标准,全面地加以分析。

3. 问题行为的"不适应观"

心理学的"适应理论"认为个人对环境不适应时,会呈现出种种问题行为。这里所说的"不适应",是个人与环境的矛盾冲突,在这种状态中,个人的基本欲求得不到满足而处在一种冲动的状态之中。在学校教育中,儿童、青少年的情绪不适应或情绪障碍是产生行为异常的重要原因之一,心理辅导教师应对这一理论加以适当的掌握。

4. 问题行为的"错误学习说"

这是行为疗法理论中的传统观点,即问题行为和正常行为一样都是学习的结果。而问题行为是一种错误学习的结果。

5. 问题行为的"发展课题说"

问题行为的出现是个人身心、精神发展过程中的特定产物。发展心理学的观点认为,与普通行为一样,学生的问题行为是一种发展课题的体现。例如小学低年级学生的学校生活不适应症,起源于家庭亲子关系中的分离焦虑,即与父母离异导致了自立或确立主体性的问题,如何解决这些问题成为这类儿童的发展课题。

从发展课题的角度来把握儿童、青少年的问题行为,对于学校心理健康教育和心理咨询师是非常有益的。因为所有的儿童、青少年在成长过程中都面临着发展课题,都需要心理健康教育和心理援助。有问题行为的学生并不是特殊的、令人讨厌的"差生",而是具有"心理危机"的、亟待从学校教育上解决的学生。

(三) 对问题行为的辅导与咨询

1. 对问题行为学生的心理诊断

这里所说的"心理诊断"是对在人格和情绪、行为上有异常问题的儿童、青少年进行心理检查,包括生育史、生活史、学校环境、家庭环境的调查,必要时进行脑电图、神经系统方面的医学检查等。在进行心理诊断时,要抓住以下几个方面的要点:

(1) 身体因素。大脑器质或神经系统机能异常的孩子,人格和行为方面容易出现各种问题和障碍。此外慢性疾患和内分泌、新陈代谢异常的孩子,会产生一次性或二次性(派生性)的异常问题。问题行为的异常程度表现得非常显著的情况下,脑电图的检查有助于因果关系的分析,即脑机能异常是问题行为发生的生理学基础。

(2) 智力因素。智力发展迟滞的孩子,没有适当的教育措施和社会环境的保障,较易产生不适应。

(3) 情绪因素。情绪的失常使行为失控成为问题。

(4) 环境因素。家庭、学校、社区近邻的环境问题给儿童、青少年造成不良影响,其中家庭教育不当和学校压力,对学生问题行为的产生影响最深刻。

(5) 早期生活的因素。例如儿童在胎内或幼儿生活体验中形成的条件刺激、反应倾向、过敏性体质及受虐后的心理创伤等，都与儿童日后问题行为的产生有关。

(6) 社会信息因素。由于社会科技、信息的高度发展，各种有害的信息、情报也会通过各种渠道，如游戏机、电脑网络、杂志刊物、玩具等，影响儿童、青少年。其中，暴力凶杀、色情淫秽的信息对学生的身心影响最为猛烈。

学校心理辅导教师和心理咨询人员，必须从客观的、专业的角度，对学生的问题行为作出动态的、发展的心理诊断。

2. 对问题行为学生的心理辅导

(1) 倾听、接受、共感的理解，而不是批评、指示、约束、强制地进行教育。在开始进行心理辅导时，做到不评价、不追究，而是以建立相互信赖关系为主。心理辅导教师对问题行为作肯定的评价，会助长学生的不良行为倾向；否定的评价，又易引起学生逆反、对抗的心理。心理辅导教师对问题行为学生的烦恼、不安、担心采取同情、支持的态度，会导致学生对教师的依存、无力化倾向。心理辅导教师无视学生的情绪、动机、自尊心等，一味地追究、剖析问题行为的本质，会使学生变得神经质，防卫心理过度。

倾听、接受、共感的理解，并不是对问题行为进行处理，而是对学生问题行为的不安、担心、苦恼等情绪状态、心理状态进行处理。心理辅导教师要相信问题学生的成长、自我解决问题的能力。因此，指示、说教、解释要尽可能少，而将辅导重点主要放在安定学生的情绪、启发认知、使其人格发生变化上。

(2) 感情的净化、明确化。具有问题行为的学生，总是在内心中积压着许多忧郁、愤怒、冲动、不满、攻击等情感，不将其疏导、宣泄出来，对于问题行为的解决终究不利。心理辅导教师要在辅导过程中，让学生有自我表现、自由表达情感的机会，充分了解有问题行为的学生"感到怎样"、"如何思考"、"苦恼的背后是什么"等心理状态。

(3) 发挥学生的主体性，制定新的适应性的行为目标。例如，培养学生积极主动的学习和生活态度，树立自信心；奖励学生积极参加学校各项活动，发展良好的人际关系；教会学生正确地分析和认知自己的情绪变化，鼓励彼此坦诚与相互信任，适当传授一些沟通和解决问题的技巧，特别是要增加问题学生对新的行为价值观的察觉。这些辅导可以通过游戏疗法、小团体心理辅导及日常教育活动加以实施。

心理辅导过程是师生之间一种创造性的活动过程，没有严格的、规定的秩序，良好的教育效果取决于师生双方的信任与心灵交流的程度。

（四）对问题行为的矫正

对问题行为有慢性化、习惯化倾向的学生，除了进行心理辅导和咨询之外，还要适当地辅以行为矫治。行为矫治不是目的，而是使人健全发展的一种辅助手段，即对问题学生的不适应人格和不健全人格进行调整、补充，使之朝着健康的方向发展。主要方法如下：

1. 矫治家庭教育环境中不适应的亲子关系或病理现象

儿童、青少年问题行为的产生往往与家庭中溺爱、过度保护或专制、矛盾冲突等有因果关系,因此,对家庭中的教育行为和生活行为进行矫治是基础。

2. 自我概念、自我认知的改变

有问题行为的学生,对于自我的感觉常常是不现实的,要么自私自利、自恋或有自我万能感,要么消沉、忧郁、充满自卑感、缺乏自信心等,当自我概念遭遇应激场面挑战或威胁时,便会用问题行为来防卫。因此,行为矫治就是让他们从非现实的自我认知向现实的、合理的自我认知转化。

3. 培养承受挫折、失败的能力,强化脆弱的性格

有问题行为的学生常常是因为在学校教育、生活中遭受到挫折或失败后,无法解决问题,而导致行为、情绪的异常,因此心理的预防措施之一就是培养抗挫折能力。

4. 适应行为的再学习

从行为疗法理论上看,儿童、青少年的问题行为是对学校教育、生活强烈的不安、不适应而形成的回避行为和反抗行为。由于错误的学习方式,使不适应的行为得到强化而形成习惯。对问题行为的矫治就是要阻止错误的学习方式,消除不良的强化刺激形式,使新的适应行为通过再学习而构建起来。

5. 发展的、预防的矫治

根据对儿童、青少年的问题行为心理辅导和咨询的经验,他们中的许多人在"发症"前,在智力、情绪和身心上并不存在什么问题,在家庭中也是"好孩子",而且自我映象、自我感觉保持良好。但是一到升学毕业或青春期(从儿童期向青年期转化,生理上开始发生变化)阶段,学生的个人价值观或自我精神领域受到客观外力的冲击,在学业上或人际关系上遭受挫折或失败,以前的自我概念很快就崩溃了。于是苦恼、矛盾、不安,在失望中度过一段时间后,焦虑、暴力、攻击、盗窃或自杀企图等种种异常心理和行为开始出现。这是儿童、青少年的身心发展受阻,无法克服、逾越时必然出现的心理危机。

因此,学校心理健康教育应事先把握儿童、青少年的成长、发展规律,给予青少年一定的心理援助,引导他们积极地开展自我探索,一步一步地将挫折、失败合理地加以消化,统合到新的自我概念中去,取得预防的效果,这样青春期的发展问题才能得到理想的解决。

四、文化时尚与大众传媒的影响

随着时代的发展和大众文化、网络传媒对日常生活的渗透,由大众传媒引发的时尚文化越来越广泛地影响着我们的生活。在时尚文化冲击中成长起来的少年儿童,其行为方式和生活方式必然带有时尚文化的烙印。随着时尚文化影响的不断加深,他们的思想变得更加多元化,关注视野也更加开阔。但同时,理想淡化、追求享乐、功利化意识等也在少年儿童身上萌芽;语言方式也不可避免地受到了时尚文化的影响;衣食住行玩,时时可见时尚文化的踪迹。时尚文化随着社会的发展而更新,也不断更新着少年儿童的生活内容。

(一) 儿童文化危机

现代社会中,儿童文化危机重重,甚至面临着消失的危险。儿童文化的危机主要与现代社会生活方式的改变和成人文化对儿童的压制有关。儿童文化的危机首先来自现代社会生活方式的改变,如现代社会中加剧的竞争、生活节奏的加快、居住环境的改变,独生子女现象、新科技和大众传媒对儿童的影响以及现代生活环境下人与自然的远离等。其次,成人社会中激烈的竞争和生活节奏的加快,已不知不觉地影响到儿童的生活,迫使儿童的时间表和日程内容不得不跟随成人的步伐。儿童在这种高强度的机械旋转中精疲力竭,逐渐远离了游戏。于是,儿童文化便在孩子们身上渐渐消失了。尤其是现代居住环境的改变,使孩子成为笼中的小鸟,不仅与自然隔绝,也彼此隔绝;再加上现代社会家庭多为独生子女,儿童彼此之间的交往机会少之又少。没有了儿童的集合、交往,儿童文化如何能够很好地保持下去呢?

(二) 国内外关于文化时尚与大众传媒的研究

1. 偶像崇拜

偶像崇拜现象在中国青少年中普遍存在,它更多的是一种娱乐活动。超过六成的青少年渴望与偶像交流,并以谈论偶像为话题与他人交流。影响偶像被青少年崇拜的主要因素是偶像的才华、个性、人格和对社会的贡献。有些父母和老师对偶像崇拜表示反对,主要是担忧孩子的学习压力和自主判断能力。目前国内媒体的"明星"、"名人"节目或报道对青少年很有吸引力,但有近一半的青少年认为这些节目的质量一般。

偶像崇拜是一种普遍自然的现象,这与人类童年的图腾和神灵崇拜是相似的;当代青少年一些为心中偶像而出现的迷狂举止,也是他们对学校生活的一种心理调节。"偶像崇拜"在本质上不是一种道德行为,是与青少年成长中的道德品质、个性行为、情感世界的丰富化有密切关系的一种发展性心理行为。

追星族不崇拜科学家,而推崇歌星、影星,有两个原因:(1)娱乐圈的偶像更贴近这个年龄段的心理需求,追星族是在审美而不是在认知,并不把心中的偶像作为其认知权威;(2)应试教育所带来的学业重压与其青春期梦幻之间的矛盾,明星和偶像是许多青少年心中的理想自我——一个无法实现,也没有精力实现的青春之梦。

2. 韩流

研究发现青少年对时尚和社会生活中的"韩流"现象并不十分敏感,多数人对"韩流"是不热衷的,这与人们"'韩流'滚滚来"的印象相去甚远。"韩流"现象以媒体炒作的成分居多,并且这种现象亦非中国青少年所特有。

3. 动漫

社会的高速发展和日益激烈的竞争,使现代人每天都要面对新事物的冲击,由此产生了疲倦感,转而追求简单、轻松的艺术形式。"动漫"正是迎合了青少年的这种审美需求。可爱、生动的人物形象,神奇、夸张的内容情节,故事简单、易懂,人物个性叛逆、不拘一格,不受规矩限制,迎合了当代年轻人追求个性、不愿受束缚的特点。

4. 微信文化

微信文化作为一种新文化主张,是一种年轻的文化,更是一种年轻人的文化。微信文化构建了新的人际交往关系,成为连接个体与交往圈的媒介,契合了东方文化的含蓄、内敛的本质,具有相当多的文化功能。

时尚文化没有归属,它只听命于流行,并带有鲜明的求异、前卫、创新、反传统等特征。而这些特征正好契合了青少年在成长过程中特殊年龄段的特殊心理需求:作为思想尚未成熟,认知水平尚浅的少年儿童,对时尚文化最具认同感,最容易受到时尚文化的冲击。所以,时尚文化最先俘获的往往是青少年。时尚文化已经渗透到少年儿童生活的方方面面,并成为他们生活的重要内容和交流话题。

(三) 大众传媒的影响

大众传媒是大众文化的载体,少年儿童天天都能接触到。大众文化以其特有的消费、娱乐功能和意识形态功能影响着少年儿童的成长。大众媒体成为影响儿童文化的第一因素。

1. 网络成了少年儿童求知、求乐的首选

互联网技术的飞速发展、信息渠道的畅通、网络功能的多元,对新时代的少年儿童颇有吸引力,传统的媒体已经远远不能满足他们旺盛的求知欲和不断求新求变的愿望。网络功能的多元化必定导致儿童选择的多元化。不可否认,网络是一把双刃剑,既可以成为儿童学习的良师益友,也可能成为儿童发展的绊脚石。

少年儿童首选网络的原因是网络的娱乐功能,其中又以游戏为主,在网络中获得了生活中失去的成就感,并体会到人与人之间亲密交往的乐趣,从而使他们更加容易迷恋网络中脱离现实的世界。也有很大一部分同学上网查资料,这跟目前课程改革所提倡的研究性学习有一定的关系。运用信息技术上网学习,主动适应课程改革的要求,已成为许多少年儿童的自觉行动,成为与世界接轨的一种创新学习方式。

2. 同伴交谈内容受大众传媒的影响

动漫、游戏是少年儿童课余时间最感兴趣的话题,他们关心故事发展的起伏,乐于谈论新学的游戏攻略,还喜欢炫耀自己游戏"通关"的骄傲成绩。青少年中口头禅式的流行语,反映了少年儿童一定的群体趋同心理,应该注意到其中不健康的话语所占的比例仍然比较大。随着年龄的增长,青少年更关注媒体有关明星的信息,并将明星作为自己心目中的偶像。

3. 崇尚流行音乐、"洋"动画片

现在的少年儿童几乎个个能够唱流行歌曲,他们正逐渐成为流行音乐的主要消费群体。网络的音乐、娱乐频道特别受学生的喜欢,这里既能欣赏流行歌曲又能看看自己所崇拜的偶像的风采;而智能手机的使用可方便上网,能从网上下载自己喜欢的流行歌曲,还能经常反复

地欣赏。网络、影视等已是少年儿童接触最为频繁的媒介,流行音乐已逐渐成为少年儿童的一种时尚。

最受少年儿童喜欢的电视节目是动画片,动画片又以日本、欧美、韩国出产的为主。中国少年儿童比较喜欢"洋"动画片,主要是喜欢那些调皮可爱、奇特而又新颖的人物造型,喜欢那些符合少年儿童心理特征的故事情节。

4. 崇拜偶像有一定的盲目性

少年儿童偶像崇拜具有一定的盲目性,他们具有对美好外表的倾慕、寻求同龄群体归属感的渴望和追求新鲜事物的本能倾向。他们崇拜偶像的方式不够理智。少年儿童崇拜自己心目中的偶像大多会收集有关偶像的信息。年龄小一些的则以谈论和收集为主,随着年龄的增长,他们已经不满足于单纯的喜爱,渴望更多地了解自己的偶像,渴望和同伴交流自己对偶像的看法,寻找共同的兴趣和话题,对共同偶像的崇拜可以增进同龄人的感情,产生一种社会归属感。随着年龄的增长,举止模仿的比例明显下降;将偶像作为榜样的比例也明显减少。总体而言,偶像对少年儿童来说相当有分量,诋毁或嘲笑他们的偶像可能会影响师生或亲子关系。

5. 大众传媒影响消费行为

消费行为受到偶像代言广告的影响。广告商惯用名人明星作广告模特,这些广告中的许多模特正是少年儿童所崇拜的偶像。由于明星和少年儿童之间的互动关系已经成为大众文化产业紧密追逐的热点,所以大众文化会不失时机地包装出新的偶像以供应这个市场。

随着年龄的增长,偶像对少年儿童的影响力在增加。因为低年级的孩子更依从父母,自己作决定的不多;而随着年龄的增长,中小学生的独立意识、自主能力和行为能力也得到了增强,偶像的作用就凸显出来了。生活中我们常常看见小学生往往都跟随父母一起上街,而中学生喜欢自己或者与伙伴一起上街购物,即使跟随父母一起上街,也喜欢自己挑选商品,而且常常会与父母的选择发生冲突。这一方面是因为中学生的逆反心理所致,另一方面也不可否认偶像的影响力。

(四)如何正确面对文化时尚和大众传媒

上海市的一项关于少年儿童文化现状研究表明:少年儿童成长的环境并不尽如人意,儿童文化的形成和发展正受到诸多负面的影响。

1. 为少年儿童创造良好的文化氛围

环境对于儿童文化形成的影响不可低估。现对社会文化场所的管理提出一定建议:(1)公安、政法、文化、工商等部门要进一步加强联合执法的力度,对经营性网吧、歌舞娱乐场所、电子游戏厅、录像厅等社会文化场所,加强管理,加大治理力度,定期或突击进行检查,发现问题,加强整治或予以取缔。(2)在前述有关场所显眼处公示举报电话,加强群众监督,发现举报立即查处。(3)加强文化稽查部门的职责力度,对书店、音像制品商店出售的书籍、光盘、游戏软件等进行检查,发现问题从严处罚。(4)建立学校、社区联系制度,共同研究解决学校周边的"乱设摊"、"地摊书"等问题,进一步净化学生的成长环境。(5)大众媒体要加强科普教育和科学领域热点人物的宣传。

2. 加强公益性娱乐场所建设

依靠政府投入资金,加强公益性娱乐场所建设,是有利于儿童文化形成的重要举措。对公益性娱乐场所的建设与管理提出如下建议:(1)市、区人大和政府要把建设社区少年儿童的活动场所和公共文化、体育设施建设摆上议事日程,做出规划、投入资金,建设青少年学生校外活动场所,不断优化少年儿童成长环境,并将此作为精神文明建设考核的内容加以实施。(2)加大公益性娱乐活动设施向少年儿童集体参观实行免费、对少年儿童个别参观实行半票的力度。(3)学校要充分利用校内的各种活动场所、设施和实验室、语音室、计算机室等功能教室,安排好学生的课外活动菜单,在双休日、节假日期间向少年儿童开放。并与社区所在的"文化活动中心"、"科技活动中心"等建立密切的联系,本着"盘活资源"、"资源共享"的原则,定期定时向少年儿童开放。

3. 创作优秀作品,繁荣文化艺术

目前适合少年儿童的音乐和影视作品确实不多。2004年中央8号文件下达后,截至2004年10月末,除了有十几个儿童电视频道已经开播或者准备开播外,据统计全国还有数十个内容类似的"基地"或"园区"已经启动或正在准备中。不过,大量电视频道开播却面临严重的内容不足的窘境。我们呼吁广大的文艺工作者深入生活,多倾听少年儿童的心声,多体验他们的内心世界,努力创造出更多更好的为少年儿童喜闻乐见的优秀作品。地方政府也可以组织各类少年儿童文化艺术作品评选,以进一步繁荣儿童文化。

4. 开展少先队组织功能,自主创新校园文化

研究表明,校园文化活动的蓬勃发展,可以提高少年儿童的人文道德素养,拓宽少年儿童的视野,培养少年儿童的综合素质。

(1) 组建学生社团开展丰富多彩的兴趣活动

各中小学应该结合学校实际,建立文学、艺术、科技、体育等兴趣小组和学生社团,开展书法、民乐、国画等具有民族传统的文体活动。各中小学可以进一步挖掘学校师资潜力,聘请社会有一技之长的热心人士参与辅导,建立起一套长效的运行机制,使少年儿童在丰富多彩的社团兴趣活动中,增长知识,培养兴趣,提高审美情趣,同时从小培养他们对中华民族博大精深的文化的认同感。

(2) 自主开展校园文化建设活动

首先,结合少先队组织教育创建少先队文化。通过少先队特有的标志和礼仪及物化的形式对少先队员进行教育和引导;运用组织教育资源,如少先队的队章、组织生活原则、评优、奖励机制等制度建设,作为少先队文化的重要组成部分,把物质文化和行为文化层面上成熟的东西以规章的形式固定下来;结合雏鹰争章活动创建少先队活动文化。

其次,加强校园物质文化环境建设。苏霍姆林斯基说过:我们的教育应当使每一堵墙都说话。学校要让每一堵墙都为学生的发展服务,打破常规、静止的模式,赋予环境以丰富的生命力。在加强校园物质文化环境建设中做到"软"、"硬"结合,使学校的每一堵墙,每一个专栏、每一处都成为学生进行学习、探究、实践的园地,在学校硬件建设中挖掘出新的教育资源,为学生的发展提供更为广阔的基础。最后,结合学校办学特色建设校园文化,运用社区人文资源创建校园文化。

五、心理辅导的注意点:基于生命的成长

有可疑的陌生人要跟你搭话怎么办? 隔壁班的一个男生似乎对自己有意思该怎么处理? 怎样和患艾滋病的朋友相处?……这些内容也许你零星接触过,或者从来没有人告诉你该怎么应付。但是,随着生命教育的呼声,这些问题被提到了研究的议程,学校心理辅导也应把这些问题列为辅导的重点。

(一)心理辅导的注意点

儿童、青少年的心理不适应问题,根据年龄发展阶段的不同,心理咨询的形式和方法也应有所区别。

对于幼儿、儿童(如小学生),经常是父母、教师首先发现问题,然后要求进行心理咨询。由儿童自己首先提出要求心理援助的情况,一般是不可能的。因此,在对幼儿、儿童进行不适应行为矫治前,其父母、监护人或教师要接受心理咨询,这是一个基本的常识。对父母咨询的主要问题有:儿童神经症倾向的行为(如忧郁无力、选择性缄默)、学校恐怖、厌学症、学业不振、智力、身心障碍等问题,以及问题行为(如说谎、偷窃、攻击、逆反心理)等。对这些问题,可先进行父母心理咨询,家庭教育环境的调整对儿童的问题具有改善作用。但更多的场合是父母心理咨询和儿童心理辅导同时进行。幼儿、儿童的心理辅导或治疗,原则上以游戏疗法为主,即通过使用各种玩具,进行各种各样的游戏,与心理辅导教师形成新的人际关系,对新的适应性行为进行再学习。有时也采用集体游戏疗法或小团体心理辅导等方式。

进入青春期的初中生和高中生,心理和生理都经受了各种剧变,自我迅速地成长,各种各样的烦恼开始"苏醒",想和谁交谈咨询一下的愿望非常强烈。他们来心理咨询时,常常是瞒着父母和教师,因此心理咨询教师要充分理解他们的这种情绪,在咨询中尊重他们的选择和隐私,引导他们努力解决自身的成长、发展课题。他们比较愿意咨询的问题是:友情、师生关系、异性关系,关于家庭问题、自己的性格、学校生活(班级及学校环境、气氛)、自己的身体健康、容貌等,一般不会直接从自己的不适应问题开始咨询。心理咨询的方式,一般采取对话、交流为主,必要时也采用精神分析的心理咨询,辅之以行为矫治、团体心理辅导以及交流分析的心理咨询等。咨询时间每次50分钟左右,每周1—2次,一次性完成咨询的场合较少。

对儿童、小学生和初中生、高中生的心理辅导和咨询,除了要充分利用学校内的"心理咨询室"外,还要注意与校外的各种专业心理机构取得联系,争取得到外界的协助和指导。

（二）基于生命的成长教育

生命教育从生理、心理和伦理三个层面整体关注学生成长，从性、艾滋病预防、安全教育等诸多方面探讨生命的意义。生命教育不是另起炉灶，也不是一个单独的课程，而要将其融入学习生活的方方面面。生命教育也不是单纯的知识传授，老师要启发学生，让学生在自主的体验中，感受到生命的价值和意义。

随着《上海市中小学生生命教育指导纲要》的出台，学校纷纷组织学生学习"如何解决所有这些生活中的难题，提高生存技能，提升生命质量"，给学生灌输全新的生命教育观，其中涉及"心理健康教育"的专题详见表7-3。

表7-3　心理健康教育

学段		内容与要求	操作提示
小学阶段	低年级	1. 适应新环境、新的交往范围与新的学习生活，做好充分的心理准备，以积极的心态投入学校生活 2. 提高对校园生活的适应能力，培养开朗、合群、乐学、自助的独立人格；善于与老师、同学交往。克服孤独、依赖、由学习与环境的不适应带来的困惑和交往障碍 3. 认识生活中出现的种种情绪表现，通过引导正确看待自己的情绪	1. 平面图剪贴："新校园" 2. 画一画——"我最喜爱的学校一角" 3. 游戏：玩玩看看——"找朋友" 4. 活动：想想说说——"我喜欢和谁一起……" 5. 活动：送心形卡——"和好朋友说一句话"
	中高年级	1. 了解友谊的意义；懂得同情、关心和力所能及地帮助弱者 2. 培养集体意识，在班级活动中，善于与更多的同学交往，培养健全开朗、合群、乐学、自立的健康人格，培养自主自动参与活动的能力 3. 初步认识与体验人的生命是可贵的，珍惜生命 4. 养成良好的生活习惯和学习习惯，树立时间观念 5. 帮助学生在学习生活中体会解决困难的快乐，克服厌学心理，体验学习成功的乐趣，培养面临毕业升学的进取态度	1. 游戏：写写猜猜——"我是谁" 2. 采访与交流：问问说说——"我的生日" 3. 作品交流：画画贴贴——"我的指纹艺术品" 4. 讨论：了解一些曾经在我国发生的重大自然灾害与突发事件，领悟人们在危难中守望相助、团结合作精神的可贵
初中阶段		1. 使学生意识到自己正在成长，培养积极的自我认同感，学会自我悦纳 2. 掌握自我调控的方法，能够承受挫折和压力 3. 学会倾听和表达，培养良好的人际交往能力 4. 帮助学生适应中学的学习环境和学习要求，培养正确的学习观念，发展其学习能力，改善学习方法 5. 把握升学选择的方向，逐步适应生活和社会的各种变化 6. 学会克服青春期的烦恼，逐步学会调节和控制自己的情绪，抑制自己的冲动行为	1. 活动：通过贴照片——"镜中的我"等活动，了解自己成长中产生的想法 2. 心理透视："我的情绪红绿灯"，设定一定生活情景，当遇到此类情况，你将如何反应。情景设计：测验考试、首次发言或演讲、被母亲训斥一顿、同学总是叫你不喜欢的绰号等 3. 活动："爬山感受"，体验学习中艰苦奋斗的感受 4. 用漫画、表演等形式，让学生在异性交往中巧妙地说"不" 5. 活动："我的梦想"，让学生每人规划自我的人生道路，尽情地畅想未来

学段	内容与要求	操作提示
高中阶段	1. 培养学生具有适应高中学习环境的能力，发展创造性思维，充分开发学习的潜能，在克服困难取得成绩的学习生活中获得情感体验 2. 在了解自己的能力、特长、兴趣和社会就业条件的基础上，确立自己的职业志向，进行职业的选择和准备 3. 学会尊重、理解和关爱他人，能够妥善处理人际交往中的冲突和矛盾，建立良好的人际关系 4. 提高承受挫折和应对挫折的能力，形成良好的意志品质 5. 理解生与死的意义，培养积极的生命态度，树立正确的生命观和人生观；学习规划自己美好的人生	1. 活动："心心相约"回忆并交流自己高一时，同学间第一次见面彼此留下的印象，讨论如何运用第一印象的效应来为自己树立形象 2. 主题活动：回忆在过去一周内自己所做的活动，估计各项活动的百分比，帮助学生有效利用时间 3. 辩论赛：分成两组，一组是"理性的我"，一组是"非理性的我"，通过辩论正确认识考试焦虑等现象，提高承受挫折能力 4. 辩论赛：选择职业应以个人特长与爱好为重还是以待遇的优劣和报酬的高低为重

心理健康教育实施建议：

心理健康专题教育建议以心理活动课为主的形式进行。实施时应注意以下要点：(1)各个学段的心理健康教育针对的问题和所设计的辅导活动均从"心理健康发展"角度提出，注重以活动体验、自我调适的方式进行。(2)要引导学生积极参与形式多样的辅导活动，去体验、感悟，助人和自助，切忌刻意地去阐述心理学名词概念，而应针对学生的年龄特点，结合学生日常生活情景和常见事例，深入浅出地帮助学生在轻松愉快的学习中，掌握自我认识、自我调节的操作原理和方法。(3)辅导活动中有学生成长的记录，还有他们的"内心独白"。教师对学生倾诉的悄悄话和隐私，要给予尊重和注意保密。

本章概要

- 解决学生的学校压力症与关怀和保护教师的心理健康有着密切的关系。
- 考试焦虑是一种由考试压力引起的心理障碍，表现为过分担心、紧张、不安、恐惧，有时还有失眠、消化功能不良等。
- 放松训练就是通过一定的方法使人体的肌肉一步一步地放松，使大脑逐渐入静，从而调节中枢神经系统的兴奋水平，缓解紧张情绪，增强大脑对全身控制支配能力的训练方法。
- 中小学学生课业负担重是造成学生压力大的最直接原因，而家长对子女的过高期望也是一个重要因素。
- 升学压力的特点：竞争目标不断提高，竞争重心不断下移，部分大中城市择校现象愈演愈烈，扭曲了的教育目的和学校教学行为。
- 应对升学竞争，建议实现教育均衡发展，调整高校招生办法，加强舆论的正确导向。
- 问题行为的矫正有以下方法：对家庭教育环境中不适应的亲子关系或病理现象的消除；自我概念、自我认知的改变；培养承受挫折、失败的能力；强化脆弱的性格；适应行为的再学习；发展的、预防的矫治。

- 大众传媒是大众文化的载体,已经成为影响儿童文化的第一因素。
- 生命教育不是另起炉灶,不要把生命教育看成单纯的知识传授,老师要启发学生,让学生在自主体验中感受生命的价值和意义。

关 键 词

学校压力症　　厌学症　　考试焦虑症　　TAS
考试怯场　　懊悔心理　　肌肉放松法　　问题行为　　文化危机　　偶像崇拜
生命教育

思考与讨论的问题

1. 简述考试焦虑的治疗方法。
2. 试论文化时尚和大众传媒对儿童、青少年的影响。
3. 阐述中小学生心理健康教育的主要内容,为中小学心理健康教育提供建议。

第八章 青春期的心理辅导

受传统思想的影响,人们对"性"历来都讳莫如深,在性教育上,往往认为青少年可以"无师自通",担心进行性教育反而会激发学生的不良性行为。所以,在我国,孩子一般都是从初中才开始正式接受青春期教育,而且即使是教师授课,也只是"犹抱琵琶半遮面"。然而,随着经济和社会文化生活的多元化发展,青少年受到的性刺激和反面的性教育越来越多。青春期性教育问题已经成为亟待解决的严重社会问题。

本章首先介绍了国内外学校性教育的发展概况;接着,具体阐述了中小学生的性生理与性心理;随后,阐释了"早恋"与失恋两种情感危机,以及应对的措施;最后,从学校、家庭、社会三个维度讲解了青春期性教育的开展问题,以期为广大教师、家长、社会工作人员进行性教育提供一定的借鉴。

一、国内外学校性教育发展概况

(一) 国外学校性教育的发展

瑞典早在1942年就在义务制学校中开展了性教育,率先倡导性教育应以人格教育为中心。1957年,瑞典国家教委制定了性教育指导要领;1970年,性教育范围扩大到瑞典所有学校。瑞典的性教育具有鲜明的三个特点:(1)实用;(2)从幼儿开始;(3)一步到位,详尽、细致。

美国青春期性教育,始于20世纪60年代,时值西方国家兴起"性自由"、"性解放"运动。当时,公认的学校青春期性教育目标有:(1)减少性病;(2)减少私生子和性适应不良行为;(3)培养青少年正确对待异性,以及与异性建立高尚关系的态度和能力等。目前,越来越多的人倾向于以性和品德教育为目标,提倡以品德为基础的"禁欲方式"的性教育,认为青春期性教育课程应主要进行人格教育,促进学生保持童贞直至结婚。

日本的青春期性教育,经历了三个阶段:第一阶段为第二次世界大战后至20世纪60年代,称"纯洁教育",强调对青少年授以正确的性知识,使其保持身心纯洁;第二阶段为20世纪60年代至70年代,西方"性自由"浪潮猛烈冲击日本,"纯洁教育"受到挑战,转为传授性科学知识为主的阶段;第三阶段为20世纪70年代以后,随着社会上青少年性意识和性行为的发展,日本进入"性指导"阶段,不仅让学生了解性科学,还让其懂得友爱的重要和生命的可贵。

不仅发达国家重视性教育,一些发展中国家,如埃及、加纳、马来西亚等国家,也认识到开展性教育的必要性。

（二）中国学校性教育的发展

中国现代历史上不乏科学性教育的先驱。1909年，留学归国的鲁迅先生首先打破了性教育的禁区，把性知识勇敢地摆上了讲台。20世纪20年代，获法国里昂大学哲学博士学位、时任北京大学哲学教授的张竞生宣传性学，倡导性教育，开设性教育课程。

性教育的真正发展是在新中国建立之后，周恩来同志对此作出了巨大贡献。1963年，周恩来同志在人民大会堂召见参加全国卫生科技规划会议的叶恭绍教授等十位专家时，就指示医务工作者，一定要把青春期的性卫生知识教给男女青少年，让他们能用科学的知识来保护自己的健康；并指示在女子行经之前、男子首次遗精之前，就把性卫生知识教给他们。同年7月，周恩来同志在为首都高校毕业生讲话时，再次强调了性卫生知识教育的重要意义。1973年，周恩来同志在病榻上还指出，中学的生理卫生教材中要有生殖系统专门一章，讲课时应有大幅彩图，便于形象讲解。直到1975年，周恩来同志病危时，还一再嘱咐：一定要把青少年性卫生教育搞好。完全可以说，正是在周恩来同志的倡导下，中国的性教育才逐步开展起来。

1975年，教育部和卫生部联合印发《中小学生卫生工作的暂行规定》，提出"要加强青春期卫生教育"。1978年，颁布了全日制十年制中学《生理卫生大纲》（试行草案）。大纲指出："必须重视青春期卫生、晚婚、计划生育。"1981年，国家教委决定在高中开设"人口教育"课，对学生进行性生理知识和人口基础知识的教育。1982年，吴阶平教授主持编译的《性医学》出版，这标志着现代性学和性医学作为一个专门的学术领域在我国建立。1985年7—8月，上海大学性学教授刘达临、上海中医学院副教授樊民胜、上海计划生育宣传中心主任蒋蕴芬等共同发起，主办全国第一届性教育讲习班，开始培养性教育人才。后来，全国各地纷纷仿效，大批性教育人才脱颖而出，数百种性学书籍陆续出版。1992年，《中国性科学》杂志创立，这有力地推动了性科学和性教育的发展。1995年5月，中国性学会正式成立。

21世纪的今天，青春期性教育在我国也越来越为世人所关注。上海市教委编写的《生命教育大纲》中就有对青春期教育的明确阐释，具体见表8-1。

表8-1 初高中阶段性教育主要内容

■ 初中　着重帮助和引导学生了解青春期生理、心理发展特点。
　　教育内容的重点：了解人体的构造与器官的功能、分娩过程及染色体对遗传特征的决定作用；认识青春期的生理现象，认识性差异。学会用恰当的方法保护自己，避免受到性伤害、防止性骚扰；学会拒绝他人的性要求；初步了解避孕的方法。

■ 高中　着重帮助和引导学生形成科学、合理的性生理、性心理和性道德观念；培养对婚姻、家庭的责任意识。
　　教育内容的重点：认识和遵守异性交往的道德规范，学会妥善处理和认识两性关系中的情绪问题和价值问题。了解生育过程和避孕的方法，认识到人工流产对身心的伤害，学会正确应对性侵犯。

纵观国内外学校性教育的发展，我们不难看出，虽然各国的性教育都是在各自的国情和文化背景下开展，但是其间仍然有一些共通元素。鉴于我国学校性教育起步较晚，我们要有针对性地吸取国外学校性教育的成功经验。例如,在进行性教育时,强调人格和伦理道德的教育,引导学生认识到性的真、善、美;重视性教育的阶段性,做到全程教育和阶段教育相结合等等。

二、中小学生的性生理和性心理

性教育是人的全程教育,而青春期性教育,是这一全程教育中特殊阶段的教育。我们要积极有效地开展性教育,首先必须整体把握青春期学生的性生理与性心理特点。

[案例]
　　六年级男生××,由于第二性征的出现(阴毛长出,阴茎增大)而遭到伙伴的嘲笑和戏弄,以至于不敢上厕所,甚至产生严重的焦虑倾向,对上学也产生紧张感和恐惧感。

[案例]
　　已经是初一的女生××,一天晚上放学回家。快到家门口时,她一不留神,被一块西瓜皮滑倒在地;顿时就觉得下身有点肿痛,大腿之间黏乎乎的;不一会儿,殷红的血顺着裤管往下滴。几位一同回家的同学一下子惊得目瞪口呆,全然没了主意。她们不知道这是一种什么怪病,又不敢告诉别人,几个人便在一起抱头痛哭。

研究表明,近50年间,我国青少年性成熟的年龄平均提前了1—2岁,甚至在小学高年级就有女生出现月经初潮。但是,相应的性教育却滞后于这一生理发展,所以,就出现了上述两则案例中的情景。

(一)性生理

青春期是个体生理发育的"第二个加速期",身高和体重迅速增长,性器官和性机能日趋成熟。

1. 青春期发育的性生理特征

(1) 外形上的变化特征

青少年在形态发育上的显著特征是身高和体重迅速增长,特别是在体形上。男子表现为肩宽、骨盆窄,这种体形较适合承受重力。而女子则表现为骨盆部宽大,肩部较窄,在承受重力方面比男子要差一些。因此,在学校教育中,可以根据男女青年生理特点的差异,具体安排体育活动。

(2) 性发育特征与第二性征

男子第二性征的发育顺序为睾丸体积增大和阴茎发育;身高增加,阴毛出现;喉结突出;声音变得低沉;腋毛出现;发生第一次遗精;长出胡须;皮脂腺分泌增加,散发出浓烈的男性气味。

全部第二性征的发育大约需要两年时间,早熟的男孩完成较快。

女子在雌激素的分泌和刺激作用下,第二性征逐渐凸显,其发育顺序为:乳房增大,阴毛出现,月经初潮,腋毛出现,乳房突出及骨盆增宽等女性体态出现。这一时期,所有生殖器官也都发生了不同程度的变化,如子宫增大,输卵管变粗等。

少男少女会敏锐地注意到自己身体的一系列变化,然而,由于他们没有做好相应的准备,所以通常会产生对身体的困惑,或自信或自卑。本章末尾的附录躯体自信量表,有助于帮助他们自我定位,引导他们欣赏自己、悦纳自己。

2. 青春期的性生理卫生

第一,青春期的营养卫生

青少年身体生长发育迅速,体内代谢较为旺盛,活动量较大,因此对各种营养物质的需要量也相应增加。这时,应不失时机地供给鱼、肉、蔬菜、水果及豆类食品等,注意纠正偏食习惯,从而保证各类营养物质的均衡摄取。

第二,月经及经期卫生

由于内分泌变化的影响,女子在月经期间会出现一些不舒服反应,如头痛、疲倦、恶心、乳房胀痛、腰酸等,这些是经期正常的生理现象,不必过于紧张。在经期,女子应做好必要的卫生工作与心理准备:(1)保持外阴部清洁卫生。用质软、易吸水的纸垫或卫生巾,每天用干净的温水清洗外阴。(2)饮食上少吃有强烈刺激性的食品,如辣椒或烈性酒等,多吃有营养、易消化的食物,多喝水。(3)注意保暖,不要受凉。受凉后会引起各种疾病,造成月经不调,甚至痛经、闭经等。(4)按时作息,保证足够的睡眠时间,最好不要开夜车。此外,要以一颗平常心看待月经现象,保持心情舒畅,避免情绪紧张引起不良反应。

第三,遗精及其卫生

青春期来临后,男性的睾丸迅速发育,开始有产生精子和分泌雄性激素的功能。由于精子不断形成和附属腺体分泌增多,开始有排精现象。当生殖器官受到刺激,神经兴奋达到一定程度时就可能引起排精。有时在睡眠或梦中的排精,叫做遗精,这是一种正常的生理现象,它发生在大多数男青年身上。所以,不要为此惶恐不安,只有很频繁的遗精才对健康不利。为了防止或消除非疾病引起的频繁遗精,建议做到:(1)积极参加各种文体活动,把精力集中放在学习和工作上,特别要远离黄色书刊和录像等。(2)养成必要的卫生习惯,保持外生殖器的清洁卫生;内裤不要穿得太紧;被子不要盖得太厚;睡前用热水洗脚,避免过度兴奋等。

(二) 性心理

青春期性机能的成熟唤醒了沉睡的性意识,青少年内心开始发生微妙的变化。其间有成长的喜悦,更有成长的困惑。青少年性心理的健康发展,对推动其学习与生活,促进以后恋爱的成功与婚姻的美满以及培养高尚的性道德观念都有着非常重要的意义。

1. 青春期的困惑

第一,好奇与困惑

第二性征、月经初潮、首次遗精等,使少男少女内心充满了好奇和困惑。他们热切希望从多种渠道了解这方面的知识;并尝试通过实践,解决自己的生理和心理需求。然而,实际上,他们较难从家庭、学校、社会等正当渠道得到自己需要的知识,所以,很多青少年不得不诉诸文艺作品、电视、网络等媒介,不过满足好奇心之后又有很强的罪恶感,其心理处于矛盾的状态。

第二,对异性的好感与爱慕

青春期性心理的发展是以性意识的萌动为起点和标志的,表现为不同的发展阶段。

第一阶段为异性疏远期。在这一阶段,青少年开始感受到性器官的发育,有的通过手淫等边缘性行为体验性快感,对性的问题有了一知半解,产生了朦胧的性意识,男女双方产生了一种愿意彼此接近的倾向。不过,由于性的自然性与社会性之间的矛盾,此时的青少年对两性关系充满了好奇,但又心存困惑。他们在异性面前显得局促不安。即使在一些必要的学习、生活交往活动中,也很腼腆,不再是儿时的"青梅竹马,两小无猜"的状况,这是两性关系暂时疏远的现象。小学高年级和初中低年级学生处于这一时期。

第二阶段为异性接近期。随着性知识的积累和与异性交往的增多,男女之间产生情感吸引,有了彼此接近的需要。但这种爱慕的基础不够牢固,爱慕的对象也不专一、不稳定,其性意识大多停留于内心的活动,并通过折射的方式不知不觉地表达出来。如女孩特别喜欢照镜子,注意自身的打扮,以引起男孩的注意;男孩则喜欢在女孩面前故作姿态,力图以自己的勇敢有力引起女孩的注意。这一阶段的青少年往往分不清好感、爱慕与初恋的区别,从而产生各种苦恼。所谓的"早恋"在这一阶段就有可能出现。

第三阶段为异性初恋期。随着大脑功能的逐步完善、兴奋与抑制过程日趋平衡、社会活动范围的不断扩大和性经验的丰富,青少年的性意识有了更多的自觉性,减少了盲目性和幼稚性。这时,男女青年的性意识达到初步成熟的程度,形成了一定的恋爱观。在恋爱观的支配下,有的人开始在异性中选择自己的对象。但这一时期许多人把恋爱的对象偶像化。如果对方某个特点符合自己的择偶要求便"一见钟情",一旦闹矛盾就分手。显然,这离成熟的恋爱还有一段距离。在多数情况下,他们不轻易向异性表露情感。但是,一旦表露出来,则往往热情奔放,难分难舍。此时,他们把爱情看得至高无上和神圣纯洁,彼此互相倾慕、情投意合,对未来充满信心。

2. 青春期性心理的敏感问题

青春期,性生理的成熟常常带来强弱不同的性冲动。科学合理地认识、接纳它们,有利于促进青少年身心的健康发展。

第一,手淫,是用手或工具刺激生殖器而获得性快感的一种行为。现代性学研究表明,手淫其实是一个极为普遍的现象,在幼儿时期就已存在,如幼儿夹腿、摩擦生殖器等。青少年生理迅速成熟后,性冲动难以抑制。这时,没有合法的满足途径,手淫虽然不是完美的性满足方式,但却无害于他人,是一种自我心理慰藉,在一定程度上能宣泄能量、缓解性紧张、保持身心平衡、避免性犯罪和不轨行为。因此,适当的、有节制的手淫是无害的。然而在我国,一个人从儿童时代起,就被反复告知:手淫是不可饶恕的恶习,是各种严重疾病的根源,是下流的行为,是人格低下、道德败坏的表现,是犯罪等等,这些反复灌输的观念给青少年带来了难以磨灭的影响。青少年若染上手淫,就会不断承受来自内心的谴责,自卑感、自责感、不道德感甚至犯罪感会时常涌上心头,影响正常的学习和生活。因此,客观认识手淫是非常重要的。

第二,性梦,是指在正常睡眠中与性对象接触,而出现性冲动或性高潮的梦。性梦的内容大多是与异性发生性行为或边缘性行为。男性的性梦多于女性,多发生在青春期中;而女性的性梦则多发生在青春期后。初中生的性梦对象多为熟人,高中生的性梦对象多为陌生人。性梦是正常的生理、心理现象,与道德无关,也是缓解性欲冲动的途径之一。青少年可顺其自然,不必大惊小怪,更不必为此感到焦虑和羞怯,以免影响正常的学习和生活。

第三,性幻想,是指在某种特定因素诱导下,自编、自导、自演与性交往内容有关的心理活动过程。由于性幻想具有任意组合形象的特性,所以能最大限度地满足个体的心理欲望,增加性欲和性快感。性幻想在入睡前及睡醒后卧床的那段时间,以及闲暇时出现较多。性幻想也是缓解性冲动的形式之一,属于青少年性成熟过程中的正常现象。但是,如果经常沉湎于性幻想,做白日梦,就有可能发展成病态的性妄想。不仅影响自己的身心健康,也可能会对别人造成危害,应该及时接受治疗。

(三)性别认同和性别特征差异

1. 什么是性别认同

性别认同通常是指个体解剖学意义上的性别认识,是我们对于作为男性或者女性的心理意识和理解,也是自我概念中的一个最显著与重要的方面。很多孩子最初开始意识到他们的解剖意义上的性别是在18个月左右的时候。到36个月左右,大部分孩子都已经获得了对性别认同的稳定的理解。

此外,我们的社会文化对男性和女性的性格和行为有着固定的理解或更为广泛的预期——这就被称之为性别角色,并且造成刻板印象。

对女性角色的刻板印象包括以下一些特质,比如温柔的、依赖的、善良的、乐于助人的、耐心的和顺从的;而对于男性角色的刻板印象则包括坚韧的、绅士风度的和有保护欲的;女性通常被认为是热心的和情绪化的,男性通常被认为是独立的、自信的和好斗的。但是,时间带来了一些改变,在现代社会,女性在工作场合和男性更为相像了,尽管她们仍然承担了抚养小孩和操持家务的主要责任。心理学家一项对30个国家的调查,证实了这些性别角色的刻板印象是广泛存在的,见表8-2。

表8-2 全世界30个国家的性别角色刻板印象

男性刻板印象		女性刻板印象	
积极的	固执的	感情深厚的	紧张的
冒险的	寻求快乐的	欣赏的	耐心的
攻击性的	精确的	谨慎的	令人愉快的
傲慢的	快速的	易变的	规矩的
专制的	理性的	迷人的	自我的

续 表

男性刻板印象		女性刻板印象	
能干的	现实主义的	抱怨的	敏感的
粗糙的	不计后果的	复杂的	感伤的
自以为是的	足智多谋的	烦恼的	性感的
自信的	刚硬的	依赖的	害羞的
勇敢的	精力充沛的	幻想的	好心肠的
残酷的	精明的	情绪化的	世故的
坚决的	爱炫耀的	激动的	顺从的
混乱的	坚定的	挑剔的	耳根软的
上进的	苛刻的	可怕的	迷信的
冷静的	吝啬的	感情变化无常的	多话的
个人主义的	感觉迟钝的	傻乎乎的	胆小的
有创造力的	吃苦耐劳的	宽容的	暴躁的
吵闹的	肆无忌惮的	琐碎的	没有野心的
讨厌的		急躁的	谅解的
		温和的	不稳定的
		有想象力的	热情的
		仁慈的	软弱的
		好心的	焦虑的
		温和的	

来源：Williams & Best, 1994

心理学家威廉姆斯和贝斯特发现 30 个国家的人，对男性和女性的性别角色刻板印象的构成有很大程度上的一致性。

　　刻板印象的影响之一就是造成性别歧视。性别歧视是由于个体性别导致的偏见，认定个体必然拥有某些不良特质。这些不良特质使得某些个体失去了进入到某些职业的资格，或者阻碍了他们在工作中或部分社交场合能力得到充分发挥。

　　性别歧视导致我们对女性或男性的行为解释出现偏差。一个"敏感的"女性仅仅代表了敏感，而一个敏感的男性也被认为是"娘娘腔"的；女性可能仅仅被认为是礼貌的，而同样的行为，男性可能就会被认为是被动的或者是软弱的。

　　在儿童时期，个体对"男人的工作"和"女人的工作"的差异就已经产生刻板印象了，女性一向都被排除在"男性的职业"之外，关于"男性的工作"和"女性的工作"的刻板期望从小学就开始产生了影响。比如说，按照传统的刻板印象，认为女性不擅长数学，在这样的负性期望下，女性就不被鼓励从事科学和技术相关的职业，即使是已经选择了科学和技术相关的职业，女性也经常在受雇、晋升、研究基金和研究设备的分配上遭受性别歧视。类似的，直到最近几年，男性才开始进入到之前一直限制在女性中的职业领域，比如秘书、护理和小学教育等；也只有在近几年以来，传统的男性职业领域如工程、法律和机械等职业领域的大门才向女性开放。性别歧视会对中小学生的心理健康、全面发展具有不良影响，必须引起我们注意。

2. 性别差异和性别特征的形成

（1）认知能力的差异。在认知能力上，智力评估显示男性和女性之间不存在差异。然而，对文献的回顾可以发现，女孩的语言能力要高于男孩，比如语言的流畅性、找同义词的能力、拼写、外语学习以及发音等。比起女孩，有更多的男孩子有阅读障碍，从低于一般水平到严重的阅读障碍都是如此。

男性似乎在工作记忆中的视觉印象操作能力更高一些，男性群体在视觉空间能力上更高一筹，而这些能力多用在数学、科学和读图中。他们特别精于空间几何图形的心理旋转等课题。

（2）人格的差异。在人格上也存在很多的性别差异。按照对文献的分析，女性在外向性、焦虑、信任和养育性难度上超过男性。然而，总的来说，人格的性别差异还是小的。男性的确在攻击性、意志坚强和自尊上超过女性。有两个因素可能对女性的自尊相对更低的状况起了很大的作用：

● 父母们一般来说更愿意要男孩；
● 社会创造了一个不平等的竞争环境，在这个环境中，女性需要比男性做得更好才能被认为是和男性同样优秀。

（3）社会行为的差异。在心理学家很多关于攻击性的研究中显示，男性比女性表现得更加具有攻击性。此外，按照几乎任何一种类型的测验，男性都比女性有更强烈的性兴趣，而女性则更希望把性和爱结合在一起。在医疗健康上，男性的寿命平均比女性要短7年。按照一项对内科医生和普通人群的调查，这个差异部分是由于女性比男性有更高的寻求医疗保险服务的意愿导致的。男性总是忽略身体症状，直到能被预防或者很容易被治疗的问题严重到了要威胁生命的程度才会去救治。

心理学家还试图用心理动力学、社会学理论和认知发展理论来解释儿童、青少年的性别特征是如何形成的。从发展来说，儿童大约在两岁半到三岁半左右开始理解性别角色的刻板印象。男孩和女孩都同意，当他们被要求去描述性别之间的差异时，玩具最能说明问题。玩运输型玩具比如小汽车或者救火车的小孩，喜欢帮助爸爸做事情，而且会打其他的小孩。他们也同意，女孩喜欢玩洋娃娃并且帮助妈妈做饭或者打扫卫生，喜欢说话，需要依靠别人的帮助并且更多地表现出非暴力行为。他们认为"冷酷"是男性化的特质，而"爱哭"则是女性化的特质。当他们3岁的时候，很多孩子开始意识到男性和女性在固有的穿着和从事的职业类型是适合各自的性别的。

在社会学习理论中，同一性被认为是一种连续的学习过程，在这个过程中，奖赏和惩罚影响了儿童对同性成人行为模式的模仿。在同一性的发展中，儿童不仅模仿成人的行为而且还会对这些行为进行扩展。

心理学家柯尔伯格提出了性别特征形成认知发展理论的观点。按照这个观点，性别特征形成不是环境影响的产物，不是简单机械的性别相符行为的"印记"。儿童本身在这个过程中扮演了积极的角色，他们对性别形成了概念和图式，然后保持自己的行为和自己的性别概念相一致。这些发展是分阶段的,并且和全面的认知发育相关联。

按照柯尔伯格的观点,性别特征形成必须包含三个概念的出现:性别认同、性别稳定和性别恒定。性别认同通常在3岁左右获得,在4—5岁的时候,大部分儿童已经发展出性别稳定的概念——承认人的性别是终身不变的。

大多数儿童,大约在8—9岁的时候,他们发展出更高级的概念:性别恒定。他们认识到性别是不可改变的,即使人们改变了他们的穿着或者行为。所以,即使人的外表改变了,他的性别也还是不会变的,一个女人把头发剪短(或剃秃)后还是女人,一个男人系着围裙做饭也还是男人。

按照认知-发展的理论,一旦儿童建立了性别稳定和性别恒定的概念,他们就会按照符合性别的途径去形成他们平时的举止行为。然后,他们会主动地去获取信息,哪些行为模式是"女性化"的或者哪些是"男性化"的。一旦他们获得这种信息以后,他们在今后的生活中就会发展出"性别相符"的模式。所以,当男孩和女孩开始认识到自己的性别是不变的以后,就会分别开始对"男性化"和"女性化"的行为出现偏好心理。

有研究认为,儿童依据性别图式加工信息与儿童的性别有关的事物或活动能更好地保持在记忆中。例如,男孩更容易记起以前玩过的玩具卡车,而女孩容易回忆出娃娃和其他"女性化"的玩具。给小学儿童看一些画着"性别一致"和"性别不一致"活动的图片。性别一致的情景是男孩做那些锯木头或者玩火车的事情,女孩则是做那些烹饪和打扫的事情;同样,性别不一致的情景正好相反。即另一种认知理论——信息加工方法性别图式理论认为,儿童自己会发展出性别图式作为他们对这个世界的知觉整合途径。

三、"早恋"与失恋危机的应对与处理

爱情是人类感情中一种最特殊、最美丽的情感。意大利文艺复兴时期作家薄伽丘曾说:"真正的爱情能够鼓舞人,唤醒他内心沉睡着的力量和潜藏着的才能。"青年人正确处理恋爱问题,可以提升自己的个性心理品质。

(一)"早恋"及其应对

1. "早恋"的界定

在生命的某个阶段,天真烂漫、两小无猜的童男童女一反常态,春心萌动,彼此之间产生强烈的爱恋,这就是所谓的"早恋"。

"早恋"是青少年性心理的显著暴露;是性心理开始转化为性行为的一种实践;是不具备恋爱条件下的恋爱。它多与环境因素引起早熟性兴奋和性萌发有关,也有的与孤独、空虚,心理上缺乏支持有关。目前,虽然没有关于"早恋"界定的绝对统一的标准,但有一点是共识,即不能仅以年龄来判断恋爱的"早"或"晚"。有学者主张应该根据其生活自立程度以及其谈恋爱的年龄与法定最低婚龄相差的程度来判断。如果以这两个标准衡量的话,初、高中学生谈恋爱应该算是"早恋"。

对于"早恋",家长和老师都感到十分棘手,放任不管不行,因为这个年龄阶段的学生自控能力较差,沉湎其中、情意绵绵,可能主次颠倒、成绩下降,甚至酿成终生憾事;粗暴干涉也不行,因为这一阶段学生心理承受能力较弱,逆反心理较强,面对强制干涉,他们容易萌发抵触情绪,甚至做出过激行为。

[案例]

有一名中学生(男孩)暗恋同班的一名品学兼优的女孩,他怕一旦表白被拒绝,就连朋友都做不成。于是默默地"守护"在她身边。女孩对他的一举一动看在眼里,也明白他的意思。可她觉得男孩配不上自己,所以装作什么也不知道。一个月后,一件不可思议的事情发生了!这天,一个帅气的外班男孩来找这位女孩,全然不顾周围异样的眼光拉起了她的手。女孩却缩回手羞涩地低下了头。这一切被那名"护花使者"看在眼里,也不知哪儿来的胆量和力量,他冲上去就打了那个外班男孩一拳,外班男孩鼻子流出了血。女孩看到这一情景,吓哭了,冲着"护花使者"喊道:"我喜欢的是他!你死心吧!我不可能会喜欢你的!"女孩的这番话深深地刺痛了男孩的心,没有人知道他内心的绝望,连他自己也不清楚……事后,无花可护的"护花使者"被学校毫不留情地开除了。男孩步入社会,性情大变,再也不是从前那个"害羞"的小男孩了!一年后,男孩与痞子结伙来到他的伤心地。这时女孩就要参加中考了,而被打的外班男孩在事后与女孩交往。这天放学,他们正一起甜蜜地走出校园,穿过一片空地时,突然,被几个人围了起来。那几个人后面又走出一个人,没错,就是他,是那位被开除的"护花使者"。他锋利的眼神扫向女孩,面带杀气,手势一挥,四五个同伙冲向外班男孩……

经开庭审理,男孩虽然没有动手,但已构成故意伤害罪。

现实生活中,这样的例子不少。鲁莽干涉与放任不管都无益于问题的解决。只有摸清"早恋"的心理特点,才能有的放矢,做到有所为,有所不为。只有这样,才能既不破坏人类美好的情感萌芽,又给以正确的方向指引。

2. "早恋"的特点

一是朦胧性。青少年的"早恋"是"雾里看花",模糊不清。有的人是把异性间的好感当成爱,有的人只是出于对异性的好奇才与异性交往。

二是单纯性。鉴于青少年的年龄与阅历,他们眼中的爱情是超越一切、至高至纯的,不附加任何条件,不考虑对方的地位、权势、金钱、住房。它就像一朵洁白的雪莲,纯洁无瑕,美丽却不妖艳。

三是盲目性。青少年的身心发展尚未完全成熟,这一点势必影响他们对己对人的看法,因而不能很好地把握自己、把握对方,不能真正理解爱情的深刻内涵。青少年的"早恋"往往带有较大的盲目性,有的是错误地解读了异性的一个眼神;有的是受好奇心的驱使而被异性吸引;有的则是被同学起哄,走到了一起。青少年中真正经过理性思考而作出选择的恋爱并不多。所以,有人说,青春期的"早恋",其实应该是"早练",而不是爱情。

四是固执性。许多"早恋"的学生自认为已经长大了,谈恋爱是天经地义的事,无可指责。

所以,外界一旦干预,他们就十分反感,甚至个别学生公开声明捍卫自己的自由。

五是不稳定性。青少年正经历着第二次"心理断乳期",身心处于一个急剧变化的过程中,可塑性强。他们的理想、志趣、爱好等往往会随着身心的不断成熟而发生变化,而这种变化常常会引起爱情观和恋爱行为的变化。同时,青少年"早恋"过程中的盲目性和工作生活的不确定性,也导致了青少年恋爱的不稳定性。苏联教育家贝拉·列昂尼多娃说过:"早恋,是枚青苹果,谁摘了,谁就会尝到生活的酸涩,而尝不到熟果的甜蜜。"可见,"早恋"是一枚不合时宜的果实,要谨慎对待。

3. "早恋"的疏导

导致"早恋"的原因很多,既有身体发育带来的冲动,也有家庭因素(如单亲家庭、不良亲子关系等)的促成,学校性教育的不到位,以及社会环境的催化。因此,面对"早恋",我们应该多渠道、多方面综合考虑。

第一,要理解"早恋"。要结合学生身心发展的规律与整个社会文化环境,理解学生所产生的情感需要,客观地看待"早恋"。它不是"洪水猛兽",不是邪恶的事情,不能用"作风不正"、"道德不好"加以标识。假如某个学生"早恋"了,家长和教师要推心置腹地与学生交谈,让其感受到亲人与教师的宽容、理解与爱,同时,明确什么情感需要是可以理解和允许的,什么是需要控制的。

第二,要尊重学生。青春期是个体内心"巨浪翻滚"的时期;同时也是自尊心强、神经敏感的时期,所以要尊重学生的人格、情感和隐私。当学生浮现出种种情感问题时,切忌不问事由地一味指责,更不能动辄羞辱或体罚。因为这样做,一方面会给学生带来深深的罪责感与羞耻感,影响其日后的学习和生活;另一方面可能增强学生的逆反心理,致使一错再错。因此,教师和家长要真诚地尊重学生,不搞"扩大化"和"严刑逼供",更不能轻易扣上"早恋"的帽子。只有这样,才能赢得学生的信赖,保证教育效果。

第三,要授之以"渔"。这里的指导并不是居高临下的、空洞的说教,而是教师和家长以自己的经验与切身体会与青少年进行交流,产生内心的共鸣。具体来说,要结合学生个人的兴趣与爱好,帮助学生树立远大的理想和目标,培育其事业心与责任感,激发其内在的成长欲望,进而将自己的恋爱情感暂时"冰冻"起来,跳出"早恋"的旋涡;同时,提倡男女间正常交往、相互帮助,珍惜纯真、友好的感情;鼓励男女同学积极参加集体活动,减少对异性的神秘感和好奇心,用多层次、多角度的同学关系来冲淡已"浓缩"或即将"浓缩"的二人关系。

总之,"早恋"是青少年生理成熟、心理成长的正常表现,受新奇感与叛逆心理的驱使,是寻求爱、归属、尊重的需要。对此,教师与家长应该进行耐心的疏导。既不能鲁莽干涉,也不能听之任之,应该学习大禹治水的方法:是"疏"不是"堵"。此外,净化社会文化,加强对大众传播媒介的管理,为青少年的健康成长创造良好的社会环境也是重要而有效的方法。

(二) 失恋及其应对

凡事有得必有失,恋爱也一样。失恋是在热恋状态下完全或逐渐遭受冷遇时,一种难以自控的特殊心理状态和精神状态。它所造成的内心痛苦和心神不宁的情绪,使个体进入一种特殊的激动和紧张状态,甚至影响正常的学习和生活。所以,个体尤其是以学业为主的学生在遭受了情场失意后,千万不能自卑自弃,甚至恼羞成怒、行为偏激;而应该大胆面对现实、接受现实,冷静地剖析自己失恋的原因,积极吸取经验教训,变"危机"为"转机",丰富自己的人生阅历。

第一,要冷静思考,多维探析失恋原因。心理学认为,当受到外界刺激、情绪不能自主时,排遣这种不良情绪的关键是冷静和理智。失恋后,不妨静下心来回忆一下整个恋爱过程,从自身、对方、环境等多方面客观地分析一下失恋的原因,认真总结经验教训。如果是因为自己目标选择不当而失恋,就应该客观地评价自己、调整自己的标准,并使之适合自己;如果是对方辜负了你,就更不应该丧失信心与勇气,因为从一定意义上说,失恋本身意味着自己又有了重新选择真正爱情的机会。

第二,要直面现实,自我解脱。有些学生没有勇气正视失恋这一现实,试图用一切理由麻痹自己、隔离自己。他们要么"从此无心爱良夜,任他明月下西楼",对爱情心灰意冷,产生严重的挫折感和失败感;要么"不见去年人,泪湿春衫袖",自欺欺人,否认失恋的存在,陷入单相思的泥潭。既然恋情的失去已成定局,那么一味沉溺在回忆中,只能将自己的心情定格在痛苦的频道。与其这样痛苦,不如从痛苦中振作或奋起。伟大导师恩格斯曾为我们做出了强有力的表率。他在年轻时,曾两次失恋。第一次失恋后,他翻越阿尔卑斯山到意大利旅行散心;第二次失恋后,他发奋创作《英国工人阶级状况》一书。由此可见,走出失恋阴影,积极自我解脱的方法有很多:到大自然中享受它的静谧,还心灵一方净土;拓展兴趣、爱好,积极参加体育锻炼,在丰富多彩的活动中冲淡痛苦;投身于温暖的集体怀抱,增强与人交往的经验;明确自己的目标,化悲愤为动力,向理想迈进。

第三,失恋但不失道德与志向。爱情是两个人共同经营的产物,若中途出现不和谐的插曲,那也是两个人共同造成的。所以,片面地责备对方,甚至在关系破裂之后,成为"不共戴天"的"仇敌",认为"阁道棱嶒,似我回肠恨怎平",失去理智,产生报复心理,只能徒增烦恼,是非常不可取的。有人说,失恋就像一块试金石,一个人的思想、道德、情操、意志如何,在它面前都会暴露无遗。那种因失恋而失德、失志的人,是生活的懦夫;失恋而不失德,懂得恋爱道德价值内涵的人,才是生活的强者。因为"一扇幸福之门对你关闭的同时,另一扇幸福之门却在你面前打开了"。

第四,寻求有力的支持系统。遭遇失恋的人大多感觉无助、消沉,这时周边亲朋好友的理解、支持与爱都是很好的"辅助剂"。下面是一位母亲写给失恋女儿的一封信,里面透射出许多抚慰失恋个体的技巧。

女儿,看到你从失恋的痛苦、悲伤中站起来,重新拾回往日的开朗和乐观,爸妈不知有多高兴。那天你回来后,红着眼睛、一言不发地进了房间不肯出来。妈妈真是担心极了,几次想敲你的房门,都被你爸爸制止了。吃饭时,你眉头深锁、忧愁伤心,很痛苦地塞下两口饭,说了声:"爸爸,我没事的。"又进了房间。孩子,爸妈多替你担心,你知道吗?从小,爸妈不管多忙,都会抽空陪你玩,陪你读书,陪你说故事;以后,你渐渐长大了,我们常抽时间与你谈天,谈学校,谈生活琐事……从这些谈话中,爸妈与你建立起了牢不可破的友情;爸妈相信你从这些过程中学到了正确的人生态度,也相信能帮助你健康快乐地成长。

终于在第二天晚上,你来找妈谈心。妈拍拍你的肩膀,牵着你的手听你说。妈感受到你情绪的激动,感受到你的难过与悲伤,体会到你所受的伤害。

妈妈的学生中也有跟你类似经历的,他们也都哭过、伤心过。孩子,你和那时的他们一样,都笼罩在愁云惨雾中,感受到前所未有的沮丧、悲伤,对生命、对一切感到失望,这是很危险的。其实,感情的事,明知不能钻牛角尖,却又理智不起来。谁对谁错已经不再重要,重要的是你必须学会重新生活。失恋的痛苦并不全是负面的,它其实是一种过程,丰富了你的生活,让你体会到情深之美。至于痛苦,你要学会去克服它,因为这种经历能让你学会坚强、勇敢。就像我们遭遇困难时,不是选择逃避,而是想到如何克服它。

孩子,说声谢谢他吧,不论你与他有缘无缘,都要感谢这个机会,让你们相遇,彼此从中学习到了成长;谢谢他让你拥有一段难忘的岁月;谢谢他让你成长,让你有更多的时间重新思考问题、丰富思想、重新生活。孩子,勇敢、坚强地站起来吧!爸爸妈妈永远在你身旁支持、鼓励、关心你。

你还有很长的路要走,等过些日子回头再看这段感情,也许你会觉得这样的结局也好。

孩子,看着你又回到了可爱、撒娇的模样,爸妈都放心了。那天,你坐在爸妈中间看电视,突然转过头对妈说:我以后也要找像爸爸那么爱妈妈的人来爱我。我与你爸爸相视而笑,摸着你的头,想告诉你:乖孩子,你一定可以找到的,你也一定可以开创属于你的美好人生。

四、中小学生的性心理教育

性心理教育不是思想品德教育,更不是伦理道德教育。它是一种人性美的引导:不仅要让中小学生理解自己的变化,进而面对它们,更要增强他们自我保护的意识与技巧;不止是教育方式的问题,更是态度的问题,需要家庭、学校、社会通力合作,三位一体。

(一)学会保护自己——勇敢地面对性骚扰

性骚扰,指一方通过形体、语言方式,向另一方做出对方不情愿、不欢迎的性侵犯或性暗示,使对方心理出现压抑和恐惧,产生受辱感。

现在,性骚扰的触角已渗透到各个领域,校园不再是一方净土。当然,需要指出的是,并不是所有发生在校园里的性骚扰都是校园性骚扰。校园性骚扰是个特定的概念,强调行为人或受害者是一个或一个以上的教师、广义上的学校教职员工、学生、非本校人员,如教师对学生的性骚扰、学生对教师的性骚扰、教师对教师的性骚扰、学生对学生的性骚扰、教师或学生对非本校人员的性骚扰,非本校人员对教师或学生的性骚扰。其中,以师德不良的教师借教学之便骚扰女同学的情况占多数;另外,正处于青春发育期的男生也会对女生进行语言和身体上的攻击。性别挑逗和性骚扰常发生在食堂、宿舍及校园僻静处等。

鉴于校园环境的特殊性,大多数被骚扰者在受到骚扰之后,往往因顾虑名声或怕受到报复而选择保持沉默、独自忍受。可这其实是一种极不明智的做法。有调查显示:性骚扰对学生,尤其对少女的心理、生理发育和人生态度等方面会产生不同程度的伤害,给她们日后的家庭婚姻生活埋下隐患。所以,引导她们直面性骚扰是一个刻不容缓的任务。

应对性骚扰,需要各方面的共同努力。在校园里,教师要切实把性教育纳入教育体系,使学生明了性生理、性心理的相关知识,从而打破他们对性的神秘感。同时,引导他们知晓性骚扰的发生情境与诱发因素;教导学生整齐着装,学会自我保护;还可以模拟骚扰情境,让学生真切感受应对技巧。一旦发生了性骚扰、性侵害事件,除了依法处理,学校、家庭还应该及时引入心理干预机制,对受害者进行心理安抚,减轻其心理压力,避免其他问题发生。

(二) 避孕常识

"少女妈妈"不仅会给当事人带来身体上的痛苦,而且会给其心理造成不可磨灭的影响。所以珍爱生命,让少女知晓有关避孕的知识是很有必要的。

避孕(避免怀孕)或节育(节制生育)是通过破坏受孕的基本条件,阻断生殖过程的某个或几个环节,来终止胚胎或胎儿的发育。人类常用的避孕方法及其有效性见表8-3。

表8-3 避孕方法及相应的有效百分比与缺点

方法	正确使用有效百分比	典型使用有效百分比	缺点
避孕药(与激素合用)	99.9	95.0	35岁以上的吸烟者服用会有血凝的危险
炔诺酮埋植剂(植入)	99.9	99.9	月经量大
甲孕酮(注射)	99.7	99.7	月经量大
子宫内装置(放置在子宫中)	99.4	99.2	月经量大、绞痛、盆腔感染
杀死精子的隔膜(以杯状放入阴道)	94.0	80.0	需在性交前放入,生殖器发炎
杀死精子的海绵(放置在阴道中)	90.0	85.0	需在性交前放入,高失败率
杀死精子的宫颈帽	91.0	82.0	尿道感染、高失败率
仅用杀精剂	94.0	74.0	需在性交前放入,生殖器发炎
避孕套(戴在阴茎上)	97.0	88.0	需在性交前戴上,可能导致感染或破裂、脱落
体外射精	96.0	75.0—81.0	高失败率
安全期法		80.0	高失败率
输卵管结扎	99.6	99.5	小的外科手术危险
输精管结扎	99.9	99.8	小的外科手术危险

在不了解相关知识且无任何保护的情况下,与异性发生性关系,极易导致怀孕。这时需要采取紧急避孕措施来补救,如在医生指导下,于性生活后72小时内服用紧急避孕药物。需要提醒的是:超过72小时服用,则避孕的失败率增大;一个月经周期中只能用紧急避孕药一次,第二次则会失效。另外,紧急避孕的有效性明显低于常规避孕方法;而且由于用药剂量高(一次紧急避孕的药量一般相当于8天的常规短效口服避孕药的剂量),副作用也明显高于常规避孕药,如改变月经周期,超量及频繁使用紧急避孕药可能会给身体带来损害,多次重复服用紧急避孕药,会导致月经紊乱、出血或点滴出血延长,给生活工作带来不便。

(三) 三位一体,开展性教育

家庭和学校是青少年所在的两大主要阵地,所以,科学进行性教育的重任,义不容辞地落在家长和教师身上。同时,社会文化潜移默化地影响着青少年。所以,家庭、学校、社会应该三位一体,通力合作,共同打造良好的氛围,帮助青少年顺利度过这一关键时期。

1. 家长、教师的心理调适

青少年按照既定的轨道健康成长,是每一位家长、教师的希望。所谓"知己知彼,百战不殆",是指广大家长、教师首先要清楚了解青少年性心理发展的阶段及特点,在他们出现一些不同于以前行为的时候,不至于惊慌失措,避免加剧青少年的内心波动与困惑;其次要冷静、客观地看待孩子的变化,在心理层次上传递爱给他们,给予孩子必要的温暖与理解;最后要放下居高临下的架势,平等、民主地和青少年交流,改善亲子关系,努力做他们的知心朋友。此外,"终身学习"的号角早已吹响,家长要积极主动地利用社会开办的各种家长学校、电视讲座、专家咨询等形式不断学习,加强自身的修养。这既有利于家长自身树立正确的性价值观,在家庭生活中为孩子树立良好的榜样,也有利于家长正确地进行性教育。

有的教师自己就是在性压抑的环境中长大的,对性避之唯恐不及,在课堂上与学生谈论性时,遮遮掩掩,心理压力较大。所以,教师要提高自我反省能力,及时觉察自己的不足,积极参加各种进修活动,自己先接受性教育。

2. 科学地进行性教育

第一,时间要及时。由于中小学生生理发育呈提前趋势,导致青少年性心理发展落后于生理发展。因此,性教育应放在青春期到来之前,及早教育还可避免孩子因好奇而通过其他途径获得不正确的性知识。

第二,内容要科学。家长要向孩子传授科学的性知识,帮助其树立正确的道德观念。这样才可以提高孩子对大众传媒中各种性观念的辨别能力,增强对不良性观念的免疫力。学校应根据学生的年龄阶段和发育特点编写不同层次的性教育课本,设立性教育课程,使中小学有本可依。为了全面进行性生理、性心理、性道德与性保护等方面的教育,学校可设立性心理咨询室,邀请专家做专题报告,以弥补中小学教师在性教育方面的不足,满足学生对性的深层认识。

第三,方法要灵活。青少年心理的"闭锁性",影响了父母对子女生理及心理状况的了解。这时父母不可急躁,不应采用强行逼问或偷看日记等方法了解子女,应在主动改善亲子关系的基础上,采用一些"迂回战术"。一方面,利用自己正确的言行潜移默化地影响孩子;另一方面,仔细观察子女的一举一动,主动找孩子聊天,以把握孩子的心理状况。学校教师不能把男女学生之间的交往看得太严重,更不能禁止他们之间的交往;应该鼓励他们参加集体活动,在互动中打破对彼此的神秘;要正确区分学生间正常的友谊与恋爱,不可因为两人在一块,就鲁莽地给他们扣上"早恋"的帽子,这样会给学生带来沉重的心理压力,进而影响他们正常的学习和生活。即使家长和教师有确凿证据表明两人"早恋",也不应该横加阻止,避免产生"罗密欧与朱丽叶效应",无益于问题的解决;应该静下心来,通过"迂回"的方式,外松内紧有步骤地对孩子进行教育。因为有时候给予过多的关注,会适得其反。

第四,充实精神生活,转移兴奋点。青少年富有朝气,精力旺盛,求知欲强。如果他们胸怀大志,有抱负、有追求,精神生活丰富,那么多余的能量就可以得到合理的释放,不容易受社会上的不良性刺激的影响。因此,学校应该充实青少年的精神生活,使他们的"兴奋点"得以转移,比如可以成立科技、文艺、体操等兴趣活动小组,举办演讲、辩论等比赛。在这些有益的活动中,青少年可以扩大视野、增长才干、陶冶情操、憧憬未来。

另外,社会作为一个大的熔炉,也要净化信息资源,特别是网络资源;加强性健康宣传力度,提高和丰富广大公民的性意识与精神生活;正确引导媒体导向,为青少年的健康发展保驾护航。人的一生都要接受性教育,青春期性教育是其中特殊的一段,上游与幼儿性教育衔接,下游与成人性教育衔接,连接成终身性教育的整条河流。

附录:

躯体自信量表(BES)

(Franzoi & Shields, 1984)

所有条目都以5个等级评分,1表示有很强的负性感受,这种负性感受依次降低,5表示有很强的正性感受。

1　　　2　　　3　　　4　　　5

女性:

性吸引力:体味、鼻子、嘴唇、耳朵、下巴、胸部或乳房、眼睛的外观、面颊/颧骨、性要求、性器官、性活动、体毛、脸

对体重的担心:食欲、腰部、大腿、体型、臀部、髋部、腿、身材或体格、腹部外形、体重

身体耐力:反应能力、肌肉力量、精力水平、二头肌、身体协调性、敏捷、健康、身体状况

男性:

身体吸引力:鼻子、嘴唇、耳朵、下巴、臀部、眼睛的外观、面颊/颧、髋、脚、性器官、脸

体力:肌肉力量、二头肌、体型、身体协调性、肩宽、手臂、胸部、身体或性格、性要求

身体健康状况:食欲、身体耐力、反应能力、腰部、精力水平、大腿、身体协调性、敏捷、身材或体格、腹部外形、健康、身体状况、体重

计分方法:五级评分,分值越高,对自己躯体的看重程度越高,即越自信。

本章概要

● 受传统文化影响,我国的学校性教育经历了一个曲折发展的过程。相对于国外来说,

发展还有一定的滞后。
- 研究表明,近50年间,我国青少年性成熟的年龄平均提前了1—2岁,因此及时传授给学生适当的性生理与性心理知识,满足他们对性知识的好奇,尤为重要。
- 性别认同和性别差异是人类对于自己作为男性或者女性的心理意识和社会行为理解,在学校心理教育中要防止性别歧视,尊重性别差异。
- "早恋"是青少年生理成熟、心理成长过程中的正常现象,是受新奇感与叛逆心理的驱使,寻求爱、归属、尊重的需要。对此,教师与家长应该进行耐心的疏导。既不能鲁莽干涉,也不能听之任之,而应学习大禹治水的精神:是"疏"不是"堵"。
- 有得必有失,恋爱也是这样。在遭受失恋的打击后,要直面现实,学会自我解脱;要冷静思考,多维探析失恋原因;要失恋不失德,失恋不失志;要积极寻求有力的支持系统。
- 性骚扰,指一方通过形体、语言方式,向另一方做出对方不情愿、不欢迎的性侵犯或性暗示,使对方心理出现压抑和恐惧,产生受辱感。
- 避孕(避免怀孕)或节育(节制生育)是通过破坏受孕的基本条件,阻断生殖过程的某个或几个环节,来终止胚胎或胎儿的发育。
- 性心理教育是一项巨大的工程,需要家长、学校、社会三位一体,通力合作。中小学生要学会保护自己,勇敢地面对性骚扰;要初步了解避孕的方法;家长、教师要调适自己的心理,科学、合理地进行性教育。
- 青春期性教育是终身性教育中特殊的一段,上游与幼儿性教育衔接,下游与成人性教育衔接,连接成终身性教育的整条河流。

关 键 词

青春期　　性生理　　性心理　　性道德　　性教育　　性骚扰　　"早恋"
失恋　　避孕　　性别认同　　性别角色　　性别特征

思考与讨论的问题

1. 回顾过往,自己最初对异性有特殊感觉是在什么时候?自己是如何界定它的?又是如何看待这一现象的?
2. 学校心理辅导教师和家长在进行性教育时,如何把握其中"度"的问题?
3. 社会系统究竟在哪些方面该做一些努力,具体的措施有哪些,是否需要进一步出台相关制度保障?
4. 如何做到个体性教育的全程性与阶段性相结合?

第九章 青少年网络成瘾的辅导与矫治

互联网的使用极大地影响了现代人们的生活方式,并且已经渗透到人们生活的方方面面。如今,Google、百度等搜索引擎已经成为网络人士每天的工具;QQ、BBS、Blog 等让认识、不认识的人通过网络交流心声。

近些年来,网络成瘾的现象越来越引起社会的关注。有些青少年沉迷于网络,无心向学;有些青少年受到网络暴力游戏的毒害,不爱惜自己的生命,走上自杀的道路……种种现象让人触目惊心,让人倍感对青少年进行网络教育的必要性、紧迫性。人们期望青少年在跟上时代发展步伐的同时,也能够免受网络成瘾的危害。

本章先介绍网络成瘾的含义、类型以及理论模型;再着重介绍青少年网络成瘾的原因和现状;并从学校教育的角度出发,教育学生如何有效使用互联网;最后,从心理咨询的角度介绍如何对网络成瘾的青少年进行心理矫治。

一、网络成瘾的含义及类型

(一) 网络成瘾的含义

"成瘾"原是医学中用来描述病人对药物过度依赖的现象,如吗啡成瘾、尼古丁成瘾等。后来,该定义被引入行为科学领域,指一种异乎寻常的行为方式,由于反复从事某种活动,给个体带来痛苦或明显影响其生理、心理的健康状况,并导致个体的社会功能受损的行为方式,如赌博成瘾、计算机成瘾。虽然并没有任何具有生物效应的物质参与,但是却以某些强烈的心理和行为作为基础。

网络成瘾(internet addiction, IA)或网络成瘾障碍(internet addiction disorder, IAD)的概念最先是由戈德堡(Goldberg)在 1994 年提出的。他提出网络成瘾是网络使用的模式不当,使当事人的社会、生理、心理功能严重受损或造成痛苦。金伯莉·扬(Kimberly Young,1996)提出病态网络使用(problematic internet use)一词,从行为成瘾的角度出发,认为其是一种"行为—控制失调"(impulse - control disorder)。Young 对网络成瘾的诊断标准作出了重要的贡献。1997 年,美国心理学会(APA)正式承认网络成瘾研究的学术价值,并将其列为心理疾病。

国内对网络成瘾的研究晚于西方,但是随着这一问题的日益凸显,我国学者在这方面也做了很多的工作。我国台湾学者周倩(1999)将网络成瘾定义为:"由于重复地使用网络所导致周期性的着迷状态,并带来难以抗拒的再度使用的欲望,同时产生想要增加使用时间的张力与耐受性、克制、退隐等现象,对于上网所带来的快感会一直有心理和生理上的依赖。"2005年,上海以 Young 设计的网络成瘾问卷作为工具,进行了一次大规模的网络成瘾的调查,得出的结果是:网络成瘾总发生率为14.2%,其中,轻度发生率为11.6%,个体对网络有所依赖,但程度较轻;中度发生率为2.5%,个体的学业和人格已经受到严重影响;重度发生率为0.1%,个体已经呈现出病理性症状。

综观国内外的研究,只能说网络成瘾是对网络使用过度的一个描述,对网络成瘾的定义并没有达成一致意见,和它平行的概念还有很多。霍尔·亚历克斯(Hall Alex S.)等人提出了网络行为依赖(internet behavior dependence,IBD)概念,加拿大心理学家戴维斯(Davis)提出了病理性互联网使用(pathological internet use,PIU,1999)概念、病态计算机使用(pathological computer use)概念等。以上各种概念虽然名称不同,但均表达了由于对互联网的过度使用导致的个体心理、社会功能受损。本章采用"网络成瘾"这一专业术语来描述由于过度使用互联网而导致的个体明显的心理、社会功能受损的现象。

(二) 网络成瘾的症状

网络成瘾的青少年会表现出他们这个群体的特征,在时间安排、情绪、行为等方面主要表现出如下的症状:

1. 上网时间无法控制

上网时间是衡量青少年是否成瘾的参考标准,但是对于不同年龄的青少年而言,上网时间的长短是不同的。因此,并不能通过上网时间超过多少小时,就判定其为网络成瘾,而应根据青少年上网所花费的时间是否对其学习、生活、社交造成了影响。不管如何判定,网络成瘾的青少年都会在网上花费大量的时间。《2007年中国青少年上网行为研究报告》指出,被调查对象的青少年群体中非学生网民属于较活跃的网民群体,每周上网时间已经达到20.8小时;在校大学生每周上网时间为14.8小时;在校中小学生每周上网时间为6.4小时。

有研究发现,在网上参与不同的活动与网络成瘾之间存在着联系。网瘾群体更偏重于网络游戏;非网瘾群体更偏重利用网络搜索信息。所以,这也提醒教师和家长,应该正确引导青少年利用网络搜索信息,这样可以在一定程度上削减网络成瘾的可能性,防止他们沉迷于网络游戏导致网瘾。

2. 情绪与是否上网密切相关

有些青少年在现实生活中体会不到成就感,人际关系中缺乏归属感;相反,却可以在网络游戏中体验到成就感,因而非常自信,在虚拟的人际交往中如鱼得水。有一位网络成瘾的学生这样描述他在网上的感受:"我这水平,别人得几年呢。自己动手打天下,感觉爽。学校里拿不了第一,只要游戏玩得好,心理上也可以平衡一下。"他们在网上十几个小时还非常兴奋,不会觉得疲劳,但是一旦下网或一段时间没有上网,便会萎靡不振、思维迟滞、目光呆滞,对现实生活失去兴趣;情绪上也会比较焦虑、无助、孤单,于是,再一次投入到网络世界中寻求补偿,期望能够获得那种自信、兴奋的情绪。

3. 行为发生明显改变

网络成瘾的青少年在行为上的明显表现是耐受性增强,他们花在网上的时间越来越长,只有这样才可以获得满足感。他们甚至几天几夜不出网吧的门,有一个网络游戏成瘾的青少年说:"如果人可以不睡觉的话,我愿意每天 24 小时都泡在网吧里,打怪兽、砍人,多爽!"

网络成瘾的青少年将大量的金钱花费在游戏上。有些青少年,因不断增长的经济需求,在家长那里得不到满足,就会采取非法手段获取钱财;有些青少年会以身体不适的名义向老师请假,或者对家长说去上学了,却跑到网吧开战;还有些青少年是由于结交了网瘾的青少年,在他们的带动下抱着尝试的心态接触网络,进而欲罢不能。

网络成瘾行为会对青少年的身心健康产生很大的影响,所以一直是社会关注的问题。心理学家在这方面做了很多工作,在 1996 年和 1997 年美国心理学年会上,网络成瘾的研究者们经过讨论得出了七种网络成瘾的症状:(1)耐受性增强,需要不断增加上网时间才可以得到满足;(2)出现戒断综合征,即如果不上网的话,会出现类似吸毒人员戒毒的症状,非常难受,坐立不安;(3)上网时间不可控制,总是比自己预期的要长;(4)多次控制上网,却总是以失败而告终;(5)在互联网或与之有关的活动上花费了大量的时间;(6)上网使其大大减少了社会交往的时间,严重影响了社交、学业和家庭生活或其他的娱乐活动;(7)即使意识到上网给自己的生活带来了很多严重的后果,也依旧花费很多时间在互联网上。这七种症状从耐受性、戒断反应、上网时间不可控、影响社会交往等方面来描述网络成瘾,有助于家长和教师对青少年是否存在网络成瘾进行初步诊断,尽早作出干预,防止网瘾的进一步加深。

(三)网络成瘾的类型

根据不同的分类依据,可以将青少年网络成瘾分为不同的类型。

在美国心理学会第 107 届年会上,Young 作了题为"网络心理障碍——对数百万上网者心理健康的关注"的研究报告。在此报告中,她将网络成瘾概括为以下五种类型:(1)网络性成瘾(cyber sexual addiction),成瘾者迷恋网上的色情图片、影像,下载色情文章,有些还会自建色情网站,严重者还会有违法犯罪的行为发生。(2)网络关系成瘾(cyber‐relationship addiction),网络关系成瘾运用各种在线聊天工具或是聊天室,沉迷于在线的人际关系,有些还沉迷于与异性建立恋爱关系。(3)网络游戏成瘾(net gaming),指一些青少年花费非常多的时间在网上赌博、拍卖、购物和玩游戏中,网络游戏在青少年网络成瘾者中尤其普遍。(4)信息超载(information overload),指青少年冲动地浏览网页,无节制地搜索很多资料,给自己的学习工作造成很大的负担。(5)计算机成瘾(computer addiction),指那些对计算机技术特别沉迷的青少年,从网上下载各种软件,希望能编写出完美的程序,还自认为自己会成为一流的程序设计者。

戴维斯则以"病理性互联网使用"(PIU)代替网络成瘾,他将"病理性互联网使用"分成特殊性和一般性两种。特殊性"病理性互联网使用"是将网络当作一个媒体,在上面进行现实生活中存在的一些活动,比如过量使用在线色情物质或性服务、在线拍卖服务、在线商品交易、在线赌博等;一般性"病理性互联网使用"是普通的多维度上网过度,如在线聊天、邮件依赖等。

我国学者总结了国内外自20世纪六七十年代以来网络成瘾方面的有关资料,认为网络成瘾可以分为六种类型:A型,单纯性网络成瘾症;B型,情感性网络成瘾症;C型,网络游戏性成瘾症;D型,信息性网络成瘾症;E型,程序性网络成瘾症型;F型,强迫行为性网络成瘾症。

二、网络成瘾的理论模型

国内外的研究者从多个角度对网络成瘾作出解释,比如从心理动力、家庭动力关系、人格特征、父母教养方式、社会文化、生物医学等角度对网络成瘾作出解释。这些解释通常是用模型的形式加以表现,归结起来,比较有影响力的理论模型有以下五种。

(一) ACE 模型

ACE模型是Young提出的网络成瘾模型,她认为网络具有三个特点:(1)匿名性(anonimity),指人们在网络里只有账户和昵称,却没有真实身份,因此用户可以在网络里做自己想做的事情,说自己想说的话,却无需为此承担责任;(2)便利性(convenience),指用户无需出门,只需轻点鼠标就可以在网上轻松买卖、网上游戏、观看在线电影、网上交友等;(3)逃避现实(escape),指在现实生活中感受到不愉快、失落、孤独等情绪时,可以到网上寻求安慰。她认为正是这三个特点导致用户对网络沉迷。Young还通过研究,列出了前十位可能让人逃避现实的生活问题:寂寞、婚姻不协调、工作上的压力、无聊、抑郁、财务问题、对自己的外貌不满意、焦虑、其他成瘾症状和贫乏的社交生活。

(二) 认知行为模型

加拿大学者戴维斯对"网络成瘾障碍"的提法并不认同,他用"病理性互联网使用"来描述过度使用网络的现象,认为影响网络成瘾的核心因素是"非适应性认知"(maladaptive-cognition),提出了"认知行为模型",并用其来解释"病理性互联网使用"的成因,解释病态网络使用的发展和维持,具体见图9-1。

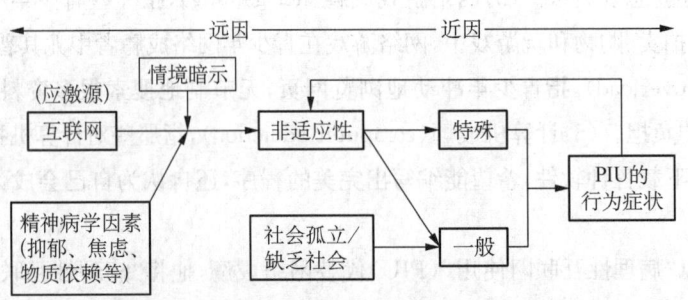

图9-1 病理性互联网使用(PIU)的"认知行为模型"

根据"病理性互联网使用"的认知行为模型,精神病学因素、互联网和情境暗示是促成性远因。这里也可以看出戴维斯运用了"素质—应激共同作用"的理论框架来解释促成性远因的性质。即"病理性互联网使用"是由于生理、心理上的易感性（素质）和生活事件（应激）共同作用的结果。生理心理上的易感性主要是模型中的精神病学因素，有些研究发现过度使用互联网存在着一些潜在的精神机能上的障碍，如抑郁、焦虑和物质依赖障碍（Kraut et al.，1998）。模型中的"应激源"是指互联网的发展或是个体在其中发现的新技术，如用户第一次进行网上买卖，或者第一次接触网络游戏等，催化了个体对互联网的成瘾或病态的使用行为。另一个"病理性互联网使用"的促成性远因是强化。当个体尝试网络的新技术或是新功能时，得到了应答性的行为，比如购物的成功、游戏打来的成就感、聊天驱走了寂寞感……由于不断得到这样的强化，个体就会不断重复自己的行为，促成了"病理性互联网使用"症状的发展。

（三）格罗霍尔的阶段模型

格罗霍尔（Grohol，1999）的阶段模型认为：网络成瘾只是一种阶段性的行为。格罗霍尔认为网络用户大致会经历三个阶段：第一阶段，网络新用户沉迷在互联网中，或是有经验的网络用户沉迷在新的网络技术中；第二阶段，用户开始回避那些会导致自己过度使用网络的活动；第三个阶段，网络活动只是用户众多活动中的一种，并与其他的活动达到了平衡的状态（图9-2）。

格罗霍尔认为，所有的用户都会到达第三阶段，但是从第一阶段发展到第三阶段，对于不同的个体来说，所需花费的时间是有个体差异的。那些被界定为是网络成瘾的人，只是被困在第一阶段中无法自拔而已，如何帮助他们走出这一阶段是干预者需思考的问题。

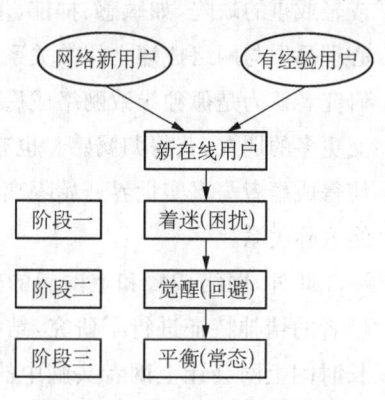

图9-2 格罗霍尔的阶段模型

（四）潜意识模型

弗洛伊德终生致力于潜意识的研究。他认为潜意识中充满着原始的本能与欲望，这些欲望和本能是不自觉的、无序的、无法控制的，决定着人类的行为；人如果不能在现实生活中实现理想的自我价值，得不到应有的认同，就会在心理上造成严重的缺失感，转而通过其他的途径来获得心理上的满足。网络成瘾的潜意识模型认为，那些沉迷于网络的青少年，是由于现实中的种种原因，比如父母离异、父母管教过于严格或者过于放任、父亲角色的缺失，在学校中不能得到同伴的认可和教师的尊重……导致其内心需求得不到满足，通过网络寻找成就感、被认同感，以实现自我价值。潜意识中对网络的依赖一旦形成就须全方位的干预，只有得到社会、学校、家庭各方面的反复疏导与关怀才能逐渐解除。开始从网络中获得满足可能是偶然的，但是一旦获得满足，体验过满足，且这种体验经过多次强化，那么意识和潜意识就会对网络产生依赖，导致网络成瘾。意识对网络的依赖可通过意识的可控制特性来摆脱，而潜意识的想法则比较难于解除，须反复影响才能改变。

(五) 社会—心理—生理模型

Young 的 ACE 模型从网络本身的物理特性来解释网络成瘾的现象,戴维斯侧重从认知的角度来加以解释,这两种观点都忽视了社会环境的因素。社会—心理—生理模型弥补了这一缺憾,从整合的角度来解释网络成瘾的现象,认为网络成瘾的现象是社会环境因素、心理因素和生理因素共同作用的结果。

从社会环境因素的角度来看,家庭环境、社会文化、生活事件等都对网络成瘾产生影响。尤其是青少年,他们的心理正处于建立自我同一性的关键时期,需要和外界建立联系,获得别人的关注与认同。如果家庭中的父母教育不当,他们就开始逃避现实生活,或者希望自己能变成"焦点",于是沉迷在网络中变成"问题少年"。另外,青少年在现实生活中如果不能获得足够的社会支持,就会通过网络游戏获得社会支持,满足在现实生活中不能满足的情感需求。

网络成瘾除了受社会环境因素的影响,还受到心理因素的影响。研究显示,具有某些人格倾向和心理缺陷的人群更容易导致网络成瘾。网络成瘾患者在心理品质方面存在着或轻或重的缺陷,如敏感、抑郁、情绪不稳定、自制力差、性格孤僻、自我评价偏低等。这些心理品质与网络成瘾之间的关系解释起来要非常慎重。以孤独与网络成瘾的关系为例,有研究者认为是孤独导致网络成瘾,即孤独的人更容易导致网络成瘾,使得自己可以在线结交更多的朋友,获得归属感。也有研究者认为是网络成瘾导致了孤独,即长时间使用网络,使得成瘾者与真实世界开始隔离,以牺牲现实世界的人际关系为代价,发展出了虚拟的网络人际关系。

此外,网络成瘾和上网者的生理因素也有很大关系。夏皮诺(Shapira)等人对网络成瘾者的精神特征进行了研究,结果表明网络成瘾是一种冲动性行为,而不是强迫性行为。长时间上网会让上网者头脑中的化学物质多巴胺水平升高,令个体呈现短时间的高度兴奋,沉溺于网络的虚拟世界中无法自拔。长此以往,这些影响的累积效果会带来更加复杂的生理变化。

三、网络成瘾的诊断标准

为了能够对网络成瘾更好地进行预测、诊断、干预和治疗,这部分内容将介绍国内外比较有代表性的网络成瘾测量量表。

(一) Young 诊断法

Young 最初是参照《美国精神疾病分类与诊断手册》(DSM-IV)中的病态赌博的诊断标准编制了一份 20 题的问卷,后来修正为只有 8 个题目的诊断标准(见表 9-1)。

Young 的诊断量表简单且易于操作,目前国内很多网络成瘾的研究者较多地采用这一量表。当然,此量表也存在着一定的缺陷,如:(1)它的题目直接由赌博成瘾的诊断标准转化而来,是否能够诊断网络成瘾还有着很多争议;(2)该量表的表面效度过高,在施测时容易导致虚

表 9-1　Young 的网络成瘾诊断量表

> 1. 你是否对网络过于关注(如下网后还念念不忘网上的事情)?
> 2. 你是否觉得需要不断增加上网时间,才会得到满足?
> 3. 你是难以减少或控制对网络的使用,但是都没有成功?
> 4. 当你企图减少或停止使用网络时,是否会觉得烦躁不安、心情沮丧?
> 5. 你上网时间是否比预计的要长?
> 6. 你是否因为上网,影响了自己的人际关系、工作和学习?
> 7. 你是否向家人或朋友掩饰自己对网络沉迷的程度?
> 8. 你是否将上网作为一种逃避现实和不良情绪(例如:无助感、愧疚感、焦虑、抑郁等)的方式?
> 评估方式:如果被试对其中的 5 个给予肯定回答,就被诊断为网络成瘾。

假作答;(3)对八个题目作出五个肯定回答,则诊断为网络成瘾,这一分界点的划分缺乏科学依据。所以,在网络成瘾的研究领域,急需发展出适合我国实际情况的、切实可行的诊断量表。

(二) 戴维斯在线认知量表

戴维斯在线认知量表(Davis Online Cognition Scale,简称 DOCS),是戴维斯根据其提出的认知行为模型编制的量表。它包含了 36 个题目,5 个诊断标准(安全感、社会化、冲动性、压力应对、孤独—现实),是一个 7 级自陈量表。如果被试测出的总分超过 100 或者某一纬度上的得分达到或超过 24 分,则诊断为网络成瘾。他认为非适应性认知是导致网络成瘾的充分条件,在这个量表中,他测量的是被试的思维过程,而非行为过程,所以可以有效地降低被试的防御,防止虚假作答,具有一定的预测性。初步研究表明 DOCS 有较好的效度,尚待更加严格的信度、效度测定。

(三) 陈淑惠编制的《中文网络成瘾量表》

陈淑惠教授(1999,2000)以大学生为样本,综合《DSM—IV》中各种成瘾的标准以及临床个案的观察,编制出《中文网络成瘾量表》。该量表包含了 5 个诊断标准:(1)强迫性上网行为,是一种难以自拔的上网渴望与冲动;(2)戒断行为与退瘾反应,指如果被迫离开电脑,容易出现挫败的情绪反应;(3)网络成瘾耐受性,指必须不断增加上网时间,才能得到与原先相当程度的满足;(4)人际及健康问题,指花费在网上的时间和精力影响其原有的家庭关系、工作状况,甚至为掩饰自己上网行为的严重程度而说谎;(5)时间管理问题。该量表是一个 4 级自陈量表,共 26 个题项,其总分代表个人网络成瘾的程度,分数越高,表明网络成瘾倾向越高。

(四) 网络成瘾的 10 级诊断法

国内著名的挽救网络成瘾青少年的教授陶宏开结合自己的临床实践,将青少年网络成瘾的症状分为 10 个级别,以便于学校老师和家长对青少年网络行为的诊断,也便于青少年的自我诊断。

表 9-2　陶宏开的网络成瘾 10 级诊断法

1. 偶尔上网,对正常的学习和生活基本没有什么负面影响。
2. 时间比第一项稍长,但基本上自己可以控制。
3. 自己基本控制不住,但在家长的提醒下可得以控制,对学习已产生一定的影响。
4. 开始对家长的限制有反感,逐步对学习失去兴趣。
5. 有时瞒着家长上网,并且用说谎的方式为自己掩饰,开始厌学。
6. 已产生对网络的依恋,一天不上网就不舒服。
7. 与父母有公开的冲突,亲子关系紧张,上网成了生活的主要目的。
8. 对父母强烈厌恶,经常逃学,连续上网,通宵不归。并有其他很不理智的行为,如开始在家里有暴力行为,敲打或毁坏东西等。
9. 不顾一切也要上网,若父母干涉,非骂即打,不但毫无亲情,甚至伤害亲人,逼父母分居或离婚。
10. 为了上网,不惜走上犯罪的道路。

对网络成瘾定义的不同界定导致了不同的网络成瘾的诊断法。国内外对网络成瘾的概念还没有统一的界定,导致诊断标准也不统一。上面介绍的四种网络成瘾诊断标准,也是研究中使用比较多的诊断标准。比如 Young 的诊断标准非常易于使用,可以快速鉴别青少年是否网络成瘾;戴维斯在线认知量表从思维过程来预测网络成瘾,表面效度较低;陈淑惠和陶宏开编制的诊断标准则从中国实际出发,编制本土化的量表。随着青少年网络成瘾问题的凸显,更多的研究者投身到网络成瘾的研究中,对于网络成瘾的概念和诊断标准也应该渐趋于统一,研究的方法也将更加多样化。

四、青少年网络成瘾的现状及成因

(一) 青少年网络成瘾的现状

中国互联网网络中心(CNNIC)发表的《2014 年中国青少年上网行为研究报告》指出,截至 2014 年 12 月,中国青少年网民规模达 2.77 亿,占中国青少年人口总体 79.6%。总体上,青少年对互联网信任度高、依赖性强、网络安全意识薄弱。青少年网民中娱乐倾向比较明显,玩网络游戏的普及率近 64.3%,其中在校的中小学生玩网络游戏的普及率最高。表 9-3 给出了青少年不同群体玩网络游戏的普及率上的差异。

表 9-3　网络游戏在青少年网民中的普及率

青少年群体	非学生	大学生	中学生	小学生	青少年网民全体	全国网民
网络游戏普及率	62.2%	59.4%	66.5%	70.9%	64.3%	56.4%

来源:CNNIC,《2014 年中国青少年上网行为研究报告》

此外,由于科技的发展速度呈几何级增加,不仅网上行为更加丰富,上网的方式也更加多样化。青少年的网上行为有极为火爆的聊天、网络游戏、网络影视、搜索引擎,还有现在蓬勃发展的社交媒介等个人空间,也得到了青少年的热捧。从上网方式来看,由于家中的时间限制和父母的管制比较多,加之网吧游戏种类更丰富,所以很多青少年都会选择在网吧上网。虽然很多青少年自己也认为网吧中环境恶劣、空气污浊,但提供所谓的吃、喝、玩、睡"一条龙"

服务,所以还是有一部分青少年沉迷于此,以网吧当家,一连数日不出网吧,网络成瘾的程度升级。

(二)青少年网络成瘾的成因

1. 网络特点与青少年网络成瘾

Young 的 ACE 模型主要就是从网络的物理特点来解释青少年网络成瘾的原因。网络除了匿名性、便捷性、逃避现实性吸引青少年之外,还有其他一些特性也让一部分青少年走到了成瘾的队伍中,如:①网络的点对面的超文本链接(HTML)方式,容易造成"电脑前的时间扭曲"现象,有些学生在几次链接后就会在网上花费很多的时间;②网络的自由性让他们的个性得到最大程度的张扬,追求一种理想独特的自我;③网络的高科技特性,造成很多青少年的技术崇拜,他们渴望在网络中如鱼得水、呼风唤雨,做网络时代的主人;④网上交友具有隐秘性,可以满足青少年的猎奇心;⑤网络的虚拟性,可以让青少年从现实的挫折中逃离出来,做一些自己力不能及或社会规范不允许的事情,比如在游戏中砍人、随意骂人,或者和陌生的熟人在网上结婚、生孩子……网络的互动性也让青少年很难从网瘾中脱离出来,他们在另一个世界中体验着不同于现实世界的感受,难以解脱。

2. 青少年网络成瘾的内部因素

(1) 青少年的心理特点

首先是好奇心理。青少年有着旺盛的求知欲和好奇心;网络超越了时空的界限,可与远隔千里的陌生人建立联系,浏览丰富的信息资源,获得梦幻般游戏体验等特点,都强烈地吸引着青少年。其次是补偿心理。很多青少年在现实生活中被亲人忽视、父母要求过严、教师经常批评、被同辈群体排斥等,通过网络可以建立起友谊,宣泄自己在现实中的不满情绪,也可以通过成为网络游戏高手来弥补自己在现实中得不到"第一"的缺憾。再次是逃避心理。学生经常体验到的是学习的压力,高考的压力,进入大学后在班级中地位的变化,竞争压力的加大,未来就业生存的压力,让一部分青少年觉得难以应对。在内心体验到的高强度压力下,他们会选择逃避到网络中,释放自己的压力。最后是从众心理。青少年正处于建立友谊的时期,需要得到同辈群体的认同,当网络游戏成为一种小团体的共同活动时,为了得到这个团体的承认,也会有一部分青少年接触网络,并沉迷其中。

(2) 青少年的自我评价

自我评价是个体对自己的生理特征与机能、心理特征与能力以及社会角色、地位等的评价。很多调查显示,网络成瘾者的自我评价比较低,他们更多地对自己的生理特征感到不满意,对自己的学生角色不满意,认为自己不是一个好学生。

(3) 青少年的人格特征

多项研究利用 16PF、Y-G 问卷作为工具,发现网络成瘾者在人格上具有孤独、焦虑、抑郁的特点,表现出神经性—情感症状和躯体性障碍,兴奋性低,怀疑性、忧虑性和紧张性高,并且有内向、怯懦、感情用事的倾向。

3. 青少年网络成瘾的外部因素

(1) 家庭因素

家庭是孩子的第一所学校,青少年的不良问题往往与家庭有着很大的关系。家庭影响孩子的因素也是多方面的,研究发现,大部分网络成瘾青少年的家庭存在以下问题:①家庭关系不和睦或单亲家庭;②父母整天忙于工作而无暇顾及孩子;③沟通教育方法不当;④孩子受到不正确的世界观与人生观的影响;⑤父母不懂网络而对网络产生盲目的恐惧等。

"虹"计划(国家批准的第一个网络依赖研究课题)研究人员发现青少年网络成瘾也与父亲功能缺失或不足有关。"父亲"不是指物理上的人,而是指家庭中的角色,父亲承担的是规范化和秩序化的功能。现在,很多孩子不是生活在单亲家庭,就是父亲太忙,根本没时间和孩子相处。父亲功能的缺失,使很多孩子不能学会控制自己。在心理咨询的有关统计中也发现,80%以上沉迷上网的"网瘾男孩"在生活中很少见到自己的父亲,普遍缺乏父爱。另一个比较突出的问题是由于离婚率的上升,重组家庭的比率越来越多。两个不完整的家庭合并为一个家庭,需要一段过渡期。如果不能很好地度过过渡期,孩子可能会对无血缘关系的继父或继母有着敌意,家长因此无法走进孩子的心灵,容易导致孩子逃避到网络中去。此外,父母关系不和谐,经常吵架,或者父母离异,对孩子心灵的伤害也非常大。这些家庭的孩子,由于缺乏亲情的关爱,情感的交流,更容易走进网络寻求安慰。

(2) 学校因素

学校是青少年接受教育的场所,但学校给学生的影响并不都是积极的,并且学校对不同学生的影响也是不一样的。①有些学校对于网络的使用依靠"堵"来解决,坚决杜绝学生在学校的机房上网。这样,学生因为无法习得网络利用的积极方面,反而会一味地沉溺于网络游戏或即时通讯等工具。②学业至上的单一评价体系,使青少年找不到学习以外的自我定位途径,如不良的学业成绩很容易受到老师的批评和父母的责备。沉重的学业负担以及学业带来的失败感,促使青少年转而到网络中寻求需要的满足。③学校中的一些人际关系发生问题,也会导致青少年网络成瘾。研究发现,网络成瘾群体对师生关系非常不满意或比较不满意的比例远远高于非网络成瘾群体;人际支持较少或缺乏社交技巧的同学也容易到网络中寻求安慰和情感的支持。

(3) 社会因素

沉迷于网络的青少年越来越多,也有社会因素的作用。具体原因归纳有三:①由于与网络有关的法律法规还不完善,色情网站、暴力游戏大行其道,缺乏鉴别能力的青少年陷进去后难以自拔;②对网吧,尤其是那些黑网吧的监管还有很大的漏洞;③对于互联网产品及内容的分层分类管理不够,没能对网络产品内容进行更加严格的审核与分级,导致青少年上网的空间非常复杂。

(三) 青少年网络成瘾的危害

网络时代的发展是不可逆转的,它在人们的生活中会变得越来越重要。青少年是时代蓬勃发展的力量,如果他们利用网络不是促进时代的发展,而是恰恰相反,沉迷于网络之中,学业荒废、人际淡漠……甚至成为网络黑客,做出违法犯罪的行为,这对社会和家庭都会造成很大的损失;对其自身的危害更加突出,不仅会影响他们的身心健康,而且对他们的学习、生活和工作造成严重的影响。具体可以归结为以下几个方面:

1. 损害生理健康及大脑功能

网络成瘾的青少年不分昼夜坐在电脑前,生活规律完全打乱,饮食也不正常……长久如此,青少年的身体会出现各种疾病,比如视力下降、脊柱变形、营养不良、食欲不振,严重者会导致自主神经紊乱、免疫能力下降、引发心血管疾病等,更严重者还可能会猝死。2004年4月22日,新华社报道南昌一个17岁的高三学生沉迷于网络游戏、不能自控。有一天他在玩网络游戏《传奇》时,因心理过度紧张、激动而猝死,给他的父母留下了永远难以弥补的伤害。

研究者对网络成瘾者的大脑功能进行检查[主要是PET(正电子断层扫描)和SPECT(单光子发射计算机断层扫描)]后发现:几乎所有严重的网络成瘾者都存在着不同程度的脑功能异常,尤其是额叶部与颞叶部往往存在十分明显的低代谢区和低血流灌注区。人的大脑前额叶皮质是控制冲动、区别是非和储备经验的功能区域,假如这一区域出了问题,人便会变得好坏不分、善恶不辨,而且无法从失败中汲取教训。关于网络成瘾的ERP(事件相关定位)研究还发现,网络成瘾者的信息加工的注意功能发生了改变,情绪的知觉功能也发生了改变。很多网瘾的青少年对父母的暴力行为可能与这部分大脑的功能异常有关。

2. 现实生活的人际交往能力下降

网络上结交朋友不受地域、性别的约束,其匿名性还可以让青少年随心所欲地吐露心声,而且网络语言的丰富性和生动性也让网上交往显得更加容易。这使得一些青少年将网络社会完全等同于现实社会,忽略在现实生活中的结交朋友。导致现实生活中人际交往机会的大大减少,不少青少年变得更加孤独,严重者还会产生人格障碍和人际交往障碍。

3. 自我同一性混乱

根据埃里克森心理发展的八个阶段理论,青少年时期发展的重要任务是建立自我同一性,如果这个阶段不能很好地解决这个问题,就会引起自我同一性的混乱。网络为展示自我提供了一个自由、开放的空间。青少年在网上的表现和现实生活中的表现有很大的差异,其自我系统中,可能会因此形成多个自我,如"网下的我"、"主观的我"、"网上的我",这几个"我"互相交织,互相冲突。"网上的我"是个网络游戏的高手;"网下的我"是经常受到老师批评的后进生……网上网下自我的冲突与错位,可能会导致自我认同的失败,进而引发一系列的心理问题,严重的会导致青少年的多重人格。

4. 导致青少年道德感的弱化

网络上的一些成人网站、色情信息经常会以浮标游走在屏幕上。青少年的生理发展正处于"暴风骤雨"的时期,其自我约束和自我控制能力较弱,于是常常像鱼儿一样吃下这些浮标,从而被这些不良信息所污染、侵蚀,身心受到极大的伤害。此外,网络采用的是"匿名制",所有的交往都是通过符号、数字在进行互动。因为没有"他人在场"的压力,没有他律的压力,青少年很可能会由着本我的"快乐原则"行事,那些平时被道德的超我力量控制的冰山下面的部分也会浮出水面。

5. 学习与教育的挫折

网络成瘾的青少年将大部分的时间和精力都花费在聊天、网络游戏、色情网站、网络影视等上面,这势必会大幅度减少学习时间;课堂上还在想游戏中的场景,网络成瘾到一定的程度甚至还会逃学、辍学、休学,丧失了学习的动力与机会。北京某大学生,高中成绩优异,考入大学后,和同学进网吧被网络游戏迷住。从此一发不可收拾,最疯狂的时候1个月有28个夜晚在网吧度过,白天则在宿舍补觉。

6. 青少年的犯罪行为

重庆市未成年犯管教所的统计发现,未成年犯罪有10%与网吧有关。一方面,由于长时间受网络暴力内容"浸泡",暴力倾向不断滋长,在现实生活中遇到问题就会模仿游戏中的暴力方式来解决。网络成瘾导致的攻击性人格倾向、反社会人格倾向,增长了青少年走上犯罪道路的可能性。另一方面,上网需要金钱,青少年于是变着法儿从父母那里骗钱,但是总有一天难以得逞,于是他们就去"搞钱",也许是抢劫,也许是绑架,也许是行骗……这些违法犯罪行为均会让青少年身陷大牢。

7. 青少年的自杀行为

网络成瘾导致青少年自杀的案例屡现报纸。2004年12月27日天津市塘沽区,痴迷于"魔兽争霸"游戏的天津网游少年张某在网吧连续上网36个小时后,从24层高楼顶部跳楼自杀。2006年6月15日,《潇湘晨报》报道,一位清华大学二年级的学生,深深迷恋网络世界,三国、魔兽争霸等网络游戏几乎成为他生活的全部。心急如焚又无能为力的父亲不远千里,四次来京劝慰未果。在极度绝望中,父亲不得不在饮料中下了安眠药,乘儿子昏迷时将他送到网络成瘾中心"戒毒",医生诊断他为"重度网络成瘾患者"。就在入院当晚,该学生打碎了屋顶灯管,用玻璃碎片割破了手腕……

网络成瘾已经成为一个很严重的社会问题,不仅给青少年自身带来了很严重的危害,也给社会、家庭带来了不稳定的因素。网络成瘾越来越成为人们关注和研究的重点,所以急需整合全社会的力量来拯救沉迷在网络中的青少年。

五、学校对青少年网络成瘾的预防教育

青少年网络成瘾的预防教育应该走在治疗的前面,在青少年受到网魔毒害之前进行。网络成瘾的预防教育仅仅靠某一个机构或者某一方面的力量是很难取得成效的,需要社会、家庭、学校的通力合作才能够取得比较显著的效果。在这一部分我们简单介绍社会和家庭的预防教育之后,会将重心主要放在学校,讨论学校应该如何对学生进行网络成瘾的预防教育。

社会方面主要是加强对网吧的管理和对黑网吧的整治工作,加强对网络产品内容的分级和分类工作,净化青少年上网的空间;并在舆论上积极宣传合理用网,教育青少年识别并自觉抵制网上不良信息,引导青少年养成科学、文明、健康的上网习惯。

政府于 2007 年 7 月 16 日在全国强制推行"网络游戏防沉迷系统",凡是没有安装防沉迷系统的网游一律不准公开投入运营。所谓网络游戏防沉迷系统,是一套针对 18 岁以下网络游戏玩家的在国内所有网络游戏中强制上线:对于未成年的网络游戏玩家来说,累计 3 小时之内的为"健康"网游时间;当玩家累计超过 3 小时,系统会提示玩家下线休息,警告每 30 分钟发布一次,游戏收益也将减半;当玩家游戏时间超过 5 小时,系统会每 15 分钟发布一次警示,玩家收益为零。这一措施可以极大地降低玩家的成就动机。

家庭方面主要是加强网络知识的学习,努力提高自身的素质和教育水平,以便能够更好地指导孩子,与孩子有共同的话题。比如:(1)家长要重视"身教"的力量,平时养成良好的生活习惯和民主的作风,尊重孩子的意愿,以平等的态度对待他们;(2)对孩子的期望值要从孩子的实际情况出发,不可提出过高的期望;(3)教养方式上尽量避免放任自流、不管不问或者对孩子过度干涉,要营造温暖的家庭气氛,让孩子能够从生活中感受到爱;(4)培养孩子自我管理和自我控制的能力,教会他们合理利用时间,安排学习和娱乐;(5)家中的电脑一定要放在客厅等开放的空间,这样可以防止"缺乏他人在场"导致网络成瘾。另外,要密切关注孩子的上网时间和上网内容,一旦发现孩子因为上网而产生异常情况,应及时进行教育和心理咨询。

青少年大部分的时间在学校中度过,学校的校风、师生关系、同辈群体、业余生活等都与青少年的网络成瘾有很大的关系。如果利用得好,可以发挥强大的教育力量。

(一)培养正确的网络意识

网络具有丰富的教育资源,目前各所学校都有自己的机房,主要目的是教给学生计算机网络的知识,让学生能够和时代接轨。不过绝不可忽视网络的道德教育、责任意识教育和自我保护的意识教育。既然对网络上的色情、暴力、迷信等网站和信息不可回避,那么可以在班级活动或团体活动中组织班级学生进行讨论,采取教师引导的方法让学生对此有更深地了解,利用朋辈群体的力量对学生进行教育。

联合学生、教师和家长,举办"学生家长网络教室"、"网络学校"、"预防网络犯罪讲坛"、"零网络成瘾运动"等一系列宣传教育活动,使青少年和家长形成正确的网络意识,同时营造重视网络健康的社会氛围。

(二)加强心理普查,对重点学生进行相应的心理辅导

每年或者每学期进行一次心理普查,对学生心理特质加强了解;对测查分数高出临界值的学生,要结合其他老师的评价以及对他们的观察,进行重点关注和提供心理辅导。对那些交往困难,内心敏感,容易受挫的学生,要多关心、多沟通,提供情感上的支持和方法上的指导。要定期通过讲座、展览等形式说明网络成瘾的危害,提高学生的免疫力。通过团体训练等形式加强学生人际关系的建立与沟通维系技巧的训练,以防止他们过度依赖网络。有些青少年过度使用网络是因为自觉空闲时间过多,因此帮助学生确立生活目标,充实业余生活,规划学习时间,掌握压力管理等都能有效地帮助学生避免过度地使用网络,预防网络成瘾的产生。

（三）改变以学习成绩作为单一指标的评价体系，多角度地评价学生

当前的很多学校，都将学生的文化成绩作为评价学生的指标，学习好，什么都好。根据加德纳的多元智能观，智力不应该是一元的，而应是多元化的，其表现形式也是多种多样的。因此，对学生的评价也应该注意到差异性原则，从多元智能观的角度，建立多个评价指标：不仅关注学生的文化成绩，而且关注学生的身体—运动智能、音乐智能、人际交往智能等多维度的智能。同时，为了改变学生在传统的终结性评价中的被动地位，还要关注发展性的评价体系，对学生日常学习过程中的表现、所取得的成绩以及所反映出的情感、态度、策略等方面的发展作出的评价，激励学生学习，帮助学生有效调控自己的学习过程，使学生获得成就感，增强自信心。

（四）密切师生关系，发挥教师的主导功能

学生从家庭进入学校开始学习生活，老师对待学生的态度和评价对学生的影响非常大。如何发挥教师在预防学生网络成瘾中的作用呢？建立良好的师生关系，发挥教师的人格魅力，教师对学生的爱与尊重是取得好的教育效果的基础。从网络成瘾学生的原因分析中发现，一部分学生是由于老师的批评失去学习的兴趣，对学校和老师有敌对的心理，从而沉迷于网络。教师批评尤其是当众批评那些有学习困难的学生，并不能达到帮助学生的效果，所以应该寻找适合学生性格特点的方法来帮助他们，比如教师的亲和力和沟通能力能够对学生的发展产生更长远的帮助。有些学生由于家庭中的经济困难、父母关系不和谐等原因造成反常行为，这种情况下教师更要关注学生的内心需要，注重和学生的情感交流，及时和学生家长沟通，让学生体验到情感的支持，这么做将有效预防学生到虚拟的网络中宣泄情绪、获取情感支持。

（五）丰富业余生活，利用网络培养学生兴趣

利用课余活动时间，组织丰富多彩的活动，如文娱活动、体育活动、科技活动等，培养学生的兴趣爱好，发挥特长。尤其应该重视以网络为媒介，开展与计算机有关的集体活动，如开展打字比赛、编程比赛、网络知识竞赛等，将学生对网络的注意力引导到技能学习、资料查阅的有益活动中去。学校也可以让学生自己创建一些网站，活跃网上的社团文化；可以在网上开展各种科技活动，如组织学生参加网络大赛，创办网上电子读物，举办网页设计大赛、动画设计大赛、网上征文活动等。通过这些活动，引导学生多接触现实世界，多与人沟通与交流，从而有效避免学生的空虚寂寞感，有助于预防其沉迷到网络的世界中去。

（六）密切家校关系，把握学生的动态

学校一定要和家长保持密切的联系，这样才可以真实地把握学生的动态。因为有些学生沉迷于网络之后，会对老师和家长两头行骗：对家里说上课去了；对学校说生病了，结果却在网吧中度过一天。为了防止这样的情况发生，家长应该定期和学校的老师沟通；学校也要定期开家长会，以便了解学生在家庭、学校中的行为表现。当然，密切家校联系还有助于教师了解学生家庭中的具体情况，有针对性地帮助学生；有助于学生家长学习一些教育方法来教育孩子、

关心孩子,让孩子体验到爱的温暖。

六、青少年网络成瘾的心理矫治

青少年一旦沉迷于网络,其学习、人际、心理、生理等方面便会受到严重危害;家长、教师心急如焚,却又常常觉得无计可施。青少年一旦网络成瘾,能戒断吗？运用哪些方法可以对青少年进行治疗呢？对网络成瘾的青少年进行心理矫治的主要方法有:(1)行为疗法、认知疗法,或是两者结合的认知行为疗法;(2)整合家庭力量对青少年进行矫治的家庭疗法;(3)将同是网络成瘾的青少年集中起来,发挥这种同质团体的力量,对他们进行团体辅导。此外,一些心理学研究者也尝试用其他方法来矫治青少年网络成瘾,比如立足于寻求个人改变和未来发展的短期焦点疗法,2/1000 经皮穴位电刺激(HANS)疗法,改变成瘾者的中枢神经递质的释放,最终改变青少年成瘾症状,使之减轻或消失。

下面主要介绍五种常用的青少年网络成瘾的矫治方法。

(一)基于精神分析的网络成瘾治疗

精神分析治疗强调从潜意识的角度探寻行为背后的原因,重视成瘾青少年的童年经历以及家庭成员之间的动力关系;重视青少年在现实生活中缺少的情感需求。认为青少年网络成瘾的治疗应根据潜意识理论和青少年的心理特点,以解除青少年对网络的心理依赖为基本原则,寻找其对网络的情感需求,在现实生活中加以弥补。

(二)青少年网络成瘾的行为疗法

行为疗法(behavior therapy),又称为行为矫正疗法,其理论基础是巴甫洛夫的经典条件反射和斯金纳的操作条件反射强化学说,以及班杜拉发展起来的社会学习理论。该疗法认为异常行为是由于不适当的联结、不合理的强化、不合适的模仿所导致,因而治疗的根本在于着眼当前行为,消除和纠正异常行为并建立一种新的条件反射和行为的治疗方法。

与精神分析疗法不同,行为疗法并不探讨行为背后的潜意识原因。它重视现在的各种症状,以行为的改善作为评定疗效的标准,因而比较客观。在治疗过程中,它遵循先易后难、逐步塑造的学习规律,制定不同等级的阶段治疗目标,将治疗中获得的成就不断地与治疗前情况(基线水平)和前一等级目标相比较,以判断效果并进行必要的修正。下面介绍几种常用的行为治疗的方法,在具体治疗过程中,可以将多种方法结合起来使用。

1. 行为塑造法

行为塑造法采用逐步晋级的作业,把期望行为分成若干部分,在成瘾青少年完成期望的行为(如上网时间的减少,不逃学等)时,合理地给予奖励(称为积极强化),以促使青少年出现期望行为的次数不断增加。通过行为塑造法,让青少年出现期望的行为,以取代网络成瘾的异常行为。

行为塑造法经常和代币疗法一起使用。所谓代币疗法,是指强化物不是具体的实物或精神奖励,而是用记分卡、筹码和五角星等象征性强化物的方式。代币具有现实生活中"钱币"那样的功能,可换取当事人感兴趣的活动或实物,满足其兴趣偏好,从而获得价值。其优点在于不受时空限制,随时可以给予强化,且可避免当事人对实物本身作为强化物的那种满足感,不至于降低追求强化(奖励)的动机。最为重要的是,在当事人出现不良行为时还可扣回代币,使阳性强化和阴性强化同时起作用而造成双重强化的效果。

2. 行为契约法

咨询师和成瘾青少年建立起咨询关系后,双方在共同商量的基础上签订一个合同(通常是书面的)作为治疗计划。契约中明确规定一个疗程的目标、方法与步骤,并且要求当事人自觉接受家长、教师、咨询师等外在的监督。

3. 自我时间管理法

由于网络本身的超链接的特性以及自我缺乏自制力等原因,使青少年沉迷于网络却不知道时间在悄悄流逝,缺乏对时间的管理能力。自我时间管理法的核心在于提高青少年的自我效能感,给予他们适当的支持,并帮助他们发展起一种积极的应对策略以取代消极的成瘾行为。具体做法是:(1)打乱个体惯常的网络使用时间表,让其适应一种新的时间模式,从而打破其上网的习惯;(2)运用闹钟等外部手段促使个体遵循自己与咨询师共同制定的时间计划表,从而逐步削减上网时间。

(三)青少年网络成瘾的认知疗法

认知疗法认为,人们在处理日常信息时歪曲的认知方式,会导致错误的假定和信念。运用认知疗法对网络成瘾的青少年进行治疗时,重点是让其通过评估过程,去辨认扭曲与导致功能不良的认知,并通过双方的努力合作,使当事人学会分辨自己的想法和现实之间的差距,进而了解认知对感觉、行为甚至环境中的事件的影响力。咨询师应教导当事人认清、观察并监控自己的想法与假设,特别是那些负面的自动化思考,并能将此技能迁移到咨询室以外的环境中。

认知疗法在具体的实践过程中也借鉴了行为主义疗法的长处,由两种疗法结合而成的"认知行为疗法",效果更加明显。认知疗法常用的一些技术有:

1. 认知重建

采用苏格拉底式的谈话或是辩论法,改变当事人坚定而又顽固的非合理信念,如"游戏真棒"、"上网真好玩"、"再没有比上网更刺激的事了"。对青少年表达的上网动机、对网络的态度,要从他们的角度来理解,而不从感情上厌恶或排斥它,采取"导"而非"堵"的中肯态度、让其充分认识到成瘾后的严重影响。

2. 自我辩论

当控制不住自己又想上网的时候,想象自己上网成瘾后的种种极端后果,如成绩下降、被人看不起、被别人羞辱、没有朋友、让父母失望等。也可以发挥理想自我的力量,让"理想自我"与"现实自我"进行辩论,让内心的道德感、责任感与罪恶感、失败感斗争,想象自己戒网后的健康生活,以增强自己戒网的内部动机。

3. 自我警示

成瘾青少年在戒除网瘾时,往往会夸大所面临的困难,缩小克服困难的可能性。为了帮助成瘾者将能量集中在戒除网瘾的行为目标上,可以让成瘾青少年将上网带来的害处和好处分别列在一张对称的纸上,按程度轻重排好顺序,然后时时刻刻携带在身边,或是放在随处可见的地方,如电脑屏上、卧室里、门上等,每天多时段内对自己默念或大声念上网的坏处,时时提醒自己战胜网瘾。

4. 自我记录

让网络成瘾的青少年对比自己网瘾前的生活,列出网瘾后被自己忽略的每一项活动;然后让其对这些活动的重要性进行排序,并叙述该项活动对他的生活有什么意义。通过这样的活动,可以让成瘾的青少年认识到成瘾行为对他的生活带来的影响;更重要的是,通过叙述这些活动的意义,可以让青少年体验到真实生活中给他带来的满足感和愉悦感,从而降低其从虚拟空间寻求满足的内驱力。

(四)青少年网络成瘾的家庭疗法

家庭因素是导致青少年沉迷于网络的一个重要外因,因而帮助青少年克服网瘾,家庭疗法也大有用武之地。家庭疗法重视家庭成员之间的互动关系,把整个家庭看作一个系统,多角度透视家庭功能失调的内在原因,科学分析青少年网瘾的原因。在找到原因之后,咨询师应该争取得到父母的协助,并对父母进行适当的指导。构建和谐的家庭心理氛围,可以让青少年在家庭中获得安全感或其他情感上的满足,以激发孩子的学习与生活的内在动力,从而摆脱网瘾的魔力。

很多家长得知自己的孩子沉迷网络后,都非常焦急,在劝说无效之下,就会采取简单粗暴的方式来指责或打骂孩子,将孩子推离了家庭,推离了现实生活,使孩子继续在网络中寻找情感满足,或是在网络暴力游戏中寻求情绪的发泄。对待这样的父母和孩子,咨询师应主要从促进家庭成员的沟通、理解方面着手,帮助父母了解孩子的内心需求;帮助孩子理解父母行为背后对自己有着深深的爱,以爱来化解双方的冷漠和恨意,使爱成为孩子戒网的动力。

(五)青少年网络成瘾的团体心理辅导

团体辅导是运用团体动力学的原理,由受过专业训练的领导者,通过专业训练的技巧和方法,协助成员获得有关的信息,形成团体的共识和目标,以建立正确的认知观念和健康态度的行为。团体辅导之所以能够对网络成瘾的青少年发挥作用,主要是由于在团体中成瘾的青少年可以体验到安全感:在这里,他们既支持别人,也获得别人的支持。此外,他们在平时的生活中,很难得到别人的肯定;在团体中则可以注意到自己的能力,并得到团体中成员的强化,有利于网瘾青少年提高自信心。当然,团体目标和契约的签署,也对成瘾的行为产生约束作用,团体成员之间也能互相监督。

对网络成瘾的青少年团体咨询的一般步骤为:(1)筛选被试,建立团体互助小组。即根据团体成员的成瘾原因、成瘾程度、个人能力、性格等,将有一定共性和互补性的个体组织到一起,组建小组。每次活动是以整个团体为单位,由于分成小组,活动可以有分有合,讨论、小组游戏和协作等都能够较好地进行。(2)建立稳定的小组关系。团体领导者利用多次活动帮助团体成员建立稳定的小组关系,给学生以信任感、归属感。(3)了解团体心理干预的意义,确定团体咨询的目标、原则及活动时间。(4)确定活动主题。(5)临床评估和自我报告。成员对自己团体训练效果的自我报告、对成员网络成瘾不同程度的改善的评估。(6)后续追踪。可以通过电话或邮件对参与的青少年进行回访,了解团体咨询的效果。

本章概要

- "成瘾"是指一种异乎寻常的行为方式,由于反复从事这些活动,给个体带来痛苦或明显的生理、心理方面健康状况的影响,并会导致个体的社会功能受损。
- 网络成瘾或者网络成瘾障碍的概念最先是由戈德堡在1994年提出的,他将其定义为网络使用的不当模式,导致当事人的社会、生理、心理功能严重损害或造成痛苦。
- Young将网络成瘾概括为以下五种类型:网络性成瘾、网络关系成瘾、网络游戏成瘾、信息超载、计算机成瘾;戴维斯则以"病理性互联网使用"(PIU)代替网络成瘾,他将病理性互联网使用分成特殊性病理性互联网使用和一般性病理性互联网使用。
- 目前,比较有影响力的关于网络成瘾的理论模型有:ACE模型、认知行为模型、阶段模型、潜意识模型、社会—心理—生理模型。
- 网络成瘾损害了青少年的生理健康,导致其现实人际交往能力的下降、自我同一性混乱、放弃学业和教育机会、道德感的弱化,还会导致犯罪行为的增加或是采取自杀行为。
- 青少年网络成瘾是一个复杂的问题,不仅和网络的特性有关,还受到青少年自身的特点、社会环境、家庭环境等因素的影响。
- 学校对网络成瘾要有积极的预防手段,主要可以从以下几个方面做起:培养正确的网络意识;加强心理普查,对重点学生进行相应的心理辅导;改变以学习成绩作为单一指标的评价体系,多角度地评价学生;密切师生关系,发挥教师的主导功能;丰富业余生活,利用网络培养学生兴趣;密切家校关系,把握学生的动态。
- 网络成瘾的心理矫治的主要方法有精神分析疗法、行为疗法、认知疗法、家庭疗法和团体疗法等。

关 键 词

网络成瘾　　网络成瘾类型　　网络成瘾症状　　ACE模型　　认知行为模型
阶段模型　　社会—心理—生理模型　　网络游戏防沉迷系统　　心理矫治

思考与讨论的问题

1. 网络成瘾的含义是什么?其主要类型有哪些?

2. 网络成瘾青少年经常会表现出什么症状？常用的诊断标准有哪些？
3. 论述网络成瘾的理论模型。
4. 网络成瘾对青少年有哪些危害？
5. 学校作为青少年成长的重要基地，该如何预防青少年网络成瘾？
6. 案例分析：

  一对夫妇非常焦虑地来到了咨询室，因为他们的儿子小强已经有近一个月完全不去上学了。自从他们发现他经常逃课去网吧玩游戏后，就对他的经济采取切断措施，但这似乎并不能阻挡他对游戏的热切渴望。他开始拒绝去上学，每天待在家里上网。断了家里的网，小强开始绝食，母亲将盛好的饭放在房门口，到了下一餐时，饭依旧摆在门口没有动过一口。此外，小强不出房门一步，不洗澡、不换衣服、不讲话，父母在外面非常着急，只能允诺他将家中的网络再次开通。目前的现状就是小强每天就待在家中无日无夜地上网打游戏，一旦父母阻止就大吵大闹，威胁要自杀。

  小强的父母对儿子的问题非常焦心，却无计可施，遂诱导小强进行心理咨询，被儿子毫不留情地拒绝了，于是，便发生了开头的一幕。如果是你接待这对焦急的父母，你会怎么做？

第十章 学校精神卫生与危机干预

在传统的学校教育中,对儿童、青少年的心理评估和测量,主要是以学习水平和认知能力为中心,也有从心理辅导的视角出发,对学生的人格和行为的适应状况进行测评。但是有不少儿童、青少年的行为和学习等方面的问题与精神卫生学或医学的问题相关连。因此从精神疾患的预防和早期诊断的观点来看,学校的精神卫生工作和心理临床医学的介入是非常有必要的。当然,这种介入必须是合理、科学的,不干扰到学校的日常教育工作,并且注意保护学生及其家庭的隐私和权益。精神科医生和临床心理学家要以专业的精神和严格的职业伦理规范来从事这一工作。

本章首先阐述学校精神卫生对学校教育的重要性,然后对目前学校中儿童、青少年的一些重要的心理障碍或精神疾患提出预防和干预的措施,学校心理辅导教师和临床心理治疗的专业人员要根据学生的身心发展的状况,有的放矢地做好学校精神卫生和保健工作。同时,也要关注儿童、青少年因精神创伤而产生的各种应激障碍,及时做好各种危机干预的心理教育工作。

一、学校精神卫生问题

(一) 学校教育与精神卫生

近年来,在儿童、青少年当中,心因性的精神疾患或心理障碍发生率有所增加。因此,学校教育不仅要抓学生的学科教育,也要关心学生的精神卫生和身心健康。对学校行政领导、保健室卫生教师和心理辅导教师来说,除了以往的学校保健教育知识以外,还需要学习和掌握一些临床心理学知识。

(二) 精神不健康的危险"信号"

儿童、青少年的心理健康受到损害,首先表现为情绪的不安定和学校的不适应等种种问题行为。这种不适应的问题行为在国外又被称为"情绪障碍",是对父母、教师亮起的一盏耀眼的"红灯",是儿童、青少年精神不健康状况的危险信号。

少年儿童因为自我发展的不成熟,在心理上常常呈现出不适应、不安定的情况,于外在常常表现为"问题":其中有的问题是发展过程中必然出现的"一过性"状况(暂时或短暂出现的心理不适应现象),不需特别的治疗和教育,随着自我的发展和各种生活能力的增长,自然而然会逐渐消失;有的问题以危险的症状出现,如果不加以指导和解决,就会给少年儿童的身心发展带来恶性循环或阻碍。所以,对于这种危险信号,应早发现、早识别、早介入方能避免精神疾患、自杀等恶性事件的发生。

(三) 学校中精神障碍的前兆判断

这里所说的"精神障碍"范围为从心因性的身心症、神经症到精神病。儿童、青少年在精神障碍出现之前,一定会有各种各样的不适应预兆和症状,心理辅导教师可以从以下四个方面去判断。

1. 语言、表情、感情的表现

正常的孩子,语言表述正常、口齿清楚、表情丰富,喜怒哀乐俱全。具有明确的感情表现的少年儿童,即使出现障碍,程度也不会太严重。相反,语言消失,场面选择性的缄默,情感、情绪表现缺乏,或者某一方面表现激烈、极端者,则不适应问题较严重。特别是性格内向、感情忧郁,看上去"老实"、沉默寡言的学生,内心问题往往压抑得很厉害。儿童、青少年的语言、表情、感情表现异常,则说明其背后潜藏着复杂的问题,如果这种状态持续过久,应尽快向专业的心理咨询机构及专家求助。到了青春期、青年期,一些压抑得很深的问题如果一下子爆发,形成神经症、精神病倾向的可能性就很大。15—20岁之间是精神病患症的高发期,要结合学生的行为表现、思考和举动等进行特别仔细的观察。

2. 身体、感觉的表现

在学校生活中,引起教师较多关注的是孩子的多动。这种多动与儿童天性的活泼好动不同:正常的孩子具有自我控制力,能适当地根据场合进行活动的调控;而身体多动的孩子想要自我控制时却控制不住,处于一种"失控"的状态,多动是精神不安定或中枢神经系统异常的表现。在少年儿童的身心发展过程中,有"一过性"、暂时性的状况出现,今后会逐渐消失;但如果消失之后,又反复出现或出现时延续时间较长,则应考虑专门的辅导和治疗。

此外,感觉不良或身体的症状表现多样,且在医疗机构的诊断中又无法确诊很可能是心因性疾患产生的前兆;另外心理的不安定往往通过身体症状来"排泄",如原因不明的发热、头痛、腹痛、脱毛等,是心因性的转换症状,这些都是学校等有关方面要留心注意的地方。

3. 思考、想象等心理方面的表现

思考、空想以及白日梦等逃避现实和自我心理防卫的情况,不管是普通的孩子,还是有神经症倾向的孩子,都有可能发生。但是,洁癖(如不断地洗手),执着于特定的数字(例如对"4""6"等数字过分忌讳)或某些观念,思考过于刻板化、仪式化的心理现象等"强迫性观念",则是一种病态的表现,给个人的日常生活带来了困难、障碍。神经症、精神病范畴的人,在发症初期也具有强迫性观念。

有恐怖症、不安感的儿童,在学校中不合群、朋友少,经常处于一种孤立状态。他们想象较贫乏,充满了软弱无力感。尤其是初中生、高中生,从想象到空想的世界在扩大,对性的关心程度越来越高,往往通过手淫或性的空想来满足性方面的好奇和欲望,容易产生精神机能的异常,需特别加以注意。

此外,神经症和精神病质的人,自我防卫的手段与正常人不同,不能为人所理解的地方很多。如果与其交谈1个小时,还不能理解他在想什么、表达什么,就应该考虑他是否有精神异常的可能性,及早地寻找心理咨询专家的协助和诊断。

4. 日常生活、家庭中的表现

正常的儿童,在学校生活和家庭生活中行为表现得较有规律。而有问题行为和不适应的儿童、青少年,其生活缺乏规律或昼夜颠倒、身边的物品较凌乱、生活环境往往显得脏乱。若不了解这种问题行为背后的深层心理因素,那么心理辅导就很难取得成果。例如对儿童偷窃行为要作具体分析,有时儿童去偷窃可能并不一定是因为喜欢某物,而是为了获得父母和教师的关注。再如,少女中常见的神经性厌食症,可能是担心身体形态不美、害怕发胖等原因,也可能是人际关系的障碍、对性成熟的拒绝,以及对他人、社会评价有恐惧心理等。

一部分学生,在学校生活和家庭生活中表现出截然相反的矛盾状况:在家庭中多言,在学校中缄默;在学校中表现老实,在家庭中充满暴力行为等。这些都是对环境的不适应,是产生心理问题的前兆。

二、情绪障碍及其心理干预

(一)概述

"情绪障碍"指情绪和情感发展方面的障碍,与精神障碍不同。精神障碍只与精神疾患有关;情绪障碍则是一种人格发展的障碍,患者有时表现出一种病态人格,但没有器质性病变(在大脑中没有病灶),所以属于智力障碍、精神疾患以外的一种心理障碍,是临床心理学中特有的概念,也是学校心理学研究领域里的通用术语。

日本国家教育部门将儿童"情绪障碍"定义为:自我身体以及心理存在方面(如欲求、自尊、愿望、追求等)受到威胁,从而导致心理、身体方面急剧动荡,处于混乱状态,产生愤怒、恐惧、喜悦、爱情、悲伤、厌恶等情绪活动。障碍是指由于感情、情绪的混乱摩擦而引发的行为异常,因此情绪障碍首先表现为一次性的行为异常问题,原则上排除因身体的、智力的缺陷或器质性病变等原因造成的情绪障碍状况。例如:弱智儿童因其缺陷造成的二次性情绪障碍的问题不能称之为"情绪障碍儿童"。也就是说,情绪障碍是一种情感、情绪表现的障碍,其外在表现是"问题行为"。日本教育界将其分为社会不适应问题、反社会倾向的问题、神经症倾向的问题三种状况。

情绪障碍在临床上的表现主要有:(1)情绪不稳定、多动、自我控制力差和注意力差。(2)情绪易兴奋、易冲动。外向型的性格表现为攻击性强,如学校暴力行为、打架、斗殴等行为;内向型性格表现为逆反性强、不适应、不合群或表现为缄默症。(3)心理的无力感。在日常生活中表现为口吃、遗尿、过度手淫等不良习惯。

障碍的(行为)症状具体以怎样的形式表现出来,常常受各种因素的影响,如少年儿童的精神发展水准，个人的性格倾向、气质等。这些症状行为，在许多儿童、青少年的发展过程中，有的是以一时性的、轻度的症状出现，作为某一发展阶段中的"危险信号"呈现，如果学校、家庭能正确地接受这一信号，对教育策略进行改善、调整并施以相应的心理辅导，那么许多儿童、青少年是能够顺利地度过这一不适应阶段的。但如果危险信号持续不断，甚至有恶化的倾向，那么重大的教育环境调整和心理治疗等援助便成为必不可少的矫治手段。

（二）情绪障碍的主要类型及其心理咨询

1. 吸烟、酗酒

指未满 18 周岁的未成年人的吸烟、酗酒问题。主要发生在高中生（高一到高三的学生）、职校生以及部分初三学生身上。对于青少年来说，这不仅给身体健康带来危害，还涉及许多心理方面的问题，需要进行心理辅导与咨询。

青少年吸烟、酗酒的主要原因包括：对现实的不满足感，内在欲求的不满足感，对成年人的逆反心理（这种逆反心理是一种自我成熟化的要求）。该行为常常是多种因素综合作用的结果，所以在心理咨询中，不能简单地把青少年的吸烟、酗酒行为归结于某一种原因。

在心理辅导中，应该依次做好三方面的工作：(1)心理疏导，要从感情上消除其对现实的不适应感和不满足感；(2)环境的调整，主要是家庭环境的调整，如调整其与父母的关系，这是因为青少年的许多情绪问题都是与家庭环境、家庭氛围有关的；(3)特别的健康咨询指导，这也是自我适应、自我保健以及自我决断能力提高的途径。

在特别的健康咨询指导中，就酗酒而言，主要包括以下几方面：(1)酒精在体内的变化过程及其对大脑神经的作用；(2)未成年人酗酒对身心的伤害；(3)急性酒精中毒及酒精依存症的预防知识；(4)科学地阐明酒精对性心理以及今后妊娠对胎儿的影响。

对青少年吸烟问题的心理辅导：(1)应从正面教育出发，说明未成年人吸烟对健康的危害；(2)说明抽烟与癌症、心脏病的关系，烟叶当中的尼古丁是什么样的致癌物质；(3)说明吸烟对智力、精神活动的影响；(4)说明被动吸烟的影响（自己不吸烟，但因别人吸烟而被动吸入烟雾、被动受害的状况），要让青少年明白这种被动吸烟对怀孕妇女和胎儿的危害更大；(5)解释不同的国家对吸烟的政策有很大差别。

2. 神经性摄食障碍

神经性摄食障碍包括过食症、拒食症、异常减肥愿望等，不要只把它看成营养、健康方面的问题或个人饮食方面的偏好问题；而应将其视为情绪方面的"SOS"（危险信号）。对这一问题进行心理诊断，切入点应从体重测定开始，在心理治疗的同时积极与家长父母配合。

过食症主要表现为：不是吃得太多，而是不吃不行，过度摄入食物不能罢休；吃完后多无肠胃系统功能受损的现象，但在精神上产生自我厌恶，有的人甚至用手指插入喉部强迫自己呕吐，有的则吃泻药将食物泻出来。症状严重时，血液中的电解质失去平衡，导致身体倦怠，甚至浑身抽搐。因此，有些人虽然吃得很多，身体反而更消瘦。

[案例]

某小学生,女,12岁,六年级,自幼身体很健康。原本性格开朗活泼,学习和做事认真。小学五年级时与小朋友一起玩耍,因动作慢被人嘲笑,别人不愿与她一起玩。从此变得内向,小学六年级时开始减肥:早上只吃半个面包,中午只吃原来饭量的1/5左右,晚饭用婴儿时用的小茶杯吃半杯菜,每天慢跑500—1000 m。这年冬天,她伤风感冒几个星期未好;休学回家后吃不下饭、肚子痛、便秘,去医院看了病并配了药(清洗肠子)。目前,身高142 cm,体重只有25.5 kg。经学校教师劝告,家长带她去心理咨询。

[案例]

某中学生,女,15岁,刚入中学时性格开朗活跃,喜欢运动。她原本在学校课外活动中参加排球运动;后来学校对课外活动做了调整,将她从排球队调出来。从此以后,她就认为是老师嫌她体形不好看,即使穿上球衣也不漂亮。为了再进入排球队、穿漂亮的运动衣,她暗中开始减肥:从此从不吃巧克力、饼干等食物,并把这些东西送给亲戚孩子吃或藏起来,空余时间练习马拉松。身高为154 cm,体重为48 kg的她,四个月下来,减肥14 kg。妈妈开始担心,此时她有许多东西已吃不下,常有倦怠感,上课常常打瞌睡,甚至有时昏过去,但读书仍然非常认真。她到医院去检查治疗,体重恢复了2—3 kg,于是又重新开始减肥计划,目标是将体重减到35 kg左右。后来,她在家做作业时出现意识朦胧的现象,经医生劝告再次入院紧急治疗。

[案例]

某重点中学高中学生,女,18岁;性格内向、老实、待人接物脾气爽直;学习成绩在班级排名第一。发病起因:高中一年级到乡下亲戚家去玩;亲戚家在海边,有捕鱼和晒鱼干的习俗;她认为鱼干很腥,味道很难闻,不能吃,以致后来看到所有的鱼都感到厌恶。当时身高为158 cm,体重42 kg,后每天练习慢跑;高三时,身高为162 cm,体重反而减为35 kg。保健室老师劝她去检查,发现她不但存在营养问题,更有摄食障碍。吃药后不见效果,最后因贫血昏倒而住院。在医院治疗中据说其饮食正常,但体重仍在减轻,降到31 kg。后来发现她根本没有吃,而是倒掉了。经医生劝告,出院后开始心理治疗。

第一,这三个案例都是摄食障碍。第一个案例的摄食障碍由人际关系问题引起,该学生由于自我改造的欲求导致问题的产生;第二个案例的学生有一种达成欲望(希望参加排球运动),加上其潜在的爱美意识(希望在身体上与其他同学一样),从而产生自我实现、自我表现的欲求,并主要通过排球运动表现出来;第三个案例从生理方面来说由于受到物质环境的刺激,由对鱼干腥味的厌恶而扩散到对其他鱼食的厌恶。

第二,这类情绪障碍多以女孩为主。在社会环境的压力下,很多女孩的精神压力或者说最大的烦恼来自体形、容貌、恋爱等方面。

第三,这三个案例都是从普通的减肥开始的,后来减肥超过一定限度,引起身心机能紊乱、内分泌失调;造成生理营养不良,维持身体健康的必要能量被过度消耗。这种情况除了健康医疗,还必须辅之以心理治疗。三位少女都在医院内进行过健康治疗,但其后情况仍继续恶化。即她们不仅在生理上,而且在心理上、情绪上发出了"SOS"信号,所以必须进行心理治疗。因此,作为医院来讲,也应与心理治疗紧密联系:通过医院治疗稳定其生理功能之后,再辅以心理辅导以稳定其情绪状态。实施身心结合的方法治疗才有可能成功。

第四,从接受治疗的途径来看,第一个案例的女生是父母发现,被父母强行送去治疗的;第二个案例是学校有定期身体检查的制度,当事人健康诊断不合格后被送去治疗;第三个案例是学生自己身体变差,突然昏倒,紧急入院治疗后转入心理咨询的。

第五,青少年期身高在 150 cm 以上,体重 40 kg 时为身心病变的警戒线;体重 35 kg 为摄食障碍的警戒线。出现这种情况时应积极干预,及早实施心理咨询或医学治疗。

此外还应注意:(1)带青少年去医院检查时,尽量不要去精神卫生科;去内科为宜。因为精神卫生科会加重青少年的紧张、不安等心理;而对于一般的医院内科检查,青少年的心理抵抗较少。(2)充分利用老师、班主任的教育、指导力量,因为青少年对老师、班主任的劝告一般较尊重。

3. 偷窃行为

这种行为以男孩居多,在女孩中也常有发现。对于儿童、青少年的偷窃行为,不能简单地归为犯罪行为,因其可能是一种情绪异常行为。年龄越小,偷窃的动机越单纯。临床心理学上称之为"初发性的不良社会行为"。其主要原因是受家庭与社会环境的影响:(1)这些孩子思考、态度、行为比较轻率冲动,性格比较单纯,没有形成良好的考虑问题的习惯,做事不太顾及后果;(2)出于逆反心理,用这种行为表达对家庭、父母、老师的支配行为的反抗和批判;(3)情绪比较低落,比较内向、老实,但内心的某种欲求是很强烈的,在难以得到满足的状况下,他们便以偷窃行为作为满足欲求的手段。

[案例]

G,女,16 岁,某中学高一学生。

问题概要:该生于周六下午与同班同学共 4 人去超市,看见一名牌产品(女性短裤)。其他 3 人各偷了一条藏入怀中,因当时附近无人,G 也慌慌张张地偷了一条。4 个人走了出去,没有被发现,G 的情绪高度兴奋;与 3 名同学分手后,G 又进了一家超市,偷了一件汗衫、一件内衣、两条手帕,也未被发现,情绪更加兴奋;她把这些东西放进书包,又进一家书店偷了两本漫画书,结果被店员发现。带入保卫室后,所有的物品一齐被搜出,书店报告了治安管理派出所。

家庭环境:父亲,45 岁。某公司科长,性格温和、脾气好、工作勤奋,对孩子不关心,其教育主要由母亲负责。母亲,45 岁,某超市售货员,高中学历,情绪易激动,对女儿的学习、生活主要采取干涉态度和支配行为。G对妈妈的评价是大道理多,管得"太死",使自己的生活失去了自由。奶奶,73岁,学历不明,对G宠爱有加,家务繁忙,婆媳关系不好。父亲不管家里事,家中的事都是母亲说了算,对此,孩子有不满的情绪。

学习成绩:小学、中学均处于班级中等水平,高中后成绩中下等。高中毕业后不准备考大学,将由父亲介绍进入一家中外合资公司工作。

兴趣爱好:空闲时好看电视而且主要是看时装表演,喜欢书报杂志中的流行时装的内容,较喜欢听音乐。

人际关系(同学关系):只与同去超市的三个同学(其中的2个女孩经常谈论自己在超市的"光荣战绩",对此行为有一种"自豪感")关系较好。

个人特征:智力中等,IQ测验为96,对事物充满好奇感,容易受刺激。对母亲的干涉和支配行为有逆反心理。班主任认为她比较老实、内向、不太活跃。

对问题的处理:母亲与她一起到派出所,彻底交代偷窃行为。派出所考虑她是初犯,又是受同学引诱且认错态度良好,认为不构成重大违法,只要向超市道歉并赔偿,且处理结果不记入档案并绝对保密。

此后G接受了某心理机构的心理咨询指导。咨询方针:(1)培养其多角度考虑问题的能力;(2)在心理咨询中增强其理解能力,特别是社会适应能力;(3)家庭教育的调整,对母亲,要求她不要过分干涉女儿的行为,要让女儿养成对自己的行为自己负责的意识;对父亲,要求他多关心家庭教育,关心女儿的思想和心理状态。

4. 吸毒或药物依赖

虽然现代国际社会中对毒品走私、贩卖或使用,采取了严厉的措施予以打击、取缔和禁止,但毒品仍然严重危害了一部分青少年。因此针对青少年的反毒品宣传和心理健康教育,成为学校刻不容缓的重要工作。进行此项工作之前,学校有关人员和心理辅导教师要把握一些反毒品的概念。(1)依赖(dependence),心理学用语,又称为嗜癖(addiction),是一种不良的嗜好。(2)药物(主要指精神镇定剂),如安眠药、特殊药品(如壮阳药)等。(3)毒品,海洛因、大麻、鸦片等。(4)药物依赖,对某种特殊药物的欲求到了不能控制的状态,出现禁断症状。(5)禁断症状,是一种生理的和心理的依赖,表现为非常激烈的自律神经症状,如颤抖、昏妄、胡言乱语、语言障碍、幻觉、呕吐腹泻、胃痛、心跳加剧、呼吸困难、脑电波加剧等,符合两条以上即可判定。

[案例]

E,男,17岁,某职业高中学生。

问题概述:9月下旬的一个深夜,E与某卡拉OK厅两位陪酒小姐在公园某角落吸毒时被巡警发现,从其身边搜出携带毒品的口袋,分析残留物,确认为"致幻剂",故被拘留审查。

家庭环境:父,46岁,运输司机,初中学历,工作认真努力。父亲在家庭中占支配地位,家里都是他一个人说了算;对独生子的教育常使用拳头和暴力(根据儿子的叙述),儿子如想分辩,父亲的拳头就会打下来。母,43岁,国营企业下岗后个体营业,主要是卖盒饭,文化程度为初中毕业。她对丈夫反感、不满,多次想提出离婚,但当时 E 还未成年,觉得孩子可怜,所以忍耐下来没有离婚。母亲在家庭教育中对 E 很宠爱,经常庇护孩子。用她的话说是"父爱少,母爱就应该多一些",故有时即使是 E 做错了,也要庇护。

学习状况:小学、中学虽然在较好的学校就读,但成绩一直是倒数几名。初中毕业时,经亲戚劝告本想升高中,而母亲又下岗,母亲说,考不上大学你以后一样下岗、扫马路,既然如此还不如现在就去读职校,学一门技术。所以选择职校,进校后缺乏学习动机,认为自己只要"捣浆糊"即可。故在校学习期间只是"混",只求混到毕业。

兴趣爱好:喜欢足球,崇拜球星,特别是 S 球队的某某人。但老师管教严厉,说"学习不好,就别想踢足球"。初中时他曾伙同别人偷过两部自行车(当时想远游到杭州),被派出所抓获;后因年龄太小,免于处分。他还喜欢唱歌,去过几次卡拉 OK 厅。

人际关系:班级中无特别要好的同学,没有异性朋友,也没有好朋友。帮助自己职校一个同学的亲戚做过电器小生意,唱卡拉 OK 后结识了几位小姐。小姐们看他聪明伶俐,常叫他干点小事。E 后来对其中一位小姐有朦胧的好感,与之以姐弟相称。E 讲有次客人对"阿姐"动作过大,他差点打伤了这位客人;E 说自己对这位小姐没有非分之想,只是想保护她。此次在公园中吸毒,就是受了"阿姐"的引诱,问他要不要做一会儿"神仙"(E 是初次接触毒品),结果被早已埋伏好的巡警抓获。

个人特征:智力测验得出 IQ 为 86。E 看上去很老实,但碰到不顺其心意的事,易冲动发怒。情绪不易安定,自我控制力差,易受诱惑(如这次吸毒行为)。

教育辅导与咨询过程:

在拘留期间认错态度好,许多方面的表现还很孩子气、精神尚未成熟。从心理上看,他正处于一个青年期同一性确立阶段,需要父爱。但在现实生活中未被满足,没有形成与父亲的同一感,所以用吸毒手段帮助自己从这种不满情绪中解脱出来,表示他很想尽快独立自主。目前来看,其本人正处于人生的危机时刻,职校能不能读完还是个问题。需要对其进行心理咨询,不仅是孩子需要辅导,家长也需要接受(家庭教育咨询)指导。如果父母教育态度不改善,问题还会恶性循环,母亲一味宠爱收不到教育效果,父母教养方式的矛盾是问题产生的根源。

治疗方案:使用心理测验(如 Y-G 等)进行人格诊断,审查中进行保护性的观察。心理辅导、家庭教育启蒙、咨询并用。

三、不良性行为与艾滋病的预防教育

(一) 不良性行为的预防教育

不良性行为的主要表现有:过度手淫,不能自控,影响其精力,影响学习;未成年时已有性经验;盗窃异性内衣、内裤;对异性进行性骚扰;出于好奇,躲进厕所、浴室偷窥。这些问题涉及个人的隐私,故调查数据较少。高发期是在初二到高一。初中生,特别是初三,因情绪障碍而引起性冲动行为的情况相对较多,因为此时青少年各方面所受压力最大,学生本身的心理发育又不成熟。高中生则以性生理的异常为主,因而在身心上也特别容易产生问题。

有不良性行为的青少年长大后会有一种罪恶感,继而形成一种心理上的障碍,极有可能造成神经症。故在心理咨询中,主要是对他们进行解释、调节;帮助他们消除罪恶感;让他们认识到有性的冲动是正常的,关键在于如何调控;帮助他们把不良的性行为引导到良好的适应行为上来。

另外,应该对未满18岁的青少年加强性教育,进行性心理指导。首先,这一年龄段的青少年对性知识一知半解,在认知方面容易出现偏差,如认为性的满足可以通过偷窃内衣裤来实现,觉得性问题很神秘,从而对其产生好奇,并在好奇心驱使下进一步采取行动。其次,与家庭环境有关。家庭环境接触不良,身心发展中受过不适当刺激(如过早接触色情片,受过性虐待等),以致心理上形成一种不适当的发泄方式。最后,情绪异常主要是身体内、大脑内的某种激素的分泌失调而造成的性心理异常。美国脑科学家、医学博士苔莱莎(Theresa,L.)认为人体大脑内有12种主要激素与恋爱和性心理有关,激素异常会造成性心理异常现象。学校心理辅导教师有必要掌握这方面的理论知识。

[案例]

对象:Z,男,15岁,某中学初三学生。

主述(问题概要):放寒假时,Z在里弄居民区窃得女性短裤3条、胸罩两个。被发现后,居民区保安将其送公安部门。据调查,Z在初中一年级时,曾在同学家中偷看色情录像。同学家长发现后,及时制止,但没有对其进行批评教育。

家庭环境:父,44岁,出租车司机。他对儿子寄以很大期望,认为自己没有上大学是很大的遗憾,所以希望儿子至少能上大专。从公安机关领回儿子时,父亲开始时想体罚儿子,后来认识到自己的教育方法错误,于是放弃了体罚的念头。母,43岁,某小学后勤人员,高中毕业。她对儿子管得很紧,无论大小事均插手,将儿子每个月零花钱的开支管理得清清楚楚;对学校家长会等活动也很关心。初二时母亲发现儿子看色情录像,威胁儿子说要将此事告诉其父,并希望儿子以后不要再看这样的录像了,不过除此以外,没有什么批评和教育措施。父母均很老实,但没有很好的家庭教育方法和策略。

学习情况:小学时学习成绩中等。初一时因身体弱小,常受同学欺负,情绪低落,但成绩还可以;初二,与同学看过色情录像后,上课无精神、爱打瞌睡。家长会时,老师反映Z学习成绩属于下等,家长对此不满,认为儿子成绩尚可,应属中等。母亲因此特意请来家庭教师,要让儿子考上高中,争口气。

兴趣爱好:他喜欢与班上性格温和的孩子在一起,无特别要好的知心朋友;班级里的女生向他打招呼时,会脸红心跳;自己说没有特别喜欢的女孩;对自己母亲的短裤不感兴趣。

个人特征:智力中等,IQ为98;学习态度诚恳。

处理:从居民区联防办公室转到公安部门后,Z非常紧张、不安,无言以对。父母闻讯赶到后,说了很多,大半是辩解,小半是对儿子的斥责。

教育指导：(1)加强道德教育；(2)要求 Z 加强学习，引导他把精力转到学习上去；(3)指导父母，要求他们对有关性内容的杂志、录像要控制，不让他接触到这些内容。

心理咨询与辅导：第一个月，每周进行一次，第二、第三个月，每两周一次。主要进行认知行为疗法。三个月后，Z 表情开始舒展。在以后的心理咨询中，主要采用交流分析方法，第三个月后主要用体育疗法，Z 选择了踢足球，目的是让其发泄体内能量，同时锻炼弱小的身体。通过教育辅导，Z 的情绪、行为趋于稳定。

（二）艾滋病的传播与预防教育

艾滋病即获得性免疫缺陷综合征（Acquired Immunodeficiency Syndrome，简称 AIDS），是由人类免疫缺陷病毒（Human Immunodeficiency Virus，简称 HIV，俗称艾滋病病毒）引起的恶性传染病。引起艾滋病的病原 HIV 进入人体后，主要侵犯人体的免疫系统，攻击和杀伤人体中极其重要的免疫细胞辅助性 T 淋巴细胞，从而破坏人体的免疫功能，使大部分感染者抵抗疾病的能力极度下降因而发生各种机会的性感染和肿瘤等。

以下是常见的性传播疾病，见表 10-1。

表 10-1 主要的性传播疾病

性传播疾病	传播方式	症状	治疗
淋病	阴道交、口交和肛交或母亲分娩新生儿	阴茎或阴道有异常分泌物，小便灼痛，女性月经周期不正常	菌必治、阿奇霉素、先力腾、西力欣等
衣原体（最普遍的性病）	阴道交、口交和肛交或母亲分娩新生儿	尿痛，下腹坠痛，阴茎或阴道有异常分泌物	抗生素，如强力霉素、阿奇红霉素等
梅毒	阴道交、口交和肛交，接触到被感染的疮处	最初为坚硬的、圆形的无痛下疳	抗生素如青霉素、四环素
生殖器疱疹	阴道交、口交和肛交，在活跃的爆发期最具感染性	在生殖器、大腿、臀部周围有丘疹，阴茎或阴道有黄色、异味分泌物	阿昔洛韦促进治疗，但不可完全治愈此病
滴虫病	性接触	阴户发痒、灼痛。常无异状	灭滴灵
生殖器疣	性和其他的接触，如感染的毛巾、衣服	在生殖区域，肛门或阴道，子宫或直肠内的无痛疣	冷冻手术（冰冻），灼烧或外科摘除
获得性免疫缺陷综合征（艾滋病）	性接触，输入了感染的血液，母亲在怀孕、分娩或哺乳时传给婴儿	发烧、体重减轻、乏力、机会性感染，如癌症和肺炎等形式	无法治愈，抗病毒药物，如 AZT 可能会延缓艾滋病的发展

在上表所列的性传播疾病中，艾滋病是最严重的。根据我国官方公布的情况，估计目前我国艾滋病感染者为 84 万人，其中病人约 8 万多人，形势十分严峻。南京市二十多位专家在医务人员、大专院校学生、中学生、普通市民及高危人群中曾进行过为期两年的调查，结果显示大中学生对艾滋病的知晓率竟然最低。因此，对大中学生开展艾滋病知识教育，既是学校教育也是全社会的责任。

艾滋病的传播途径主要有三种:

第一种,性接触传播。在性活动(包括阴道性交、肛交和口交)时,艾滋病感染者的精液或阴道分泌物中的大量病毒,可以通过生殖器或直肠黏膜传播。生殖器患有性病(如梅毒、淋病、尖锐湿疣)或是溃疡时,会增加感染 HIV 的危险。直肠的肠壁较阴道壁更容易破损,所以肛门性交的危险性比阴道性交的危险性更大。

第二种,血液传播。包括:(1)输血传播,如果血液里有 HIV,输入此血者将会被感染。(2)血液制品传播,有些病人(例如血友病)需要注射由血液中提取的某些成分制成的生物制品。血液制品中如果含有艾滋病病毒,使用时就有可能感染上 HIV。(3)共用针具的传播,使用不洁针具(如静脉吸毒者共用针具,医院里重复使用针具、吊针等)可以把艾滋病毒从一个人传到另一个人身上,另外,使用被血液污染而又未经严格消毒的注射器、针灸针、拔牙工具、美容针、剃刀等,也十分危险。

第三种,母婴传播。如果母亲是 HIV 感染者,那么她很有可能在怀孕、分娩或母乳喂养过程使孩子受到感染。

直至今日,仍然没有可以彻底治愈艾滋病的药物或有效预防艾滋病病毒的疫苗。不过,可以通过规范自身的行为来预防。表10-2是上海市教委颁布的中小学生分年龄阶段预防艾滋病教育的专题纲要。

表10-2 上海市中小学生预防艾滋病专题教育表

学段	内容与要求	操作提示
小学阶段	初步了解艾滋病及流行的情况	以"红丝带行动"为主题,通过讲座、纪念日活动等形式使学生树立远离艾滋病的意识
初中阶段	1. 了解预防艾滋病的基本知识及其与教育相关的青春期生理和心理知识 2. 了解艾滋病对人类社会(重点对个人及家庭)的危害 3. 知道吸毒与艾滋病的关系 4. 学会拒绝不安全行为的技巧 5. 知道如何寻求帮助的途径和方法	1. 参观预防艾滋病的展览 2. 探究介入:收集有关艾滋病流行情况、对人类社会危害的相关资料 3. 通过案例分析,了解传播途径 4. 角色扮演:拒绝不安全行为(包括吸烟、吸毒、酗酒、不健康场所活动等)
高中阶段	1. 知道艾滋病的流行趋势及对社会、经济所带来的危害 2. 了解 HIV 感染者与艾滋病病人的区别 3. 了解无偿献血知识 4. 预防艾滋病的方法和措施(在初中基础上扩展内容) 　(1) 在与异性交往中要自尊、自爱,增强自我保护意识,对自己负责,对他人负责 　(2) 学会拒绝的技能,避免婚前性行为 　(3) 需要输血时,避免输入未经检验的血液及血液制品 5. 了解歧视对艾滋病防治工作的影响,学会正确对待和关爱艾滋病病毒感染者与艾滋病患者(在对艾滋病患者提供帮助时,知道如何进行自我保护) 6. 在初中基础上增加与预防艾滋病教育相关的性道德与法制教育	1. 参观艾滋病防治机构,观看有关艾滋病防治的宣传片,了解无偿献血的重要意义、血液相关知识以及艾滋病相关知识,知道寻求帮助的途径 2. 收集有关艾滋病国内外流行形势,艾滋病对社会、经济造成的危害,艾滋病防治宣传等相关资料开展主题班会等,增进对预防与控制艾滋病重要性和必要性的认识,增强自我保护意识和对他人、社会的责任感 3. 讨论:哪些是歧视行为,为什么歧视不利于艾滋病防治工作 4. 参与学校和社区组织的预防艾滋病宣传活动

实施建议:
(1) 课时安排(小学1课时,初中6课时,高中4课时),建议理论教学与讨论活动的课时比例为1:1。
(2) 全面把握专题教育的课程目标,在教授知识的同时注重培养学生的整体意识、情感态度、价值观及预防艾滋病的基本技能,最终达到抵御艾滋病、珍惜生命的教育目的。
(3) 发挥学生的主体作用,引导学生自主学习,积极参与防治艾滋病的行动。
(4) 鼓励拓展教学空间,加强课堂教学与课外实践的密切联系。
(5) 根据学生身心发育的特点及当地实际情况,在保证教学目标完成的前提下,鼓励拓展与艾滋病预防相关的青春期教育等教学内容。
(6) 做好预防艾滋病健康教育的评价工作,充分发挥评价的诊断、教育和发展功能。

四、自杀的心理与预防

近些年来,青少年中自杀的比例越来越高。朋友、亲人也常常很难阻止,采取心理咨询的办法可以有效预防自杀。比如在青少年群体中积极地开展心理咨询,帮助他们疏导情绪、健全人格,可以使自杀一类的恶性事件得到有效控制。

(一) 自杀的心理分析

在心理咨询之前,有必要对自杀进行心理分析:(1)个体求死的背后,总隐藏着某种愿望。"唯求一死的反面是希望被救助的愿望",找到这种愿望是自杀心理预防中极为重要的措施。在心理咨询中,应努力去发现当事人是否存在价值观或愿望受挫的情况存在。(2)如果救助的道路被堵住、封闭,则当事人的孤独感会更加强烈,更易产生自杀行为。(3)自杀首先是一种心理危机的表现。这种心理危机与社会的周围环境有关。如果环境是温暖的,则自杀率下降;若周围环境是冷冰冰的、缺乏心理援助,则自杀率会上升。

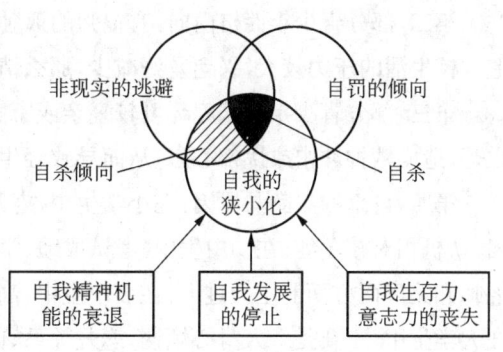

图 10-1 自杀的心理机制形成

(二) 自杀者的心理倾向

第一,自杀者有被周围人抛弃的孤立感,心理上有严重的孤独感。因人格的不同,自杀者采取的死亡方式也不一样。有的人不愿意给他人制造麻烦,宁愿悄悄地死去;有的人在万众瞩目中自杀;有的人带着怨恨情绪自杀,写咒骂信,或宣称要成为幽灵,以诅咒恐吓他人。

第二,自杀有心理感染或传染倾向。这往往是由社会媒体报道所引起的,自杀新闻一经报道,就有类似的自杀行为发生。故国外的社会心理学家和临床心理学家认为,新闻报道时应注意不要报道自杀人数、地点和方式等。例如,在英国有一座著名的"黑桥",在那里自杀的人数特别多,因此关于这座桥的自杀新闻也特别多,且报道得特别详细。于是,后来越来越多的人把这座桥作为自杀的理想之地。在心理学家的建议下,政府将该桥漆成象征大自然的绿色,并在新闻报道中对自杀的地点、方式作隐蔽处理,结果此处自杀的人数锐减。

(三)自杀的预兆以及与月份、季节的关系

自杀行为发生前,总会有一些预兆和迹象,行为语言上有"真想一死了之"、"活着没意思"等表现;情绪上忧郁、憔悴;身体感受方面,没有食欲;一些生活习惯发生突然的改变,如原本很爱吸烟、喝酒的,突然变得不喜欢了;有失眠现象,感到焦躁、不安等。

在花草树木萌芽的春季自杀较多,冬季较少,这是因为春天时天气冷暖变化比较大,人的内分泌、自律神经系统易发生混乱。同时自然条件的变化也使自杀者产生远离他人的倾向,产生在适当的环境和气候中"理想死亡"的念头。性格内向的人易采用喝毒药、吃安眠药的方式自杀;而具有反抗性的人,易在怨恨的情绪下自杀。在中国青少年群体中,8—10月份(即高考结束至新学期开学的一段时间)是自杀高峰期;而在国外,如日本的中学生选择在3—4月份自杀的较多,而此时正是日本新学期开学的时间。

(四)青少年自杀的心理原因

第一,青少年在身心发育上处于青春期(女11—13岁,男12—14岁开始),在这段时间内,他们的心理欲求较多,挫折与不满足感也较多。

第二,部分青少年性格内向,有很强的孤独感。因而其内心不安感、痛苦感也很强烈,再加上学校生活的压力较大,兴趣爱好减少,那么情绪不安定、冲动意识就会变得强烈。

第三,部分青少年的家庭环境较复杂或家庭生存基础崩溃,如亲子关系不良、亲人突然死亡等,造成精神冲击或忧郁心态,从而导致轻生念头的产生。

第四,自杀的年龄与原因:在小学生中,老师和父母的批评、斥责、遗弃等常常成为主要原因,动机相对较单纯;在初中生中,考试成绩、学习问题、家庭问题等为主要原因,很多情况源自老师和父母两方面的压力过大;在高中生中,高考的失败、对前途的不安等常常是自杀的原因;在大学生中,主要是个人身心烦恼、恋爱关系、前途与就业等,其中又以个人身心烦恼、恋爱关系为主。

(五)自杀的预防与心理咨询

自杀的预防与心理咨询工作可以从以下六方面开展。(1)扩大学生的兴趣范围,多组织性格内向的同学参与球类、音乐、棋类、绘画、娱乐等活动;(2)为中小学生、大学生介绍知己友人、可深交的朋友,尤其要积极地指导大学生建立正确的、健康的恋爱观;(3)指导初中生、高中生与大学生在人际关系中主动消除紧张感;(4)增加户外活动的时间,如多晒太阳;(5)指导青少年要有奋斗的目标,包括短期的和长期的目标;(6)设置生命热线电话,建立防止自杀的心理疏导、沟通渠道。

（六）青少年自杀的早期诊断与发现

早期诊断与发现可从三方面进行：(1) 从语言上的预兆来诊断、发现，如突然的沉默或突然开始写日记；中学生突然不回家、不上学；在心理咨询中表述的意思不明了、感情紊乱等。(2) 从身体的预兆来诊断、发现，如体重减轻、失眠、情绪持续低落、缺乏食欲、有疲倦感、自律神经失调、生理紊乱等。(3) 从行为的预兆来诊断、发现，如出现与平常行为不相符的行为；以前感兴趣的行为与爱好现在不喜欢了；突然归还以前借的书籍等物品；在自己床前放上一束花，到寺庙里去拜佛，到墓前去哀悼；经常洗澡，经常看报道自杀的报告文学、法医学书籍等（青少年尤其多）。

（七）心理咨询指导要点

心理咨询指导要点有五：(1) 早期危机介入。对自杀的心理及早干预效果较好，发现危机信号后应立即进行心理援助。(2) 发现当事人有自杀心理和念头时，心理辅导教师不能遵守保密义务，要及时通知家庭、社会和各方面，协调做好转化工作。(3) 心理咨询中的战术。不要直接介入阻止其自杀念头，要采取迂回战术，如问："你对死的考虑是否正确，请再论证一次"；也可以采取延迟战术，如"可否再晚一周决定"、"可否暂时保留一下"；运用心理学上转移战术，也可以建议当事人在决定自杀之前行一次乐，参加体育活动或去旅游一次，在"山穷水复疑无路"时，鼓励他再走一程，也许"柳暗花明又一村"。(4) 及早对其生活环境作出调整，尽量消除不利因素，降低当事人情绪压力。(5) 可给当事人提供几个随时可以拨打的电话号码，便于紧急时联系。

五、精神疾患问题与教师的应对

（一）神经症

1. 概念

神经症患者是由心因性问题导致的精神或身体机能异常，其人格核心没有崩溃，本人对症状也有认识。对症状的产生与发展过程可以从心因方面去探索，治疗时既可采取心理治疗和药物治疗并用的方式，也可以心理治疗为主。神经症与精神分裂症的区别见表10-3。

表10-3 神经症与精神分裂症的区分

项目	神 经 症	精 神 分 裂 症
概念	处于精神健康和精神分裂症的中间状态，具有心理痛苦和适应困难等苦恼和障碍	人格核心毁坏，具有严重的精神疾患和病理现象
病识	对异常状态，能自我感知、了解，在生活中具有常识性	自我没有病识，言行举动不可理解的场合多，缺乏常识性
原因	心因性，人格的一部分有障碍	许多症状并不是心因性的，可能与生理、器质等病变有关，人格的整体发生障碍
治疗	心理治疗为主，医学治疗为辅	药物治疗为主

2. 产生的原因

当事人的性格问题或恋爱、考试的失败等,经过一段时间的沉淀,在其潜意识中被扭曲,从而产生一种矛盾、不安的心理状态。自我在面对这种长期的不安与矛盾时,如果处理不适当,或者在突变环境中采取了不适当的心理抵抗机制,就容易导致神经症。

3. 主要类型

第一,不安神经症,在中小学生中发生的频率较高。特点是急性的不安或浮躁的发作,然后演变成一种持续的焦虑状态。发作时,患者情绪恶劣,陷入一种严重的恐慌之中,心跳加剧、胸闷、呼吸困难、心脏如停止跳动一样,有一种对死亡的强烈恐惧感。急性发作时,注意力全部失去;呼吸困难,用力深呼吸时,四肢有麻木感,出现过度深呼吸症状。缓慢发作时,注意力散漫,多动,易产生妄想或迷信,预感将来有不吉利之事,在生活中易引发交通事故。

第二,小儿歇斯底里症,由心因性问题引起,有不快的情绪表现,行为持续的时间比较长,发病年龄段在小儿期到青年期之间。其症状表现为小儿边哭边在地上打滚,大龄男孩有攻击行为,大龄女孩有撒泼行为。总之,感情表现被压抑扭曲或性格不成熟,其中的大多数青少年患者依赖性强,自我显示欲强。该类型又分为转换型(症状以身体症状表现出来,如失步、四肢麻木,甚至失语、知觉消失、意识昏迷、动作行为像演戏等)和解离型(意识障碍、感情过敏过激、容易暴躁、人际交往中会突然丧失理智,健忘、有强烈的喜欢与不喜欢的表现)。

第三,恐怖症,指对大多数人不觉得恐怖或有点恐怖但不构成威胁的东西,感到强烈的恐怖,在心理上尽力回避该事物,结果却产生更加强烈的恐怖感。12—15岁的青少年期到成人期均可能发病。具体可分为:场所恐怖(单纯恐怖),如广场恐怖、交通工具恐怖、恐高症、闭所恐怖;人际关系恐怖(社交恐怖),如不敢与人对视、面红耳赤,老是感到背后有视线在盯他,总觉得有人在议论他;疾病恐怖,如疑心自己得了某种疾病,在中学生中较多;洁癖,如对灰尘、垃圾产生恐惧;尖锐恐怖感,如对棍棒、尖状物体产生恐怖感。发病机制是在患者的潜意识中存在的矛盾与不安,转移到特定的对象,并通过特定的物体或状况集中表现出来。

第四,强迫症,不必要的行为、态度反复呈现出来,越是想打消此念头,此念头出现得越是强烈,似乎不可遏制,从而对自己的行为和举止产生忙乱、怀疑、不安;凡是没有确认过的,不是亲眼看到过的东西便不能放心,如洗手强迫、睡眠仪式强迫等。发病年龄为10—20岁,高峰期为15—20岁,成年后逐渐减轻,与精神分裂症有许多相似的地方,要注意严格区分。

[案例]

G,14岁,男,中学二年级。

主诉(问题概要):与母亲同来心理咨询,有反复洗手倾向,一天中洗手最多达几十次;此外,一天洗三次澡,洗澡后穿衣服有固定仪式,每次要花2个小时之久。G总是说,皮肤上的东西太脏,一定要把它洗下来。该症状已持续两年,曾到某著名大学的附属医院去治疗,吃药时症状暂时终止,停药后不久症状又恢复了。此外,也进行过心理治疗、精神卫生治疗历时数月,均不见效。

> 家庭状况:父亲,工程师,工作非常辛苦;母亲,在医院工作。
>
> 学习情况:喜欢生物学、植物学、遗传化学;学习认真,成绩优秀,其中生物学成绩极其优秀。中学老师推荐他今后攻读名牌大学的生物学专业,成为生物学家。
>
> 症状表现:G凭自己的认知和感觉相信手和身体是肮脏的。他认为在这个世界上有许多肉眼看不到的粘着的物质,这些东西布满了细菌,很肮脏,而且粘附在皮肤上。为消除这些细菌和肮脏的东西,他每天用酒精擦洗家里的家具,且不让他人进入家中。在医院检查做脑电图时,曾用电极软膏贴在头上,G因此感到非常恐怖,回家反复洗头。治疗中,G解释说,粘着物质接触皮肤后会进入体内、融入血液;而水是没有危险的,故彻夜洗头。
>
> 性格:和蔼、彬彬有礼、对人亲切,尤其受到妇女和老人的喜欢。但由于强迫症的原因,他缺少知心朋友。
>
> 治疗过程:运用药物疗法和认知行为疗法,治疗较顺利。在心理治疗的第二阶段,其强迫症状全部消失。回家后又恢复,且产生抗药性,晚上一个人时又出现洗手仪式。在心理治疗中G保持乐观的态度。到16岁时,症状才逐渐消失。

第五,疑病神经症,疑心自己是否得了某种重大疾病,去医院检查,结果身体各种机能完全正常;但自己仍感到怀疑,再去别的医院检查,诊断结果还是无异常。疑病患者自我也尝试看各种医学书籍,尝试各种药物及民间疗法。症状严重时有失眠、恐慌等临床表现,并有拒绝服用药物的倾向。对疑病神经症患者,可以采取心理支持疗法和行为疗法结合使用的方法,其中的人格非异常者预后效果较好,治疗时间也较短。

(二) 躁狂—抑郁症

1. 概念

是与精神分裂症并列的另一个代表性的精神障碍,主要是感情障碍,周期性地出现恶性循环。发病与遗传因素相关程度较高,患者发病之前性格方面就有循环、偏执的倾向。到目前为止,这种精神障碍的发病原因不明。躁狂—抑郁症(Manic-Depressive Disorders)可以用药物治疗,同时配合心理治疗或心理咨询。与精神分裂症不同,其人格未完全崩溃。

2. 临床表现

情绪异常兴奋,思考行动过度,行为轻率,态度、举止冲动,容易反常。其中抑郁症的临床表现:情绪异常低落,思考行动呆板,异常悲观、绝望,充满了自责感、罪恶感,抑郁症患者在早上起床时表现得较为痛苦,到晚上稍有好转。在临床心理学中,只表现出抑郁或躁狂症状的,我们称之为单极性障碍,而同时兼有抑郁和躁狂两种症状的,我们称之为双极性障碍。

3. 发病年龄和频率

青春期以后较多;年龄越大,发病率越高(在中老年人中更常见);世界各国平均发病率为 1%,在特殊的社会环境中或在特殊的社会原因影响下,发病率可能会增加到 10%。

4. 发病原因

由各种诱因造成身体和心理两个方面的机能异常,临床表现为:失眠、过分紧张、压迫、紧张性头痛等。主要原因有四个方面。

第一,遗传,在亲属中血缘关系越近,发病率越高,但遗传的形式目前还不明确。日本的研究者曾用Y-G性格测验结合生理学检查来检验遗传素质与其情感活动的变化状况的关系。

第二,身体的原因,大脑中某种物质如某一种氨基酸(amine)的缺少。该种氨基酸如果枯竭,便会造成情绪极度反常。另外,降血压的药物如果吃得过多,也会导致情绪抑郁。

第三,病前性格,多为一种循环性格与气质,消瘦的人易产生躁狂症;肥胖的人易产生抑郁症。躁狂症患者发病前性格明朗、活泼、人际交往广;抑郁症患者发病前性格固执、做事勤恳、专心、认真,性格多属内向型。

第四,诱因(导火线),多从心因方面开始;然后是环境状况的改变,如丧失体验,丧失了最好的亲人、恋人、朋友等;对感情、前途与学业等方面的不安、焦虑;此外,家庭、经济、事业等方面的挫折也易导致躁狂—抑郁症。如果积极地迅速寻求心理医师的帮助,病情是可以缓解的。不过,大多数人忽略了这一点,导致病情的加重。

因此,躁狂—抑郁症是一种生理和心理因素共同作用造成的精神障碍。

5. 躁狂症和抑郁症各自的临床表现和症状发展过程

躁狂症临床表现为:情绪高昂,精力过剩,睡眠时间过短,但并没有疲倦感;性格表现出非常强的"自恋",遇到不顺心的事非常容易生气;语言啰嗦,思维奔逸(思维跳跃性大,相当扩散,不集中);表现出许多不连贯的行为与动作,但不同于精神分裂症的妄想或幻觉;活动频繁,女性化妆、打扮的时间过多;过分地干涉他人,多管闲事,但心事散漫,做事无计划,乱花钱,甚至不选择对象地与异性交往;性行为方面不加以约束,有时缺乏自我意识。

抑郁症临床表现为:情绪低迷失去自信,对过去生活中的琐碎小事耿耿于怀,甚至对过去做过的事有一种内疚感、罪恶感;常常自责,对将来不抱希望,甚至绝望,思考观念贫乏,说话单调,严重时头脑迟钝,思考中止,自卑感强,看不到生活的价值。在高中生中,比较严重的患者对过去有一种罪孽的妄想,想一死了之(称为求死念头),导致自杀事件的增加。这类人常向自杀计划移行,表现与躁狂症相反,疲劳感强。让其早上起床非常痛苦,上午9:00—10:00,其苦恼或痛苦逐步增加;到晚上又缓解,这在临床上称为情绪的"日内变动"。

此外,在症状发展上有三个特点:(1)躁狂症的治疗较抑郁症来说收效快,通常2—3个月内可以恢复。抑郁症的治疗时间则较长,一年之中出现病情持续加重的情况也有,严重的还要住院治疗。对于严重的抑郁症,目前尚不能完全治愈,只能缓解。(2)如果是双极性障碍,躁狂与抑郁之间相互转移,那么治疗缓解后,人格无明显损伤;如果是单极严重抑郁症,那么缓解后人格有损伤,且情绪低沉,活动能力差。(3)自杀念头多在抑郁症发生的初期出现,患者的年龄不同,经历的过程也不同。一般说来,年龄小的自杀念头来得快,消失得也快,冲动性较大,也更危险;年龄较大的,计划越周密,自杀完成的可能性也就越大。

6. 对躁狂—抑郁症的治疗和心理咨询

第一,药物疗法。抗抑郁药物,如三环类抗抑郁剂等,躁狂症可用抗精神病药。

第二,抑郁症的心理治疗要避免鼓励、激励、批评等措施,要减轻患者的心理负担。此时,促使其自我选择、承担责任、奋发努力是不符合患者实际的心理承受能力的。

第三,对青少年的躁狂—抑郁症进行治疗,即使已经处于恢复期,也要持续进行至少每周1次的心理咨询,并与学校家庭保持紧密联系,做好生活和感情的管理与指导,注意学校功课方面的压力不要太大,部分学生可以不参加考试等。

以下是美国精神科医生科尼斯(Connies, C.)制定的抑郁症自评问卷和抑郁症遗传危险自评问卷,供学校心理辅导教师参考使用,见表10-4和表10-5。

表10-4 抑郁自评问卷

1. 我总感到悲伤和不愉快	a. 总是	b. 有时	c. 很少
2. 我注意力难以集中,有时不能完成简单任务	a. 总是	b. 有时	c. 很少
3. 很少有什么事情能引起我的兴趣,大多数活动更像是一种麻烦	a. 总是	b. 有时	c. 很少
4. 我很难作出决定	a. 总是	b. 有时	c. 很少
5. 我存在睡觉障碍:难以入睡,早醒或早上很难醒转	a. 总是	b. 有时	c. 很少
6. 我感到坐立不安和易激怒,没有什么事情能让我高兴	a. 总是	b. 有时	c. 很少
7. 我感觉很累、很疲乏	a. 总是	b. 有时	c. 很少
8. 我的食欲已发生改变,或者进食过多,或者进食过少	a. 总是	b. 有时	c. 很少
9. 我多数时间很想哭泣	a. 总是	b. 有时	c. 很少
10. 我对未来不抱什么希望	a. 总是	b. 有时	c. 很少
11. 我感到如此沮丧,以致想结束自己的生命	a. 总是	b. 有时	c. 很少
12. 我在性方面没有什么兴趣	a. 总是	b. 有时	c. 很少
13. 其他人都比我成功,绝大多数时候我都感到自己是一个失败者	a. 总是	b. 有时	c. 很少
14. 我对许多事情存在负罪感	a. 总是	b. 有时	c. 很少
15. 没有什么我喜欢的事情	a. 总是	b. 有时	c. 很少

评分标准:a得2分 b得1分 c得0分
评分结果判定:
 0—9分:偶尔情绪低沉,为正常情感。
 10—15分:轻度抑郁,您的情绪比正常状态更低落。抑郁心情有时会干扰您享受生活。
 16—25分:中度慢性抑郁,您面临沮丧、悲伤及不愉快体验的连续折磨。
 26—30分:严重抑郁,抑郁极其严重,影响您的生活。
 若分值>15分,则表明您应当考虑是否进行专业心理咨询或治疗,以消除正日益降低生活质量的抑郁症状。

表10-5 抑郁症遗传危险自评问卷

尽可能回答以下问题。若不知道某些问题的答案,请尽量询问亲戚朋友找到答案	
1. 您觉得兄弟姐妹中有患抑郁症的吗?每有一位抑郁,评2分	评分____
2. 如果您的兄弟姐妹中有人曾因抑郁症住院,那么每有一位住院者,评2分	评分____
3. 您父母抑郁吗?每有一方抑郁,请评2分	评分____
4. 如果您父母曾因抑郁症住院,则每有一人评2分	评分____
5. 您的祖父母们中有患抑郁症的吗?每有一位抑郁者,评1分	评分____
6. 您的祖父母们中有因抑郁症住院的吗?每有一位住院者,评1分	评分____
7. 与您有血缘关系的姑姨、叔舅以及一级亲戚中有人患抑郁症吗?每有一位抑郁者,评1分	评分____
8. 您父母或兄弟姐妹曾因抑郁症而企图自杀吗?每有一位企图自杀者,评2分	评分____
9. 您认为父母或兄弟姐妹中有人存在酒精中毒问题吗?每有一位酒精中毒者,评1分	评分____
10. 如果您的抑郁自评问卷评分为0—7分,则请在该项评0分;8—15分,则请在该项评2分;16—25分,则在该项评4分;26—30分,则请在该项评6分	评分____

评分说明:
 0—2分:轻度遗传危险 2—5分:中度遗传危险 5—8分:高度遗传危险 8分以上:遗传危险极高

（三）精神分裂症

1. 概念

精神分裂症是具有代表性的精神障碍，15—20岁为发病的高峰期，主要表现为幻觉、幻听、妄想以及自我封闭、产生问题行为等异常体验，症状和病理发展缓慢，症状发展的结果导致人格整体崩溃。近年来，该病的药物治疗有所进展。在治疗中，如果早期发现，早期治疗，则预后效果较好。

2. 原因

目前，精神分裂症比较公认的原因如下：(1)遗传因素，若家族有病史，则后代发病危险较高。(2)病前人格，分裂型气质、神经质性格的人易患精神分裂症，其中有神经质性格的人预后较差。不过，近年来也出现性格较开朗的人患精神分裂症的案例。(3)身体因素，大脑内部构造、神经系统有异常，形成了异常脑电波，造成脑细胞的分裂活动异常，可能导致精神分裂症。不过，此观点目前仍无定论。(4)环境的心理诱因，如家庭环境异常或恋爱关系危机等。

3. 青少年精神分裂症类型

第一，破瓜型。以女性居多，先是慢慢地自我封闭、孤立；然后对自身形象开始无所谓，无精打采；在家庭生活中态度变得粗暴；最后独语、空笑（无意义的笑）；幻听、妄想，但不明显，仅仅是一些思维片断。症状发展过程是缓慢的，但最终造成整个人格崩溃。患者发病时年龄较小，少男少女是高危人群。

第二，紧张型。急性发病，也能急速治愈，但如果没有完全治愈，那么再发作的情况就更加严重。特征是兴奋过度（紧张型兴奋），暴力倾向严重，使用镇定剂后表现为无言无动、身体凝固，有时会突然昏迷。

第三，妄想型。以幻觉、幻听为主要特征，发病者年龄较大，儿童、少年发病较少。患者的妄想内容有系列性，但行为紊乱情况较少。

4. 临床特征表现（诊断标准）

第一，日常生活无规则，不活跃，终日闷坐闷睡；

第二，自闭（将自己关在房间内），独语，空笑，行为怪异，表情僵硬（诊断时，第一、第二中要符合一条）；

第三，如无第二条，则应符合第三条。即意义不明确的行为，或突发的暴力行为；

第四，会话内容不连续，支离破碎，思维、观念跳跃性很大，难以理解。

此外，如有以下主要症状表现（必须符合四条）可诊断为精神分裂症：

第一，人际关系孤立、无表情、无感情、无交流，依存与攻击感同时存在。

第二，思考被剥夺感（认为有人进入其脑内，使其思维中断），空虚感强烈。

第三，妄想，多是被害妄想、注意妄想或被爱妄想（以青年居多）；幻觉，幻听（有人在他耳边说他坏话、讥笑他、命令他做一些事情等），主要是被害幻听。

第四，语言方面，喃喃自语；思考出声（思维与发声相结合），有思考传播感（认为自己的思维活动能传入别人的脑中）、思考侵入感（认为别人的思维活动强行进入他的脑内）等。

第五，体感幻觉，发病时身体有空虚感或电击感；女性出现月经中止或大出血现象，男性出现遗精现象等。

第六,自我意识缺乏,意识不完整,轻度的症状表现为缺乏自知力,造成慢性人格障碍,而且人格水准逐步低下,最后导致人格全面崩溃。

5. 治疗方法

第一,早期发现后应立即进行精神治疗。

第二,早期必须使用抗精神病药物进行药物治疗,主要有镇静药、抗幻觉、抗妄想以及抑制神经细胞异常分裂的药物。抗精神病药物都有副作用,如使用过度会导致发胖、虚肿、人体性功能紊乱,以及口干、瞳孔放大等生理紊乱状况,故这类药物对青少年应严格控制使用。

第三,因精神病人自立困难,故需要特殊的生活指导,以及相应的作业疗法。

第四,对精神分裂症康复期内的患者要进行心理咨询,给予心理支持,给予温暖和关心,使其症状获得良性缓解,身体得到康复。

六、创伤事件与危机干预

(一) 什么是创伤事件和应激相关障碍

按照 DSM-V(APA,2013)对创伤事件(traumatic event)的定义,满足以下两个条件即为创伤事件:第一,个体亲历、目睹或遭遇某件或数件涉及到真正的(或几乎会招致)死亡或严重损伤,或者涉及自己或他人躯体的完整性会遭到威胁的事件;第二,患者对该事件有强烈的害怕、无助或恐惧反应。

而 ICD-10(WHO,1993)中关于创伤事件的定义是:"当事人突然遭遇或持久地陷入异乎寻常的威胁性或灾难性的事件或情境之中,这类事件或情境几乎可使每个人都出现深深的痛苦"。

从以上的定义可以看到,ICD-10 主要强调了创伤事件的客观性,而 DSM-V 则强调了个体的感受。因此,创伤事件是指那些威胁性或危及生命的、出乎意料的、让当事人无能为力的一些负性的重大事件,例如,经历战争、自然灾害、严重的事故、爱人的突然死亡,以及躯体和身体虐待都属于创伤事件。创伤事件主要分为:(1)虐待,包括精神性的虐待、躯体性的虐待、性虐待、乱伦和言语暴力的虐待(比如,性或暴力内容)等;(2)灾难性事件,包括危害或致命性事故(车祸、空难)、自然灾难(地震、火山爆发、台风、海啸)、恐怖袭击等;(3)人为创伤,包括被抢劫、家庭暴力与殴打、强奸等;(4)战争创伤,包括死亡、爆炸、炮火等;(5)其他事件,包括重症疾病、物质滥用、亲人死亡等。

应激相关障碍是一组与应激有着明确因果关系的精神障碍,主要有急性应激障碍(ASD)、创伤后应激障碍(PTSD)两大类。应激相关障碍的发生主要受应激事件与人格的影响。从诱发因素来看,导致急性应激障碍、创伤后应激障碍的更多是重大应激事件,如自然灾害、战争、交通事故等。

创伤后应激相关障碍,其典型表现包括:

(1) 创伤体验复现。创伤事件的记忆表象可能无征兆地直接闯入患者意识中,再现创伤经历,称为"闪回"。

(2) 过度警觉。创伤经验导致个体的认知评价偏曲,个体对环境刺激的危险性评估大大增加,致使个体持续地处于应激唤醒状态,表现为过高地警觉。

(3) 回避性行为和情感麻木。这实际上是心理系统的自我保护,创伤记忆的闯入具有破坏性,系统对破坏性的记忆闯入采取减少或切断与之的联系或可能的联系,即表现为对有关刺激的主动回避,在情感活动上则呈现解离症状,表现为情感麻木。

许多经历创伤的人,在创伤性事件刚结束时,都会表现出上述创伤反应,但3个月后,继续保持着上述症状的人将减少一半以上,然后趋于稳定。在这段时间内,如果个体的创伤反应症状没有缓解,又没有得到恰当的干预,其症状将延续更长时间,并有可能恶化。

(二) 应激相关障碍的类型区分和诊断

1. 急性应激障碍(ASD)

急性应激障碍(acute stress disorder,ASD)是一种遭遇强烈心理应激后立即出现的、持续时间短暂的精神障碍。其严重程度依赖于创伤事件的严重程度及其持续时间长短,以及患者在创伤中的暴露程度。ASD的发生与创伤性事件密切相关,而与人格因素的关系有限。所以,虽然许多人在重大创伤性事件后都会出现ASD的各种症状,但仅部分人会最终发展成为PTSD。许多研究都显示,在所有ASD的症状中,解离症状对PTSD最具有预测性。所以,至少急性解离症状是能够预测PTSD的出现的,这一特点在车祸事件幸存者、暴力犯罪幸存者身上也被发现。其主要的临床表现如下:

(1) 急性、严重创伤性事件引发

与其他心理障碍不同的是,ASD的诱因往往具有突发性,会带来个体严重的创伤性体验、或对其生命构成严重威胁和冲击性的事件或灾难,如严重的交通事故、配偶或子女突然亡故、突发的自然灾害、战争等。这些事件对大多数人来说,都容易引起心理上的极严重的负面反应。

(2) 丰富的解离性症状甚至精神病性症状

ASD会让患者出现丰富的解离性症状,如在经历严酷战斗后,士兵可能会忘记战争的场景,变得麻木,或与周围环境隔离,出现视幻觉、听幻觉或触幻觉。

ASD患者在创伤性事件后通常会出现三类解离性症状:麻木、分裂或情感反应缺乏,对其周围环境的意识程度降低,非真实感,人格解体或解离性失忆。其初期的表现多为茫然,意识清晰度下降、注意力不集中,定向困难,对周围事物理解困难,出现麻木、情感缺失、人格解体、现实解体等解离症状,对创伤经历或引发创伤经历再现的刺激有明显回避或警觉增高,事后可有遗忘。典型症状可出现伴强烈焦虑、恐惧体验的精神运动性兴奋,行为具有一定的盲目性;或者为精神运动性抑郁,甚至木僵,可伴有明显的自主神经系统症状,如心动过速、出汗、脸部潮红、呼吸急促等。有的患者甚至出现思维松散、片断幻觉、妄想、严重的焦虑抑郁,达到精神病的程度。

(3) 起病与缓解迅速

ASD患者往往在受刺激后数分钟至数小时之内起病，并迅速出现各种症状。如果应激源被消除，常常历时短暂，可在几天至1周内恢复，临床症状完全消失，预后良好，部分人群可长达1个月，但最终可完全缓解，少部分人群会症状迁延，最终发展成为PTSD。

表10-6 ASD的诊断标准

急性应激障碍诊断要点（美国《DSM-V》标准）
(1) 患者曾暴露于创伤性事件，符合以下两项条件： ① 患者曾经经历、目睹或面临过一件或一些创伤性事件，包括现实的或威胁性的死亡或严重伤害，或者对患者本人或他人躯体的完整性构成危害。 ② 患者反应包括极度地害怕、无助或恐惧。 (2) 无论在事件发生时，还是在发生后，个体出现了下述3种（或更多种）解离性症状： ① 主观麻木、隔离，或情感反应缺失； ② 对周围环境的察觉能力降低（如经常发呆）； ③ 脱离现实； ④ 人格解体； ⑤ 解离性失忆（不能回忆起创伤事件的一些重要方面）。 (3) 创伤性事件会以一种或多种形式被反复再次体验。 (4) 努力回避能唤起创伤事件的想法、感觉或谈论；努力回避能唤起创伤事件回忆的活动、地点或人物。 (5) 明显的焦虑症状或者警觉性提高。 (6) 困扰导致临床意义上显著的痛苦或使患者在社会、职业以及其他重要领域受损的功能；或伤害了个体从事一些必要事情的能力。 (7) 障碍至少持续2天，最多4周；并发生于创伤性事件出现后的4周内。 (8) 这种障碍并不是某种药物的直接生理后果（例如药物滥用、药物作用），或者一般的健康问题所致，也不是急性精神障碍，也不仅仅是某种在轴Ⅰ或轴Ⅱ类障碍的恶化。

2. 创伤后应激障碍（PTSD）

创伤后应激障碍（Post-traumatil Stress disorder）是指在遭遇异乎寻常的威胁性或灾难性事件后延迟出现或长期持续的精神障碍。一般在创伤事件之后数天到6个月内发病，也有些人可能延迟1月甚至数年后才出现症状，病程多持续1个月以上，可以长达数月或数年，个别甚至长达数十年之久。其临床表现以创伤体验复现、持续性警觉增高、持续地回避与反应麻木为主要特点，其严重程度可有波动性。其主要临床表现如下：

(1) 闯入性创伤体验复现

创伤事件的记忆表象可能无征兆地直接闯入患者意识中，再现创伤经历，即"闪回"；或者创伤记忆在梦中强烈复现，常表现为梦魇；或者创伤性记忆为一些关联的外部线索如类似场景、声音、相貌、感受甚至某些观念联想激发；儿童患者可出现短暂的"重演性"发作，仿佛再度身临其境、出现错觉、幻觉及意识分离性障碍等。创伤性事件的不断重新体验是PTSD的一个标志性症状。创伤记忆的再现往往会激起患者强烈的情绪反应（如惊恐、抑郁等），并伴随相应的生理反应（如心率加快、出汗等）。

(2) 持续地警觉性增高

几乎每个患者都存在警觉性增高，这是一种自发的持续性高度警觉状态，是创伤经验影响个体认知评价的结果之一。创伤经验导致个体对无关环境刺激评估的危险性大大增加，使个体持续处于应激唤醒状态，表现为过度地警觉、惊跳反应增强，可伴有注意力不集中，易激惹以及焦虑或抑郁情绪,躯体生理系统持续处于兴奋状态,心慌、出汗、头痛、躯体多处不适等,以及睡眠紊乱,易惊醒,对环境警惕、杯弓蛇影、草木皆兵等神经症状。

(3) 回避与情感麻木

患者表现为长期或持续地极力回避与创伤经历有关的事件或场景,拒绝参加有关的活动,回避创伤的地点和与创伤有关的人或事。有的患者会出现选择性的遗忘,记不起或记不清与创伤有关的事件细节。同时还往往出现情感麻木,对周围环境刺激反应迟钝,表现为社会退缩,对个人爱好失去兴趣,疏远周围的人,失去对未来的计划、希望等,给人以木讷、淡漠的感觉,但其本质上仍然是处于惊觉状态。

(4) 伴随症状与共病

除上述特征性症状外,PTSD患者往往同时存在明显的焦虑、抑郁症状,甚至有相当一部分患者达到焦虑症、抑郁症的程度,并最终获得诊断,有报道PTSD共病重性抑郁症的比例高达47%,共病广泛性焦虑障碍的达16.8%。患者还可以表现出逆反行为,如饮酒、吸毒、攻击他人,或者出现自伤、自杀行为,这些行为往往是患者行为应对方式的体现。

大多数PTSD患者往往要经历较长的一段时间才能逐渐从创伤反应中走出来,少数患者可能会多年迁延不愈,出现明显的人格改变,影响患者一生。

表 10-7　PTSD 的诊断标准

创伤后应激障碍诊断要点(美国《DSM-V》标准)
(1) 个体亲身经历创伤性事件,在此过程中,个体经历、见证或者面对包括死亡、死亡威胁或严重的伤害等场景,个体对这些场景表现出了严重的害怕、无助或恐惧。 (2) 以下列一种或多种方式持续性体验到创伤性事件: ① 反复出现闯入性的对事件的痛苦回忆,包括对事件的想象、思考或感知; ② 反复做与该事件相关的噩梦; ③ 创伤性事件会再次出现的感觉,包括错觉、幻想以及闪回; ④ 当经历会引起对创伤回忆的事件时,出现强烈的心理痛苦; ⑤ 对能引起创伤回忆的事物,表现出明显的生理反应。 (3) 持续回避与创伤性事件相关的刺激,以及反应麻木。 (4) 稳定的唤醒水平提高现象,如难以入睡、神经过敏以及高度的警觉。 (5) 临床上明显的痛苦,或社会功能、职业或其他一些重要领域功能的显著受损。 (6) 病程超过1个月。

3. 危机干预和治疗

对ASD的干预与治疗的主要目的,在于消除创伤个体的病态应激反应,减少其日后出现PTSD的可能性。其心理干预的方法包括认知行为治疗、暴露疗法、催眠治疗、支持性治疗等。

PTSD的治疗目标是帮助患者提高应对技巧和能力,发现和认识其具有的应对资源,尽快摆脱应激状态,恢复心理和生理健康,避免不恰当地应对造成更大的损害。治疗的重点在于早期干预,阻断创伤性事件应激进程的发展。治疗的主要方法以心理治疗为主,早期干预由现场人员或社区医生即可完成,后期干预往往较为棘手,一般要由精神科专科医生和临床心理学家处理。

(1) 早期干预

类似于 ASD,可以在创伤事件之后采用一对一的危机干预和现场支持方法,重点在于鼓励患者冷静面对痛苦经历、表达相关情绪体验和帮助患者调整情绪反应到接近正常水平,提供心理支持,处理患者的内疚感和患者对生死的态度等。必要时少量、短期应用抗焦虑药和镇静催眠药缓解患者情绪和调整睡眠。

在现场心理救援中,常采取一些较为固定的心理干预措施,用于减轻受灾人群的急性应激反应,减少 ASD 和 PTSD 的发生,如紧急事件应激管理(critical incident stress management, CISM)和紧急心理救援(psychological first aid)。

① CISM。CISM 是由包括疏散、一对一的危机干预和现场支持、CISD 和访谈四大活动构成的一个行动系统。

CISD(即紧急事件应激晤谈)是 CISM 的核心应激干预技术,一般在创伤事件发生后 24—72 小时内,以团体的方式进行,一般一次晤谈需要 3—4 小时。现有研究认为,CISD 可以减少 ASD 的发生和严重程度,能有助于防止 ASD 转变成 PTSD。

② 紧急心理救援。紧急心理救援又称为一级救援,尤其适合儿童、老年人和伤残人员,一般在灾难和恐惧事件发生后立即开始,包括准备、接触与投入、提供信息及帮助危机者处于安全的环境、稳定情绪、收集信息、联系社会支持、提供应对方法、联系协助性服务机构八个步骤,通过有效干预尝试实现减少危机者原发创伤引起的心理痛苦、加强危机者近期和远期适应及应对能力的目的。

(2) 后期干预

后期干预大多数处理确诊或慢性的 PTSD 患者,通常需要进行系统的专业心理辅导,或借助精神科药物辅助治疗。具体方法包括:

① 精神动力学治疗。动力学派的治疗因其关注的对象不同,其方法亦千差万别。如 Herman 的模式主要关注乱伦与性虐待的受害者;Lindy 小组则以战争与灾难幸存者为主要对象;Pearlman 则关注童年期受虐患者。这些措施的目的旨在帮助患者将自我与人格其他成分从不连续的状态转变到连续的状态,从绝望转向意义,从病理性和固着性的防御转变为更具有适应意义的防御和应对技巧。

② 认知行为治疗。焦虑管理法(AMT):该方法认为病理性焦虑源于应付技能的缺乏,因此致力于为患者提供对付焦虑的技术,包括放松训练、积极的自我陈述、呼吸训练、生物反馈和社会技能训练。

暴露疗法:这是 PTSD 治疗中一种重要的方法,分为延时想象和视觉暴露两种。该方法强调用条件反射的习得性恐惧来理解 PTSD 的出现,用操作性条件反射的原理以消除恐惧。这种方法通过暴露,让患者重新检验已获得的认知从而重建认知并获得情绪的改变。

认知疗法:注重对患者的思维、推理和信念,以及在认知中包含的态度等进行矫正。认知重建法被治疗者广泛接受与采纳,是一种可靠的治疗方法,具有很好的疗效。

眼动脱敏和再加工技术(EMDR):这是近年来发展出的一种治疗 PTSD 的重要方法。多项研究提示 EMDR 对于创伤处理的有效性。

③ **药物治疗**。对慢性 PTSD 患者应避免长期使用安定类抗焦虑药,以避免成瘾问题。目前认为使用 SSRIs 类抗抑郁药有一定效果。对合并有其他精神障碍的患者应加用其他精神药物,如心境稳定剂等。

本章概要

- 近年来,在儿童、青少年中,心因性的精神疾患或心理障碍发生率有所增加,学校教育不仅要抓学科教育,也要关心学生的精神卫生和身心健康。
- 情绪障碍是儿童、青少年常见的情感方面的障碍,也是一种行为和人格发展的障碍,需要对其所处的教育环境作重大调整并进行相应的心理辅导或治疗。
- 对于未满 18 岁的青少年,学校需要加强性心理、性生理方面的教育和指导。
- 预防艾滋病的教育要从中小学生开始做起,学校要开展专题性的教育和宣传。
- 在青少年群体中积极开展生命教育和心理疏导,可以使自杀一类的恶性事件得到有效地控制。
- 儿童、青少年出现了神经症、抑郁症等精神疾患,要早期诊断、早期治疗,精神医学和临床心理学专业人员的介入非常有必要。
- 创伤事件常常引起 ASD、PTSD 等应激相关障碍,引起儿童、青少年的人格改变,甚至影响他们的一生,学校要重视对创伤事件的危机干预。

关键词

学校精神卫生　　艾滋病预防　　精神障碍　　性接触传播　　情绪障碍
摄食障碍　　自杀　　不安神经症　　性教育　　抑郁自评问卷
创伤事件　　ASD　　PTSD　　早期干预　　后期干预

思考与讨论的问题

1. 对于学校的心理健康教育工作,精神医学的介入和干预应该有哪些注意点?
2. 试举一个具体的案例来说明儿童、青少年心理不健康的危险"信号"表现。
3. 对艾滋病的预防,可以通过规范哪些自身行为来加以预防?
4. 为了预防自杀,可以开展哪些生命教育的课外活动?请设计一个课外活动教案。
5. 结合一个具体的案例,请谈谈如何对创伤事件进行现场心理救援?

第十一章 家校合作的心理健康教育

导 言

家庭是社会的细胞,是一个缩小了的社会,也是儿童生活的第一个环境。父母是孩子的第一任老师,家庭是孩子成长的第一所学校。家庭教育是整个教育体系中不可分割的重要组成部分,父母的观念、态度和行为都将潜移默化地影响孩子的成长,良好的教育从家庭教育开始。家庭对学生人格发展的影响,从某种意义上来讲比学校更为持久和深远。因此,必须把家庭教育作为学校心理健康教育的延伸和重要的组成部分,使之成为一个不可缺少的支持系统。

本章首先介绍国内外学者对亲子关系的研究成果,然后说明家庭亲子关系对于儿童、青少年成长的重要性,阐述学校如何对家庭心理健康教育给予支持和合作,最后介绍家庭心理咨询的一些方法和技术。

一、亲子关系研究

(一) 亲子关系的概念和特点

亲子关系是指父母与子女之间法定的血缘关系;同时也指父母如何养育、对待子女,反过来,子女又是如何对待、赡养父母的一种互助的社会人际关系。亲子之间是相互影响、互相联系的。父母对子女的养育态度,影响子女的身心成长;子女对父母的赡养态度,又影响着父母的身心健康。亲子关系具有互动性和阶段性两大特点。

1. 互动性

亲子关系与儿童的社会行为实际上是以一种交互作用的方式出现的:(1)亲子关系对儿童行为有很大影响;(2)亲子关系在一定程度上也取决于儿童的气质及其他行为特征;(3)儿童的行为特征又会影响父母的养育方式。

在幼儿期,由于柔弱而需要必要的关照,子女接受母爱似乎是无选择余地的。如婴儿刚出生就有一种神奇的力量,具有抓握反射、游泳反射、觅食反射等,诱发成人对生命的赞叹,促使母爱的流露。同时,在爱的施予中,母亲往往也能得到心理上的满足。假如没有婴幼儿的反馈,母爱的施予是难以持续下去的。婴幼儿自然而然形成的对陌生人的恐惧和对母亲的依恋,有时也会使母亲感到自己的付出没有白费。随着孩子的进一步成长,当他能够渐渐自由地探索周围世界时,难免会形成种种疑问和探索,这时父母体验到的是一种教育者、启蒙者或引导者的责任和自豪。由于遗传因素的存在,人们往往会把孩子的聪明与父母的聪明联系在一起。因此,孩子有时也会成为父母弥补自己不足的"寄托"。特别是当婴幼儿期孩子表现出不同于一般的学习能力时,父母便会加倍地疼爱孩子,并对他抱有极高的期望,认为他应当完成自己当年未完成的理想。

亲子关系就是在这样一种相互依存、相互满足的过程中运动发展起来的。

2. 阶段性

医疗水平的提高使人的寿命逐渐延长,亲子关系不是一个短暂的过程,而是贯穿在整个人生过程之中。亲子关系不只是父母对子女的无私奉献,也包括子女对年老父母的关照。它体现的不仅仅是抚养关系,也包括赡养的内容。亲子关系的发展可以分为四个阶段,具体见图11-1。

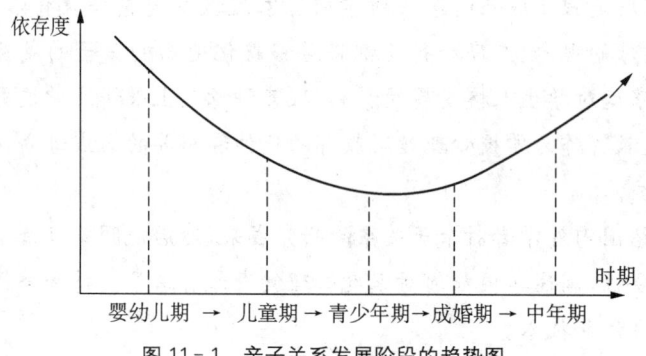

图11-1 亲子关系发展阶段的趋势图

第一阶段:子女处于婴幼儿或儿童期,缺乏自我保护、自主生活能力,主要由父母养育、施爱为主,双方的依存度较高。

第二阶段:随着孩子的逐渐成长,进入青春期,在心理上有断乳、反抗的倾向,要求自立的意识越来越强烈,父母对子女控制不得不逐渐减弱,亲子之间的依存度开始降低。

第三阶段:子女长大成人,通过恋爱结婚组成了家庭,父母与长大成人的子女都有自己的家庭、事业、经济生活等,亲子关系的依存度处于最低点或停滞阶段。

第四阶段:随着子女进入中年期,自身对其子女的养育、家庭的维持有了深刻的体验后,开始理解父母的养育之恩,而父母也年事已高,对子女赡养的依赖度也在增加,此时亲子关系又得到新的发展。

(二) 父母的教养及其作用

当自己的孩子降临人世,做父母的看见子女身心健康地发展,常常会充满喜悦;如果养育不顺,或者孩子患上疾病便会感到不安;失去孩子更会感到深深的悲痛,这是传统的父母教养心理表现。至于"孩子的身心发展、人格出现问题,是早期的亲子关系原因,是父母的责任"或"孩子出现这样的问题,是父母的家庭教育出了问题"等认识则是现代社会才出现的比较新的概念和认识。在临床心理学和教育学领域,父母的教养对儿童、青少年心理健康的重要性之理论已经确立,其中精神障碍和不适应问题的心理诊断技术的发展,受这种理论的影响很深。父母的形象对子女来说不再是"自我实现"的唯一模仿对象，而是"对子女的发展来说是理想的形象之一"，而且向"作为教育者的父母形象"这样一个方向转化。

在传统社会里，对幼儿的抚养、教育主要由母亲负责，因此母亲的教养方式将影响到孩子的身心发展。当婴幼儿从父母处得到所需要的注意和刺激时，他也报以社会性反应（如微笑、哭泣等）。这里对婴儿建立基本信任感的重要因素是父母提供教养的一致性。特别是母亲与婴儿之间的交流被看得格外重要。母亲必须形成一贯性的抚养模式，如轻轻地搂抱、抚摸，对孩子说话、微笑等。相反，如果忽视亲子之间的情感交流、教养方式混乱无规律，婴幼儿便会形成不信任感。也就是说，为了达到信任感的形成，母亲应该持保护性的、一贯性的教养方式。

在儿童期，孩子会采取各种行动对周围不同的社会角色形成认知。这一阶段基本的社会活动框架仍然是家庭。如果儿童在表达认知活动时受到过于严厉和反复的惩罚，那么将会形成内疚感，他们可能会认为不做反而比尝试新的、不同的事情更安全，于是一种消极被动的行为模式便形成了。应该说这一阶段父母的教养方式不能只是停留在保护和激励上，而应该有选择地看待儿童的行为，不能一概支持，也不能全部否定；应该强化儿童在探索周围世界和发现自身潜能上所表现出来的可接受性行为，使他知道应该为自己的行为负责。这些通常是通过家庭制定的规则、教育目标来达到的，也就是说，此时父母的教养方式必须具有一贯性，并符合所制定的家庭教育方针，否则，儿童便会无所适从。

现代社会中大多数家庭开始尽最大努力教孩子一些基本的伦理道德和为家庭承担一定义务的责任感。父母期望儿童能够完成分配给他们的任务，通常是一些家务活，如倒垃圾、擦桌子等，通过这些小事培养儿童的劳动习惯。这一阶段许多儿童感受的内心冲突是害怕不能够完成，或者不能做得像其他同龄儿童那么好。学龄儿童更多地涉入同龄群体中，他们会力图在群体中做得更好，这时游戏中体现出的竞争和好胜比自立和合作更加强烈。因此，此时的家庭教育方式应以鼓励、支持为主，培养孩子承受挫折的能力，注意帮助他们形成良好的情绪和人格特质。

过去家庭教养方式往往侧重母育，父亲往往不参与教养。然而，随着女性地位的提高，妇女也开始走出家庭，有了自己的事业，这就必然要求夫妇双方共同承担养育孩子的任务。实际上，父母共同参与教养子女对子女的智力发展和个性独立有很大帮助。现代社会男女之间的差别越来越小，家庭的生活范围也越来越小，寄宿制的学校、幼儿园、托儿所的出现，使父母教养负担得以减轻，但也剥夺了亲子之间的接触交流，以及表达亲子之情的时间。如何加强亲子关系也由此成为一个重要的课题。

从儿童期到青春期，青少年自身可能经历、体验到许多不同角色和关系。他们可能形成自己在家庭、社会关系中应该是什么样子的一种理想的映象。发展的焦点是对自己是谁、有何价值、持何种态度等问题有一个清楚的认识。父母已完全被同龄群体所取代，而不再是最基本的社会支持因素。这时的青少年更多、也更愿意向自己的同伴好友吐露心声。尽管青少年通过同龄群体来评价他在社会上的地位，但角色混乱有时还是会导致他们不能确认这个年龄群体究竟应该在何种程度上承担成年人所扮演的角色。这种情况往往反映在对自己能力不能完全把握，不知道自己怎样才能对社会作出贡献，不知道选择什么样的职业等问题上。父母的作用此时显得格外重要,因为帮助青少年确立人生目标、决定他如何来适应这个社会,是同龄群体所无法做到的事。父母的教养体现得更多的是指导和心理的支持。

(三) 亲子关系的类型

美国心理学家鲍姆林德(Bomelint, E.)对父母的教育方式类型进行了系统的研究,并提出了自己的理论观点。他以"父母控制"为中心维度,建立了评价父母教育方式的体系,提出了评价父母教育方式的四个维度:(1)父母控制性维度,指父母对待、影响孩子所采取的方式,其中包括奖励、惩罚、说理、打骂等强化性手段。(2)成熟性要求维度,父母要求孩子表现出某种能力或某种发展潜能。(3)交往性维度,亲子之间的沟通性怎样,在家庭中参与的角色怎样,包括亲子之间的依存度、依赖度等。(4)支持性维度,指父母在养育中对子女表现出爱与关怀的程度。

其后的研究者对鲍姆林德的研究进行了更为简略的概括,他们认为可以从控制和反应这两个维度来评价父母的教育方式。于是鲍姆林德在他随后的研究工作中采纳了这两个维度。1991年,他对控制和反应提出了明确的定义:控制是指父母为使儿童、青少年能够参与到家庭生活中,而对他们作出的要求、监督、约束以及对他们反抗的正面对待;反应是指为了培养儿童、青少年的个性、自我约束和自我管理能力,其中父母对他们的需要和要求作出的反馈,包括支持、协商和默许等。并据此将亲子关系划分为权威型、专制型、宽容型、放任型四种类型。

第一,权威型,即高控制、高反应。父母对子女实行高控制,反过来又能接受子女的想法和意见,并且积极鼓励子女与父母对话,子女对父母的意见能够接受,最终以父母的权威控制为核心。结果这种家庭中的青少年具有一定的社会责任感,心理状态处于较健康状态,一部分孩子在学校里表现出较强的独立能力,但孩子缺乏创新力,服从性较高。

第二,专制型,即高控制、低反应。家长对孩子进行严格控制管理,力图使孩子的行为与家长的目标一致,不采纳孩子的任何意见和想法,也很少与孩子交流。结果孩子表现为自信不足,独立性差,依赖性、依存性强。女孩缺乏社会责任感,男孩缺乏社会认识能力,长此以往,与父母关系疏远,甚至有叛逆心理。

第三,宽容型,即低控制、高反应。父母对孩子宽容、宠爱,很少用权威或规则来管束孩子,十分注意孩子的反应和意见,经常运用说服、说理的方法教育孩子。结果家庭缺乏教育的计划性,孩子缺乏一种积极的责任感。自我约束力低,父母难以控制,甚至出现孩子对父母态度不好的情况。

第四,放任型,即低控制、低反应。父母对子女的成长、教育不闻不问,无时间、无精力,也无能力教育孩子。与孩子之间很少沟通,感情冷漠,思想上产生"隔阂",父母缺乏养育孩子的积极性。结果这类孩子一般表现为多动,缺乏意志,自我控制能力差,注意力易分散,常成为问题儿童,到青少年期易为不良社会团伙拉拢、引诱。

日本的户川行男、品川不二郎等心理学家在《性格的异常和教育指导》以及《亲子关系诊断量表》中将不适当的亲子关系和有问题倾向的家庭教养方式分为五大类,每类中又含有两种亚类,共计十类。

第一,拒绝的亲子关系。指父母对子女的教养在感情上或态度上表现出拒绝倾向。其中放弃的拒绝型,指对孩子所说的话不理睬、忽视、放任、不关心、不信任、感情不好、态度不一致的亲子关系类型。控制的拒绝型,指对孩子有体罚、虐待、威吓、苛求、放弃养育责任等态度的亲子关系类型。父母若持有拒绝的态度就容易使子女受到精神伤害,产生攻击、反抗等不良行为以及导致子女身心发育的迟滞、精神症倾向,造成孩子一种或数种其他问题行为。

第二,支配的亲子关系。父母对孩子支配过头,把孩子当成父母的所有物,想用绝对权利去统治子女。其中权威型,即父母对子女虽有爱,但常以严厉、顽固、强迫的态度和禁止命令的方式来监督子女。父母持有这种态度意识,使得子女对学业成绩、各种教育引起逆反心理,表面上唯命是从、做得好,实则逃避现实、推卸责任。野心型,即父母把自己的野心和希望投射在子女身上,而忽视子女的天赋能力与志向,希望子女遵从父母的要求和标准去做。父母持有这种态度,而子女的能力和努力又不能达到父母的要求时,易使子女意志消沉、情绪冷淡、没有活力,生活上缺乏自治能力,最后造成自卑感和不良反应。

第三,过保护的亲子关系。指为孩子担心、不安,感到恐惧,经常想用过分的保护去消除这种不安感情。其中干涉型,大致与上述支配型相同,为使孩子变得更舒适,用持续不断的细心照顾及尽可能的帮助和代办、代劳等使孩子缺乏独立生活的能力。焦虑型,指对孩子的日常生活、学业、健康、朋友、前途等具有完全不必要的担心和不安,对孩子过分负责,常常给予过分帮助和保护。在这种家庭管理方式下的子女身心发育迟缓、依赖性强、忍耐性差、总想推卸责任、社会性成熟也迟缓。

第四,服从的亲子关系。指对孩子的要求和意见,不管是什么都无条件接受,并以此感到满足的父母。其中溺爱型,指对孩子过分喜爱,想尽一切办法来迎合子女的要求,即使子女做错也替他们申辩、开脱。盲从型,指不管付出多大牺牲也要满足孩子的要求。这种态度易使子女人格受阻,情绪发展有障碍,缺乏自控力,自我中心主义强烈,社会能力幼稚,缺乏独立性和创造性。

第五,矛盾、不一致的亲子关系。指对孩子的教育态度前后矛盾或父母之间的教育态度不一致。其中矛盾型,指父母缺乏教育的一贯态度,有时干涉,有时放任等,在这种教养态度下的子女情绪极不稳定,易出现反社会倾向。长期处于这一关系中的孩子,大多会产生神经症。不一致型,指父亲与母亲的教养方式不一致,导致家庭教育力量相互抵消。在这种教养态度下的子女,会造成精神上的极度恐慌。父亲严厉而母亲过于保护的那些孩子有强烈反抗性,易出现反社会倾向。相反如母亲严厉而父亲处于一种宠爱的状况,易造成子女不讲原则、不辨是非的倾向。

二、亲子关系与心理健康

(一)家庭教养方式与儿童个性的关系

在家庭教育中,父母的教养方式和亲子关系的类型,对子女的性格形成以及心理健康具有相互影响作用,同时对父母自身的心理健康也会产生影响。日本白佐俊宪所编的《家庭教育心理学图解资料》中,将家庭的教养类型与子女的性格、行为对应起来进行总结性研究,其结果见表11-1。

表11-1 家庭教养类型与子女的性格、行为形成关系

家庭教养类型	子女的性格、行为类型
拒绝	服从、攻击、适应困难、不安全感、神经质、性虐待倾向、内向、固执、不守规则
过分保护、宠爱	服从、孩子气、嫉妒、神经质、攻击、不安
支配	依存、内向、盲从、认真、自我中心、紧张、喜欢争吵、冷淡、不协作、胆大
不一致	攻击、神经症、嫉妒、不良行为
有缺陷的教育	缺乏适应力、攻击、反抗、嫉妒、神经症、问题行为
幸福、协调、稳健	协作、自立、良好的适应力、遵守规则
伦理的、科学的	自信心、协调性、责任感
容忍、理解	社会性强、对将来有信心、富有同情心
父母与孩子一起游戏活动	安全感、自信心
一贯性、严格	良好的适应性、责任心、社会性

美国的贝尔斯凯(Bellthke,C.)等心理学家通过对众多的美国家庭的追踪研究,认为除了家庭类型、父母教养方式和亲子关系的不同可能导致子女的性格、行为、将来的婚姻生活、能力、家庭观念不同以外,还应考虑家庭生活中的心理发展、生理发展和生育、养育史的背景不同而导致的两种不同的发展类型(见表11-2)。

表11-2 家庭作用与发展类型的关系

发展类型一		发展类型二
婚姻不和、压力大、精神资源贫乏	A. 家庭类型	婚姻关系和睦、精神资源丰富
严厉、拒绝、不敏感、不统一	B. 教养子女方法	敏感、支持、负责、情感积极
不安全依恋	C. 亲子关系	安全依恋
没有信任感,机会主义人际交往倾向	D. 心理发展	对社会有信任感,互动的人际策略
早熟	E. 生理发展	晚熟
性行为早、配偶关系短、不稳定、对儿女投入精力少	F. 生育、养育史	与配偶关系长期稳定,对子女投入精力大

(二)家庭类型与儿童不适应问题的关系

第一,拒绝型(情感冷淡、放任型)的亲子关系会使儿童在集体生活中攻击性强,逆反性、反抗性大,在学校中欺负别的学生的可能性大;不合群、性格孤立、自卑;对其今后智力的发展有一定的影响。

王玉凤等(1988)发现,当孩子的主要抚养人不是由父母亲自担当时,父母对儿童采取拒绝、遗弃的态度,或者父亲的心理健康状况差,儿童问题行为的产生可能性会大大增高。父母

文化程度低，父子相处缺少交流，母亲打骂孩子等均会引发儿童的攻击、违纪行为。父亲苛刻严厉的惩罚行为也易使儿子产生反社会行为。

第二，过保护型的亲子关系会使儿童依赖性强，独立生活能力差，行为表现较幼稚，不安度较高；在集体生活中不适应，责任心不强，创造性不够；身体往往比较虚弱。

品川(1984)、田村(1995)、龟口(1998)发现，如果家庭亲子关系是属于过于依恋型的，也就是父母对子女过度保护，子女对父母过度依恋，会养成儿童的被动—依赖的行为模式。而且，这种影响在男孩子中更显著。其中的原因在于，过于依恋型亲子关系会鼓励儿童更多地表露他的脆弱(如焦虑、害怕、自我怀疑)，并以此作为要求父母注意或支持的手段，而不是用其他的方法(如积极适应环境、主动解决问题)来引起父母的关心。然而，这种手段在同龄群体中并不适用，尤其是男孩，否则会被视为弱小者而遭受欺侮。这样的矛盾处境是儿童不适应和产生情绪障碍的危险因素。

第三，支配型(严格控制、强制型)的亲子关系易使儿童表现为性格混乱或内向，情绪消极、低沉；容易冲动，承受挫折能力差，在青春期中一旦遭受严重的心理挫折、失败、厌生、产生自杀冲动的可能性大；在集体生活中看到弱者，非常傲慢，看到强者，又非常卑屈，有欺软怕硬或神经症性格倾向。

白佐(1989)、藤井(1995)、龟口(1998)的研究发现，在家庭中受到过于严格的控制的孩子，易产生神经质行为。当家庭中父母处于权威地位，每个成员的活动被严格限制在一套固定的家规或程序之内，孩子与父母之间缺少坦诚、平等的交流，孩子会感到紧张、压抑，变得退缩和沉默；由此造成神经质行为。日本研究者在研究幼儿园孩子中受欺侮现象时，指出父母抚养行为中高控制和低反应，与子女消极、退缩性格明显有关，从而导致子女在同龄群体中更易成为被欺侮的对象。

第四，矛盾型(不一致型)的亲子关系易使性格外向的儿童说谎，言行不一，易产生反社会行为；而使性格内向的儿童猜疑心较强，有恐惧感，对人有一种不信任感，对父母采取两面派的手段；在性格发展上，可能出现男孩没有男孩气，女孩没有女孩气，有不守道德规则的问题行为，今后生活中在恋爱婚姻上受挫折、产生人格障碍可能性较大。

有不少学者认为，夫妻间长期保持矛盾对立状态，无论是公开明显的争吵、暴力行为，还是较隐蔽的"冷战形式"，给子女带来的身心上的伤害都不亚于离婚行为，有时甚至比离婚更严重、更长期。不管这种观点是否正确，在对儿童的行为问题的研究中，比较一致的结论是：家庭矛盾突出是影响儿童不良行为的一个高危因素。

与家庭矛盾相联系的是父母教养态度的不一致。常见的情况是父母中的一方是宽容型的、原谅型的，而另一方则是严厉型的、惩罚型的。虽然日常生活中夫妻双方一个演"白脸"，另一个演"红脸"更有利于教育孩子，但是当这种"表演"只是为了形式，而双方在教育观点、目标、态度上都不一致，并且双方在子女出现问题时相互抱怨、推卸责任时，只会导致儿童的性格混乱、猜疑心强烈。

第五，离异家庭的亲子关系会使儿童比较自私，自我中心强，没有责任心，产生强烈的攻击行为；情绪不稳定，心理成熟晚，缺乏忍耐力，自卑，神经质；缺乏安全感，猜疑心重，为达到目的不择手段。性心理异常或在青少年期出现性问题的比较多。

我国教育工作者对离异家庭的儿童个性发展也进行过研究，得出以下结论：(1)离异家庭和完整家庭的儿童在认知、行为问题、同伴关系和亲子关系四个方面都存在极显著的差异。从总体来看，男孩对单亲生活的适应比女孩差。(2)不论父母离婚时儿童年龄大小，儿童心理发展的各方面，包括认知水平、行为问题、亲子关系，都同样受到消极影响，但在同伴关系上与完整家庭儿童相比无显著差异。(3)单亲生活时间长短对离异家庭儿童的行为问题程度和亲子关系水平有显著影响。随单亲生活时间的增长，亲子关系明显恶化，问题行为增多，没有出现儿童因单亲生活时间增长而逐渐适应的趋势。(4)不论抚养者由谁担任，离异家庭儿童心理发展都会受到影响。其中行为问题和亲子关系问题尤为显著。但抚养者为父母之一且与儿童同性别，有利于儿童适应单亲生活。(5)父母离异后，抚养者与儿童关系越好，儿童对单亲生活的适应趋于良好；而父母离异后，非抚养者的一方与儿童关系比离异前越好，儿童行为问题会趋于更多，对单亲生活的适应越差。

同时，国外的研究也证实，男孩比女孩更易受婚姻关系冲突的影响，男孩更容易因父母矛盾引发攻击行为。研究进一步将攻击行为分为公开的攻击（overt aggression）和相对的攻击（relational aggression）。公开的攻击包括伤害（或威胁）他人的身体、健康，如推、踢、恫吓等行为表现；相对的攻击是通过伤害（或威胁）彼此的关系来达到侵害别人的目的，如威胁要结束双方的友情，或利用社会排斥使攻击对象感到精神上的孤立。这两种攻击行为在男孩、女孩身上都可以发现，但女孩中更典型的是攻击彼此的关系，而男孩则更直接攻击对方的身体。影响这两种攻击行为的离异家庭因素也有所不同。

随着我国社会经济的发展，夫妻离异逐渐成为一种比较普遍的社会现象。心理咨询工作者有必要对此展开进一步的研究，从而采取有效的心理援助措施，帮助离异家庭儿童及时、良好地适应因父母离异造成的家庭环境的变化，从而减少这些儿童由此而受到的心理伤害及其他的消极影响。

最后，需要着重提到的是：亲子关系不仅影响到子女的心理健康和人格形成，而且对父母的身心状态和心理健康也有一定的影响。现代社会中，人们越来越重视对子女的教育。如果对子女的教育成功，子女各方面发展较好，父母也以他们为骄傲，心理上较为平和，紧张、不安、抑郁的情绪也较少。相反，不良的亲子关系必然会带来父母心理上的紧张和担心，严重的会造成父母心理上的障碍，甚至产生各种身心疾患。

（三）亲子关系的心理辅导

良好的家庭教育和亲子关系，必须具备以下几个方面的因素，即"爱的基础"、"成长的喜悦"、"健全的教育"三个层次，见图11-2和图11-3。

图11-2中，"爱的基础"犹如一幢建筑物的地基，它建立在亲子之爱的关系上。没有相互信赖、依恋的关系，孩子的身心成长、发展，以及今后的独立都会受到影响。在"爱的基础"上成长，要让子女在家庭生活、教育过程中，有所收获，有成功的体验，即经常有一种"成长的喜悦"，没有这种体验的孩子，就不可能接受今后"健全的教育"。

图 11-2 父母教养的三个层次构造

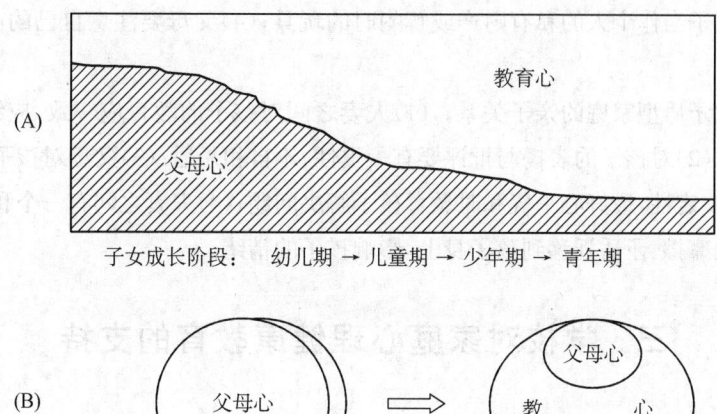

图 11-3 家庭教养方式中父母心与教育心的变化

但是,如果一开始就注重对孩子"健全的教育",而缺乏对孩子的爱护、关怀和尊重(即"父母心"),孩子也体验不到"成长的喜悦",孩子对父母的教育会产生反抗或逆反心理,结果导致家庭教育的无效化或萎缩化。因此在图 11-3 中,对孩子的教育应首先从父母的爱心开始,逐步过渡到父母的"教育心",并在以后的"教育心"中包含父母的"爱心",使两者关系平衡、包容地向前发展。

从另一个方面来看,"爱的基础"和"成长的喜悦"是家庭生活中孩子身心发展的"养料",在"父母心"的支持下,逐步变得"根深叶茂"。于是在以后的进程中对一些不必要的"枝叶"进行"修剪"(即进行道德品质、人格的教育,对不适应问题的矫正等)。因此,在"健全的教育"这个层次阶段上,父母又要体现责任心。父母的爱心、抚养心、教育心和监导心合理地使用,是成功的家庭教育和良好的亲子关系的基础。

对于不良类型的亲子关系,要进行以下的心理辅导或家庭教育指导:

第一,针对拒绝型、放任型家庭的亲子关系。(1)要求父母与孩子的接触时间长些,多听孩子倾诉,少拒绝,多理解;(2)父母要了解孩子的兴趣特长,家长尽可能抽时间加入到孩子的兴趣活动中去;(3)父母有时要站到孩子立场替孩子想一想。

第二,针对过保护型家庭的亲子关系。(1)父母要有让孩子吃苦、长见识的思想准备,如参加吃苦夏令营,参加体力劳动等;(2)父母对自己孩子成长的速度、程度、性质、能力大小作出适当的判断,制定合适的发展目标;(3)父母要把尊重孩子和宠爱孩子区分开来,让子女与其他同年龄孩子有交流的机会。

第三,针对支配型(野心型)家庭的亲子关系。(1)父母不要动辄使用命令行为,而是要运用"静悄悄"的引导方法,采取对孩子进行无形调控的方法;(2)培养孩子主动解决问题的能力,提供尝试错误的机会;(3)不要以大人的尺度去衡量孩子,不要用成人的眼光去评价孩子。

第四,针对溺爱型家庭的亲子关系。(1)立即停止溺爱,建立正常的家庭规矩和守则;(2)父母对待是与非、错与对,一定要分清,不能盲从孩子的行为;(3)父母不正确的心态要尽早解决,不要把孩子当作个人的私有财产或解闷时的玩具;(4)父母要注意自己的心理健康和身心健康。

第五,针对矛盾型家庭的亲子关系。(1)夫妻之间对孩子的教育应一致,应统一家庭的教育目标和计划;(2)对孩子的表扬与批评要有一贯性,不自相矛盾;(3)父母对孩子管教时,要注意自己情绪的安定性,最好心平气和时教育孩子解决问题;(4)夫妻之间有一个和谐的气氛,不要将家庭纷争、摩擦、矛盾迁移到孩子身上,影响孩子的情绪。

三、学校对家庭心理健康教育的支持

家庭心理教育的功能、途径和方法与学校心理教育不尽相同,教师不能替代家长,学校教育也不能替代家庭教育,但学校可以承担对家长进行家庭教育指导的责任,以实现学校教育与家庭教育的同步与一致,从而最大限度地实现学校心理健康教育的功能。

(一) 学校指导家长掌握家庭心理健康教育的知识和方法

1. 帮助家长认识心理健康是儿童、青少年发展的重要目标

首先要使家长认识到健康的心理是孩子德智体全面发展的重要组成部分,是孩子发展成才的重要基础和保证。无须怀疑,德智体本身就包含着心理因素,一个心理不健康的孩子是谈不上有良好道德和智力的。有一些孩子表面看来好像很听话,学习成绩也不错,但情感淡漠、意志薄弱、性格脆弱,学习上注意力涣散、思维呆滞,这反映心理上可能存在问题,进而会阻碍德智体发展。

家长的文化层次不一,从事的职业不同,学校应当通过诸如讲座等方式让家长了解一些心理教育的基础知识。因为这方面的内容很多,不可能对家长要求太高,所以学校可以作一些启蒙性的辅导。

2. 帮助家长了解家庭心理教育的基本方式

要让家长知道,家庭心理教育的基本形式应当包括两个方面:(1)积极方面,要创造条件使孩子的健康心理得到充分的发展;(2)调适的方面,要及时发现孩子的心理问题并有效地进行辅导。两者有机联系、相辅相成,缺一不可。前者可以通过正面教育和营造良好的家庭环境来完成;后者是不可或缺的补充,需要掌握一定的心理辅导的方法。

同时,应当让家长有这样的心理准备:孩子的心理问题或轻或重都会有一些,发现了问题不必惊慌失措,关键在于引导和帮助。轻微的心理失调如情绪波动、容易冲动、有些任性或自卑、考试焦虑、厌学等,完全可以通过谈话聊天、讨论谈心、创设情境等方法帮助调节;而有些如抑郁、焦虑、强迫、社交恐怖等则属于心理障碍,就需要运用心理辅导的方法进行疏导和矫正了。

3. 帮助家长提高自身的素质和教育水平

通过家长学校的培训,让家长提高自身的素质和教育水平:(1)提高自身的人格修养。家长在理想、信念、人生观、价值观等方面应有积极的追求,要自尊、自爱、自强,充满自信心和责任感,要培养广泛的兴趣和好学的精神,待人接物要文明有礼、谦虚谨慎,等等。总之,既要做一个努力实现人生自我价值的对社会有用的人,又要做一个在家庭里、在孩子面前堪称表率的好家长。(2)提高自己的家庭教育素养。要学会尊重孩子,与孩子平等民主地相处,建立一种健康的亲子关系;要学会观察和了解孩子,理智地看待孩子的优点和成长过程中的缺点、错误;要学习科学的养育子女方法,帮助孩子克服缺点、形成健康的个性品质。

(二)开展家校合作、互动的心理健康教育活动

1. 在家长学校中开设心理教育辅导讲座

在许多学校中,家长学校已经办得卓有成效,成为学校与家庭沟通的桥梁。如何在其中增设家庭心理辅导讲座,是一件富有意义的工作。心理问题多的学生,往往是家长的心理问题也多,因此,对家长的心理健康教育是非常必要的。学校要以具体的案例或事实来说明并影响他们,同时教给他们一些基本的技巧和方法,以便家长在提高自身的基础上,更好地指导自己的子女。但心理辅导讲座应该发挥家长的主体作用,不宜搞成单向灌输式,可以充分利用家长的社会教育资源,组织交流、合作和互助,更重要的是指导家长和家庭如何自助,而且将其作为家庭辅导的主要内容,从而形成"帮助、互助、自助"的教育途径。

2. 邀请家长共同参加学校的心理教育活动

邀请家长共同参加学校的心理教育活动也是一种积极而有效的方式。这种心理教育活动以教师为纽带,以学校良好氛围为铺垫,请家长与学生共同参与其中,例如,参与班级主题活动如"心声、期盼、心桥"、"你辛苦了"、"我不是小皇帝",或是家长与子女一起参加小小运动会等,使师生家长共同融入到一种预设的平等、和谐、融洽的氛围之中,共同去体验、享受情感的美。

除此以外,学校还应该适时拓展多种途径开展教育活动,如开通心理热线或开设家长心理信箱,不定期举办家长心理沙龙,组织家庭教育热点问题讨论,开展教师家访、家庭互助活动等。有条件的学校也可充分发挥网络的优势,在学校主页开设心理专栏,设立家长论坛和家长信箱等。

(三)帮助社区营造良好的心理教育氛围

社区是社会的缩影,它让学生在认识社会的同时,也给学生的心理发展以极大影响,社区文化、社区风气、社区特色都是陶冶学生心理的重要心理环境,社区内部、文化的、艺术的、科学

的、体育的设施都是学生心理教育必不可少的资源。学校除了向社区辐射科学文化、伦理道德、心理科学之外,还应协助社区搞好两个文明建设,利用社区良好的教育资源,服务于学校教育。如果学校能与社区加强联系,共同营造良好的社区心理氛围,那么,学校心理健康教育的内容会更丰富,形式会更多样,效果会更显著。

学校要积极和村委会、居委会合作,积极开展"创建文明社区,优化社会环境"活动。学校可牵头组织好宣传阵地,配合电视台、广播站、文化小分队走街串巷进行宣传,节目可以由学生自编自演,或与老年协会联手演出。学校应配合社区重视软硬环境的建设,学校、社区、各级可建立心理辅导电话专线,同时利用黑板、宣传窗等媒介普及心理健康知识。学校要针对中小学的心理特点及知识要求,联合社区开展形式多样的活动,邀请专家到社区指导工作,组织党员干部对特殊家庭进行家访,也可以组织家庭间的互帮互助。学校和社区及有条件的企事业单位,可以在寒暑假和休息时间开放部分娱乐活动场所,以丰富孩子的业余生活,组织社区内有一技之长的人员对学生的寒暑假活动进行指导。

学校、家庭、社会三者协调,形成合力早已不是学校教育的新话题了。值得关注的是,作为与学生发展直接相关的学校心理健康教育,由于其教育内容和教育形式的特殊性,更需要由学校向家庭、社区主体辐射,再由家庭、社区向学校良性反馈,以形成多维互动的全新教育网络。

四、家庭心理咨询

(一)现代家庭构造的理解

从目前学校教育的现状来看,儿童所生活的现代家庭构造主要有以下八种类型。

第一,父亲孤立型:父亲事业成功,早出晚归,或者经常出差,不常在家,所以母亲与孩子关系密切,父亲被孤立在外。此种家庭会出现的问题是,孩子对父亲隐瞒自己或家庭中的问题,使父亲越来越被孤立(同样也有母亲孤立型的)。

第二,"迂回攻击"型:家中有问题行为儿童,常因父母之间存在对立问题,而且面临着家庭的破裂。为避免对立加剧,孩子以厌学、贪食等问题行为引起父母注意的转移。父母于是将相互攻击的矛头暂时收起,而指向孩子(对孩子的关心和职责在夫妻间是一样的),夫妻间对立在无意识中被暂时消除,这叫做夫妻关系的"免罪符"。但夫妻间问题并没有真正解决,只要孩子情况有好转,问题还会再出现,并形成一种恶性循环。

第三,"迂回保护"型:夫妻之间存在矛盾,孩子以生病行为作回应,此时夫妻一致保护孩子。在此过程中,夫妻矛盾缓和。孩子在中间起迂回、调节、保护功能,但家庭矛盾仍然存在。

第四,分裂型:夫妻"同床异梦",关系不好,孩子不听话。此类家庭离婚的比例较高。夫妻关系表面上很好,外人无法察觉,但分裂是隐藏在背后的。也有专家称之为婚内分居现象。

第五,代沟型:夫妻关系很好但与孩子矛盾激烈。家长不理解孩子处于青春期这样的特殊时期,听不进父母的话,有的甚至不和父母说话。孩子处于心理断乳期,有很强的反抗性,追求独立,价值观多元化且多受同辈的影响。父母对此不理解,他们的生活价值观因与孩子发生着激烈的冲突而无法调和。

第六，旅馆型：家庭成员并不存在很大的冲突，但无共同目标和展望，个人至上、个性自由发展。所以并不重视家庭生活，只是将其作为像旅馆一样的地方，仅仅是吃吃住住的地方。夫妻之间实行"AA制"（工资分开、家务分担），或者是"周末夫妻"，不希望有孩子，互不干涉私事。时间一长有很大可能发展成为分裂型。

第七，粘着型：家庭成员关系过于密切，夫妻之间、夫妻与孩子之间没有合适的距离，个别家庭成员情绪会影响其他成员，形成连锁反应，家庭成员多神经症、敏感和不安。夫妻之间角色不分，对孩子溺爱，而孩子也对父母过分依赖，长大后成为"啃老族"，甚至到成人后不愿结婚，继续与父母生活在一起，择偶挑剔。由于父母与孩子分离都很困难，结合太紧，所以家庭无法向外扩展，无适当空间感，孩子无独立性，承受挫折的能力低。

第八，均衡型：家庭结构的标准型及理想型。成员心理上的联系纽带疏密有序，交流沟通比较适当，夫妻之间有距离美感，有各自的交际范围。

其他各种家庭结构均由这八种类型过渡而来，如单亲家庭、再婚家庭、特别型家庭（如只有公婆和儿媳以及领养孩子）等。

（二）家庭心理咨询的特点

家庭心理咨询以个人为对象或以家庭为基本单位，对在家庭生活中存在不适应、身心障碍等问题的对象进行心理援助、辅导。咨询内容包括夫妻关系、家庭教育、婚姻问题、邻里关系、性生活、疾病、经济状况、环境居住等各个方面的问题。

目前，家庭心理咨询是以亲子关系、儿童在家庭生活中的适应问题，以及与学校教育相关联的父母教养方式、教育问题等为中心而展开的。从理论上说，学校中的心理健康教育及心理辅导活动，与家庭心理咨询具有相互配合、相互补充的作用。

在家庭心理咨询中，对儿童的不适应问题进行心理咨询时，不仅仅要对当事人进行辅导和教育，而且还要对亲子关系、父母状况进行分析，即从"家庭诊断"或"家庭治疗"的角度，对整个家庭环境存在的问题进行整体的、动态的分析、把握。有时还会牵涉到父母的婚姻生活、夫妻关系、亲子关系及与亲族之间的关系问题。因此，在辅导和咨询过程中，咨询人员必须具有全面的视角。

家庭心理咨询大多数活动由学校心理辅导教师进行，因此学校心理咨询机构有关专业人员，不仅要掌握心理学的知识，还要具备心理咨询领域以外的理论知识，如家庭教育学、家庭医学常识、婚姻心理学、法律学、社会学及精神医学、人体生理学等。在国外，具备家庭心理咨询师资格的专业人员，常常还兼任地区民事法庭的家庭问题调查员、裁判员等。

（三）家庭心理咨询的主要内容

家庭心理咨询与学校的心理健康教育具有互补的关系，其主要咨询的问题有五个方面。(1)儿童的身心发展，在家庭生活中的适应问题等。(2)父母对子女的抚养、教育问题，其中包括父母对教育的重视度，对子女教育的计划，如经济投入力度，对子女培养的方向、目标以及家庭对将来生活的期待等。(3)亲子关系的类型调整，即如何消解亲子关系中的对立、抗争或摩擦等问题,建立一种积极的、相互依赖、相互尊重的亲子关系。(4)家庭教育和学校教育的关系。家庭如何配合学校开展心理健康教育,培养儿童健全的人格,使其德智体美全面发展,顺利地完成学校的学科知识教育任务。(5)对在学校或家庭中已经产生不适应问题或心理障碍的儿童,如何及时做到调整环境,改善家庭生活气氛,并及早积极地接受心理教育指导或咨询,以保证家庭全体成员的精神健康等。

在咨询过程中,要注意家庭生活、亲子关系并不是一成不变的,而是动态的、阶段性的,有一个发展过程,如夫妇关系的变化,家庭成员对生活的现实态度,个人的自我实现与家庭全体发展目标的结合,家庭内的抗争、摩擦的避免以及家庭成员间相互关系的充实等问题。子女进入青春期后,逆反心理及自立心理逐渐增强,而夫妇之间的精神结合也处于变化阶段,原先在养育孩子时的共同努力关系,有可能变得松懈,也有可能解体,因此,需要进一步维持发展这种纽带关系。在家庭的精神纽带中,相互的肯定和尊重、自我价值观,是支撑家庭关系最重要的源泉。精神结合如果不充分,在今后的家庭生活中夫妻之间、亲子关系中容易产生摩擦及其他心理问题。

(四)咨询的方法

在家庭心理咨询中,除了让来访者对自身的情绪、人格、教育态度、行为等方面的苦恼、不安进行倾诉之外,更重要的是要让他们诉说出这些苦恼、焦虑如何使他们感到不适应,以及他们对这些苦恼、焦虑的思考和认知态度。

来访者的苦恼、焦虑,常常是因为自己期望的目标达不到,或者南辕北辙,自己希望依存的对象走到了对立面上,心理上处于孤立状态。在心理咨询过程中,来访者由于得到倾诉的机会,产生了一种满足感,但这种满足感并不能使来访者立刻勇于面对现实,产生解决不适应问题的精神力量,立刻走出心理咨询室。因此,心理咨询人员不仅要让来访者产生倾诉苦恼、不安后的满足感,还要让他们认识到"这位心理咨询老师已理解我的立场","我的情绪和行为得到了正当的评价和认识"等,对来访者的痛苦、不安有一种共感的理解,使其产生安全感,这对他们在今后现实生活中保持心理的平衡具有一定的支持作用。

在亲子关系、夫妇关系或家庭与学校的关系出现矛盾的心理咨询案例中,心理咨询人员必须坚持两个咨询原则。

第一,中立性原则。来访者在开始咨询时是把心理咨询人员当作自己的支持者、"同盟军"才来到咨询室的。在咨询过程中,一方面总是表现出对其他家庭成员的不满或者对学校一些人员的"不良印象";另一方面强调自己行为的合理性,或所受到的不正当对待,有一种在情绪上"取胜"或"打败他人"的欲求感。心理咨询人员如果表示过分同情,全盘接受,或者与之"筹划"等,则很容易卷入家庭纠纷的旋涡中去,必将使心理咨询人员自身处于不利的局面。因此保持中立性,即"保持心理咨询者自我的立场和观点"是家庭心理咨询的基本技术和原则。

第二,客观性原则。来访者的问题常常在价值观、生活习惯、教育态度、学校适应等各方面表现出许多矛盾、不协调或对立性等。但来访者又常常希望自己的态度、行为、价值观得到社会的肯定,如果心理咨询人员对之认可的话,将会使他们的一些不适当行为、欲求得到强化、巩固。因此,在这种咨询场合,心理咨询人员必须保持自身的客观性,从"常识"上引导来访者。即如果来访者所表述的价值观、态度、行为具有"常识性",那么心理咨询人员要告诉他们,社会上的多数人是不会拒绝这种思考和行为方式的;即使其正当性没有得到社会的承认,也不要将其作为"非常识性"而加以否定,关键是帮助当事人认同真正的"常识"。采取这种对策既能使来访者感到安心,又不会失去心理咨询人员自身考虑问题的客观性,避免了盲目的评价和调解。

家庭心理咨询的形式大致可分为三种。

第一种是个人心理面接,即不适应问题、苦恼和不安主要集中表现在家庭中某个成员身上,或者是家庭中第一来访者身上。这时可以用一般心理咨询中的方式,进行个人的案例面接。

第二种是并行心理面接。这种方法常常用于家庭教育中亲子关系出现问题,或者需要调整家庭生活、环境时。一般是为来咨询的儿童配置一位心理咨询人员,为陪同他们而来的父母也配置一位心理咨询人员,双方各处一室进行心理咨询或教育指导。每一次咨询面接结束后,两名心理咨询人员要保持紧密联系,相互交换信息和意见,制定下一步的共同咨询方针和步骤。

第三种是协同心理面接,即亲子双方同处一室,由一位心理咨询人员担当案例的面接工作。其好处在于亲子之间能够各自倾听对方的心声、不安和欲求等,家庭成员之间能及时交流意见,表达情感;不利之处是不易消除子女的心理防卫、抵抗感,不易使儿童倾诉他们内心的秘密,如果遇到这种状况,可以在经过协同心理面接后,再转入并行心理面接的形式中去。

五、家庭疗法的流派与理论

与其他的代表性心理疗法的诞生不同,家庭疗法诞生没有特别的大师级人物或鼻祖。20世纪50年代之前许多不同的学者和流派对其进行研究和应用,从分到合最终形成这一理论和治疗技术,具体是以"家庭系统论"为核心,再加上自然科学和行为科学的理论整合。20世纪80年代,美国人霍夫曼将这些理论加以整合,并加上她的认知观、进化观和系统论理论,形成了以范例为中心、圆周型、循环型的家庭治疗方法。她提出的口号是:"要我帮助你,先让我见你的家庭。"她认为,要解除一个人的心理障碍,要将其放到家庭系统中,并结合其他学科(如人际关系学等)来进行治疗。家庭疗法的诞生及其发展见表11-3。

表11-3 家庭疗法的诞生及其发展

20世纪50年代(发现期)	出现了合作的家庭疗法,二重拘束理论、家庭催眠体验的家庭疗法
20世纪60年代(实践期)	在民间团体开展治疗,民间治疗机构建立,非正式刊物出版 家庭治疗从美国传到欧洲(以英国、西德、意大利、西班牙等国为主)
20世纪70年代(拓展期)	形成流派,治疗对象扩大(涉及青少年反社会心理、儿童精神障碍等),家庭疗法的学会成员达到8000多人,是所有学会中人数最多的

20世纪80年代(专业化期)	各流派进一步扩大,从美国传到世界各地 全球的家庭疗法的核心刊物达到20本以上,研究机构300家以上,学会成员达到1万多人 关注的家庭问题从结婚前到离婚后
20世纪90年代—21世纪初(综合化期)	各学派的创立者相继去世,各学派的界限不再明确,不少学派进一步融合起来,预想这种融合的倾向可以使家庭疗法在21世纪发展成最强大的学派 对精神分裂症家庭成员的教育成果被确立,精神病理的产生以及家庭成员的角色问题受到关注 家庭疗法进入诊所、学校、医院、福利社、企业,等等

(一)家庭疗法的主要理论流派简介

1. 波恩理论

波恩(Bowen, M.),精神科医生,家庭疗法的开拓者之一。主要观点为:家庭中有一个精神病患者,整个家庭的成员一起住院。可以通过对家庭成员的观察,找到当事人的精神成长过程。

2. 交流学派理论

主要代表人物为彼得斯(John Durham Peters),著有《交流的无奈》,主要观点为:家庭中有一成员痛苦,而其他成员不知道,所以要改善成员间的沟通交流,建立良好的交流关系(包括亲子之间、母子、父子之间及父母之间的交流关系),并且这是一种质的改善。

3. 战略学派理论

创立者为赫利(Haley, J.),主要观点为:治疗以人的发展为目标,设想人生中可能经历的发展阶段,设计战略目标;以解决现实问题为导向,以家庭系统再调整为核心,认为家庭的生态化环境更重要,不讲究消除症状。

4. 构造学派理论

创立者为米纽庆。主要贡献:通过家庭疗法治疗青少年厌食症,其理论的传播最为广泛。主要观点为:家庭结构要重建,父母与子女之间的代沟要察觉,要认识到差异。强化夫妻间联系后再教育孩子。若家庭中有兄弟姐妹,则出生的序位会对家庭成员有影响。同时,在沟通治疗过程中重新塑造家庭的理想。

5. 行为学派理论

主要观点为:将行为疗法的理论用于家庭疗法,认为:(1)咨询师要巧妙地指示;(2)成员间要相互作用;(3)家庭构造的再变化,成员的意见要促进,辅助一些其他的疗法(如家庭成员互相按摩、演示等)。

6. 社会网络学派理论

主要观点为:强调家庭外在的社区资源,家庭是社会网络中的一格;不仅重视家庭成员之间的作用,还重视家族、亲朋好友、邻居、单位同事、有影响力的社会人士等所起到的作用;让家庭成员的情绪相互作用,考虑具体介入的方法;讲究生态学的观点,强调社会生态系统对家庭的影响,不仅在咨询室面接,还要利用外界的资源。

(二)家庭疗法的主要技术运用

1976年,阿波恩塔提出了家庭疗法中沟通交流改善技术,具体如下:

1. 构造化技术(权利平衡)

这项技术针对的是动力构造的改变。一般有问题的家庭动力构造有两种:河东狮吼(老婆天下)型和老婆即小妾型,这两种都不是均衡型的家庭,关系构造需要改造。因此,夫妻两人要一起接受心理治疗,鼓励一方对另一方发表积极议论,这时再介入心理咨询师的力量,使得家庭权利平衡。

2. 实际演示法(演戏)

让夫妻把家庭情况用表现、表演的方法重现,孩子若是语言表达不行则可以用动作表现。在治疗过程中,咨询师必须注意三个阶段:(1)当家庭进入咨询室,咨询师首先应关注家庭成员是怎么坐的,谁先坐下来及每个人坐的位子,一般来说,坐在中间的人是家庭中最重要的人;(2)咨询师要让有问题的家庭把他们的家庭生活场景展现出来;(3)咨询师让家庭成员把他们心目中所希望的理想的家庭演示出来。这种方式的优点是动作演示比抽象的语言更为形象化。

3. 课题设定

咨询师给家庭成员布置作业,要求家庭成员一起去完成。此种技术中需要注意的问题是:何时、何地、和谁、怎样的状况。例如,一对不断吵架的年轻夫妻来进行咨询,咨询师给了他们一个课题,即出去旅行前自觉地吵一次架。如果真的吵架了,则这对夫妻是忠于和服从咨询师的指示的;若吵不起来,则咨询师的治疗目的也达到了。这被称之为"从蛛网里脱出"的技术。

4. 家庭内沟通不和谐矫正

例如,有个案例介绍4岁的女儿一直多动,晚上也睡不着觉,经常走到外面,父亲管教严厉,母亲溺爱女儿并对女儿的此种行为表现无可奈何。于是,全家来进行家庭治疗。咨询师用洋娃娃代表女儿,用木偶代表父母,让家庭每个成员分别演示晚上睡觉的情景以及父母是如何管教女儿的。从互动交流中女儿受到教育,父母也受到启示。

5. 关系密切的方法

咨询师给予家庭成员积极的倾诉和点评的机会,让他们自由表述自己的意见;咨询师表示自己是家庭中的成员,和家庭成员共同演示家庭中的生活场景,起到了沟通和桥梁的作用;咨询师观察家庭成员的非语言动作特征和神态,然后模仿,让家庭成员有所启示,咨询师从中起到了"镜子"作用。

> **本章概要**
>
> - 亲子关系是一种法定的血缘关系和社会人际关系,它影响着父母与子女之间的身心健康与发展。
> - 家庭的教养方式或父母的教育行为,决定亲子关系的类型。

- 良好的家庭教育与亲子关系,必须具备"爱的基础"、"成长的喜悦"和"健全的教育"三个层次。
- 学校有责任也有义务指导、培训家长掌握家庭心理教育的知识和方法,家庭和社区要主动协助学校营造良好的心理教育氛围。
- 家庭心理咨询与学校心理健康教育有互补关系,主要对儿童、青少年存在的生活不适应、身心和情绪障碍等问题进行心理援助。
- 家庭心理咨询要做到"客观性"和"中立性"原则,使每个家庭成员产生安全感,并在生活中有新的改变或发展。
- 家庭疗法的理论是一种以理解和分析人类系统为主的治疗技术,因此它的干预目标是具有系统性质的,并且让每个家庭成员交互作用、沟通、改善情绪,即咨询师把家庭系统作为一个整体来进行治疗的。

关键词

亲子关系　　教养方式　　亲子依恋关系　　父母控制　　家校合作
家庭心理辅导　　家长学校　　家庭构造类型　　并行心理面接　　协同心理面接
家庭疗法　　交流学派理论　　战略学派理论　　构造学派理论　　构造化技术
实际演示法　　课题设定

思考与讨论的问题

1. 请你阅读一部自己感兴趣的小说(国内外的经典文学作品都可),从小说中分析主人公的家庭构造或亲子关系类型。

2. 你能不能为某个你所熟悉的学校设计一方案:开设一个家长学校教育培训班,注意培训的目标、内容,以及方式和途径等。

3. 当对家庭进行心理咨询时,可能会出现的一些道德伦理问题是什么?如何建立咨询师和来访者之间良好的咨访关系?

第十二章 大学生心理咨询

近年来,大学教育发生了很大的变化:学科知识的更新和课程改革的迅猛发展,高、精、专的前瞻性学科不断涌现。与此同时,社会对培养大学生的创造能力、应用实践能力的呼声也越来越高。大学制度、教育内容的改革,使大学的环境发生了新的变化。许多青年在踏入高等学府大门之前,对大学制度改革的状况、大学生活的现实并不了解,只是羡慕大学生活。通过激烈的高考竞争跨入大学之门后,如何适应大学的生活,成为大学生心理健康的重要课题。

本章着重介绍大学生成才和人生发展所面临的危机和心理健康问题,对大学生在校园生活、情感、人际关系等方面进行心理辅导,此外还对大学生的生涯发展规划,如择业、考研或出国留学等,从心理层面上给予一定的指导。

一、大学生的心理健康问题

(一) 大学生的心理特征

大学时期是从青年期向成人期发展的阶段,是在各种各样的心理动摇中自我创造、自我实现的时期。现代的大学生心理特征主要有三个方面。

第一,价值观的多样化。现代大学生为某种特定的价值观、哲学思想或意识形态倾倒的状况已经少见,他们非常重视自我的感受、判断和对现实的体验,从中形成自我价值取向。但是尽管现在大学生的信息、知识比以往的大学生要多得多,可对生活的感受和体验却变得更狭窄。这一方面是因为现代社会信息技术的高度发展,"秀才不出门,便知天下事",通过电脑网络可以遨游世界,与天下人结交、通信;另一方面是对自我、自身环境的过多关心,使他们缺乏对现实社会更广阔的视野,大学生根据自我需要汲取知识,并根据自我需要来形成多种多样的价值观。

第二,对人际关系的敏感。在对大学生的心理咨询中最强烈的感受是,80%以上的心理问题与人际关系(包括交友、恋爱等)有关。他们在人际关系中不是通过相互交流、碰撞来确认自我与对方的关系性质,而是尽量做到既不伤害对方,也不让对方伤害到自己,以回避的方式居多。现代的大学生相互之间是在不"侵犯"对方领域的潜规则下,各自探索自我的生活方式和价值观。

第三,许多大学生在大学生活中想尽量摆脱烦恼,活得潇洒。但人有时必须经历苦恼、不安、痛苦,通过克服深刻的心理危机,才能成长起来,才能将自我的精神境界提升到一个更高的层次。而现在的大学生表面上很潇洒,没有烦恼,但一旦深入他们的内心,会发现他们并不是这么无忧无虑。也就是说,现代大学生的表面与内心深处存在着很大的差距,没有烦恼的背后却是常常充满了烦恼。

那么大学生的内心深处可能构成烦恼或心理问题的因素主要有哪些呢?

第一,自我同一性的探索。自我同一性除了"作为男性、女性的自我确立","作为大学生的自我确立","作为某个阶层或集团中一名成员的自我确立"以外,还有对自我的探索,即"我是怎样一个人","我的生存价值观"和"我如何自我实现"等,这是大学生不得不面临的自我人生发展的课题。如果上述问题解决得不好,就会产生"同一性扩散"(自我意识过剩,选择的回避或麻痹状态,以及选择的混乱、不适应状态等)问题。

第二,相对于家庭的自立。青年期是从父母那里"心理断乳",实现自立自强的时期,心理学上称之为"第二次断乳"。如果这一问题解决不好,会产生依存父母与个人自立相矛盾的状况,在亲子关系上形成不适应状态,影响个人的学习生活。

第三,人际关系的质的变化。大学时代是人际关系发生较大变化的时期,在以往生活中主要是亲子关系,同性友人、同学关系,在大学生生活中开始出现异性关系、恋人关系乃至今后的婚姻关系,事业上志同道合的伙伴关系,以及与自己崇拜的、希望成为的理想人物(例如著名教授、科学家、作家等)之间的关系。如果这样的人际关系进展得不顺利,或者没有知心友人,没有理想的榜样,不能融入集体之中,心理的问题或"受伤感"就会变得深刻起来,很有可能导致重大的心理障碍。

对以上现代大学生的心理特征的把握,是对大学生进行心理健康教育的关键。

(二)大学生活的不适应问题

在进入高等学府的大学生中,有许多学生性格开朗、活泼,充满了青春朝气和活力;许多学生努力攻读专业学科,表现出奋发向上的精神;但是也有不少学生,内心却充满了各种迷惘、烦恼、苦闷等,家庭、朋友、异性、学习能力、性格,甚至包括经济生活、毕业后的方向、自我容姿、体质、恋爱、性心理等,都是构成烦恼的原因,在一定程度上可以说,没有任何烦恼的大学生在校园里几乎是找不到的。从大学心理咨询工作的角度来观察,大学生的不适应问题首先是从以下两个问题开始产生的。

1. 学生无气力症候群

学生无气力症候群(student apathy)在国际教育界是一个比较新的概念,原先来自"学习冷淡症"一词,而"学习冷淡症"这一名词来源于1961年美国的韦尔塔斯(Walterzes, E.)发表的一篇论文《大学生情绪问题》。到20世纪70年代,"学习冷淡症"又产生了一个别名"学习退化症候群",因此在国外大学心理咨询研究中也被称作"大学生无气力症候群"。

学生无气力症候群是一种神经性冷漠症,在中小学生中,即为学习欲望减退现象。学生无气力症候群可分为两种类型:一种是"副业化倾向"。这种类型的学生对大学学习生活没有兴趣，但对学习以外的副业兴趣浓厚，如打工、过早过多地寻找职业，在大学以外进行频繁的社交活动、娱乐、恋爱等等，副业过多反过来会影响到学业。另一种类型即是神经性冷漠症。究其产生原因，可能是由于在中小学一贯接受的应试教育，长期受到压抑；进入大学后一下子从考试的黑暗中走出来，完全放松，情绪上有一种解脱感，于是对继续进行的大学学习生活缺乏兴趣。有的学生甚至产生享乐倾向，用娱乐来补偿麻木疲劳的大脑，对打牌、打麻将、旅行、恋爱、玩耍等兴趣高涨，阻碍了学习成绩的提高。

对学生无气力症候群主要采用生活分析的心理咨询法，帮助学生建立起自己的生活目标图，明确学习的重要性，之后再进行适当的心理辅导。

2. 新入学症候群

新入学症候群在日本被称为"5月病"。日本是每年4月1日开学，这一症状通常在5月份表现出来，因此日本的大学心理健康教育工作者及心理咨询人员将其称为"5月病"。

新入学症候群的起因与学生无气力症候群相似。学生进入大学后，从考试焦虑中走出；由于对自己学习的内容不感兴趣，或者进的是父母选择的大学，在对大学的新鲜感过了之后，便产生失望感；失望感又进一步加速士气的低落，以致精神不振、毫无作为，形成怠惰状态；加上刚进大学，朋友不多，周围没有知心人，也不能对大学里的教师倾吐心里话，情绪郁结在心里，由此产生心理的不适应感。总的来说，新入学症候群是一种对环境变化的不适应，一般是一过性症状，几个月后就会消退，但也有些人不能消退。因症状延长而引起学习意欲减退，即发展成为前面所述的学习冷淡症。除了大学生以外，公司的新职员、新婚夫妇也会因为对环境变化的不适应，出现类似情况。

新入学症候群的临床心理症状包括：盲目的焦虑、无气力、愿望丧失、食欲不振，有时有失眠和轻度的抑郁症。入学两三个月后出现缺课、逃学现象，上课时头痛，注意力集中困难；上完课后有腹痛、轻微呕吐等身心症状。症状延长时有两种情况：精力强的学生会出现"副业化倾向"，精力弱的学生则有可能产生"自杀倾向"。

现代大学中容易患新入学症候群的人有这样几类：(1)在中学时学习努力，压抑了一切情绪和愿望，一门心思只想考入大学而未制定长远目标的学生。(2)追求完美成"癖"的大学生。在家长、老师眼中他们是成绩优异的学生，在大学中，他们也是所修学分最多的。他们学习非常努力，但是一旦受到挫折，就会自卑，心理上产生不安、焦躁的感觉。(3)未被录取到自己希望进入的大学，听从家长或老师的劝说进入另一所大学的学生。他们对自己学习的东西不感兴趣，或者对学习的内容有疑问，觉得所学的东西与自己的未来及人生关系不大。他们在大学中的友人较少，常常处于孤立状态。(4)没有任何特长、兴趣、体育活动的学生。这类学生认为活动游玩是懒惰息学，因此全身心地投入到学习中，导致心理和情绪缺乏调节。他们一旦在学习中受到挫折，如专业知识渐趋深化遇到困难障碍时，就会产生心理问题。(5)受到家长过度保护、过度支配的大学生。他们对家庭的依赖性强，缺乏责任感且缺少对欲求不满的耐受性。进入大学后，独立生活能力很差，容易遇到困难，一旦感觉不满，便会产生很强的挫折感，容易导致心理问题。

对大学生来说，预防新入学症候群，有以下一些心理保健预防建议：(1)考入大学后，要制定对将来的发展、事业、理想、生活方面的大致计划;(2)培养良好的兴趣和特长,进行适当的体育锻炼,或通过旅游调节身心,不要陷入"学习第一"的思想负担中去;(3)在刚入学时,不要一下子申请太多的学分,尤其是自己不熟悉的专业,在学习知识上务求少而精;(4)在自己相同专业的同学中多结交朋友,包括同性和异性朋友,建立良好的人际关系,朋友之间可以相互疏导、相互关心;(5)可以通过心理测量了解自己、并改善自己的性格;(6)多从好的地方观察自己的大学,而不要仅仅从坏处去看,因为主观观念和客观世界的不同会影响行为的方向;(7)如果有了心理不适应问题,要有勇气及时求助于心理咨询老师。

(三) 大学生的精神卫生问题

大学生的心理健康和精神卫生问题主要有六个方面。

1. 身心不适应问题

对考试的不安、焦虑或论文写不出时等,均会造成心理不适应问题,问题的持续化又会导致食欲不振、头痛、腹痛等状况。

2. 人际关系导致的心理问题

有些大学生由于害怕被人过分注意而不敢进入食堂、厕所。食堂、厕所恐怖症的本质是人际关系问题,是一种心因性的社会恐怖。

3. 神经症

神经症的表现有:焦虑、强迫、恐怖、抑郁、疑病、人格变异(如任性、性格不成熟、自卑、过分谨慎、自我表现欲强、依存、攻击等)、精神压力过重、自律神经系统过于敏感等。造成大学生神经症的原因可能有:对自己的容貌、身材不满,考试的失败,人际关系问题,失恋,学校中的人事纠纷,毕业论文写不出,奖学金、经济、打工问题,入学前的家庭环境影响等等。

大学生中常见的神经症可分为以下几类:(1)不安神经症,表现为盲目不安、考试焦虑、恐慌、呼吸困难、失眠等。(2)恐怖神经症,包括对人、高处、交通、尖锐物、厕所以及被人嫉妒等的恐惧感,发作严重时不能上课参加学习。(3)强迫神经症,如强迫性被害观念、对称观念,洗手洁癖及确认强迫倾向等。(4)抑郁神经症,表现为情绪低沉、沉默寡言、缺乏生气、多愁善感、有自杀死亡念头等。(5)疑病神经症,一有什么不适,就怀疑自己得了什么病,使学习兴趣和精力严重下降。(6)神经衰弱,表现在学习中注意力下降,记忆力衰退,上课听不进去,笔记记不下来,读一会儿书就会头昏等。(7)解离性神经症,表现为没有生气,喜怒哀乐等情绪消失,自我身体实感消失,对外界感觉冷漠,严重时会产生意识朦胧现象。

治疗大学生的神经症首先要注意调整环境,在神经症发作严重时可让其休学一段时间;也可以进行必要的心理咨询和心理治疗;进行适当的体育锻炼和药物治疗;指导他们适当地减少选择的学分,注意调整身心,加强娱乐、旅游等活动,改变一下兴趣;指导大学生在情绪低沉时,可适当做一些自律神经调控训练或进行音乐疗法等。

4. 精神分裂症

精神分裂症是传统精神病的一种。精神分裂症中的"分裂"是指精神机能解体,包括感觉、认知、思考、行为控制的机能;整个精神状态的荒废,意欲的减退和感情障碍;人格崩坏,行为异常或不可理解。

一个人存在头部外伤、脑炎等脑器质病变或遭受精神打击,均可能患上精神病。原因不明的精神病,即没有明显的遭受精神创伤或存在脑器质病变的迹象,称为"内因性精神病"。对于这一精神障碍的病状把握,世界各国的研究者多少年来煞费苦心,仍没有取得决定性的结论。这种原因不明的精神病在青年期发病率最高,幻觉、妄想、感情交流的丧失,以及其他各种特有的症状,最初是缓缓地发展,如果急性地恶化必然导致"精神的荒废"(即在社会生活中个体对周围环境所应有的注意、关心、情感交流、生活愿望全部丧失,从而使自身处于一种孤立、异常的状态)。它不像脑器质性病变的精神病那样导致智力低下、毁坏,而是导致"人格"的障碍和崩溃。

根据传统的德国精神医学界和精神分析学家弗洛伊德的观点,认为这些患者的正常思考机能已丧失,由于患者思考的线索混乱或者思路不能整合(联想的障碍),即精神机能的"解体",因此将其命名为"精神分裂症",其内容是以"精神荒废"为前提的。

据国际精神医学界的调查统计(国际疾病分类 ICD-10),精神分裂症在人群中的患病率每 1000 人中约有 7—8 人;症状明显,持续期长,占精神科医院中入院患者总数的 70% 以上;而且出院以后仍需各种各样的康复治疗和照顾。发病者主要以 15—35 岁的人为主,其中以高中生、大学生等将来富有发展前途的人居多。最近在大学生中发病率有上升倾向,需要高度警惕和预防。

大学生的精神分裂症发病前兆有以下几个方面可供诊断:(1)幻觉,如感觉眼前有虫在飞或听到远处或隔着墙传来的声音等。(2)妄想,如认为别人讲自己坏话或者考试时老师故意给自己低分。(3)空笑,即无意义的或意义不明的笑。(4)独语,即自言自语,且不能自我控制。(5)奇异的行为,即违反常规的奇怪的行为等。这些症状若及早干预治疗,情况会好转,但若听任其发展就会逐步发展成为精神分裂症。

大学生所患的精神分裂症主要是内因性精神病,即致病原因不明的精神病。精神分裂症主要又可分为慢性和急性两种:慢性精神分裂症可称为"破瓜型";急性精神分裂症称为"紧张性症候群"。若及早治疗,预后比慢性的好,但一旦复发,情况会更严重。精神分裂症的治愈率不高,一般来说在青年期,大学生中有 1/3 的患者可以缓解或治愈;1/3 的患者只能部分缓解。精神分裂症的康复标准为:精神症状消失、病症有了很大改善、社会适应力恢复。

针对精神分裂症的疗法有三种:(1)药物疗法;(2)一定的精神疗法和作业疗法(如以森田疗法为中心);(3)综合性的康复疗法。其中重度患者用药物疗法;中度患者用作业疗法,内容有木工、农艺、编织、手工艺制作、陶瓷制作等;轻度患者用心理治疗或咨询;除此以外,再进行文化、艺术、体育、音乐及回归大自然等疗法。

5. 躁狂—抑郁症

大学生的躁狂—抑郁症的形成原因:

第一,生物学的原因。如家庭中的血缘亲属中有躁郁症患者,则其家族遗传的因素不能忽视。近年来发现大脑中的氨基酸异常与躁郁症的形成关联很大,但在生化学上尚未完全解明。

第二,心理的原因。德国的精神医学家发现"抑郁型性格"(melancholy)的人,注重秩序、做事认真、责任感强、多愁善感,在人际关系中重信用。大学生中产生这一疾患,主要是学习的压力、课程内容的变化、知识量的更新,就业、前途、经济问题、体质的变化、心理负担的加重等因素,与自我抑郁型性格相互作用,从而形成病变。

第三,社会的因素。例如家庭成员的死亡,家庭环境的变化,对大学生活环境的不适应,社会文化价值观和信息的刺激,造成个体情绪、身心的紊乱,又因缺乏及时的调整、恢复而形成神经症性的抑郁症。

治疗上,躁狂症可采用认知疗法和药物疗法并用,治疗效果较抑郁症为好。抑郁症可采用药物治疗加心理咨询,但极严重的单极性抑郁症的康复期可能相当漫长。在对抑郁症的心理咨询中要特别注意几点:首先,不能鼓励或激励抑郁症患者。因为抑郁症患者在受到鼓励之后,进行努力,一旦失败,会加重他的无力感、自卑感,所以在心理咨询中开始阶段只能以理解、共感的态度认真地倾听。其次,在心理治疗或医学治疗过程中要反复暗示、强调三条治疗原则。(1)心理咨询过程未完成,本人作出决不自杀的保证;(2)有规则地睡眠和休息,进行适当的体育活动;(3)不作任何重大的决定。

6. 自杀

近年来,大学生的自杀率有所上升,成为校园一大严重问题,引起各方的关注。大学生的身心发展正处于疾风暴雨期,感情冲动比少年期更为剧烈,很容易造成一种爆发性的、冲动性的自杀。从统计来看,自杀的死亡率在10 000人中有2—3人。自杀的危险期为每年2—6月初,此时大学生正处于考试、择业密集时期,容易形成自杀念头。心理咨询人员尤其要注意2—6月是自杀发生最危险时期,如果能够做好疏导和控制,自杀念头就会成为一过性的危机。

对大学生中有自杀倾向者的咨询策略,主要是控制当事人自杀的爆发性和冲动性情绪,可采用以下三种方法:

第一,"生命电话"的方法。对想自杀的人说"不要不声不响地去死,请留下一段话",即留遗嘱的方法。这种方法一方面可以用来发泄忧伤和不满;另一方面也可以让当事人从中找到反思、留恋的东西。再如在容易发生自杀的场所,竖立一块牌子,上面标上"生命电话"的号码,写上"请等一等,会有办法的,请先打一个电话找人谈一谈"等词句。

第二,缓兵之计。如提议:"对自杀的行动能不能延缓一到两周,请再考虑一下?"

第三,替换的方法。如请自杀企图者列一张表比较生与死的价值或检查自杀的计划是否完美,来促使当事人的认知发生变化。

此外,对自杀的预防措施有:(1)对考试、择业失败或不能写论文的大学生进行早期的心理援助;(2)指导当事人了解现实,勇于承认不可能的事物,因为自杀的人通常不能接受现实和否认失败;(3)转移注意,增加自己的兴趣和特长,可对生活中心理压力和危机,起到缓解作用;(4)开展各种团体心理辅导和小组心理研讨会,指导大学生建立可倾诉心里话的社会关系;(5)指导大学生不断修正自己的价值观、人生观。

二、成长与危机

(一)"青春期危机"的概念

危机(crisis)由"分离、区别、选择、判断、决定"等希腊语义演变而来,后作为"因重要的变化而产生的转折点,面临选择和决断的歧路或临界点"等含义来表述。从心理学上看,在个体精神发展过程中,是一个阶段发展完成后向着另一个新的精神阶段过渡的中间期。在这个过渡的中间期里,旧有的精神体系缺乏解决问题的有效性,而新的精神体系尚未完全构成,因而处于一种危险的不安定状态中。在这种状态中,个体的成长、成熟会遇到各种困难,因而是各种各样的心理不适应问题和障碍容易出现的时期。

当然,"危机期"不等于人的内在自我的发展、新的飞跃的可能性不存在了,而是处于一种"休眠"的、积聚力量的时期。因此从这个意义上说,危机也就是"转机"。著名的心理学家、人类教育学家波尔纳(Bollnow, O. F.)关于危机是这样论述的:"人也许只有通过危机——本质上没有其他通路——从一种激烈的威胁的状态中脱身出来,才能获得自我的存在和责任感。在向新的生活阶段过渡时,必须穿越或克服你的人生危机。在青年期出现的危机,是人在成熟过程中必然发生的现象,如果不能面对所降临的人生危机,就没有一个人能在内心世界中做到自立完善。只有通过危机,我们才会成长、成熟起来。"根据波尔纳的观点,危机是人的一种自我完善、发展的契机,没有危机,也就没有转机,进而也就没有了成长。青年期是最充满危机的时期,但危机又不局限于青年期,其实人生各个发展时期都充满了各种危机,只是在青年期,这一问题表现得最尖锐。

临床心理学家对"青年期危机"的研究结果表明,这一危机所造成的心理问题或症状,其位置可定义在从神经症到精神分裂症的中间状态,是青年期生理成熟受阻和心理、社会性加速成熟之间的矛盾。"青年期危机"的问题如形成心理障碍,则表现为对人恐怖症、社会恐怖症、强迫神经症、无气力症候群,以及自杀企图等。此外该问题对于理解"破瓜型"精神病(慢性精神分裂病)等精神障碍问题也非常有意义。

一个人没有问题,没有危机并不表示心理的健康,真正心理健康的人,是穿越和克服不可避免的困难和危机的人。从这个意义上说,青年人、大学生新的可能、新的转机是从面临危机开始的,危机的程度越强烈,最后克服这一危机的意志和努力越有力,在危机之后的发展和变化也就越有价值,越显得卓越出色。

现代大学生的人生危机可分为必然的人生危机和偶然的人生危机。必然的人生危机发生在大学生的人际关系、职业选择、自我实现、异性交往及此后的婚姻家庭及妊娠分娩等情况中,是每个学生不可避免的危机。偶然的人生危机因个人生活而异,主要由人格中的自我决定。人格中的自我包括"客观的自我"和"主观的自我",所谓"客观的自我"是指与自我相处的客观现实环境,而"主观的自我"是一个人内心对现实环境的反映。当客观现实对每个人来说都相同时,由于主观自我的不同,每个人对相同问题也会产生不同的看法,而看法和认识的不同又造成个人对环境的适应和不适应,这是产生危机也是解决危机的根本机制。

大学生个人的危机来自原动力:脆弱的人格会变成人生发展上的障碍,坚强的人格会成为自我成长的动因。当大学生遇到挫折时,首先应想想本人的自我是坚强的还是脆弱的。如果自我是脆弱的,那么应注意选择的目标和发展阶段不宜过大。其次,大学生克服困难的能力还取决于其人际关系,良好的、成熟的人际关系有助于人们克服困难。最后,值得提出的是,当遇到障碍时,大学生们要学会整理自我情感、增强自我磨炼的能力。一个人的高明之处取决于是否能勇于面对现实和挫折,积极地将危机转化为成长的"转机"。

(二)大学生的自我成长

1. 自我人生设计

大学生活是大学生自我人生设计的重要阶段。影响大学生自我人生设计的因素很多,包括自我价值观、人生哲学观、自我理想和恋爱婚姻观念等等。大学生正处于离巢阶段,但如果对家庭、大学中的处境和将来如何走向社会的问题处理不当,可能造成其心理与家庭、父母"断乳"不彻底,因而产生心理阴影。

人生设计中关键的因素是人格形成。人格是在人与人的相互交流中形成的。其中,幼年时的母子关系是第一步。如果儿时母子关系良好,那么儿童就会获得基本的安全感,这是人格形成的基础。到了大学时期,大学生们自我意识苏醒,一方面他们有了自律行为,懂得自我控制;另一方面他们对父母、大学里的权威、教师具有逆反心理。这正是青年自我设计和成长的源泉与动力。人生设计首先应从与父母分离开始,要培养大学生的生活自理能力,这是人格成长的有力源泉。

大学生在大学后期学习阶段主要面临两大问题,即寻找职业和恋爱结婚的问题。寻找职业的关键是要能发挥其所学特长。另一方面,大学是与异性交往的场所,"校园爱情"心理现象很复杂,其中包括幸福感、嫉妒、吃醋、失落感等。如果处理不当,就会产生心理障碍,再进一步恶化就可能会变成精神疾患。"校园爱情"的胜利会走向婚姻,这是一杯成功的美酒;如果失败了,个人也要学会克服挫折,重新取得成功。

大学生在事业与人生的十字路口时,往往会感到无法选择,尤其是女大学生和女研究生,因此需要这方面的心理咨询。对于这类有关大学生人生设计的心理辅导,应着重从指导大学生获得一定的专业技能,制定自我计划,形成合理的价值观,花费最小的劳力去取得最大的成果方面入手;也可指导他们进行生活分析的心理咨询,要求大学生制作生活分析目标图或生活分析计划表,帮助他们更好地重视现实,增强自我洞察力,发挥个体的自主性。

2. 大学生的自我实现类型

大学是大学生的人格、学问等形成的重要场所,也是大学生自我价值实现的重要场所。大学生自我实现的类型多种多样,概括起来有五种。

第一,放任型。这类大学生表现为对学问不感兴趣、缺课、上课迟到、怠学,热衷于打工、娱乐等副业生活,时而恋爱"中毒"等等,长此以往,在大学生活中易受到挫折。

第二,疗养型。这类大学生无具体学习目标,将大学看作休养之地,存有混到毕业混出一张高等学校文凭的思想。

第三,追求型。这类大学生又可分为以下几类:(1)学习意欲旺盛型,热衷于学习各种知识,进大学后选修了许多学分;(2)技术型,只对自己的专业知识感兴趣,对其他知识则较为轻视;(3)文凭型,认为没有大学文凭就找不到工作,但进大学后对将来的目标、从事的职业并未考虑好。这类大学生易中途丧失学习动力。

第四,冷淡型。进大学是为了满足家长、教师等人的要求,而非出于本人的意愿。过去为了考大学放弃了自己的课余生活,进入大学后自己的理想却破灭了,因而迅速对学习生活失去了兴趣。

第五,浪漫型。这类大学生进入大学是为了寻找理想的异性,作为自己今后的结婚对象。

寻找一位理想的大学导师对于大学生的自我实现将会有很大的帮助。这类大学导师是指那些研究能力强,教学水平高,有时间与学生接触,并且热爱学习的大学教师,他将帮助学生们正确地、完善地实现自我。

3. 大学生的打工生活

打工(勤工助学)是一种社会体验,也是一种人生经验的积累。它一方面可锻炼大学生最终跨入社会所必须具有的社会能力;另一方面大学生通过参与成人社会的经济活动,也可以积累金钱,用来购买自己希望得到的东西或去想去的地方,来帮助或充实自己的学习生活。打工有时也是一种严酷的体验,大学生通过打工,了解社会竞争,明确自己的责任,并及早培养社会适应能力和行动能力。因此,打工可以说是大学生走上社会的重要阶段。大学生勤工助学的种类主要包括:家教、公司职员、文秘事务、资料整理工作、调查访问工作、导游、挂职锻炼、行政助理等。

要指导大学生如何分配打工时间和学习时间,使两者不发生冲突,特别要分清正业和副业,避免完全打工倾向。此外还要对大学生作一些具体指导,如:(1)禁止危险、伤害身心的打工,如交通、高空、高电压作业,与病菌接触的工作以及色情场所;(2)禁止违反社会规则及法律的打工,如传销、盗版、走私等;(3)避免影响大学生形象及教育形象的打工;(4)不要受不适当的人或行业的劝诱,男性大学生不要长期在夜间打工,女性大学生应避免在深夜打工;(5)在勤工助学的单位中,当劳资双方发生冲突时,要有经济法律意识及自我保护意识;(6)在打工职业的选择上,要寻找可靠的信息来源,如经过国家登记的人才市场和学校内有关部门等发布的信息。

4. 对心理咨询机构的活用

大学生可灵活利用心理咨询机构,以取得必要的心理援助。当大学生遇到有关日常生活问题(如学习困难、经济纠纷、性格障碍、异性交往和家庭问题等)时,可以寻找与自己关系较为密切的教师或个人,也可寻找有关心理咨询机构。另外,大学生自己也可参加心理咨询机构的心理辅导义务活动。通过接触他人的心理问题来解决自己的问题。他人的心理就像一面镜子,当你在解决他人心理问题时,同时也解决了自己的心理问题。这是一种心理上的相互援助现象。对于个人隐私度高的事情,例如失恋、怀孕、性变态等问题,大学生们可选择确实能保守秘密的专业心理咨询师来进行咨询;还可选择一个能进行自我人格测量、情绪测量的场所,通过心理测量以达到更全面、更完善的自我了解。对于经济生活问题方面的咨询,可找所在大学的勤工助学部门或学生会,以获得一定的帮助。

三、大学生的校园生活辅导

大学生的心理咨询中,为人际关系、异性关系问题而苦恼的案例不在少数。这些大学生所咨询的问题中常常有这样的主诉:"对大学生活不习惯,缺乏充实感","与周围的人很难做内心的交流"等,充满了孤独感和疏离感。另一方面又会出现:"自己与其他人不同,思考、举止、言行很难合拍","周围的人和自己接近不起来"等自我否定的认知,因而产生"不想伤害他人,也不想被他人伤害"的想法,对他人的接近表示拒绝、抵抗。

大学生的人际关系是依存与自立、亲密与回避(即既希望与他人亲密交往又希望与他人保持一定的距离)的矛盾体现。因此对大学生人际关系方面的问题也必须进行一定的心理辅导。以下是大学生面临的主要人际关系问题。

(一) 友人关系

中国的大学生在大学活动中主要是以班级集体为学习单位,以宿舍作为生活单位的。造成大学生的人际关系疏远或孤立的原因是多方面的。

1. 自身原因

有的大学生比较"自闭",总是等待别人主动接近自己;有的则是因为希望清静而限制了自己的朋友圈子;也有的大学生因为自身的性格、脾气,如反抗性、嫉妒心强、自我中心主义、猜疑性格等,阻碍了自己与他人之间的交流,不易与人相处,不易与人团结协作。

2. 不合群

有的大学生有自我厌恶感、自卑感,讨厌进入公共场所,从而不能融入群体。

3. 友人之间保守秘密的问题

朋友之间相互信赖,尊重对方的隐私很重要。秘密是个性的一部分,没有秘密就失去了个性。友人之间能否保守秘密是建立信赖关系的基础。保密可以增加亲密度,如果两人之间的秘密向第三者泄露,会引起另一方心理上的痛苦,并担心自己的秘密被他人利用,从而影响了友谊。

4. 心理上的自卑感

因为个人的家庭出身、容姿、经济等不如人而自卑,害怕引人注目,担心与人交往时产生不自然的感情,因而对人际关系加以回避。长期被自卑笼罩的人,不仅会失掉自己的朋友,而且会引起生理上的变化,如对心血管系统和消化系统产生不良影响。

5. 盲目地将人简单归类

轻易地根据血型、星座、性格论等将别人简单归类,因而对某些人产生偏见,也会影响与友人的关系。

6. 没有必要的预演性想象

在与别人交往时首先自我暗示"我要给对方以……的印象",这种语言会造成自我精神疲倦。在与友人交往中应该主张自然交往方式,重视活生生的对方和当时的场景。交往的技巧在于随机应变,而不是使用预演的模式。

根据心理学家费斯汀格等人的研究,影响人际关系建立的因素主要有四种。

第一,距离的接近。地理位置上接近的人,自然容易产生人际交往关系,正所谓"远亲不如近邻"。在大学生活中,课堂上的同桌、小组成员、同宿舍的同学更易形成友人的关系。在大学课堂中,男生和女生大多分别"群居",因此造成男生和女生关系的陌生。

第二,相互交往的频率。交往次数多,易于相互了解和产生共同的话题。例如课堂小组活动中,成员之间有更多的互动,因此小组成员就比较密切。

第三,观点、看法的相似性。具有相似观点的人,虽初见面,也会有"相见恨晚"的感觉,因为他们之间彼此更容易适应。

第四,需求的互补性。不仅气质、个性相近的人愿意相聚在一起,个性特征相反的人也有相互吸引的现象。例如,喜欢支配他人者与毫无主见者的心理需求就有互补的一面。

建立良好的人际关系,靠当"和事佬"、"和稀泥"是无济于事的。正确的态度应该是培养自己善于体察别人真正需求和情感的能力。采用角色扮演法,不要只想别人对我如何,只想影响别人,让别人适应我的需求;而要善于站在别人的立场,多替他人着想。

(二)家庭关系

1. 亲子关系

大学生经济上依赖父母,意识上要求独立,但由于没有完全自立工作,"心理断乳"并未完成。并且,与父母依存关系越大的大学生,有时越渴望独立自主。很多大学生一方面接受父母经济资助;另一方面不想受父母影响,有逆反心理,存在"依存——摆脱"、"需求——独立"的矛盾心理。比较健康的处理方式是建立"新的对等关系",而不是与父母"清算"过去。

2. 心理反抗期

初中、高中没有出现心理反抗的人,在大学中就可能出现这种心理状态。这是正常的心理发展过程,也是必要的心理断乳、自立性的表现。如果父母经常检查、干涉子女的行动,使子女的秘密不能在家中存放,反抗就更容易出现。对此,心理咨询的策略是指导大学生如何与父母"保持一定的距离",又学会理解父母。

3. 代沟

父母养育孩子时愿意尊重子女,但在不注意的时候常常会干涉孩子的隐私,出现言行不一致的情况;有的父母过分注重长辈的权威,要求子女服从父母,并觉得这是对子女爱的表现。子女长此受到干涉和权威"两重拘束",往往会导致家庭"冷战"状态。心理咨询要帮助大学生解决家庭中的代沟问题。

4. 地区问题

从贫困地区来的学生进入大学之后,"一年土、二年洋、三年不认爹和娘",他们不愿谈家乡和父母,甚至刻意否认自己的家庭、隔断自我生活发展史,造成心理的不适应。因此,在心理咨询时,如果有大学生表现出不愿意谈自己家庭的情况,可能是由其潜意识中的自卑和价值观的差异而造成的,心理咨询师要尊重这种感受,不要强迫他谈。但要指导其如何面对、尊重自己的生活史,从而创造自己新的历史。

(三) 与教师的关系

大学教师在学术和知识方面往往都比较优秀,如何指导大学生处理好与大学教师的关系也是大学心理咨询工作的一个重要方面。

1. 大学生与教师接触的渠道

有不少大学生抱怨大学教师让人敬而远之,难以接近,不好交流。其实,与大学教师的交流除了平时上课,还有其他的接触方法。如可以在小组教学、实验中多与教师交流。此外,研讨会、实习、论文指导都是增进师生相互了解的渠道。读研之后,更可以利用出差、调研、旅游考察等机会与导师多接触。当然,在这些接触中,学生是被评价者。

大学教师与学生的关系是"公"的关系,他们是以教师的职业身份与学生相逢,因此是学生的上级、指导者、长辈等,与大学生交往有不可逾越的"底线"。另外,教师要完成自身的教学任务、科研任务及其他诸多繁杂的公务,因此学生不能过分要求和依赖教师。而教师在和大学生接触中,也要注意如何将自己的研究成果和前沿知识提供给学生。

2. 大学生与教师的交流

第一,基础理论课。要培养对基础科目的兴趣,带着疑问上课,课后多提问。

第二,专业领域。主动进入导师的研究工作中去,在实验、社会生活、课题研究中自觉担当助手职责,并从中学到其研究、工作、思考的技巧。

第三,与拥有教育资源的教师接触。愿意向学生提供咨询的教师大多数是心理咨询中心的老师、辅导员、各学科的学术带头人。此外,对大学生生活理解深的教师以及私人关系较好的老师,都可以为你提供各种教育咨询。但在咨询时要注意:(1)在教师休息时间,尤其是深夜时不要打扰教师;(2)当教师研究进展不顺利,碰到困难时要回避一下;(3)在一般机构能解决的简单问题,不要去麻烦教学、研究任务紧张的教师。

第四,教师生活哲理和人格的潜移默化。身为教师,不仅满腹经纶,更有丰富的人生经验、生活哲理,大学生在与教师的交流中更可以学习教师的个人魅力、处世哲理,学习书本上很难学到的经验和知识。

(四) 宿舍生活

1. 如何对待友人的来访

大学生在宿舍生活中既要保持自己的生活空间,同时又要关心他人,这两者关系要处理得当。友人太多,自己的业余时间不能保证;没有友人又可能造成性格孤僻。因此,要适当地选择朋友,开始时不要头绪过多,对友人的访问和接待,自己要保持一定的计划性。切勿因为友人的来访而影响了室友之间的关系。

2. 想家问题

出现此类问题的原因是:学校生活不适应,人际关系不适应,独立生活能力差等。对此类问题的心理咨询策略是用"来访者中心"的咨询方法,培养学生独立判断、解决问题的能力,同时鼓励学生发展多方面的兴趣爱好,丰富自己的业余生活。

3. 舍友关系

现在大学生在住宿生活中存在的问题是,学生自我空间变小,个人的隐私难以保持,这样容易引起冲突。但住宿生活的优点是能确保学习时间,且与别人交流机会比较多。解决与寝室其他成员的矛盾可以从学会倾听他人声音、关心他人生活开始,提高自己的情商(包括了解、控制自己的情绪,进而了解对方的情绪),激励自己承受心理挫折能力,掌握人际沟通技巧等。另外,经常寻找共同的话题也能增进寝室中同学之间的理解,也能逐渐形成良好的同学关系。

(五) 恋爱与婚姻

对大学生来说,爱情的苏醒是正常的,是欲望健全的表现。目前社会上的小说、电影等文艺作品增加了大学生对爱情的幻想成分,因此学校心理辅导要增强他们区分现实爱情与作品中想象爱情的洞察力。

大学生在恋爱中表现出来的问题有以下几方面:(1)一部分大学生陷入"恋爱中毒症",认为没有恋人便没有面子,强迫性地认为一定要找一个,否则会产生烦躁和不安感。(2)有一些大学生不懂如何与异性交往,于是看了大量的介绍"如何与异性交往"的书籍杂志,以社会流行的事物或价值判断为时髦,结果个人本身的实际情况或魅力反而因此被忽视了。(3)还有一些有恋爱妄想(分为单相思和被爱妄想两种)的大学生,容易产生问题行为和心理障碍。单相思是一厢情愿地爱慕他人,因而精神恍惚,不能自我调控,导致学习生活的荒废;被爱妄想则是以为某人爱上了自己,于是处处警惕,并小心翼翼地行动,这些人产生神经症的可能性很大。

在恋爱问题上,女性大学生更为敏感、更加固执。她们一旦遇到挫折,心理失落感也更强,因此有必要对她们进行心理咨询和心理疏导。反之,如果不解决她们的心理不适,则可能产生两种情况:一种是带着心理创伤走上社会,为以后的生活适应带来阻碍;另一种是产生薄命感,如进一步罹患抑郁症后,就可能走上自杀的道路。在结婚问题上,女性大学生的依存和独立愿望相互矛盾,因此一般不会轻易结婚;而男性大学生则更多地想到结合与结婚的问题,但由于人生经验不足,轻易结婚常常会导致轻易离婚,并带来育儿、负担过重,经济拮据等多种问题,对将来事业的发展也有影响。所以,在心理咨询中要指导大学生充分考虑恋爱、结婚的最佳时机,个人的婚姻取向应以双方今后的幸福与利益为基础。

在学校心理辅导中,心理咨询教师应掌握以下几点:(1)不能禁止大学生结婚。禁止是不适当的。如果当事者有适当的对象、适当的机会也可以结婚,但应以不影响学业为前提。(2)要利用恋爱中的激情与兴奋作为促进大学生个人学习发展的动力。(3)指导有失恋心理创伤的大学生懂得即使恋爱不成功,也可以作为人生经验的积累和学习,而不要把失恋看作是挫折与失败。(4)指导大学生要有勇气及时进行恋爱和婚姻方面的心理咨询。

(六) 与时尚、潮流的关系

"校园民谣已经沉寂,校园京剧难觅知音,校园舞蹈市场不大,校园社团方兴未艾,校园海报风韵犹存,校园网络如火如荼",大体反映了当代大学生的校园文化生活现状。大学生校园文化总体上是积极向上、清新健康的,具有显著的时代特征,但也存在缺陷。其呈现的新特点是:高雅化与世俗化并存,个性化与多样化交融,务实化与功利化统一。

1. 大学生时尚表现

(1) 校园网络

校园网络作为一种最现代的校园文化,得到大学生的格外青睐。"上网"是大学生的时尚,如今成了大学生不可或缺的生活方式。

大学生"上网"干什么?调查显示(多项选择):获取各种信息与学习新知识(51%)、聊天(50.6%)、交友(40.6%)、娱乐(35.7%)、谈情说爱(18%)、浏览(15.4%)、发邮件(8%)、恶作剧(5%)。学生的上网目的具有综合性特点,各种网上行为兼而有之。"大学生网虫"、"大学生黑客"、"大学生网络一族"已形成。有些大学生"走火入魔",沉湎于聊天、娱乐、交友。"网恋"成了大学生最新颖、最时髦、最无顾虑的口头禅和恋爱方式。还有个别大学生完全封闭在网络中,荒废学业且花费很大,酿成不良后果。

校园网络对大学生产生了重大影响:①思想上的拓展。大学生通过网络接触到世界上各种主义、思想,包括宗教、迷信,拓展了思想空间,不同程度地改变了追求,甚至影响了世界观和人生观的形成、发展。②心理上的震荡。网络中各种背景的文化必会感染大学生,他们有条件"心惊肉跳"地吸收怪异的理念,从而产生心理矛盾。倘若心理素质不好就很难泰然应对挑战。③观念上的冲击。大学生接受剧烈的网络刺激,会很快修正他们的价值观念。④择业上的导向。大学生在思想、心理、观念受到影响的同时,行为上也会出现相应变化。

校园网络是一柄双刃剑。心理咨询者切不可等闲视之,应在思想上给予高度关注,心理上给予积极疏导,行为上给予正确引导,应加强管理,使校园网络这朵校园文化的奇葩越开越艳。

(2) 偶像崇拜

偶像崇拜是青少年寻求自我道路上的普遍现象,是印证自我发现的一种渠道。如今各大电视台举办的选秀节目在很大程度上迎合了大学生的心理,因此有着广大的"粉丝"团体。现今年轻人崇拜的偶像变化极快,但每一轮的崇拜中,他们都那么狂热。明星的偶像生命并不长久,偶像崇拜现象的生命力为何如此顽强?从心理学的角度来说,青少年们崇拜偶像主要有三个原因:

第一,追星的青少年是要追寻自我。当他们或早或迟地走过童年,面对纷繁的世界时,往往会感到无所适从:"我是谁?我从哪里来?我要到哪里去?"他们这种内心深处的困惑缘于心中没有建立起一个稳定的自我形象,即所谓"自我同一性"。此时,他们开始思考自我的意义,急需一个看得见、摸得着的活生生的形象作为自我的代表。他们在公众人物中寻找那些自己欣赏的人物,于是明星出现了。如果明星有足以让他们佩服的特点,就会成为被崇拜的偶像。从这个角度来说偶像是崇拜者的代言人、理想自我,也是崇拜者心目中的未来。

第二,偶像也是青少年心目中父母的替代品。青少年在生理上有了突飞猛进的发展,但心理上的发展却远远滞后。由于生理上的发展,他们认为自己已经长大了,希望能够独当一面,渴望摆脱父母的控制。然而,他们有限的生活经验又使他们不能没有父母的帮助,这种矛盾状况使他们感到很苦恼。因此,他们选择崇拜拥有能力、地位和独立的偶像,希望通过偶像崇拜来实现独立自主的目的。某种意义上,这是将偶像作为了父母的代替品,让偶像来行使父母对自己的控制。

第三,偶像崇拜也是青少年融入团体的一种手段。有些追星族是为了保持与同伴的一致而被卷入追星行列的,是二流的追星族。他们追求的是让自己有所归属,是为了让自己和别人知道他属于哪个团体。所以才去了解大家正在讨论的那个明星的生日、星座和爱好等。

2. 大学生追逐时尚的心理因素

大学生代表着一个活跃的、富有好奇心的、具有生机与活力的群体。"时尚"作为社会流行文化的集中体现,已渗透到青年人生活的方方面面,深刻影响着青年人的思想和行为。追逐时尚就是他们的"行为标签"。大学生追逐时尚的心理原因主要有以下几个方面:

第一,好奇心理。新奇是时尚文化的显著特点之一。大学生对新奇事物尤为敏感,一旦社会上出现流行的新奇事物,他们的好奇心就会被激发出来。在好奇心的驱使下,他们会对某种流行的事物趋之若鹜,倾心追求,以满足自己好奇求新的心理欲望。

第二,从众心理。社会心理学研究表明,时尚的流行与人们的从众心理是密切相关的。青少年的独立人格尚未形成,理性思维的发展尚不健全,因此特别容易产生从众的心理和行为。如果自己赶不上"潮流",他们就会感到极大的不安,甚至茫然不知所措,害怕为群体所不容。也就是说,当一种时尚在青少年群体中流行时,会给群体中的部分成员带来极大的心理压力。在这种心理压力下,他们会不由自主地追逐某种时尚,以与大家保持一致,使自己在心理上产生安全感。换言之,从众的心理压力导致了青少年对时尚的追逐。

第三,模仿心理。不仅从众心理压力会追使人们采取与群体一致的行为,模仿心理也会使人们的行为趋于相同。模仿是人类普遍的社会行为方式,人的社会化在很大程度上就体现为学习、模仿的过程。

第四,表达自我的心理。追逐时尚的行为在很大程度上能满足大学生宣泄情感、寻求认同、追求个性、表达自我的心理需要。时尚作为一种流行文化,沉淀着社会中最具代表性的情感和行为方式。大学生通过对时尚的追逐,可以发泄内心被压抑的情绪,放松紧张的神经。此外,大学生对某些"新潮"商品的消费。往往也是为了标榜自己的"个性身份",表达自己的"个性追求",消费过后易产生自尊、自足的感受。

3. 追逐时尚对大学生心理健康的双重影响

(1) 积极影响

从总体上看,追逐时尚的行为能够加速青少年的社会化成长过程。青少年社会化成长的途径有家庭熏陶、学校教育和社会影响三个方面。在参与时尚活动的过程中,青少年的生活空间扩大了,接触社会的机会增多了,社会交往能力也得到了增强。同时,青少年通过接触时尚文化,可以全面了解前人或他人的生活经验,使自己能够顺利地与他人及群体建立正常的社会关系。在时尚生活的浸淫和时尚文化的"刺激"下,青少年的社会化成长不再是完全被动的,而是积极、主动地参与创造着新的生活观念和生活方式,将自己的个性融入社会乃至影响社会,有些青少年甚至扮演着时尚"领潮者"的角色。

另外,追逐时尚的行为也能有效扩大青少年的知识面。他们可以在网上"畅游世界",获取信息，极大地拓宽知识面和个人发展的空间。同时，时尚文化的多样性还给青少年提供了宽松和谐的生活环境和生活空间，不仅能够提高其知识层次，而且能够满足其多元化的娱乐需求、信息需求和心理需求。

(2) 消极影响

首先，过度的时尚追求影响大学生全面认知的形成。时尚文化具有重现实轻传统、重西方轻本土的倾向。在一些青少年的日常生活中，麦当劳、肯德基、可口可乐、耐克、欧美大片等西方商业和文化产品显现着它们独有的魅力，它们凭借其强大的宣传优势和新颖的形式，使中国青少年在不知不觉中认同了远隔重洋的外来文化的"优越性"。同时，各国文化、民族传统和价值取向上的差异，也给正处于身心发育时期的青少年带来了道德判断和价值选择上的两难。

其次，过度的时尚追求影响大学生积极情感的形成。对时尚的过度追求，就像"饮食过度"一样，会对青少年的身心造成伤害。很多青少年把全部情感和精力都寄托在时尚（如明星）方面。这种狂热的追求常常导致青少年产生种种消极的情绪体验，如过于激动、兴奋和不由自主等，甚至同时出现漠视道德规范、脱离正常行为规范的行为，如热衷于挖掘名人隐私、收藏名人用品，甚至放弃正常的生活方式，陷于幻想境地等。

再次，过度的时尚追求影响大学生意志品质的形成。意志是个体生存的重要精神支柱。时尚文化刻意制造的明星效应使青少年的行为和观念呈现出功利性。然而"明星"的成功通常带有一定的偶然性，从中看不到现实生活中要取得成功必须具备的坚强意志和顽强毅力，因此很难培养面对困难不低头、面对挫折不放弃的奋斗精神。

最后，过度的时尚追求影响大学生健全人格的形成。在时尚文化的影响下，有的大学生过高地评估"偶像价值"，因而降低对自我的信心和期望值，失去自我，甚至形成对自我的负面评价。这对大学生的个性发展和道德修养的提高会产生不利影响，降低其趣味品格，甚至阻碍其人格独立性的发展。

4. 追逐时尚的教育对策

第一，进行正确的价值引导，提高大学生的时尚辨别、选择能力。从盲从、过度地追逐时尚的怪圈中跳脱出来，辩证地、理性地看待每一种时尚文化元素，吸纳时尚文化中积极、健康的因素，摆脱时尚文化中消极因素的影响，从而确立正确的"时尚观"。

第二，加强情感教育，提升大学生的审美水平。学校可以通过课堂教学和课外活动等形式向学生推荐高雅文化，对学生进行美的教育和艺术的熏陶。如，利用音乐课和校本课程向学生全面介绍中西方古典音乐，从音乐创作背景、音乐内涵以及如何欣赏等方面切入，使学生对古典音乐有进一步的了解。同时，引导学生将古典音乐与流行音乐进行比较鉴赏，或者利用校广播站播放经典的古典音乐，以提高学生的审美情趣，培养学生感受美、识别美的能力。流行音乐中美的元素也可以被引入课堂，实现大学生在审美方面的"雅俗共赏"。

第三，加强人格教育，培养大学生的健全人格。例如，可以通过"磨砺教育"、"生存训练"、"青年志愿者活动"等方式，培养青少年的社会责任感、主体意识和独立意识，促使大学生养成对事物进行独立分析及沉着应对的能力，进而克服随波逐流、人云亦云的盲从心理，构建起独立、健全、理性、成熟的人格体系。

第四，弘扬主流文化，提高大学生的心理健康水平。学校可通过多种渠道宣传主流文化。学校应承担主导作用，社区、家庭也应积极加强对主流文化的宣传和推广。同时，大众传媒也应不断规范大众文化。大众传媒在制造和引导社会主义文化潮流时，除考虑商业效应外，更应考虑社会效应，多编排一些青少年喜闻乐见的好作品。适当的文化心理引导能帮助大学生将成长过程中盲目的标新立异转变为对待时尚文化的冷静分析。

四、择业与考研

(一) 大学生的择业准备

1. 求职的心理准备

每一年的夏季之前，经过四年专业学习的大学毕业生都要面临毕业选择。大学生由于各方面的原因在择业时会遇到各种各样的问题，其中首要的问题是如何确立求职的良好心态，克服求职中的心理障碍，有良好的求职心理准备。

一般来说，大学生进入高校学习时所学习的学科专业就是为将来的就业做准备的，但这是一种根据学科专业划分的被动的职业准备，社会需求是不断变化的，很多学生并不清楚社会对大学生的期待情况。他们在职业必需的知识准备、能力准备、心理准备、技能准备方面均显不足，难以适应社会不断变化的需求。因此，很多学生在求职时总是感到艰难，不是觉得单位不理想，就是单位觉得学生不合适。由于求职中遭遇失望和挫折，从而对自己能否找到工作产生怀疑。其实这是大学生面临择业时普遍存在的问题，涉及高校的培养目标和社会的需求是否匹配的问题。

中国人民大学的"中国大学生就业问题研究"课题组对北京、广州、上海600家用人单位进行了调查，结果显示，用人单位在录用大学生时考量素质的15个指标中，前5个指标依次是：(1)专业知识与技艺，(2)敬业精神，(3)学习意愿、可塑性，(4)沟通协调能力，(5)基本的解决问题能力。用人单位认为应届大学毕业生最欠缺的14个因素指标中，前5个指标依次是：(1)敬业精神，(2)基本的解决问题的能力，(3)承受压力、克服困难的能力，(4)相关工作或实习经验，(5)沟通协调能力。

由于社会需求是动态的，而学科的专业设置是相对静态的。所以在求职时，大学生要突破书本和专业的局限，树立明确的职业意识，有针对性地做好职业准备。在知识准备、能力准备之外，还要做好心理准备和技能准备，尤其是心理准备。

一般说来，大学生要注意做好以下几个方面的心理准备。

第一，培养积极主动的职业意向。目前学生进校后选择专业的状况还难以做到，他们只能被动选择。很多学生在升入大学时，专业选择带有盲目性，大多是在家长、老师的指导，甚至是家长的直接操持下选择的，使得学生对所学专业和将来的职业认识不清晰。因此，大学生在平时学习生活中，应积极主动地确立自己的职业意向，主动了解专业发展的趋势、职业培养目标及就业方向，注意搜集社会上用人单位的需求信息，并据此调整自己的知识结构，从而不断调整职业意向，适应社会需求的变化。

第二,确立合适的成就动机和抱负水平。成就动机是一个人追求成就的内在动力。抱负水平是一个人在从事某种实际工作之前,对自己所能达到的理想目标的估计。一个人的成就动机和抱负水平体现着个体自己的期待,必须与社会期待相协调、相适应。成就动机和抱负水平在求职中起着不可估量的作用,太高或者太低,都不利于主体能力的发挥。只有合理恰当的成就动机和抱负水平,才有助于大学生处理好社会期待与自我期待的关系,帮助他们对自己进行合理定位,从而进行正确的职业定向和职业选择。

第三,全面、客观地认识自我。全面客观地认识自我,是一个人走向成功的起点,是直面人生的基石。择业求职自然也不例外。只有对自己作出全面、客观的评价,才能在就业的竞争中处于主动地位。大学生只有全面认识、了解自己的兴趣、特长、能力、气质和性格以及价值观,并做好充分准备,才能知道何种工作更适合自己,从而合理地确立职业目标。

第四,培养工作所需的心理素质。大学生在明确个人的职业意向及心理特点后,应进一步充分了解意向职业的岗位要求,以及自己在专业知识、职业技能和心理素质等方面与之存在的差距,从而通过自身努力来培养和增强求职的主动性以及对日后工作的适应性。

2. 如何取得成功的求职机会

第一,要善于抓住信息。成功始于抓住信息。在当今的知识社会和信息社会里,缺乏信息是难以成功的,我们要广泛地依赖信息进行各种活动。求职活动也不例外。职业信息是求职择业的基础,谁能够及时获得信息、把握信息,谁就获得了求职的主动权;获得的职业方面的信息越广泛,求职的视野就越开阔;求职信息质量越高,求职的把握就越大。因此,要广泛收集有关的职业信息,并对信息分类、整理,从而合理使用信息。这是求职的第一步,也是求职走向成功的第一步。

第二,培养求职成功的心理品质。求职的过程实际上就是一个自我推销的过程,一个让别人接受自己的过程。让别人接受自己,除了必要的推销技巧外,还应该具有良好的综合素质。良好的素质对于成功求职者来说是至关重要的,它包括以下方面:

首先,诚实守信既是一个人应具备的优良品质,也是用人单位用来衡量求职者的重要标准。它体现了人类普遍求稳、求可靠的心理倾向。虚伪的、不守信用的人是不可能受到用人单位的欢迎的。求职中要做到诚实守信,就要真实地介绍自己的经历,实事求是、恰如其分地介绍自己的优点和不足,从而获得对方的好感。反之,弄虚作假、夸张吹嘘,只会损害自己的形象,引起对方的反感。

其次,自信与自制既是个人性格特征中的优秀品质,也是现代企业最为看重的职业品质之一。只有具备自信心和自制力的人,才能够在竞争中奋发进取、开拓创新;在人际沟通中落落大方、应付自如;在求职过程中镇定自若、当机立断,从而更加容易创造成功的机会。

再次,在求职的职业定向和选择过程中,变通性和适应性是十分重要的。没有变通性和适应性,仅仅是诚实守信,会显得过于迂腐和呆板;没有变通性和适应性,仅仅是自信和自制,会显得过于自负和固执。因此,求职中的变通与适应,是一种良性的态度转换和自我调适。有了这种品质,求职者就能够积极主动地面对现实,正视现实。当职业定向和社会需求相冲突时,就可以迅速作出调整,使自己在内在需求和外在需要之间找到一种平衡,从而使自己的职业定向获得成功。反之，缺乏变通性和适应性，一味强调个人的职业愿望，强调自己的理想目标不变，就会抑制自我的调适，使自己陷入不利的境地。

最后，机遇在一个人的一生发展中是非常重要的。有的人因抓住了一个很好的机遇而事业顺利，幸福美满；而有的人因为总是抓不住机遇而抱憾终生，事业无成。在人生中，机遇对每一个人来说都是平等的。之所以有人生美满和人生抱憾之分，有时候区别仅在于，有的人善于抓住机遇，而有的人不善于抓住。所以，当机遇来临时，不要犹豫不决，要善于决策，勇于和善于选择，抓住机遇，开始自我的美好人生。

（二）考研的心理调适

大学即将毕业时，由于就业压力的增大，选择考研的人越来越多；考研的队伍越来越庞大，竞争越来越激烈。考研意味着大学学习生活的一种新的选择，也意味着学习重心的一种改变。因此，每一位参加考研的大学生都要明确考研的目标，做好考研的自我心理调适。

1. 考研学校和专业的选择

在具体报考过程中，考生常会面临如何取舍学校、专业和导师的问题。许多考生缺乏对社会就业形势的估计，在报考上容易盲从热门专业或名校。但是，目前的就业形势变化很快，眼前的"热"专业，并不代表以后的就业形势一定会好。因此，要根据自身情况作出理性的判断和选择。

对考研者来说，专业和学校选择的总的原则是：报考专业主要与考生的个人兴趣和教育背景有关，个人选择的成分大一些；报考学校的选择则与考取的可能性和学校的特点关系密切。而对于选择导师，在不掌握比较详细信息的前提下，往往很难作为重要的影响因素来考虑。所以在选择时，专业选择应是第一位的，其次才是报考学校和选择导师的问题。

第一，专业选择需审时度势。专业的冷热也并非一成不变。首先要把握社会宏观走势，判断社会各行业需求。其次要了解行业特点，分析需求总量。有些行业伸缩性很大，向其他行业渗透也很厉害，因此很难"饱和"。例如法律专业，随着社会法治化的进程，不仅司法部门，其他各行业对专业法律人才的需求也在逐渐增加。相反，其他一些专业性比较强、分界明显的专业，就总会有饱和的时候。最后，可以参照国外情况。尽管社会制度不同，但各国社会发展的近似阶段对人才的需求也表现出某些相似性。它们今天的热门专业，可能就是国内数年、数十年后的热点。

第二，学校（招生单位）的选择。一些招生单位的所谓热门专业，其实根本就不具备起码的师资、经费和办学经验。如果仅看热门专业就报考，很可能自误前途。判断一个招生单位的质量通常可以从这几个方面进行：在该专业领域的地位、导师的名气、学术成就，该学校（单位）在近年来所取得的学术成果等等。特别要注意的是，硕士研究生招生单位还包括不太为人所知的专业研究单位。这些专业研究单位不办本科，多数本科应届考生对它们不够了解，不知道它们也收研究生。其实，这类招生单位不仅数量多，招生人数也相当可观。

第三，理性认识自己，结合自身优势选择专业。在了解了各个专业后，考生还要深刻地认识自己，理性看待自身专业优势，不仅了解自己在知识结构、学习能力等各方面的长处和短处，还要明白自己的客观需要:(1)兴趣是最大的学习动力。如果没有兴趣,很难保证考生有毅力坚持复习,保证复习的效率。尤其是跨专业的考生,又有了一次选择专业的机会,更应当慎重选择专业。(2)学科知识是基础。学科基础是大学四年学习的积累。在跨专业时,要做好充分的准备。通常,理科学生考文科研究生相对容易一些,反过来则相对困难。(3)学习实力是优势。尽管"有志者事竟成",但实际上在有限的复习时间里去和那么多同样优秀的人竞争,光有志向是远远不够的。专家提醒考生,报考研究生其实是自己和自己竞争,能否成功也要看能否扬长避短。(4)性格决定命运。考生的性格与抱负一定要和专业、职业相吻合,这样才能少走弯路,少受痛苦。要考虑自己的性格是好动还是好静,能不能抗拒外界诱惑专门搞学问,是重视物质上的享受还是更看重精神上的愉悦。如果考生的性格是好动的,一般很难抗拒外界诱惑专门搞学问。如果考生有毅力,也可以找出自己的差距,制定可以实现的学习计划并留出能够承受的学习周期,做好充分的准备,读研的梦想也未尝不能实现。(5)经济承受能力。由于各学科和专业之间就业率的差距很大,如果由于家庭原因或个人原因(比如你大学期间贷款上学)使得考生的经济负担很重;那么考生就必须尽快取得一份薪水可观的工作,至于考研,以后还有机会。

第四,专业与学校的综合选择。报考目标的最终确定,其实是专业、学校和导师的综合考虑。考生要考虑专业课的授课重点、命题风格、考试范围、阅卷评分与复试淘汰等多种因素,尤其对于跨校跨专业的学生来说,这一切都将成为巨大的阻碍。从考生个人的角度考虑,需要注意以下几个原则:

首先,报考学校与专业须与个人考研的实力相符。因为报考名牌大学意味竞争更加激烈、残酷。所以报考时最好选择既具有挑战性又力所能及的专业和学校。在满足自己实力的基础上,报考分数要求高一点、质量好一点的学校。这样才会使你更加努力地复习,否则只会原地踏步,停滞不前。

其次,要考虑自己的考研目的。明确报考后的考生心态可以分为两种:(1)必须考上好专业好学校;(2)只要能考上就行。前者完全可以依据自己的喜好和未来的发展需要制定规划,而后者则要更加注意权衡选择,尽量增加成功的概率。

从实际的可能性考虑,还必须获取招生单位真实有效的信息并对其进行综合对比,如:(1)竞争态势。一是看招生单位的录取分数线,是高于还是低于全国统一最低分数线。二是看所要报考的专业院系录取的平均分和最低分数。三是看报考人数和招生人数的录取比例,了解竞争的激烈程度。数据应该尽量往前多收集几年,有助于看出某种变化趋势。(2)录取情况。各招生单位的招生自主权很大,因此必须详细了解诸如实际录取名额、是否公平公正等等信息。通过对比,确认哪种模式对自身有利。(3)复习资源。考生应该尽力收集目标单位的复习资源,例如历年考试专业试题,考试命题所依托的教材,考试复习的参考书目,复习的重点范围,命题教师的命题风格等等。并根据自身基础进行分析、比照。这对于考试成败是至关重要的。

2. 考研的心理调适

考研是一个长期的准备过程,需要细心全面的准备。而心理的准备则比知识的准备显得更加重要。心理的准备,首先是认识和克服各种消极的心态。

第一,克服考研的消极心态。考研时消极的心态会成为自己实现目标的巨大障碍。它表现为以下方面:(1)准备不足,匆促上阵;(2)缺乏自律,目标空洞;(3)消息闭塞,陷入被动;(4)缺乏信心,半途而废;(5)方法不当,效率低下;(6)心态焦虑,状态不佳。考研的过程比较漫长,一般都在半年以上。很多考生在漫长的复习中已经自觉不自觉地整日泡在考研复习的"温水"中,埋头复习却不懂得及时调整自己的状态。他们没有充分意识到考试与复习是有距离的;没有在认识上产生努力缩短两者距离的想法。具体表现为:保持一成不变的复习方式与速度;复习中不总结复习效果;没有及时调整自己的复习思路;平时多习惯看题而很少自己动手去做,总觉得时间还很长,未能给予考试这一"沸水"以相当的警惕;不会根据考试目标及时安排和调整学习计划及心理状态,"温水煮青蛙"的结果往往是以失败而告终。

第二,培养良好的心理素质和积极的心态。从上面的关于考研的消极心态的分析中,我们可以看到心态对人的重要影响。考研从一定程度上说也是对考生心理素质的一种考验。心理素质好的考生往往更容易获得成功,因此要努力培养良好的心理素质。良好的心理素质是考生拼搏的精神支撑。具体来说,可从以下方面努力:(1)保持乐观积极的心态;(2)多做积极的自我暗示;(3)树立自信心;(4)学习时尽可能地排除外界事务干扰;(5)正确面对和战胜挫折;(6)善于自我调节情绪。

第三,加强考研的时间管理。无论是对在校考研的学生,还是已参加工作的考研者,时间都是相对有限的。虽然考研成败的原因是多方面的,但谁也不能否认的一点就是对时间的管理。有些考生一旦确定专业方向,就心无旁骛,分秒必争地复习,拼命复习,结果考场未进身先倒;有些考生看到别人都在考,也随风而动,报了名后却还在犹豫值不值得;还有些考生虽然迫于形势,立志考研,却仅仅止于报考而没有行动。他们对时间的不同认识与判断,体现出不同个体在时间管理上的态度的差别。因此考研的关键在于珍惜时间,加强时间管理。

五、国外留学的心理与调适

(一) 大学生的留学

1. 国外留学的类型

大学生中约有70%以上的人有留学的愿望。我国的留学主力军也以大学生为主。大学生把留学看作是今后自我人生开拓的一种宝贵的经验积累。根据留学的性质不同,大致可分为:(1)短期留学型。利用6个月或者1年的时间出国留学,将国外大学的学分和自己所在大学的学分加以交换,学习语言及所在留学国的文化等。(2)研究访问型,由国家专门派出的留学人员,学习和研究某项专业的学科知识。(3)正规留学生,去国外攻读专业学科学位的人员。

2. 留学的心理类型

由于留学生的知识背景、生活经验不同,留学国外的原因也不同,因而产生不同的留学心理。概括起来有:(1)理想型。这类人将海外生活理想化,追求幻想和浪漫,性格外向、热情。

可是一旦受到挫折，将会感受到极端的精神冲击。(2)逃避型。这类人出国前往往对国内生活感到不适应，事业受阻或者人际关系不适应等，留学只是为了逃避现实、改变现状。如果留学生活不理想，将会在内心中产生极大的苦痛。在国外生活稍不顺利，便很难将留学坚持到底。(3)开拓型。这类人留学前制定了完善的留学计划，并且具有经受考验的勇气。但他们所制定的留学目标与现实存在着差距。如果到国外后，发现自己制定的留学目标达不到，便会产生压力感和焦虑症。针对这类情况，要注意指导其首先通过语言关，并制定适当的留学生活计划和长期目标。

3. 留学成功

留学想获得成功并非易事。留学不仅是科学知识的学习，而且是对留学所在国的民族文化的学习和习惯过程。如果不深入到当地的文化中去，久而久之心理上会产生不适应感。因此，留学生应努力使自己成为多元性文化的"载体"，从心理上适应多元化的文化。一些研究留学生问题的心理学家指出，留学需要大量的精神能量，精神能量消耗过大，常会出现留学压力症。此外，在大龄留学生中，男性出现的孤独不适应问题，女性出现的婚姻家庭问题等，是国外留学生心理咨询案例中常见的问题。

我们应将留学看作是个人今后成长、发展和开拓的一种宝贵的经验积累。俗话说"出国旅行像恋爱，出国留学像结婚"，我们要去掉浪漫的想法，将留学看作是人生的挑战和发展。

（二）留学的心理研究

在研究留学生问题，或进行留学生心理咨询和辅导时，以下几个概念非常重要：

1. 跨文化或异文化（cross-culture）

俗称外国文化，是指不同的文化集体，其思想价值观体系具有不同表现。异文化群体是指在某一个特定的时间内，不同集体成员因行为、观念、价值观的不同而形成各自的文化团体。留学生是异文化的重要载体。

2. 适应（adjustment）

是指生命体与环境之间的协调。生命体并非只对环境消极顺从，它还能积极调整环境的变化，促进环境的良性循环，即所谓的积极适应。留学生的适应是自民族与他民族的两种文化如何协调、如何结合的问题。留学生的适应问题不解决，其他留学问题都是空谈。

留学生的适应种类可分为以下三个方面：(1)学习适应问题（achievement）、(2)社会文化适应问题（social-culture）、(3)身心健康适应问题（psychosomatic）。

异文化适应不是一朝一夕形成的。适应需要一个心理适应的发展过程，即主体条件和内容的变化与客体的环境、所要完成的课题一致化的过程，在异文化环境中解决问题或课题。留学生问题的有关研究概况如下：

美国对留学生问题研究成果积累最多的恰奇（Church, A. T.）教授。1982年，他将各个国家有关留学的300多种参考文献加以综合研究，认为有关留学生的研究内容大致可分为留学生制度问题、留学生的生活适应问题和留学生的个人因素三个方面，见图12-1。

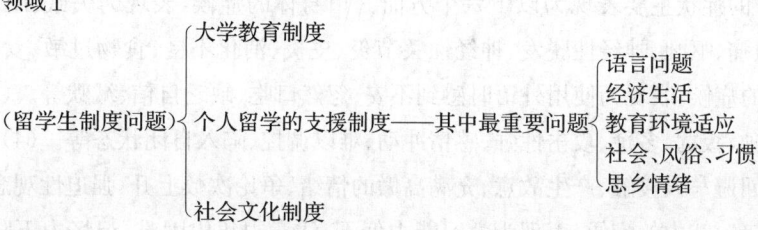

图 12-1　留学生适应问题的主要研究领域

日本京都大学的大桥(1995)等研究者采用问卷法,对外国留学生生活中的重要事件和心理压力因素进行调查,调查内容包括留学生的国籍、性别、年龄、婚姻状况和留学时间长短等方面。调查结果显示,留学生生活中的适应问题按其重要性顺序排列如下:(1)语言问题;(2)经济问题;(3)学习研究问题;(4)对所在留学国文化习惯问题;(5)人际关系问题;(6)健康问题;(7)情绪压力问题;(8)与指导教授关系问题;(9)想家程度;(10)是否有种族歧视;(11)食物适应等。其中心理压力因素按其重要性排列如下:(1)生病、死亡;(2)语言问题;(3)学习问题;(4)人际关系;(5)当地环境;(6)文化习惯适应问题等。

留学生的留学适应状况也一直是研究者关注的焦点。国外大量的研究表明,留学生的留学适应状况大致可分为这样几种类型:(1)U型适应过程理论:留学生一开始留学时感到有新鲜感,对国外生活较为适应;随着时间的推移,逐渐产生不适应感;最终,经过长期的调整又适应了国外留学生活。(2)W型适应过程理论:留学生开始留学时对国外生活较为适应;然后逐渐产生不适应感;随后融入国外文化中,又逐渐产生适应感;但回国后对国内生活却又感到不适应;然后逐渐过渡到适应。(3)波型适应过程理论:留学生活的适应总是处于一个曲折动态过程,即适应——不适应——适应……循环往复的状态之中。

(三) 留学生不适应问题及精神障碍

对留学生不适应问题的诊断可从以下几个方面着手:(1)对自然环境的不适应,包括对留学所在国的气候、风土、水质及空气污染等方面的不适应。(2)对社会文化环境的不适应,包括对留学所在国的民族种族观念、风俗习惯、宗教信仰等方面的不适应。(3)对精神、人际关系的不适应,包括对留学所在国的语言、价值观、人与人交往的方式、考虑事物的立场等方面的不适应。(4)对物质环境的不适应,包括对留学所在国的居住环境、食品、人口密度、交通手段、污染程度等方面的不适应。

留学生不适应的症状主要表现为以下六个方面：(1)身体的症候，表现为失眠、吃饭无胃口、紧张性头痛、腹痛、呕吐、神经性脱发、神经性关节炎、皮炎、消化不良、食物过敏、女性生理不调等。(2)语言的症候，表现为使用外语时感到不安、忽然口吃、缺乏自信、缄默等。(3)情绪的症候，表现为孤独、寂寞、多疑、攻击性强、感情冲动、难以调控、陷入自闭状态等。(4)人际关系的症候，表现为回避与人接触、产生敌意、充满高傲的情绪、争论次数上升、强迫性观念、被爱或单相思观念等。(5)智力的症候，表现为学习能力低下、注意力集中困难、记忆力下降、自信力丧失、对留学目标是否能完成充满不安等。(6)社会生活的症候，表现为交通事故频发、一个人关在寝室里、上课经常缺席、行为奇怪、宗教活动狂热等。如果以上症候进一步发展，可能会导致神经症、精神分裂症，甚至自杀现象。其中，30岁以上的人多发展为神经性抑郁症等，30岁以下的人多发展为精神病症状等。

研究者们在对海外移民、留学国外工作等所引起的精神障碍问题进行研究后，提出了三种理论假说。

第一，社会选择说，也叫"漂流假说"。认为留学生在自己的国家中，已经在心理上、生理上感到不适应了。为解决不适应，他采取了留学、移民的方式，但并未解决问题，从而引起新的适应障碍。

第二，社会起因说，也叫"孕育假说"。认为留学生本来是精神健康的，之所以产生适应障碍问题是由于留学所在国的社会文化制度、环境压力造成的。

第三，三种因素相互作用说，认为留学生适应障碍是由于留学前后所在国的文化影响之间发生的冲突，再加上留学生个人的人格和情绪因素，三者相互作用，使个体产生严重的不适应，从而形成精神障碍。

1988年加拿大政府的一个特别调查委员会，就海外移住、异文化适应的精神健康问题向政府提出的一个调查报告，非常具有启示意义。他们认为在国外异文化适应中所产生的精神障碍问题牵涉到三个方面的因素。

第一，人口学的问题。其中包括四个方面问题：(1)年龄问题。一般说来身心处于发展期的青少年和身心处于衰退期的老人移往国外，发生心理障碍的危险率较高。(2)性别问题。其中家庭主妇发生心理不适应问题的可能性较大。(3)民族背景和语言差异的问题。其中语言不适应是产生心理障碍的最重要因素。一些研究报告指出："语言不适应或障碍容易引起男性的精神分裂症倾向；而女性则易产生抑郁症倾向。"(4)当事人出国前所受的教育程度。一般说来，学历对适应无重大影响，但学历过高的人和学历过低的人，往往在适应上比具有普通学历的人相对困难一些。

第二，出国前的状况。其中包括在出国前有无心理压力以及对心理压力承受的程度如何。例如出国前具有创伤后应激障碍(PTSD)的人，出国后易出现精神障碍。此外，家庭状况、个人状况(是独身者，还是有家室者或离婚者等)对于出国后的目标制定、期待感及个人的精神健康也会产生重大的影响。

第三，出国后的状况。其中包括留学所在国的政治体制、文化风俗、生活习惯对个人的影响，但最重要的因素是个人出国后所处的社会地位和经济条件优劣等，它们对个人的心理状态有着举足轻重的影响。临床心理学的许多案例报告表明，出国后社会地位低下、经济条件恶化的男性容易产生自杀倾向。此外，民族之间的对立、文化摩擦以及在国外居住时期的长短等都会对个人精神健康带来影响。最近的国际调查表明，出国后3—18个月是产生心理危机或精神障碍的最危险时期。

（四）留学生的心理保健

在留学生活中，精神障碍的发症因素，归根结底在于"文化摩擦"、"生活摩擦"、"人际摩擦"这三个心理压力上，因此留学生的精神健康、心理保健首先要解决好这三个摩擦因素。

留学生的心理自我保健，首先是要过好"语言关"。因为在国外生活遇到烦恼，或者身心出现不适应症状，要进行心理咨询或去医院就诊时，总还是要使用所在国的语言。如果不能用语言很好地交流，即使个人再有如何重大的烦恼或问题，也不能明确地表达出来；反而会加重心理症状的郁结，使个人的精神苦恼加剧。

留学不仅仅是一种异文化知识、技术的学习，而且是一种新的自我发展，它需要自我具有坚强的精神意志，以及高度的适应力。因此在留学生活中，个人要不断健全自己的人格，提高心理素质，增强承受挫折、适应环境的能力。此外，在自己所在的留学国中要及时地加入"身心健康医疗保险"等福利机构中，积极地利用所在大学的心理咨询机构，解决自身面临的适应问题。

在留学生活中对精神障碍和疾患要有预防的意识，以下介绍"三次预防"的对策和措施。

一次性预防：出国留学前和出国留学后的初期，及时进行身体、精神方面的健康诊断。在条件许可的情况下，可进行出国前的留学心理辅导和咨询。

二次性预防：在出国留学前，着重学习一下在异文化环境中问题处理的方法和技巧，学习适应异文化的方法；收集留学所在国的生活资料和各种详细信息，掌握留学所在国的留学生支援体制和教育咨询机构的情况。

三次性预防：改善自我的性格、调整自身的情绪和心态，出国留学后，一旦发现心理不适应或身心失调的现象，要早诊断、早治疗，这样有利于问题的及早解决，必要的时候要尽早归国休养一段时间，这样对于身心的恢复具有极好的效果。

六、外国留学生的心理辅导

近年来，随着改革开放的深入发展，我国的大学教育制度和内容也发生了深刻的变化，吸引了世界各国众多的留学生。这是大学的国际学术竞争力提升，以及我国的综合国力增强和民族文化魅力在国际舞台上的体现。同时，留学生数量的增加是一个国家政治文化、教育、经济强盛的标志。

生活在大学校园中的大学生通过与外国留学生的交流，能了解对方国家、民族的文化特征，从中学到许多有价值的东西；反过来中国的大学生又可以通过外国留学生的视角、思考方式，了解到自己国家、民族的文化精髓。此外，外国留学生中有许多人志向远大，对学习生活态度认真,意志坚强,他们身上的优秀品质很值得中国大学生好好学习。

(一) 与外国留学生的交往姿态

第一,要克服语言障碍。语言是人与人之间交流的工具,交流除了"对话"以外,还有"意思的疏通"、"相互理解的加深"等作用。语言文化相同的人之间,相互理解、交流有时也会发生误解;更不用说文化、民族背景不同的人之间的交流,面临的困难会更多。因此与外国留学生良好的语言交流,是减少误解,增加诚意和友谊的关键。

第二,注意非语言形式的交流。异文化心理学研究者认为人与人之间非语言交流形式主要有以下这些项目:手的姿势,脸部表情,身体姿态,衣服、发型,走路步行姿态,与人相隔距离,身体接触,视线凝视的方向,体型,嗅觉(女性身上香水等),语言表现,如语速、声音高低、抑扬顿挫、音量大小等,体温的影响,化妆,言行的时机把握,沉默等。在与外国留学生交往中,如何对自己的认知、感情、行为进行调控,是非语言形式交流的重要内容。

第三,与外国留学生的交往,除了平时的授课、学习研究活动之外,还有以下各种活动方式可供积极地利用:在大学的国际交流处或留学生中心进行接触、交流等;与留学生开展文化、生活交流,如旅游、书法、音乐、民族工艺制作、体育等友好交流活动;举办以留学生为中心的演讲、歌咏比赛,或"留学生文艺节"活动,从中结识新朋友。在与外国留学生的交流中应注意的方面如下:(1)与外国留学生交流,由于语言、文化、生活习惯不同,容易产生误解,因此要做到情绪放松、态度自然,如在相互交流理解有困难时,微笑是最好的语言。(2)由于民族文化、生活习惯不同,不要用自己民族的价值尺度去衡量其他国家的文化。应理解差异、尊重差异、尊重不同的民族文化价值,特别是对于来自发展中国家的留学生,要做到"平等、尊重、互爱、理解"。(3)在与外国留学生的交往中,大学生的自我思考、建议、意见等要以明确的形式表示,避免模棱两可,减少误解的产生。

(二) 对外国留学生的心理咨询

外国留学生在中国的大学中学习,也有个人适应问题、精神健康问题,主要表现为:(1)由于语言的生疏或交流的困难,造成精神的孤独;(2)由于教育体制不同带来的学习方面的困难;(3)由于自己国家和留学所在国的政治体制不同,常常会在内心中产生一种文化的、观念的或宗教信仰的对立摩擦,常常会受母国的政治事件、经济危机或战争问题的影响,对自己的经济生活或将来产生不安心理;(4)一部分留学生与指导教授、异性、宿舍中的友人关系相处不良时,身心的疲倦和精神压力也会明显增加。因此,对外国留学生的精神保健和心理咨询,也是现代学校心理学的一项重要的研究课题。

对外国留学生的不适应问题和心理障碍产生的预防对策主要有:(1)在外国留学生进入大学留学的初期,进行"入学指导和心理健康教育"的辅导活动;(2)强化语言课程训练,根据留学生个人具体情况,适当配置语言指导助理教师(一般由大学中的研究生义务担任);(3)对留学生实行定期的身体、精神健康检查、诊断;(4)建立专门的外国留学生生活咨询、教育咨询和心理咨询的网络性机构,积极开展外国留学生的心理健康辅导活动;(5)有条件的大学要建立"生命电话"、"热线咨询电话"以预防留学生自杀。

由于民族、文化背景不同,外国留学生对于心理咨询和治疗的概念也不同,著者根据自己对留学生心理咨询的经验,提供以下几条做法供留学生心理咨询人员参考:(1)对留学生的心理咨询,以建立相互的信赖关系为主。相互之间的信赖、共感的理解有时比解决问题更为重要。(2)心理咨询的场所、过程要让留学生感到安心、安全,心理咨询人员始终要保持温暖、关怀的态度。(3)用真诚的态度认真倾听留学生的诉说和心声。(4)当留学生心理障碍严重,需要心理治疗时,心理咨询人员应尽快与专业的心理治疗机构联系,取得专家的指导和帮助。

本章概要

- 大学生活是一个人从青年期向成人期发展的黄金阶段,也是自我创造、自我实现的时期,因此,大学生的心理特征首先是自我同一性的探索。
- 大学生的心理健康和精神卫生问题,是我国高校建设和发展的一个关键的方面,必须认真做好大学生的心理咨询工作。
- 青春期危机是个体自我成长、自我完善的契机,没有危机,就没有转机,要辅导大学生做好自我成长的人生设计。
- 大学校园生活辅导的核心是指导大学生处理好各种各样的人际关系,指导大学生正确面对恋爱和婚姻等各种情感问题。
- 大学生应培养积极主动的职业意向和求职成功的心理品质,善于把握住机遇。
- 正确对待考研,专业选择是第一位的,应以良好的心理素质和积极的心态,去面对挑战。
- 留学生活的心理保健,归根结底要解决好"文化不适应"这一根本的心理因素,并做好"三次预防"的心理调适措施。
- 留学生数量增加是一个国家、民族的政治文化、教育和经济强盛的标志,关注外国留学生的心理健康问题,是现代学校心理学的一项重要研究课题。

关键词

自我同一性　　职业意向　　心理断乳　　考研　　无气力症候群　　异文化适应
新入学症候群　　三次预防　　青春期危机　　外国留学生　　自我成长
留学生咨询　　校园网络　　偶像价值　　时尚观

思考与讨论的问题

1. 结合你在大学生活期间的经历和经验,对照本章内容,你认为哪些内容对大学生的心理调适和自我成长是有益的?
2. 具体举一个例子来说明,危机就是转机,也是人生成长、发展的契机。
3. 你去过大学生心理咨询机构吗?谈谈你对这些机构的印象或者建议。

4. 除了本章内容所介绍的择业或考研的心理调适之外,你认为大学生毕业时还应注意什么问题,并如何做好心理准备?

5. 如果让你出国留学,你会选择哪一个国家、什么样的学校及专业,为什么?你会做哪些心理准备?

第十三章 生涯规划与自我成长

在人生舞台上,能够演绎精彩的人大多对自己的人生发展方向有着清晰的认识和规划。怎样设定人生目标,如何通过努力达到目标,这就需要对自己的生涯作出规划。合理的生涯规划,是迈向成功的第一步。

生涯规划并不是神秘莫测的,它不同于就业指导,更不同于传统的求职准备、职业发展,而是在更高的层面上,着眼于人们对自己的整个生涯形成布局规划的意识,并以此为出发点,制定目标,努力经营自己的人生。

本章介绍了生涯规划的概念及相关理论,重点讨论了在中国教育背景下缺失的中小学生涯规划教育的开展和实施,并拓展到如何进行大学生的职业生涯规划,另外探讨了影响生涯规划心理辅导的家庭因素和学校因素,以便于学生家长或教师提高生涯规划意识,辅助学生做好一生的生涯规划。

一、什么是生涯规划

(一) 生涯的含义

正如对"career"的翻译不尽相同一样,不同的学者对"生涯"的界定也存在分歧。从国内外学者对生涯的定义可以看到,生涯的概念随着时代的变迁而有所变动。但从总体上看来,生涯和个人终身所从事的工作和职业等有关。以下是国内外不同学者对"生涯"一词所下的定义。

表13-1 国内外学者对生涯规划的定义

生涯是一个人在其职前(prooccupational)、职业(occuptional)及退休后(postoccipational)的生活中,所拥有的各种重要职位、角色的总和
生涯是一个人一生中所从事的工作及担任的职务、角色,同时涉及其他非工作(职业)的活动
"生涯"一词涵盖了以下三个重点:A 生涯的发展是一生当中连续不断的过程;B 生涯包括个人在家庭、学校和社会中与工作相关活动的经验;C 这种经验塑造了独特的生活方式
生涯是生活中各种事业的演进方向与历程,统合了人的一生中各种职业和生活的角色,如儿女、学生、休闲者、公民、工作者、配偶、父母、退休者等,由此表露出个人独特的自我发展型态
生涯是一个人所从事的职业、工作或从事的先后顺序

续 表

生涯是一个人工作生活中,与工作有关的经验、活动相结合的态度和行为的顺序
生涯是一个人整个生命中所选择追求的一般行动方案
生涯是一个人所察觉到的,在其生活幅度中与自己工作相关活动相联结的重要事物
生涯是一个人在其生命期间,与工作有关的经验、活动方面的态度和行为的顺序
生涯不仅是一个行为概念,也是一个现象的概念。联结"人在做些什么"(行为)和"人如何反观自己"(现象)两个不同的层面
生涯是工作、职业与责任、挑战的互动过程
生涯是指一个人在工作生活中经历的职业或职位的总称
生涯是指一个人依据心中的长期目标所形成的一系列工作选择,以及相关的教育或训练活动,是有计划的职业发展历程
生涯包括个人对职业的选择和发展、对非职业性或休闲活动的选择与追求,以及参与社交活动的满足感
生涯是个人一生的职业、社会与人际关系的总称,即个人终生发展的历程

目前大多数学者所接受的生涯定义来自舒伯(1976)的观点:生涯是生活中各种事件的演进方向和历程,统合了人一生中的各种职业和生活角色,由此表现出个人独特的自我发展型态。生涯也是人自青春期至退休后,一连串有酬或无酬职位的综合。

(二)生涯规划的含义

生涯规划是一个人近期可能的规划未来生涯发展的历程,在考虑个人的智能、性向、价值,以及阻力、助力的前提下,做好妥善的安排,并借此调整、摆正自己在人生中的位置,以期适得其所。

1. 定义

曼得和韦恩从组织管理的角度将生涯规划定义为:一个人据以制定前程目标,以及找到实现目标的手段。重点是协助员工在个人目标与组织内实际存在的机会之间,达到更好的契合,强调提供心理上的成功。辅导学的角度认为:所谓生涯规划就是指一个人对生涯妥善安排,在这种安排下,个人能依据各计划要点在短期内充分发挥自我潜能,并运用环境资源达到各阶段的生涯成熟,而最终达成既定的生涯目标。

2. 内涵

规划强调的是明确的目标、执行方法、成效的评估与计划的修订。一项完整的生涯规划,应该包括以下步骤:

(1)目标的拟定

个人制定生涯目标时,应先仔细探索重要的主、客观因素,决定出大概的方向,然后再逐步将自己的目标具体化、阶段化。目标的拟定可分为两步:①具体化目标,用意是希望将来在执行计划、评估成效时能有客观的依据,因此需要将目标以具体而明确的词汇描述出来;②阶段化的目标可分为远程、中程与近程,然后再细分多个次目标,如此才能按部就班地达到目标。

(2) 计划的执行

计划的执行可分为三个步骤：①考虑各种途径。因为一个具体的目标可以利用多种途径来达成。在决定选择何种途径之前,先将所有可能达成目标的途径全部详细列出。②选择最合适途径。依据个人的因素与实际的情况,一一评估这些途径的可行性,选择出最合适的途径,向自己的目标迈进。③安排执行。依据阶段化的各个次目标,拟定执行步骤,安排执行的进度表,付诸实践。

(3) 评估与修订

由于在规划的过程中,所考虑的内在和外在、主观与客观的因素繁多,且这些因素又会随着时间而变动,因此,为了确保计划的可行性与有效性,必须随时对生涯规划的内容加以评估。此外,在执行过程中还会发现当初作规划时未曾想到的缺点与执行后的困扰,所以每过一段时间,对计划执行的方法就要进行必要的评估。

每次的成效评估便是修订的依据。这也提示了进行生涯规划时,就必须为日后可能的修改预留空间。至于计划修订的时机,则必须考虑以下三点：①定期检查预定目标的达成进度；②每一阶段目标达成时,依据实际达成的状况修订未来的可采用的策略；③客观环境改变足以影响计划的执行。

二、生涯规划的相关理论

从职业辅导开始的特质因素论到后来的生涯发展理论以及其他一些理论,均显示生涯辅导理论与人格理论的密切关系。因此,从人格的发展这一维度来考察,我们认为可以把生涯辅导理论归为三大类,即特质因素论、生涯发展论和生命全期理论。下面我们分别对这三大类理论进行述评。

(一) 特质因素论

特质因素论是最早提出的职业辅导理论,强调个人的特质与职业选择的匹配关系。特质因素论的内涵就是在清楚认识、了解个人的主观条件和社会职业岗位需求的基础上,将主客观条件与社会职业岗位相对照、相匹配,最后选择一种职业需求与个人特长相当的职业。

帕森斯是该理论的主要代表人物,被誉为"职业辅导之父"。1909年,帕森斯在其所著的《选择一个职业》一书中,明确阐明职业选择的三大因素或条件。(1)应该清楚地了解自己的态度、能力、兴趣、智谋、局限和其他特征。(2)应清楚地了解职业选择成功的条件、所需知识、在不同职业工作岗位上所占有的优势、不利和补偿、机会和前途。(3)上述两个条件的平衡。

达维斯和洛夫奎斯特(Dawis & Lofquist)在20世纪60年代提出的工作调适理论是对帕森斯特质因素论的进一步修正和改进。他们除了和传统的特质因素论一样强调对工作者的能力、价值观、人格和兴趣的评定,以及这些因素和职业的相互关系以外,还强调一种工作的调适,即工作者不断寻求并完成和维持与工作环境之间的调和。其中个人对自身工作的满意度以及雇主所认为的员工工作的适合度是非常重要的两个评估成分。

（二）生涯发展理论

虽然许多学者都是基于人格的发展展开研究，但是因为研究的侧重点不同，因此提出了众多的理论模式，具体地说，有以下几种理论模式。

1. 安妮·罗伊的亲职影响理论

安妮·罗伊(Roe & Lunneborg, 1990)强调对早期经验和个人需要的理解，并且依据对个人需要充分满足的可能程度来看待职业。罗伊的职业选择公式体现了她力图对满足个人生理需要和情绪需要的所有可能因素的确认和归类，这反过来又可以解释一个特定的职业选择。一个人若未能考虑所有选择职业的重要因素，例如性格、才能、兴趣、薪酬和发展性等，或者未能考虑不同因素的相对重要性，他就可能会作出一个不太令人满意的职业选择。罗伊依据兴趣和需要的满足来源划分和分析职业的方法应运而生。

2. 鲍丁等人的心理动力理论

鲍丁(Bordin)等人于20世纪60年代提出了心理动力论。心理动力论起源于精神分析，强调人内在动力与需要等动态因素的心理作用在个人择业历程中的重要性。鲍丁等人认为，职业是用以满足个人需要的，如果个人有自由选择的机会，必定以自我喜好的方式来选择，寻求满足需要的职业而避免焦虑的职业。在选择的过程中，每个人早期经验所形成的适应体系、需要等人格结构，是最重要的心理动力来源。

3. 霍兰德的类型理论

20世纪60年代，美国职业指导专家霍兰德(Holland)在帕森斯观点的基础上结合当时的人格心理学概念，认为职业选择是个人人格在工作世界的表露和延伸，即人们在工作选择和经营中表达自己的个人兴趣和价值。在该理论中，其核心假设是人可分为六大类（图13-1），即现实型、研究型、社会型、传统型、企业型、艺术型；职业环境可以分成相应的同样名称的六大类；人格与职业环境的匹配是形成职业满意度、成就感的基础。霍兰德认为，劳动者个性与职业匹配也存在着三种基本情况：(1)人职协调，即劳动者个体找到与其个性类型重合的职业类型，充分发挥自己的才能且获得较高的工作满意度；(2)人职次协调，即劳动者个体找到与其个性类型相邻的职业类型，需经过个人的努力和自我调整来适应职业情境；(3)人职不协调，即劳动者个体找到与其个性类型相斥的职业类型，此情境下劳动者个体很难充分发挥自身才能，工作满意度和成就感较低。

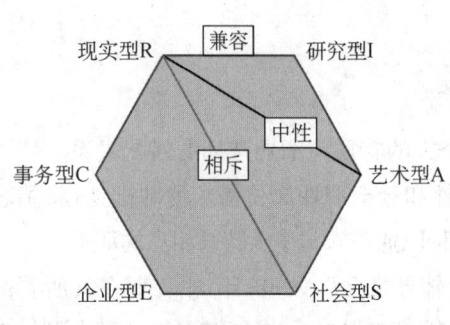

图13-1　霍兰德职业类型六角形模型

4. 泰德曼的生涯决定理论

泰德曼(Tiedeman)的生涯决定理论十分强调个人生涯抉择上的复杂性与独特性。个人整体的认知发展与系列的决定过程是其理论的主要焦点。根据他的观点，生涯决定必须经过一个有系统的问题解决形态，具体包括七个阶段，即探索、结晶化、选择、澄清、归纳、革新和整合。泰德曼理论的主要贡献在于，强调生涯决定过程中渐增的自我觉察的重要性与必要性。

5. 格特弗兰德森的职业抱负理论

职业抱负的发展是格特弗兰德森(Gotthedson)发展性理论的主题。据其观点,在职业发展中的自我概念是选择生涯的主要因素,因为人们希望自己的工作与自我形象相符合。他认为个人的发展将经历四个阶段,即大小及力量导向、性别角色导向、社会评价导向、内在独特自我导向。在这一发展的模型中,职业偏好融合了伴随生理及心理成长的复杂性。而职业偏好的主要决定因素,是在自我概念发展过程中渐增的职业抱负限制,也就是说儿童在成长过程中,随着认知的深入发展,职业抱负水平也将有相应的变化与发展,从而影响职业生涯的选择与改变。

6. 约翰·克朗伯茨的社会学习理论

约翰·克朗伯茨(John. Krumboltz)认为生涯发展是一个了解我们自身和我们的各种选择可能性的过程。过去的学习以多种方式影响着我们的生涯决策,使我们倾向于更多地了解这些领域。另一方面,消极的经验却使我们回避它们。我们也通过观察别人和想象自己在那些情境中会如何行动来学习。榜样角色和良师益友为我们提供了多种途径来学习有关职业和生涯规划过程的知识。克朗伯茨和他的同事(Mtihcell & Krumbhoz, 1996)还提出另一个观点,即个人信念与期望是生涯发展的一个重要组成部分。个人信念与期望有时被称为自我效能感期望(self-efficacy expectations),这是后天习得的,是指人们对自己组织和执行各种活动以达到特定绩效水平的能力的判断。生涯的自我效能感是指我们相信我们能够成功地完成生涯决策活动,而且更重要的是,在生活的许多领域,我们都能学习和改变我们的自我效能期望。克朗伯茨认为职业选择的核心要素有三个:自我效能、结果期待和个人目标。

7. 克内菲尔坎姆和斯列皮兹的认知发展理论

20世纪70年代克内菲尔坎姆(Knefelkamp)和斯列皮兹(Slipitza)提出了认知发展的生涯发展模式。他们认为学生的生涯认知也有一个循环渐进的发展过程,其关于生涯发展、生涯知识及生涯抉择的看法是从最简单的层级逐步向复杂多元的层级推进的。生涯认知发展模式可分为四个时期、九个阶段,其中四个时期分别是二元关系期、多元关系期、相对关系期和相对关系承诺期。由此构成从简单分法的观点到复杂的多元化的生涯观点,形成一个连续的认知过程,其层次逐渐向个人的认同、个人的价值以及整体的生涯这三者关系的整合方向发展,从而使个人作出满意的生涯抉择。因此生涯辅导的目标在于促进个体对生涯发展各时期的认知,并以当前的时期和阶段为基准,提供一些挑战与支持,从而促使个体往下一个时期和阶段发展。

(三)生涯发展的生命全期理论

与前面的理论不同,运用在生涯发展上的生命全期理论,关心的是个人在一生当中处理生涯议题时的各种成长和变化,而非只是某个时间阶段的生涯议题。因为生涯发展被视为终身的过程,所以生涯辅导方案应该依据个人在一生中各阶段的需求来设计。金斯伯格(Ginsberg)的职业生涯发展理论认为,个人的成长是一个持续不断的历程,随时都要作不同的选择,外在社会环境、个人的身心发展、人格特质、价值观念、教育机会和工作成就等均会影响职业生涯发展的过程。金斯伯格研究的重点是童年到青少年阶段的职业心理成熟过程,通过比较美国人从童年到成年有关职业选择的想法和行为，将职业生涯发展分为幻想期、尝试期和现实期三个阶段。每个阶段都有一些特定的发展任务需要完成，而前一阶段发展任务的达成关系到后一阶段的发展。此后，舒伯(1980)对发展任务的看法又向前跨了一步。他认为在人一生的生涯发展中，各个阶段同样要面对成长、试探、决定、保持和衰退的问题，因而形成"成长——探索——建立——维持——衰退"的循环。

三、中小学生涯规划的教育指导

（一）中小学生涯规划的现状

许多国家和地区都在中学实施了生涯教育。日本规定中学生必须接受"进路指导"（即生涯教育），主要帮助学生设计和思考如何升学、就业和实现人生发展目标等，学校根据日本文部省制定的《初中和高中的进路指导入门》，十分重视中学生涯教育；英国已初步建立了完善的生涯教育体系，确立了生涯教育目标，制定了生涯教育课程，并建立了有效的实施途径，学校根据全国性的和地区性的统一规定和课程标准把生涯教育列入教育计划，对中学生进行系统的生涯教育；将近45%的美国人在他们的学生生涯里接受过三门及以上生涯教育课程；我国的港台地区的中学生涯教育也取得了比较明显的效果。

我国大陆地区尚未将职业设计纳入中小学教育范围。到目前为止，除中等职业学校外，相关的教育机构仍未将帮助、指导学生如何进行职业生涯设计纳入教育体系中。学校和家长往往仍将升学作为唯一的培养目标。在许多地方的农村初中，有近一半的毕业生不能升学，未经过任何的职业生涯教育，就直接走上了社会。目前，中小学生涯规划处于起步阶段，需要进一步加强、加快其进程。

（二）中小学生涯教育的开展与实施

教育行政部门应该借鉴西方发达国家的先进经验，树立"职业生涯教育应该从中小学生抓起"的理念，把职业生涯教育作为一门课程，列入教育范畴。各级教育行政部门应把学生职业生涯教育作为学校教育质量评估的一项重要内容。纵向上，在小学、初中、高中课程中，都应渗透职业生涯教育的内容，并且互相衔接。横向上，在充分重视职业教育的前提下，制定普通教育与职业教育互相渗透的政策，通过政策的导向作用，使学生和家长逐渐认识到职业生涯教育的重要性。

1. 确立生涯教育的目标体系

生涯教育目标一般包含三个部分：(1)自我发展目标，旨在帮助学生正确认识自身能力、兴趣、需要、价值观和态度，培养社会责任感；(2)生涯探索目标，旨在培养学生对多种类型职业的认识能力和判断能力；(3)生涯管理目标，旨在辅导学生结合自身特点和社会需求确定正确的人生目标，作出科学的生涯决策。

2. 确定生涯教育的基本内容

可从生涯教育的概念出发来确定生涯教育的基本内容，如：(1)对中学生进行日常生活的基本常识教育,培养他们的独立生存能力,达到生活自理的起码要求,并在此基础上,引导学生发现自我、认识自我、评价自我。(2)训练中学生的思考能力、学习能力,培养他们的创新精神,提高他们对新信息和新事物的判断接受能力,形成一种可持续发展的能力,培养学生挖掘潜能和规划决策的综合能力。(3)传授适合中学生个人特点的职业基础知识,树立正确的职业观,掌握基本的职业技能,以及一些基本的安身立命的谋生手段,达到适应社会需要的目的。(4)帮助中学生养成关爱生命的人生态度,培养他们与人和谐相处的基本能力,帮助他们养成健全的人格,从而确保他们能够顺利融入社会,并与他人构建良好的社会关系,逐步实现自己的生涯发展。

3. 学校教育与辅导的实施程序

生涯发展与教育的程序可以根据学生所处年级及其对应的生涯发展阶段分步实施,具体可以分为五个阶段。

第一,生涯认知阶段。幼儿园到小学六年级的主要任务是生涯认知,包括个体对自我、职业角色、工作的社会角色、社会行为及自身应负的责任等方面有初步的认识,使个体对生涯的意识初步觉醒。

第二,生涯探索阶段。初中阶段的主要任务是生涯探索(包括与个体发展有关的自我和职业世界的知识和基本技能),探索生涯方面的知识和其他有关生涯选择的重要因素,掌握一定的生涯决策和规划的技能。

第三,生涯定向阶段。这个阶段为初中三年级到高中一年级,其主要任务是:个体进一步掌握有关的职业知识,能评价工作角色;进一步澄清自我概念、探索自我,了解社会需求及个体自身的需求,发展社会可接受的行为;了解生涯计划与社会需求、自身需求之间的关系。

第四,生涯准备阶段。高中阶段主要任务是生涯准备,包括个体进一步掌握进入某一行业所需的知识及相关的职业道德;进一步了解社会的需求和个体自身的需求,明了自身能力倾向、职业的兴趣倾向和价值倾向;拟定高中后教育或其他训练计划。

第五,生涯安置阶段。这个阶段为高中以后,其主要任务是:个体进一步探索职业的兴趣倾向及能力倾向,重新认定职业选择;发展生涯的专业知识和技能;建立人际关系;正式踏上选定的教育或职业征途。

四、自我成长与生涯辅导

"知己知彼,百战不殆",生涯规划应从知己做起。当我们把生涯规划的概念放在自己的身上时,必须先澄清自己的条件与需求,如我的能力如何,我对哪些事情有兴趣,我希望自己成为什么样的人,对"我是谁"这个看似简单的问题给予进一步的解答。唯有如此,了解社会发展趋势、明白就业市场供需状况等这些"知彼"行为才有意义。所以说,生涯规划与自我关系极其密切。

(一)生涯辅导的对象

对于生涯辅导对象的界定,一般有四类。

1. 生涯已决定者

"生涯已决定者"(career decided)，是指当事人在生涯发展的过程中，完成了一个必须解决的生涯决定。例如，一位高三学生决定大学要进哲学系，一位大一学生决定要转英语系，一位大四学生决定毕业后要赴英进修，等等。理论上看来，一位生涯已决定者大致的情况是：经过了自我的探索阶段，对自己的能力、兴趣都很清楚，对各选项的性质、相关的信息都搜集得相当仔细，他人重要的意见也被纳入考虑的范畴。最后，权衡轻重，在几个选项中择一而行。就常理而言，既然决定已经作了，何必再接受生涯辅导呢？

面对前来的学生，生涯辅导师可以进行以下的咨询措施：(1)即使当事者已经作了决定，生涯辅导仍可以帮助他确认或验证选择的正确性；(2)当事者可以借助生涯辅导进一步形成实现目标的具体步骤；(3)当事者表面上看相当笃定地作了一个决定，但事实上可能还是一个"生涯犹豫者"，对这类情况，生涯辅导师要有所警觉。

2. 生涯未决定者

"生涯未决定者"(career undecided)，是指当事者对未来的选择还没有具体承诺。这一类行为表现与"生涯犹豫者"十分类似，应该注意将两者区分。生涯未决定者可能已经有了选择的大致方向，只是还没有拍板定案，是一种"非不能也，不为也"的状态。生涯未决的原因大概有两种：

第一，探索性的未定向。又称为发展性的未定向，具有这些特征的人在解决生涯选择上的困难主要是因为缺乏有关自己与职业的信息，而这种信息的缺乏多半与发展程度有关。因此这一类的学生适合纳入生涯辅导的范围，通过适当的活动设计，可增加其对自我以及职业世界的了解。随着年龄的成长，未定向的情况也会逐渐改变。

第二，多重选择的未定向，同时具备多种才能或兴趣而无法作决定。如有的人才华横溢，同时对商业、文学、建筑都有兴趣，也会面临左右为难的选择困境，只好维持未决定的状态。

3. 生涯犹豫者

"生涯犹豫者"(career indecisiveness)也处于生涯未决定的状态，他们通常伴随有严重焦虑。一般而言，生涯犹豫者的未定向状态是"非不为也，乃不能也"。"不能"的原因有很多方面，大致可以归为三项。

第一，与人格状态有关。所谓人格状态，在这里只是一种概括性的描述，并无严格的定义。具体包括：(1)轻微的人格异常现象，如慢性焦虑、缺乏自信、自我认同混淆等；(2)严重的人格异常现象，如慢性忧郁、歇斯底里症、妄想症、强迫症等。就这一类的生涯犹豫者而言，未定向的现象只是人格表面异常的一种行为征兆，需要接受长期的咨询或心理治疗。

第二，与错误的后设认知有关。有些生涯犹豫者之所以裹足不前，是因为受困于一些认知上面的障碍。除非这些障碍得到澄清或挑战，否则犹豫的行为会持续下去。有些学者称这些想法是"非理性的期待"。例如：(1)工作是我生活中的一部分，它能满足我所有的需求；(2)我的工作职位越高，就显得我这个人越有价值；(3)我相信有这样一份测验来告诉我将来要做什么；(4)由父母亲替我决定未来的职业发展方向，要比自己决定更为恰当；(5)女性工作和男性工作毕竟不同，像机械工程师、企业经理等工作是不适合女性的；(6)在没有分析完所有的数据之前，不太适合作决定;(7)如果未来职业生涯没按照自己原来的计划去进行,那么我就不容易成功。

另外,错误的后设认知作用,还会导致个人焦虑程度的升高,如将未能作好生涯决定的挫败归因于运气不佳,推卸生涯未定向的责任。对于这一类的学生,生涯辅导教师应选择认知重建法去矫正和修复错误认知。

第三,与家庭中的互动系统有关。这种现象在传统的中国式家庭结构中甚为常见。家庭成员之间的伦常关系,导致成员之间的心理界限模糊。比如家庭的期待与目标,就是个人的期待和目标。这种融为一体的感觉,固然可以增加家庭成员的凝聚力或向心力,但是当有成员企图改变这种平衡状态(如另有高就,但必须远赴异域等)时,就有可能招致其他成员的抗拒或反对。

4. 生涯适应不良者

很多学者研究指出,一个人生涯适应不良(工作表现不佳、无法升迁、与同事相处有摩擦),常与其人格状态有关(Bluestein, 1987;Zunker, 1994)。基乔斯(Kjos, 1995)根据其临床经验,指出若干人格异常者在生涯表现的行为特征,同时也提出干预建议,详见表13-2。

表 13-2 生涯适应不良者的人格异常表现和干预建议

人格异常	生 涯 现 象	处 置 建 议
妄想性	害怕被欺骗,时时警戒,保护信息以保护自己;在必须保持高度警戒与保密的工作上表现良好;容易生气,愤世嫉俗,对于批评过度敏感,很难与权威人士或同事相处融洽	勿拐弯抹角,保持尊重;允许当事人独立行事,保持距离
类分裂性	在与社会隔绝的工作场所,或不太需要与人互动的工作上表现良好;冷漠、疏远、不关心;社会接触困难	给予支持,尊重其距离感;当事人也许需要面谈技术的指导
分裂病性	外表古怪孤僻,或以不合群来掩饰焦虑;在新的环境感到困难,有时会有新的创造观点;若给予适当的自由空间,在重复性或结构性的工作中表现良好;有时会做白日梦,或有不合常规的行为出现	凡事结构化,尊重其古怪孤僻;注意其可能有学习社会技能的需求
反社会性	竞争性强,追逐挑战与权利;好挑拨是非,对人有敌意,容易生气,不会自己来寻求咨询;做事不考虑后果,任性	教给其情绪管理与冲动控制的方法;尊重其需求,对当事人的行为设限,以保持控制与距离
边缘性	虽然可以强其所难,但此类人员需要工作的多样变化;兴趣极为广泛,生涯决定有困难,难以预测;是一种行事无常、令人无法信赖的员工	提供结构化与支持性的处置,帮助当事人按部就班地行事,指导问题解决的方法,表达对其成功表现的期待
表演性	有魅力,有社交手腕,但是也会打情骂俏,感情冲动;容易有夸大的情绪反应,容易兴奋、无聊、生气或受挫;也很虚伪	必须设限,温和的面质、支持与同理心十分重要;注意过度的情绪反应
自恋性	表现自信;很少考虑到别人,难与人相处;容易生气,常有敌意;不容易接受批评,会误以为人家拒绝他	接纳当事人的特殊性,面质有时带来反效果
逃避性	急于把事情做好,常是听话的员工;自尊心低落,容不得别人的批评;不容易接受新的任务或工作,不容易改变工作或发展新的人际关系	多予以支持与同理心,将重心置于学习新事物和建立自尊上

续 表

人格异常	生 涯 现 象	处 置 建 议
依赖性	在指令、程序清晰的工作流程中表现甚佳;害怕作决定尤其是独自作决定;不断地需要保证;容易被流言所伤,容易焦虑	采用直接的行为治疗取向,随时鼓励与同感;教导对选择的觉察,以及作决定的技术
强迫性	典型的工作狂,在需要奉献的工作上鞠躬尽瘁,忠心耿耿,小心谨慎;自我工作要求甚高,犹豫不决与完美主义的倾向常会影响到效率;道德上采用高标准,严以待人,无法授权	接纳其焦虑、压力,需予以控制;多予以支持,对于其理性因势利导,帮助其同时觉察感觉与思维;小心使用同理心
被动攻击性	在重重设限的工作中给予发挥的自由,则表现最佳;需要按自己的时间表作息,想来就来,想走就走;以故意拖延或出错来掩饰焦虑;逃避责任,挑剔别人,心怀怨愤,消极悲观;难与同事相处,不信任别人;缺乏自我肯定	清楚地设限;对有关生涯的事情采取直接的、行为取向的干预方式;可考虑给予自我肯定训练

资料来源:Kjos,1995,pp. 596-597

(二)自我认知与评价

职业规划与发展应从自我认知开始,然后这个人才能建立可实现的目标,并确定怎样达到这些目标。认识自己称为自我评价(self-assessment),是指所有可能影响一个人未来工作业绩的事情都应考虑到。符合实际的自我评价,可以帮助一个人全面准确地评价自我,对个人的特殊能力及目标与合适的工作或职业之间的匹配,有很大帮助。

1. 自我认知的定义

自我认知,也就是上述的"知己"过程,实质上就是认识自己的过程。其重点是分析自己的条件,特别是分析自己的价值观、兴趣、气质、性格。通过充分的自我认识,才能最终认识"我能够做什么"、"我愿意做什么";只有这样,才能为自己定位,确定目标。

2. 自我认知的功能

自我认知有以下两点功能:(1)通过对自我、目标、环境及状况的综合分析和鉴定,个人能更好地选择自己的职业,更快地达到自己的职业目标。在生涯规划中,强调自我剖析的核心作用及内容,能带来许多积极的影响,使人们从长计议自己的职业。(2)个人通过自我认知了解到一定的职业变动具有可能性和必然性,从而鼓舞个人去尝试新的工作,或者挑战更艰巨的工作。

3. 自我认知的方法——橱窗分析法

认识自我,了解自我是非常不易之事,橱窗分析法是自我认知的一种良好方式。

如图 13-2 所示乔哈瑞窗口(Johari Window)坐标的横轴正向表示"别人知道",负向表示"别人不知道";纵轴正向表示"自

图 13-2 自我认知的乔哈瑞窗口

己知道",负向表示"自己不知道"。

在这个坐标轴橱窗中,橱窗 1 为自己知道的,别人也知道的部分,成为"公开我",属于个人展示在外,无所隐藏的一部分。这个橱窗中包含的是你知道、别人也知道的信息,如你的姓名、工作单位等。橱窗 2 为自己知道,别人不知道的部分,称为"隐私我",属于个人内在的私有秘密部分。这个橱窗是你的个人世界,你可以不公开这部分生活,也可以告诉别人,让别人更了解你。橱窗 3 为自己不知道、别人也不知道的部分,称为"潜在我",是有待进一步开发的部分。橱窗 4 为自己不知道、别人知道的部分,成为"脊背我",犹如一个人的背部,自己看不到,别人看得很清楚。

通过这四个橱窗,我们可知,在进行自我认知时,重点是了解橱窗 3"潜在我"和橱窗 4"背脊我"这两部分。橱窗 3"潜在我"是影响一个人未来发展的重要因素。科学家研究发现,每个人都有巨大潜能,人类平常只发挥了大脑的极小部分功能,认识、了解"潜在我",是自我认知的重点之一。橱窗 4"背脊我"是准确对自己进行评价的重要方面,如果一个人诚恳地、真心实意地对待他人的意见和看法,就不难了解"背脊我"。要做到这点,需要开阔的胸怀、正确的态度,否则,别人是不会作出真实评价的。

五、学校中的生涯教育

(一) 学校中的生涯教育概述

生涯教育对学生正确认识自我有重要作用,然而,传统的学校教育以知识传授为核心,忽视学生的兴趣和生命要求,学生的命运只能依靠"他人设计"或听从他人安排,自我意识被压抑,极大地影响了学生未来的发展。

既然生涯教育已纳入教育的范畴,在实施生涯教育过程中,要做到"一体两翼",即:以学生为本,心理指导与课程手段相结合。

1. 以学生为本

帮助学生认知生涯教育,打破传统教育"他人设计"的人生职业发展模式,它是面向全体学生的教育,也是充分尊重每一个学生的个性特点、服务于个体生命发展的教育。学生从小就有自己对未来的设想,有自我发展的愿望,生涯教育必须坚持以学生为本的原则。以学生为本,就是要以学生的兴趣和终生的发展为逻辑起点来进行生涯教育。例如初中生即将面临教育的第一次分流:初中毕业。对于这次分流,他们开始面临人生第一次思考,职业是首先必须正视的。因此,生涯教育要首先唤醒学生的主体意识,引导学生在客观地分析自我条件和社会环境的基础上,作出最基本的人生规划。

2. 注重心理指导

辅助学生合理规划生涯教育,经历了从心理学领域向教育学领域转变的过程。教师要熟悉生涯指导理论,掌握必要的心理指导方法,如心理测量、积累记录、心理咨询。生涯教育要关注学生的心理要求,帮助学生形成良好的心理状态。教师通过对学生进行心理测量,帮助学生了解自己,确立切实可行的生涯目标,同时帮助学生形成良好的心理素质。

3. 调整课程结构

当前中学生涯教育要尽快开发切实有效的课程以适合学生生涯发展需要,通过调整课程结构和课程类型来实现生涯教育,如既有显性生涯教育课程,又有隐性的走向社会的课程;既有让学生必须学习的综合课程,也有适合个性化发展的选修单科性课程。

(二)学生的生涯认知发展

1. 二元关系期

二元关系期的特征是对生涯—生活的计划只有简单、二分的思考形式。处于该时期的学生,其思考全然由环境的外在控制信念所左右。他们相信所谓正确而唯一的生涯抉择,必须有父母、教师、咨询员、兴趣测试、就业市场、经济景气程度,以及诸如职业愿望、权利和经济报酬等因素来决定。这时学生缺乏对各类信息综合分析的能力,也不太能够处理自己的生涯抉择。对他们来说,生涯抉择的过程就是寻求权威人士提供正确答案的过程。这些权威人士也许是父母、教师、咨询员,也可能是心理测验(如兴趣测验),或者是任何能解开学生抉择困境的外界因素。

二元关系期是认知最简单的时期,它包括两个阶段。

阶段1 学生在生涯抉择方面没有认知失调现象,主要由于绝对顺从外在权威的建议,自我处理的能力不明显。学生只有一个可能的生涯决定,辅导老师被称为"权威人物"。

阶段2 到了这个阶段,学生开始领悟生涯抉择也有好坏之分。这种认识能力伴随着出现焦虑,并导致认知失调情形的出现。这一阶段只有在辅导人员提出生涯决策的方法时,学生对决策的过程才勉强有些概念。

总之,处于二元时期的学生,表现为依赖外在权威的指引,对前途的发展惶恐不安,因而生涯辅导时可以引导其对生涯决策过程的了解,原则上对这类过程的介绍应该简单、直接、明确,重点是促使其接纳辅导人员,了解一般生涯规定的过程。

2. 多元关系期

多元关系期可分为以下两个阶段。

阶段3 这个阶段的学生对于对或错的前途决定有更多的了解。这种了解增强了个体内心的冲突与焦虑,因而对作一个好的决定的复杂性也有较清楚的知觉。他们渐渐把自我纳入这个决定的过程中,并作为重要的因素加以分析。这时,正确的决定包括教育与职业决定以及辅导人员的协助。权威在这个阶段代表的是过程,学生认识到辅导人员的角色是提供这个过程,而参与者是自己,因而对自我层面有关的分析愈加重视。同时,在这个过程中他们领会到应纳入更多因素,逐一考虑。

阶段4 在这个阶段,正确或错误的决定基于对各种因素作更复杂的加权考虑。学生仍受外在因素的影响,自我的成分在决策过程中是和其他外因一起加以考虑的。他们的认知发展在这一阶段还无法完全承担起决定的责任。辅导人员在这一阶段的任务是协助学生排列各种考虑因素的先后次序。

在这个时期,学生认知内容趋于复杂,对于只有一个正确选择的可能性有更清楚的认识。

认知的复杂程度升高，相对的认知失调的压力也越高。为了消灭或降低错误决定的可能性，转而求助于辅导人员所提供的决定历程。控制信念仍倾向于外在控制。稍有进步的是分析能力的增强，开始对生涯决定的各种影响因素作认真而细心的分析与考虑，同时可以整理出这些多元素之间的因果关系。在多元关系期较为成熟的学生，在抉择过程中对不同因素会给予不同程度的加权考虑。这时一个重要的改变是，学生由重视前途决定的结果转变到相信一个正确的决定过程。这个时候的学生不再认为权威的结论式忠告是完全正确的，而是开始关注权威对其决定的过程是否有帮助。

3. 相对关系期

相对关系期分为以下两个阶段。

阶段 5　这是一个探索和执行的阶段。在整个生涯决定的过程中自我成了最主要的推动者。和阶段 4 有所不同的是，他们已知道将决策的过程"裁剪"得更适合自己的需要。辅导人员对这一阶段的学生而言，不再是一言九鼎的权威角色，而是知识与经验的来源。学生能够客观地自我分析，并且有系统地坚持不同的决策方案。

阶段 6　个体的发展在这一阶段会对前阶段各种决策方案的悬而未决感到厌烦。学生能了解这种烦躁不安的策略并作抉择，然而，他们的认知发展又未成熟到足以决定投身于某项事业。因此严格地说，这一阶段是一个深思熟虑的阶段，主要原因是个体必须考虑：(1)建立自我事业生涯的联结关系；(2)选择任何事业生涯方向的后果将会如何；(3)独自面对不同承诺所要承担的相应责任。对这一阶段的学生，咨询员所扮演的角色是协助他们顺利完成这一思考过程。

个体的发展到了这个时期有着较大而明显的波动，外在各种因素对个人的影响力逐渐消退，个人内在的主宰能力逐渐增加。举例来说，个体的控制信念由外控到内控，认定生涯决定的成功或失败归因于自己。在前面的二元关系与多元关系时期，学校的教师、辅导人员、家长以及其他权威人物的意见足以左右个人决定的方向，到了这一个阶段，个人决策的中心已转移到自己。由于分析能力的增强，个人已能用比较客观的态度接纳及处理不同的信息。对于自己的生涯发展方向，也能够进一步确定有利与不利的因素及其对未来的角色的影响。在预期决定献身于某个行业的时候，能够综合各种复杂的因素，同时也能对决定的结果负起责任。

4. 相对关系承诺期

这个时期可以分为三个阶段。

阶段 7　在这个阶段可以体验到自我与生涯角色的整合。初期会因受到角色的限制而惧怕，后期则会体会到角色是自己界定的。这种认识会进一步肯定自我与职业生涯之间的关系，同时，也会渐渐形成自己独特的风格，扮演自己的角色。

阶段 8　这是一个收成的阶段，可能是一个愉快的结果，也可能是一个不愉快的结果，可能是意料之内的结果，也可能是意料之外的结果。不论收成如何，均具有挑战的意味：对自我重新定义和延续现有的承诺。会肯定"我是谁"、"我到底相信什么"、"我该如何作为"、"我在这个世界中的位置"，同时也会遭遇到新的挑战。这一阶段的个体能体验到生命中各较高层次的整合过程。

阶段9 这个阶段显示出个人自我独特的角色的进一步扩展。个体能清楚而确定地指导自己的存在,以及自己如何去影响周围的事物。这种认知包括了自己对别人的影响,以及别人对自己的影响。处于这一阶段的个体会不断寻求新的方式、新的行动,积极地进行自我挑战与冒险,以求得潜能的充分发挥。换言之,他们对于新的事物、新的挑战、新的行为方式都会显示出高度的兴趣,乐于尝试。有别于盲目的冒险,他们对潜在的有利因素如何影响自己和他人,较有把握,从而能在行动上自我节制,收放自如。

在这个时期个人开始承担生涯抉择过程中日益增加的责任感,同时,不仅能够分析这个过程中的复杂问题,也能将不同的因素综合到自己的决定框架内。他们会认识到,职业生涯抉择,是个人对自我的承诺。开始时会惧怕外在世界突然缩小,后来发现这种承诺拓展了一个美丽的新世界。最重要的是个体在这一时期找到了一个立足点,得以整合个人的价值、目的与同一性,这个立足点的个人味道非常浓,而且与职业生涯有关。生涯的认同与自我的认同至此结合在一起成为一体。

六、职业生涯规划的心理辅导

(一)职业生涯规划

职业生涯是指一个人从职业学习开始到职业劳动最后结束的一生的职业工作历程,是每个同学现实的人生课题。所谓个人职业生涯规划(career planning),是指个人对自身的主观因素和客观环境进行分析、总结和测定后,据此确立自己的职业生涯发展目标,然后选择实现这一目标的职业,制定相应的工作、培训和教育计划,并按照一定的时间安排,采取必要的行动实现职业生涯目标的过程。具体的职业生涯规划流程图如图13-3所示。

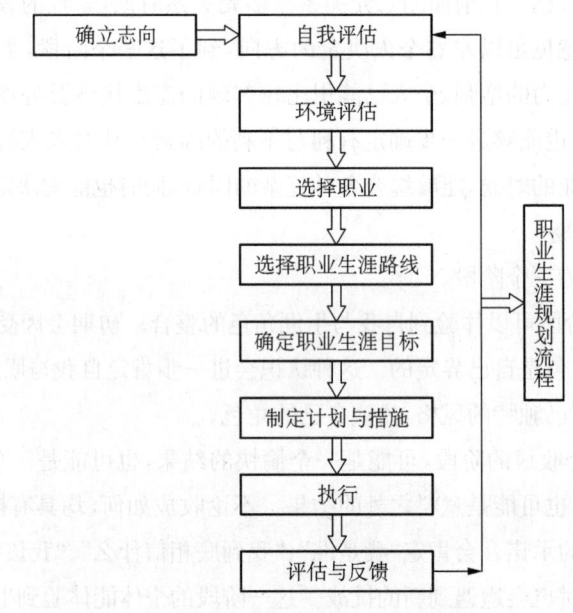

图13-3 职业生涯规划流程图

(二) 如何帮助学生进行职业生涯的自我设计

在指导中学生进行职业生涯设计过程中,应遵循主体性、多样性、层次性、阶段性、发展性原则,并以这些原则为基础。教师在其中要做的是:

第一,帮助学生确定志向。这是职业生涯自我设计的关键。有许多优秀的班主任已经积累了许多这方面的工作经验。例如,有的班主任在新生一入学,就引导学生进行"设计一个美好的自我"的主题教育活动,有计划、有目的地引导学生,使其自我评价、自我设计、自我提高。

第二,帮助学生进行SWOT自我分析。SWOT自我分析是市场营销管理中经常使用的功能强大的分析工具:S代表strength(优势),W代表weakness(不足),O代表opportunity(机会),T代表threat(威胁)。具体分析如下表所示。

表13-3　SWOT自我分析

	你的优势(strengths) 你自己内在的积极的方面(你有什么优势?你什么干得好?) ● 工作经验 ● 教育与培训 ● 科学技术方面的知识 ● 可迁移的技能(沟通、团队工作、领导能力等) ● 个性特征(在压力下工作的能力、自我约束、创造性、乐观、工作责任感、精力充沛) ● 良好、成功的关系网络 ● 与专业机构的联系	你的不足(weaknesses) 不足(哪些方面需要改进?哪些方面做得不好?哪些方面/领域应该回避?) ● 缺乏工作经验 ● 教育与培训不够 ● 科学技术方面知识不足 ● 技能不足(沟通、团队工作、领导能力等) ● 消极的个人特征(容易焦虑、缺乏自我约束、动机不足、情绪化、工作责任感不够、精力不足)
内部		
外部	所在职业领域的机会(opportunities) 机会(外界的环境条件,你无法控制,但可以利用) ● 你的行业领域中的发展前景 ● 改善或提高自己的教育与培训机会 ● 专业发展的机会 ● 有关的国家政策,如鼓励大学生到西部、基层就业等 ● 地区性事件	所在职业领域中的威胁(threats) 威胁(你无法控制,但可能影响你的发展) ● 职业领域发展前景不好 ● 同龄人竞争激烈 ● 对专业知识、技能、经验等要求过高 ● 晋升机会少 ● 前进路上阻力多 ● 专业发展机会少

SWOT自我分析是检查学生的能力、喜好和职业机会的有效工具,具体功能有三种。

第一,帮助学生进行自我分析,找出学生不喜欢做的事情以及学生的弱势。这样,学生就可以作两种选择:(1)努力改正自己常犯的错误,提高技能;(2)放弃那些与自己不擅长的技能相关的职业。

第二,帮助学生分析职业机会。我们知道,不同的行业、同一行业里不同的企业,都面临不同的外部机会和威胁。教师要尽量引导学生分析这些外界因素,以帮助他们成功地找到适合自己的工作。

第三,帮助学生提纲式地列出毕业后的职业目标及行动计划。这些目标可以包括:想从事哪一种职业,希望自己发展到哪一级别等。

(三) 职业的选择

第一,性格与职业的匹配。人的性格与职业之间具有关联性。一方面,不同的性格类型对不同的职业有着不同的适应性,如具有创新精神、百折不挠和刻苦实干特质的人适合从事科研工作;具有一丝不苟和精益求精特质的人适合从事医务工作;善于沟通和善解人意的人适合从事管理工作,等等。另一方面,也表现在长期从事某种特定的职业活动会使从业人员按照职业的要求不断巩固或者调整原有的性格特征,从而形成一些新的特点。

不过,除了少数职业对性格的类型有着较为苛刻的要求之外,大多数的职业并不一定过分强调与性格之间的一一对应。因此大学生在职业设计时可以走出原来的误区,对性格的职业限定不必顾虑过多。

第二,兴趣与职业的匹配。在进行职业设计的时候,人们的兴趣爱好会产生很大的推动作用。兴趣是一个人积极探究事物的认知倾向。当人的兴趣的对象指向职业活动时,就形成了人的职业兴趣。职业兴趣对人的职业活动有着重要的影响。一份符合自己兴趣的工作能够带来愉悦感、满足感。从事自己感兴趣的职业活动时,可以激发出强烈的探索和创造的热情;在良好的体能、智能、情绪状态下从事有意义的职业活动,可以使人在追求职业目标时表现出坚定的、百折不挠的意志力。因此职业兴趣是大学生在进行职业设计时必须考虑的重要因素之一。

但是,个人的兴趣、爱好只是职业设计和职业决策的重要依据,而非全部的依据。只有把它们建立在一定能力的基础上,并且与社会的需要相结合,兴趣、爱好才会获得现实的基础。因此,学生要努力培养各方面的兴趣爱好,并且注意培养自己的中心兴趣,努力发展自己的专长,从而使自己的兴趣爱好有明确的指向性。

第三,价值观与职业的匹配。职业设计是不断选择的结果,这种选择的背后往往隐含着职业价值观。作为一种内心的尺度,一种具有主观性的心理倾向系统,属于认知范畴的价值观充满着情感和意志,渗透在一个人的个性中间,对人的行为、态度、观念、理想等起着支配作用。在进行职业设计的时候,人的价值观支配着人们去认识世界,明确客观事物对自己的意义,从而进行自我了解、自我定向与自我设计,并且为自己认为是正当的职业选择行为提供充分的理由。

我们可以简单地用一个三角形来探讨自己的职业价值观。下图给出了三种基本的价值观,我们可以看看自己最倾向于哪种。

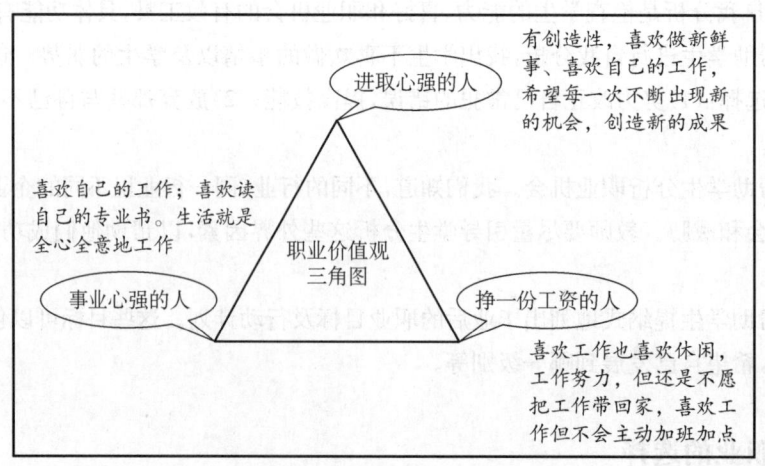

图 13-4 职业价值观三角形

遗憾的是,当今的大学生在职业价值观上常常陷入误区,比如盲目从众,追求热门职业,忽视自身的特点,不仅使自己在今后的职业生涯中难以尽责,而且无法在职业生涯中找到满足感、愉悦感;盲目追求高薪水、体面的地位,不仅使自己的愿望难以和社会的需求达成一致,还常常导致自己的特长无法发挥,即便获得了原来追求的一切,依然找不到满足、充实的感受;另外,盲目追求符合自己个人兴趣的工作,而无视兴趣和社会现实之间的矛盾冲突,自我挫败也就难以避免。所以我们着重探讨的不是应该确立什么样的价值观,或者如何去建立正确的价值观,而是对自己的价值观进行澄清和确定,从而作出真正属于自己的抉择。

(四)团体心理辅导在职业生涯规划中的应用

1. 团体心理辅导的简介

第一,团体心理辅导的内涵

团体心理辅导英文翻译为 group guidance,目前其概念虽未完全统一,但可参考有些学者的总结,以进一步理解团体心理辅导的内涵。团体心理辅导的对象为:具有相同问题或在某些方面有共同成长意愿的人组成的有共同目标和凝聚力的有序的组织。团体心理辅导以人的成长、发展为中心,强调主体发展的功能,相信被辅导者的潜能,相信人有能力帮助自己,通过活动的方式给予指导;辅导者所起的作用为助人自助;团体心理辅导强调团体动力,即团体活动中人际交往与互动对人的影响。

第二,团体心理辅导的特点及其可行性

团体心理辅导的特点及其可行性是:团体心理辅导以有限的力量,满足众多学生的需要,借助团体心理辅导不失为一种好策略。

首先,确定教学模式。团体辅导不同于传统的教学模式,上课和讲座大多为单一方向的信息传输。团体心理活动体现以参加成员为主的指导思想,期间通过问题讨论、活动的体验等方式充分调动学生的积极性、自主性。这样,学生才可以全面地认识、分析自我,更好地作出职业选择。

其次,选择团体的同质问题。在团体心理辅导中,参加成员都面临相似的问题,又由于学生团体在年龄上比较接近,所以成员之间更容易开放自己。同时,面对团体周围与自己相似或有相同困扰的成员,通过讨论,进行恰当的相互交流,可以更好地提高学生的自信。

最后,注意目标的相似性。团体心理辅导和生涯规划,都以人的成长、发展为中心,协助人更好地认识自我、了解他人,树立正确的价值观。同时,在辅导过程中成员学习如何处理冲突、如何建立良好的人际关系等等,这些可以使个人更好地与职业相适应,形成良好的职业心理。

2. 团体辅导的方案设计

团体辅导的方案设计包括六个方面:(1)团体心理辅导的对象,通过海报招募10—20名学生,通过筛选确定,自愿参加;(2)时间安排,比如历时四周时间,一周辅导一次,每次约100分钟;(3)场地,如大的活动课室;(4)题目,如"只要开始,永远不晚","只要进步,总有空间";

(5)总目标,如"认识自我,规划职业生涯";(6)具体心理辅导设计。

其中具体的心理辅导设计举例如下。

[例1]

认识自我(第一次)

辅导时间:100分钟

材料:笔、卡片、问卷(《学生人际关系和谐性测量问卷》、《霍兰德职业倾向能力测验问卷》等)

辅导目标:了解本次团体辅导的目标、要求

可以说出成员的名字及每个成员至少两个特征

实施测验

具体活动:辅导者介绍本次辅导的目标、注意事项等

两人一组互相介绍自己

小组成员对整个团体介绍自己的伙伴

两人一组讨论参加辅导的个人期望和要求,写在卡片上

辅导者讲解测验要求

施测问卷

布置作业:随机询问参加本次辅导后的感受

[例2]

认识自我(第二次)

辅导时间:100分钟

材料:笔、纸、《个人情况表》

辅导目标:公布测验结果

成员充分了解自己(优缺点、性格特点、特长和专业等)

讨论五种主要的工作类型及其特点

成员了解自己期望的职业类型

具体活动:检查家庭作业(如果有未完成的,说明原因)

辅导者发放测验结果

结合测验结果,成员向大家介绍自己

填写个人情况表,分组详细讨论自己的情况(年龄、专业、优缺点、特长、家庭环境、兴趣爱好及价值观等)

分组讨论五种主要的工作类型,总结其特点及从业要求

布置家庭作业,总结本次活动

作业:找出自己比较喜欢的职业类型

[例3]

职 业 选 择

辅导时间:100分钟左右

材料:笔、卡片

辅导目标:确定自己的职业类型

　　　　　进行家庭、社会环境分析

　　　　　进行目标分析

具体活动:检查家庭作业

　　　　　结合自身条件,小组讨论自己适合的职业类型

　　　　　全体讨论现阶段社会的环境

　　　　　两人一组介绍家庭的环境及父母的期望

　　　　　回忆活动,回忆对自己选择职业影响最大的一些人的建议,写在卡片上(包括该人的姓名,与你的关系,时间,从事职业,意见内容)

　　　　　确定自己的职业方向

　　　　　布置家庭作业

作业:写出自己的目标(进行目标分解)

按性质分:职务目标

　　　　　能力目标

　　　　　经济目标

按时间分:近期目标(数月内)

　　　　　短期目标(1—2年)

　　　　　中期目标(2年以上)

　　　　　长期目标(10年以上)

　　　　　最终目标(至退休)

[例4]

完成施工图

辅导时间:100分钟

材料:笔、纸

辅导目标:成功的标准

　　　　　找出差距

　　　　　熟悉自我发展的方法

确定实施步骤的方法和完成时间

具体活动:检查家庭作业

结合家庭作业,写出成员成功的标准

测距离,小组讨论成员自身现实情况与实现目标要求之间的差距

前辈的经验,请一位专家或成功人士介绍自己的从业经验

找梯子,全体发言,找出完善自己、缩小差距的方法

写出成员自身的实施计划

再次结合家庭作业,制定具体的完成时间

讨论参加本次活动的感受

目前,我国的生涯规划教育主要通过课堂教学、专家讲座等形式进行,学生被动接受,在了解生涯规划的基本理论后依然不能科学有效地进行自身的规划。所以应该通过团体训练的方式,利用团体动力学原理,从组建小组,到小组结束,使学生亲身体验团队形成和工作的整个过程,增加学生的参与和体验经验,变被动规划为主动规划,帮助广大学生对自己的未来进行科学而有效的规划。表13-4是在具体教学实践中就团体生涯辅导所采用的课表。

表13-4 团体生涯辅导的参照课表

单元	活动名称	单元目标	活动内容	时间 单位:分
一	第一次接触	1. 促使团体成员彼此接纳和建立信心、信任 2. 使团体成员了解团体的性质与目标,了解成员对团体的期待和疑问 3. 成员共同制定并遵守团体规范	1. 指导者自我介绍 2. 成员第一次接触 3. 成员共同订立团体规范	5 2 10
二	全方位的自己	1. 探索影响自我生涯决定的种种特质及因素并由成员的回馈来重新了解自己 2. 帮助成员了解不同的特质,会影响自己发展的不同能力及专长	1. 我的青春轨迹 2. 乔哈瑞窗口 3. 给你的未来一个建议	3 35 2
三	棒棒的我	1. 帮助成员了解自己的能力并加以自我肯定 2. 肯定成员的能力,并鼓励多觉察自己的能力	1. 我最喜欢做的事情 2. "棒棒的我"游戏 3. 我很棒	3 35 2
四	家庭树	1. 协助成员回顾自己成长的环境对自己的影响 2. 协助成员整理目前家人的期望对自己的影响	1. 我们的距离 2. 家庭树	3 35
五	美丽未来	帮助成员了解自己内心所真正期望的未来职业	1. 心情指数 2. 预见未来 3. 醒醒吧	2 35 3

续 表

单元	活动名称	单元目标	活动内容	时间单位:分
六	生涯资料收集	1. 帮助成员认识生涯资料的种类 2. 协助成员了解收集生涯资料的方法,引导成员实际练习生涯资料的运用	1. 职业果 2. 资料收集 3. 偶像资料展 4. 生涯寻宝 5. 丰收时刻	3 20 2 10 5
七	心动不如行动	1. 协助成员明确写出他们的生涯愿景 2. 协助成员订立行动计划 3. 帮助成员订立短、中、长期的目标	1. 短程的生涯目标规划表 2. 中程的生涯目标规划表 3. 长程的生涯目标规划表	7 20 13
八	美丽新世界	1. 引导成员回顾前面团体经验,统整团体收获 2. 协助成员分享团体结束的心情,并对本次团体生涯辅导进行评估	1. 美丽新世界 2. 相知相拥	32 8

本次团体生涯辅导将培养目标融入培训中,旨在增强学生培养自我认识和管理的意识,帮助学生更好地规划人生。它包括八个活动单元,分四周完成,每周两次,单元结构采用完整、渐进的方式,从团体的组合、订立规范到结束,每个单元突出一个主题。活动形式为游戏、讨论、角色扮演、头脑风暴、行为演练、案例重现等,最后以分享感受结束活动。某些活动后可布置作业,要求成员在学习和生活中实践学会的新行为,并写出自己在活动中的感受、收获以及对以后活动的建议。

本章概要

- 生涯规划是一个人近期可能的规划未来生涯发展的历程,在考虑个人的智能、性向、价值,以及阻力、助力的前提下,做好妥善的安排,并借此调整、摆正自己在人生中的位置,以期适得其所。
- 特质因素论是最早提出的职业辅导理论,强调个人的特质与职业选择的匹配关系。帕森斯是该理论的主要代表人物,被誉为"职业辅导之父"。
- 安妮·罗伊的亲职影响理论,这一理论强调了儿童时期人格成长对职业选择的影响。罗伊的人格发展与生涯抉择理论,其中心主轴就在于需要的概念。
- 霍兰德的类型理论,他的类型论源于人格心理学的概念,认为生涯的抉择与生涯的调整是个人在对特定职业类型进行认同后,个人人格在工作世界中的表露或延伸。
- 中小学生涯发展辅导是针对处于成长和探索阶段的学生进行生涯发展方面的有目的、有计划的教育。
- 学校教育与辅导的实施程序:生涯认知阶段、生涯探索阶段、生涯定向阶段、生涯准备阶段、生涯安置阶段。
- 中小学生涯规划教育的开展和实施要把握几个必要的步骤:确立生涯教育的目标体系、确定生涯教育的基本内容、针对中小学的心理特点制定实施的程序(生涯认知阶段、生涯探索阶段、生涯定向阶段、生涯准备阶段、生涯安置阶段)。

- 团体心理辅导在职业生涯规划中的应用：团体心理辅导和生涯规划，都以人的成长、发展为中心，协助人更好地认识自我，了解他人，树立正确的价值观。

关 键 词

生涯　　　生涯未决定者　　　生涯规划　　　生涯犹豫者　　　生涯发展与辅导
生涯适应不良者　　　SWOT自我分析　　　职业生涯规划　　　"一体两翼"生涯教育法
生涯已决定者

思考与讨论的问题

1. 通过本章的学习，谈谈你对生涯规划的认识。
2. 针对中小学生涯规划教育辅导缺失的情况，谈谈应对策略。
3. 如何针对学生生涯认知的四时期九阶段进行生涯辅导？
4. 团体心理辅导用于职业生涯规划中的可行性及局限性在哪里？

第十四章 教师的心理健康

教师是学生心理健康教育的实施者。只有教师自身的心理素质、心理健康水平提高了,才有可能提高学生的心理素质、心理健康水平。然而目前教师存在着工作时间长、精神压力大、社会责任重、人际关系紧张、焦虑心理严重、强迫型人格等心理问题。

另外,从事学校心理辅导和咨询的人员也是职业压力症或工作耗竭的高发人群,其工作耗竭发生率高于一般水准,这早已被国外许多实证研究证明。目前学校心理辅导和咨询专业人员也正在发展成为一个相对独立、日益有影响力的新兴职业人群。但因种种因素的影响,从事学校心理咨询的教师承受较大的职业压力,易受工作耗竭的侵扰。工作耗竭会对心理专职教师的身心健康、工作生活产生不良的影响,也会影响学校心理健康服务工作的开展。

本章首先分析学校教师的职业压力的来源以及工作耗竭对身心健康的影响,接着阐述对学校教师和从事心理辅导与咨询的人员的工作耗竭进行预防或干预的措施,然后指导教师如何自我保健,如何提高自身的素质和修养,以及如何在生涯发展中更好地具备从事学校教育和心理辅导的能力。

一、教师的职业压力与耗竭

(一) 教师的职业压力

"人类灵魂的工程师"——教师,每天在学校中比较关心和注重的是如何扩大自己的教育、教学成果。教师这一职业决定他们在专业学科上必须具有丰富、正确的知识,熟练地掌握教材教法和现代化教学的手段,充分理解教与学的原理,以及具有对班级、年级等学生集体进行管理的能力,这些都是教师的职业技能,是决定教师的教育、教学成果的重要因素。

教师职业是非常繁重、紧张的。毕业班老师或小学语文老师较为辛苦,因为他们中许多人还要兼任班主任工作,对学生身心、学习等各个方面要做出全面的照顾和指导。因此,教师自身的心理压力和身心不适应状况也就容易产生。

国外的一些学校心理学调查研究(国分,1998;松原,1995)表明,中小学教师的"燃烧度"(为职业献身精神、疲劳度)远远超过了医院的护士。教师的身心疲倦过度,对学生的观察、教育能力就会在无形之中降低,对学生的心理援助、管理指导等精神维持能量也会随之变得低下。当然,随之而来的是教育、教学方法的不灵活或出现失常现象。有些教师使用粗暴的体罚,急躁的情绪、行为等来对待学生,实则是一种身心疲倦、压力增大后所产生的"危险信号"。如不注意解决,就会形成教师的"职业压力症",危害教师的身心健康。

当教师出现"职业压力症"时,会有以下一些情绪和行为的异常现象:(1)当学校提高教育要求,加快教学节奏时,教师情绪较紧张、焦虑易怒、易躁,动辄会责怪或迁怒于学生;(2)神经高度兴奋、失眠、食欲不振,女性教师生理不顺、自律神经系统失调等;(3)在教育工作中,喉咙易嘶哑、情绪充满了忧郁或攻击性;(4)容易神经过敏,对教学工作产生厌倦感、无力感或无可奈何感,独自一个人时易多愁善感、身心失调;(5)在教育活动中反应迟钝、回避责任,对学生冷漠、自我中心主义强烈。

因此,在学校心理健康教育中,减轻教师的职业压力及心理不适应感,有效地保障教师的身心健康,是学校教育教学工作取得成功、学生心理辅导和咨询得以正常开展的重要保证。

(二) 什么是"耗竭"?

正如在任何组织工作一样,在学校工作也会影响到教师的健康和精神状态。对许多类型的组织进行的研究证明,超负荷的工作量、非预期中的临时变化、恶劣的工作环境会导致压力以及情感和身体上的非健康状态。此时,有一种特别的工作压力类型,称之为"耗竭"(burnout)(Freudenberger 1974; Farber 1983; Maslach & Jackson 1984)。当工作人员高估了自己帮助别人的能力且抱着不现实的热情而进入公共事业(诸如社会工作、护理、学校教育或心理咨询等)时,就会出现耗竭现象。因为在许多情形下,能够提供的帮助或者干预的效果是有限的。例如,心理咨询职业,通常由于有太多的来访者寻求帮助,以至于心理咨询师不能以一种理想的方式来处理每一个来访者的问题。于是,结果就变成这样,在心理咨询师自己的高标准与达到这些高标准之间存在着巨大的差距,而心理咨询师就在两者之间的差距中疲于应付。用不了多久,心理咨询师就无法再保持在如此一种高水平之上运行所需要的努力和精力。这就是耗竭状态。

马斯拉奇和杰克逊(Maslach & Jackson,1984)区分了耗竭综合征的三种维度。经历耗竭的人们报告了情绪上的精疲力竭、持久顽固的疲劳,低动机的状态,以及人格解体。例如,教师逐渐地不再把他们的学生当作有发展潜力的独特个体来看待,而是把他们看作"学习机器",或者自己教学成果的代表。耗竭其实是与个人成就感的缺乏以及无能力的感觉联系在一起的。

(三) 教师的职业压力与耗竭的因素

有学校心理学研究报告说,教师的压力最初来源于对"教学成功的缺乏",耗竭的另外因素还包括过度工作、问题学生过多,以及孤立无援等。不过,有研究表明,富有经验的教师要比那些缺乏经验的年轻教师更容易出现耗竭,因为他们常常是"能者多劳"。

日本的学校心理学研究者对教师的职业压力症进行调查统计后发现以下 10 个项目是造成教师心理压力和耗竭的高危因素:(1)教育教学工作之后,供教师身心休养、恢复的场所太少,造成教师身心疲劳不能很快恢复;(2)学校教育工作以外的繁杂事务或会议过多;(3)对教材教法研究时间较少或时间不能确保,这是造成教师职业压力症的根源;(4)班级中有问题行为的学生较多;(5)教师在学校中的午餐饮食不适应等;(6)教师去学校工作及回家途中交通状况拥挤或耗费精力、体力过大;(7)教师与学校领导,或教师同僚之间人际关系紧张、不协调;(8)教师的工资过低,或不能保证其基本的经济生活安定;(9)教育的环境恶劣(如学校设备、房屋不良、噪声过大等),或缺乏教育信息与资料等;(10)教师缺乏再学习、再进修及自我调整的机会。

近年来,我国的上海和浙江等省市的学校心理学研究报告表明,造成教师职业压力和耗竭主要有以下这些因素:(1)工作时间长,缺乏休息的机会;(2)备课笔记检查、教案展评、公开课、教学比武、各种学生统考等过多,精神压力过大;(3)班级中的独生子女的教育管理问题多,来自社会的压力责任重;(4)人际关系紧张,为处理学生、家长和同事之间关系花费不少精力;(5)焦虑心理严重,怕跟不上教改的力度;(6)事事追求完善,强迫型人格明显;(7)不合理的舆论宣传,如教师是"红烛"、"春蚕"等,强调无私奉献,使教师人格异常;(8)教师聘任制、结构工资制等考核机制挫伤一部分教师的积极性等。

(四)教师的职业压力解消和心理健康的维护

教师的心理健康是学生心理健康的先决条件之一,因此,学校心理学今后对教师的心理素质和精神健康的研究将会变得越来越重要。此外,目前在我国大中小学开展的心理辅导和咨询的活动,对教师自身的精神面貌也会发生很大影响。要帮助教师减轻职业压力,改善心理不适应问题,可以从以下几方面着手:(1)在学校中开辟供教师专用的静养、休息室及专用的研究室,以减少对教师身心的干扰;(2)建立教师的心理咨询、心理援助的机制,促进教师的精神健康;(3)改善学校教育的气氛和环境,为教师的教育教学活动提供信息、资料、进修体制等方面的支援;(4)提高教师自我修养的水准,提高教师的心理素质;(5)学校的组织、行政机构等要倾听教师的要求、心声,加强教师群体间的沟通交流;(6)教师要注意自身的劳逸结合,加强体育锻炼,使工作、娱乐、休息、锻炼及精神调节有机地协调起来。

教师的职业压力消解,耗竭的避免,需要全社会和教育主管部门的支持和帮助,可实行的主要措施有两个方面。

第一,教育主管部门要研究教师的心理需要,根据不同对象、不同时期和学校的实际,尽可能满足教师学历进修、业务提高、经济待遇、文化生活等需要。具体做法有三种。(1)合理安排教师工作量,使他们有一定的自由支配时间,发挥每个人的个性、特长和积极性,不要轻易、随意地调动教师任教年段或学科,最好让他们完成三年的教育循环。(2)在评估、考核时要充分发扬民主,广泛征求师生的意见,客观公正地评价教师,不给教师、班级、年段下达硬性升学指标,不要用"高压政策"作为行政管理的法宝,少签一些"责任书",多体谅教师"上压下顶外挤"的处境。(3)少一点行政命令,多一些情感投入。让教师树立"生本意识"之前,领导要先有"师本意识",设身处地替教师着想,树立教育行政领导就是为教师和教育教学服务的观念,以自己良好的人格魅力去影响教师,不以制度代替思想工作,及时沟通与教师的感情,多听教师的需要、意见,关心教师的身体和家庭生活状况,以诚待人、以情感人,创造一个民主和谐温暖的工作环境。

第二,教育主管部门要多深入学校、深入教师,调查研究,使所出台的制度、政策、措施有广泛的群众基础,为广大教师接受。具体有三项。(1)切实维护教师的合法权益,努力满足教师的合理需要,积极反映教师的疾苦和心声,争取社会及上级对教育事业的支持和教师工作的理解,使教师在奉献的同时,获取相应的报酬,努力提高其经济地位。(2)全面关心教师生活待遇,对教师的劳保、福利、住房等给予重视和落实,解除教师的后顾之忧,为教师创设良好的工作、生活环境,抵制一些并非学校、教师职责范围内的任务、活动,使学校和教师能专心教育;尽量少组织一些统考与会考,少一些检查验收,避免师生忙于对付。(3)在制定政策时要替教师设身处地地想一想,是否符合大多数教师的利益,充分考虑学校实际和教师心理承受能力;所制定的政策要相对稳定,如职评条件要合理等。

二、学校心理辅导教师的工作应激与耗竭

学校心理辅导教师的工作耗竭表现与一般的教师工作耗竭的现象类似。弗罗伊登佰格(Freudenberger,1990)在报告心理咨询师的耗竭表现时称"抑郁、犬儒主义、失去活力、失眠、失去亲密的朋友、从家庭中疏离等,是受损的明显征象"。迈泽尔曼(Meiselman,1990)认为,当辅导和咨询人员出现为来访者有关的想法所纠缠、反复出现的噩梦,或者从其他来访者和家庭成员的案例中退缩、专业行为出现小的偏差或模糊治疗界限,希望终止对个案的治疗,都是心理咨询师正在经历耗竭的征象。

(一)工作应激与耗竭所产生的心理、生理和行为症状

学校心理学家和辅导咨询人员的心理失调、耗竭与工作应激的状况有重要的关系,其结果会产生以下一些典型的结果,具体如下。

1. 心理症状的表现

心理症状的表现可以归纳为:(1)焦虑、紧张、迷惑和急躁;(2)疲劳感、生气、憎恶;(3)情绪过敏和反应过敏;(4)感情压抑;(5)辅导交流的效果降低;(6)退缩和忧郁;(7)孤独感和疏远感;(8)厌烦和工作不满情绪;(9)精神疲劳和低智能工作;(10)注意力分散;(11)缺乏自主性和创造性;(12)自信心不足。

其中焦虑、紧张、生气和憎恨为较为常见的症状。很多人觉得工作压力太大,因此变得压抑,这种现象发生在教师试图纠正应激状态却失败以后,结果可能导致无助,即使在个人能力范围内能做的事也做不成。

2. 生理症状的表现

生理症状的表现可归纳为:(1)心率加快、血压增高;(2)肾上腺激素和去甲肾上腺激素分泌增加;(3)肠胃失调,如溃疡;(4)身体疲劳或受伤;(5)死亡;(6)心脏疾病;(7)呼吸问题;(8)皮肤功能失调;(9)癌症;(10)头痛或肌肉紧张;(11)睡眠不好。

足够的研究证实了心脏和肠胃系统由工作应激带来的结果,身体疲劳、受伤、睡眠不好也

是工作应激所带来的。剩下的症状有可能是工作应激产生的,但目前还在进一步的研究之中。

3. 行为症状的表现

行为症状的表现可归纳为:(1)拖延和避免辅导或咨询工作;(2)表现和创造能力降低;(3)酗酒或网络上瘾增加;(4)工作完全破坏;(5)为了逃避而饮食过度,结果导致肥胖;(6)消极低沉,可能伴随抑郁;(7)没胃口,瘦得快;(8)冒险行为增加,包括不顾后果的冲动行为增加;(9)与家庭和朋友的关系恶化;(10)自杀和试图自杀。

经常将拖延时间伪装为紧张的工作,"整理一下"只不过是避免做麻烦事情的借口;工作应激常与酗酒和网络上瘾、人际关系恶化等问题结合在一起发生。

(二)工作应激和耗竭的干预策略

由于倦怠或耗竭具有伤害性,影响学校心理咨询人员的工作和身心健康,因此越来越多的研究者开始关注倦怠的预防。从已有的研究来看,倦怠的预防策略被分成两种:针对改变个人的策略和针对改变组织的策略。

马斯拉奇等人(1998)认为针对改变个人的策略有六类:(1)改变原有的工作模式,例如试着减少工作量或者放慢工作速度,正常休息和避免加班,平衡工作与个人生活之间的关系;(2)拥有预防枯竭的应对策略,也就是改变个体对压力源的反应,内容包括认知重组,如降低对工作和当事人的预期,重新解释某些行为的含义,改变对个人责任的看法,学习时间管理技术或冲突解决技术;(3)妥善利用社会支持系统,包括从同事、机构管理者、督导处获得专业支持,从家庭和朋友处获得建议和帮助;(4)形成放松的生活风格,包括在生活中使用冥想、生物反馈等技术进行放松,以及养成一些与心理健康教育工作无关的兴趣和爱好,学会享受生活;(5)提高身体健康状况,包括在日常生活中注意加强营养、经常锻炼身体和了解健康常识;(6)利用自我分析增进自我觉察。

帕特里夏·A·普珀特和杰米·斯凯尔塔·肯特(Patricia A. Pupert & Jamie Scaletta Kent,2007)的研究提出心理咨询师维持事业、预防工作耗竭的四种策略和方法:(1)保持幽默感、保持良好的自我觉察或监控;(2)保持个人生活与工作的平衡;(3)保持专业身份认同或价值感,积极参加与个人兴趣爱好有关的活动;(4)保留与配偶、伙伴、家人在一起活动的时间。

另外,还有不少专家研究了应激或压力对工作耗竭的影响作用,概括了一些对付工作应激的常见方法:(1)保持良好的身体健康状况;(2)接受自己的力量、缺点、成功和失败;(3)拥有一个能够坦率交谈的好朋友;(4)用积极有建设性的行动来对待工作中应激的来源;(5)除与同事交流外,保持自己的社交生活;(6)从事工作以外的创造性活动;(7)从事有意义的工作;(8)用分析法对待个人应激问题。

体育运动作为应对工作应激策略常被人忽视。体育活动对紧张的工作节奏可产生很好的改变,尤其是那些常坐在办公室的人,体育活动可以使他们放松感情和精神的紧张程度,减少疲劳,消除生气以及一些焦躁行为。此外,还能减少身体疾病和个人的缺勤率、伤害和医护开销。

另一个有效的应对策略是通过一些有趣的爱好和创造性活动来进行身心的"变速"和调

节,即有一个能使得自己身体、精神和神经变得敏捷的爱好,对保持个体的活力具有重要作用,社交活动也可为改变节奏提供一种方法。但是,如常与朋友一起活动,也会因把工作中的问题带到家庭而减少了休闲的机会。

(三) 学校心理辅导教师的工作耗竭预防

1. 个体层面

第一,提高职业认识,正视工作耗竭。首先,在心理健康教育和辅导的咨询实践中不断进行反省和总结,更新自己对职业的理解,提高对工作耗竭的认识、识别和监控能力,保证自己能够最大限度地避免不必要的职业危险。其次,对工作耗竭要有正确的态度。一方面,每个人在主客观因素的重压之下都有可能会经历工作耗竭现象,这是自然的心理反应,并不代表个人能力差。另一方面,工作耗竭也有积极意义,可以帮助发现自己的问题和不足,促使自己提升专业能力,只要合理应对,就可以将危机转换为机会。

第二,保持良好的自我觉察或监控能力,可以进行意识的自我训练,或寻求督导,以提高反省意识和自我洞察的能力。

第三,调整教育教学工作的模式,丰富个人的生活,注意营养的均衡,保证充分的睡眠时间,参加休闲娱乐活动,学会放松,保持身心的和谐健康。

第四,积极客观评价自我的教育和辅导工作,确立现实可行的工作目标,克服完美主义倾向,客观评估自身能力,保持专业身份或价值观的认同。

第五,积极促进自我成长,不断给自己补充"能量"。个人成长主要涉及关注个体的专业伦理水平、人生哲学观、对重大生活问题的态度、"未处理事件"、自我觉察能力,还应关注心理咨询过程中的重大具体问题,是影响心理辅导效果的核心因素,也是应对工作耗竭的有效因素。

第六,完善自己的社会支持系统。大量研究表明,社会支持系统可以为个体提供强大的支持,也可以降低工作耗竭发生的危险,维护个体的心理健康水平。

2. 组织层面

第一,教育主管部门和学校行政方面对学校心理辅导教师的工作目标和岗位设置,要合理定位,科学管理,减少不必要的行政干预。

第二,改善学校心理辅导和教育的环境,提高专兼职心理辅导教师的待遇和专业水平,建立一支稳定的工作队伍。

第三,建立与学校心理健康教育有关的社会支持系统,对预防、缓解或消除工作应激和耗竭起到支撑作用。

三、教师的身心健康策略

学校教师的个人身心健康计划,与对职业焦虑或认知重建等一样是压力和耗竭问题管理的一个重要组成部分。教师在职业生涯中,要加强对各种健康行为的认知和实践,以及一些自我控制技巧和策略。

（一）饮食平衡合理

饮食结构的组成，取决于个体的诸如学识、情绪、个性等因素。有的人认为食物可以帮助人从悲伤或情绪低落中解脱出来，而另一些人认为在相同的条件下，食物并不那么吸引人。前者也许并不只是吃得多，只是在压力下可能会吃的更频繁，后者也许只保持按顿吃饭或彻底不想吃。外控的人喜欢以多吃作为反应，而内控的人则不愿如此。

典型的应激反应是吃的越来越多和吃的次数越来越频繁，个体将会发现自己控制体重十分困难，于是出现肥胖。当饮食规律是吃的较少时，特别是那种几天不吃食物的极端情况下，身体会以更高的效率消耗掉储存的能量。饮食规律出现重大改变时，应该提醒自己检查工作中、学校或家庭里的应激事件。

因此，正确的饮食是和管理应激一样重要的，因为不良的饮食会使个体更易受职业压力的伤害。这种情况会从两种途径发生。

首先，过量的糖分会消耗维生素和矿物质。这会有负面的影响，因为维生素和矿物质是保证身体各系统特别是神经系统正常工作的要素。缺乏 B 族维生素（如维生素 B_1，维生素 PP，维生素 B_{12}）会增加神经系统的反应、过敏和紧张。换句话说，应激易受伤害性的增加是由于吃了过多的甜品。

第二，为数众多的食物会潜在地增长压力的敏感性。例如，咖啡、可乐、巧克力和其他含有咖啡因的东西经常被滥用。

减去体重并保持健康的关键是控制"进"与"出"的平衡。简单地说，个体必须消耗掉比他摄入的要多的能量才能减肥。人的身体控制自身的资源的方法是非常难以捉摸的。身体会尽力保持一个定点，即保持能量的使用和食物的摄入的平衡来维持自身的体重。

在减肥活动中隐藏着一些危险。有一种危险来自极度降低热量摄入量。这样的饮食不能保证六种天然营养的平衡。节食的另一个危险是节食只是减少肌肉组织而不减少脂肪。无视运动锻炼，只注重降低热量的摄入只能导致失败。运动锻炼能减掉人体多余脂肪，能使肌肉增色；它能改善身体结构，这些对健康都是十分重要的。适当的锻炼能有效地减轻个人体重，摆脱黄色脂肪。

波动节食是当今节食中一个普遍的问题。波动节食是指在连续一段时间大力节食，并减掉一些重量后就停止节食，结果又反弹回原来的样子。与减轻体重的困难比较起来这种反弹极易发生。如果你必须减肥，可遵守下列指导：

（1）在最低限度以上保持热量的摄入以吸收所有的基本营养。

（2）用节食与运动结合的方法消耗掉更多的热量。

（3）保证饮食中 50％的碳水化合物，30％的蛋白质以及 20％的脂肪。任何一项不够，都会使人发胖。

（4）避免具有危险性的低热量饮食。

（5）不要不吃某类食物或过分多吃某种食品。

（6）不要轻信维生素可以取代碳水化合物、蛋白质或脂肪。维生素不产生热量。

(二) 加强体育锻炼

锻炼应该有一些重要的规则作指导。首先,锻炼的首要目标是有氧健康而不是强壮。有氧健康的含义是"吸收、转换、排出氧气的能力"。如果主要目标是一个强健的身体,那么通过身体锻炼来使肌肉强壮是可以的,但仍需其他的锻炼来保证内脏的健康。健身房运动基本上是无氧锻炼,即在无氧的状况下进行。它需要大工作量,但会产生乳酸,且肌肉的疲劳限制着持续的时间,无氧锻炼不如有氧锻炼那样有助于内脏的健康,但终究也会对改善体质有益处。

第二,要完成有氧健康的改善,可能与四个因素相关。它们是:锻炼的频率、类型、持续时间和强度。锻炼有多大的效果依赖于这四个因素的相互作用。

对锻炼的准备工作和锻炼本身一样重要,每项锻炼活动都分为三个阶段:热身、锻炼、结束。无论做什么运动,在正式活动之前安排 10—20 分钟热身。在这段时间内,做一些伸展运动,其目的是慢慢提高体温并使肌肉做好进行高强度活动的准备。如果是骑自行车,先慢骑一二里再加速。如果是跑步,在开始前先做些柔软操等,不要以全速开始。

当结束锻炼后,留 10—20 分钟使体温降低。锻炼的时间越长,强度越大,结束的时间应越长。也许轻松地走走就可以,也许要做些不费力的柔软操更好。如果不充分地结束,肌肉也许会充满血流,或有毒物质在血液中得不到排泄以致产生疼痛和不适,如痉挛现象等。

最好把锻炼看作一个持续发展的过程。开始时,只是在短时间内做轻度的锻炼。当健康状况有了进步之后,可以增加锻炼的强度和长度。为锻炼付出多大努力,取决于目标和你目前的身体状况。尽管有些锻炼对于健康是必要的,但太多、太过分也会伤害身体。对于锻炼的初级阶段更是如此。如果你的目标仅是到达并保持适当的健康,那么中等强度的锻炼就足够了;如果你是一个竞技者,为达身心完美或欲证明你有多么优秀,也许应进行更强的锻炼。然而,不要因竞争的动机而坚持长久的高强度锻炼。对竞争抱有极端的态度,也许正是许多人获得健康的最大障碍。

1. 锻炼的生理益处

体育锻炼对身体有广泛的、积极的影响,它包括以下几方面:

(1)增加肺活量;(2)提高肌肉强度;(3)提高骨骼、韧带和腱的强度;(4)有较低交感神经系统基率,生理健壮;(5)改善心血管机能;(6)减少心脏病的可能性;(7)改善循环;(8)减少 LDL 胆固醇和降低甘油三脂酯酶;(9)提高高浓度脂蛋白的功能;(10)增加能量;(11)改善睡眠质量,减少数量;(12)提高新陈代谢率;(13)减轻体重,提高脂肪的代谢率;(14)减少跌伤等的可能性;(15)减缓衰老。

这些益处并非只在成年人身上发生,在儿童和处于青春期的人身上同样发生。

2. 锻炼的心理益处

(1)增加自控、自主、自我满足感;(2)增加自信心;(3)改善身体形象和自尊;(4)改善在工作压力下大脑的活动节奏,即使工作是体力的;(5)改善心理功能,提高注意力和效率;(6)清理、宣泄在人际交往或工作应激中的情感;(7)降低应激水平;(8)摆脱轻度烦恼。

心理学研究表明,一些良好的人格特征与开始并坚持锻炼相关。这些特征包括自我效能、自我动力和自我成长等。其中,良好的自我效能是自我成长的一个重要条件,它体现了一个人有能力成功地、恰如其分地在确定的情境下行动的信念或期望。而锻炼能明显地提高自我效能感。

四、教师的自我发展

教师要提高自身的素质修养,基本的条件是要促进自我身心健康的发展,在自我发展、自我实现的过程中向"全人"(完善的人、全面发展的人)目标努力,才能教育和引导学生向德、智、体、美全面发展的目标迈进。"全人"教师能够使自己的个性和能力最大限度地发挥,而且身心健康、人格健全、适应力强,使自己成为儿童、青少年成长、发展的"楷模"或示范者。

美国的佐治亚大学学校心理学研究专家卡兹塔(Gazda,G.M.)教授在1984年提出"全人"的教师素质修养主要有以下九个方面。

1. 身体素质:保持、增进身体的健康

作为一名教师,必须理解"健全的精神生活寄寓在健全的身体中"这句名言,健康的身体是从事教育工作的一个基本的条件,其中主要包括以下几点:(1)了解食品营养的知识,调整饮食生活;(2)实行有规则的生活习惯;(3)具有调整自我体重的知识;(4)具有对公共卫生的维护管理以及对突发事故紧急处理的能力;(5)能解消自我身心的压力(特别是食欲和性欲的压力)。

2. 教师要具有再学习的素质

俗话说,"学得好,才能教得好","经常学习的人,才有资格去教他人",因此,教师的再学习是一种生涯性的学习。其特点如下:(1)读书要有效率,读精品书籍,向掌握大量精华知识的教师学习;(2)具有收集学习资料、现代社会各种知识信息的能力;(3)对自我专业以外的知识要有一定涉及或了解;(4)对自己的知识要有更新提高、不断加深拓宽的意识。

3. 自我价值的确立和判断的素质

罗杰斯说过,"他人的评价不能作为自我评价的指针",即教师要培养一种自我决定、自我实现、自强不息的精神。主要包括以下几个方面:(1)具有正确自我评价的能力和自主性;(2)具有适当的自我调控的行为;(3)成为一个价值观成熟的人,成熟的标志是既能正确理解他人的价值观,又能遵守自我的道德、价值观。

4. 专业技术和知识的修养

"精通一技者,贯通百艺",教师要加强对教材教法的科学研究,只有通过对专业技术和知识不断地学习,才能发挥自我实现的最大力量。主要体现为四个方面:(1)教师对自己的教学研究能力具有自信,因为有自信的人才能自我实现,自信是自我实现的阶梯;(2)经常研究如何取得最佳教学效果,并懂得如何扩大自己的教学效果;(3)教师在教学中,要给学生一种安全感、安心感;(4)教师除了自己的专业外,还要掌握一门或一门以上的其他技术知识,如图画、书法、体育等,以利于加强与学生的交流,陶冶自我的身心。

5. 人际关系或交际能力的修养

人际关系或交际能力的修养包括三个方面:(1)教师与学生的良好人际关系;(2)教师与其同事的人际关系;(3)教师与社会上的从事其他职业者之间的人际关系。教师以其丰富的社会生活经验来引导学生。

6. 教师的情绪智慧修养

情绪智慧包括五个方面的内容：(1)能认知自我的情绪和行为；(2)能妥善管理和调控自己的情绪；(3)能激发自己的动机，自我激励，碰到困难、挫折不气馁，具有较强的抗挫折、应激、应变能力；(4)能理解他人的情绪，即有与他人感情交流及产生共感的能力；(5)进行社会交往时良好的沟通、交流能力。

7. 教师的生活素质

教师的生活素质指家庭生活技能的修养，"和平的社会从安定的家庭开始"，具体包括：(1)教师具有管理自己家庭经济生活的能力；(2)热爱家庭，对自我家庭的将来生活具有设计能力；(3)能有效地处理家庭中的人际关系；(4)丰富自我家庭业余生活的能力。

8. 职业发展的修养

职业发展的修养包括五个方面：(1)热爱教育事业，具有为教育事业奉献身心的精神；(2)具有调整、适应教师职业及自我所处教育环境的能力；(3)具有不断提高自己教育技术能力的志向，挑战自我，发挥自身最大教育潜力的能力；(4)理解学生、能从心理上辅导学生的教师，其价值是不可估量的；(5)在教育教学生涯中自我创造、自我实现。

9. 游戏、娱乐技能的修养

"娱乐生活充实的教师，心灵才会丰富"，"得到生活喜悦，才会关怀学生"，游戏调节身心的三种理论学说为：(1)净化说，在日常生活中所压抑的情绪、欲求或矛盾等，在游戏活动中可得到消解、净化；(2)补偿说，在日常生活中心理的矛盾、痛苦、挫折和欲求不满，作为替代的方法，在游戏中可以得到补偿；(3)自我表现说，在日常生活中不能保证的成功、欲求，可以在游戏活动中象征性地表现出来。

教师要积极利用休闲日、节假日等，进行自我保健、游戏、娱乐等活动，调整自我的身心、保持精神的健康状态。

五、教师的心理健康教育与辅导能力的提高

教师在学校教育工作中被要求担任学生心理辅导工作时，常会感到困扰，觉得自己的性格不适宜做心理辅导教师，自己对心理咨询的知识一窍不通。或者相反，认为任何教师都可以担当教育咨询和心理辅导工作，只要做过教育工作，即使没有心理学知识，没有心理辅导的工作经验，也可以胜任这项工作。

对学校的心理健康教育和心理辅导工作，缺乏自信心或采取轻视的态度都是不正确的。教师要在学校教育中做好心理辅导和咨询工作，必须具备以下几种心理素质和修养。

（一）人生的先导和楷模

乒乓球的教练要比练习乒乓球的学生技术更优秀，这是一个常识。乒乓球初入门的人成为乒乓球专业运动员教练的事是少有的，乒乓球的教师没有胜过学生的自信心，是不会说"来

吧,放马过来吧"的。同样,教师的心理素质也必须胜过学生,才能有效地开展心理辅导和教育工作。学生总是带着不安、烦恼及不适应问题来找教师寻求心理援助的,如果教师自己也很不安、烦恼,也有不适应问题肯定不行,只有自我解决了这些问题,才能倾听和解决学生的苦恼和不安,否则是没有能力和心思来倾听学生的苦恼的。

教师在心理辅导过程中,必须要有自己是学生的人生先导者、楷模的思想,并经常省察自我的人格和欲求;不断调整自我的身心,提高适应能力;具有比学生先一步解决自我心理问题的能力。

(二) 自我开示的勇气

献身于心理咨询事业的人,另一个重要的心理素质是有自我开示的勇气,即"以心传心",以己之身渡人之身,亮出自己人生、感情、观点、生活体验等来启示、引导被咨询者。缺少自我开示勇气的心理咨询者,常常被称为缺乏人情味、没有人性魅力的"纯咨询主义者"。

教师在对学生进行心理辅导时,自我开示的主要内容有三点:(1)对教师自身的经历及现在的生活体验,其中包括挫折、失败、不幸、成功和幸福等人生历程,进行自我开示;(2)对在某种环境或处境中自我感情的表现进行开示,其中包括自我喜怒哀乐的人生体验;(3)在心理咨询或心理辅导过程中,注重师生双向的"自我开示",教师在必要时要先向学生开示自己的价值观和人生观等。

并不是说教师在任何时候都要向学生开示自我,因为如果这样的话,教师又会变成一个"说教者"。那么什么时候教师可以开示自我呢?判断的理由和时机有两个:首先,教师需要与学生进行深入的心灵交流,在咨询中形成相互信赖的关系时,需要让学生理解"教师的自我";其次,需要教师自我开示勇气的刺激,方能使学生的心理抵抗、防卫机制得到缓解,其自我开示变得容易,才便于教师理解"学生的自我"。因为学生不开示自我,教师是无法进行心理辅导和教育的。

(三) 充分利用自己的教育经验

现在的学校心理辅导教师从大学正规的心理学专业或临床心理学、心理咨询专业毕业出来的人仍是少数。学校的校长和多数教师是毕业于其他学科专业的,但这不等于说这些教师就不能从事心理辅导和咨询工作了。不是心理学专业毕业的教师,只要充分利用自己过去所学的学科专业知识和教育、教学经验,勇于实践,就能大胆创造自己的心理咨询工作的新天地,其理由有两条。

第一,心理辅导和心理咨询的理论和技术,是集合了多种多样的科学知识、方法和技术而构成的,如教育学、社会学、哲学、人类进化论、医学、行为科学等,是人生经验和社会活动能力的高度结晶,仅靠心理学知识,缺乏广博的阅历和学识,是做不好心理辅导和咨询工作的。

第二,心理辅导和咨询是一门实践性很强的学科,它本身是在实践应用中发展起来的,没有经过实践检验的心理咨询理论只是一种"纸上谈兵"的伪科学。其实践性和应用性就表现在它的理论学说建立在实践基础上,必须在实践中不断加以修正和完善。对初中学生奏效的心理辅导方法,对高中生来说可能完全无效;一种心理疗法对某种不适应问题或心理障碍有疗效,对另外一种不适应问题或心理障碍很可能会束手无策。实践是检验真理的唯一标准,因此,在心理辅导和咨询工作中常常要勇于实践。

(四)确立自我的主体性

为什么要确立教师的自我主体性呢?理由有三点。

第一,学校的心理辅导和咨询事业本身也是一种教育工作,必须贯彻全面发展的教育方针,将自身融入整个学校教育过程中。教师的任务是要引导学生达到既定的教育目标,如果缺乏自我主体性,就有可能迷失既定的教育方针和目标,不利于对学生的指导和教育工作的开展。

第二,心理咨询过程中有咨询"契约"、治疗关系、协同作业、场面构成、时间设定、划分阶段等基本原则,即心理辅导教师必须明确自己的责任、权限及来访者和咨询师双方的义务,如果没有教师的主体性,心理咨询就会蜕变为一般的教育谈话,缺乏规则性,从而失去其存在的意义。

第三,教师确立自我主体性的另一个重要意义在于保持自身的心理健康和精神卫生。在学校心理辅导和咨询过程中,教师经常会遇到各种各样特殊的问题、诱惑、需求以及异常的事件,长期以往会对教师的身心造成影响。教师确立自我的主体性是为了从事学校心理辅导和咨询事业时,能够矢志不渝,辛勤耕耘,因为只有这样才能保持心理辅导教师的纯洁性和身心健康。

(五)提高对学生的理解能力

心理辅导和咨询是一种具有"教育服务"性质的事业,要搞好教育服务就必须了解和把握接受服务对象的心理状态,这样才能把"服务"工作做好。因此,教师在心理辅导和咨询过程中必须提高自己"理解学生"的能力。"理解学生"的内涵和意义有两个方面。

第一,要理解学生的语言和非语言表现的类型、特征及了解他们行为的意义和情绪化的原因。也就是说教师具有"共感的理解"能力,所谓"共感的理解"能力是指"能站在对方的立场和观点,用对方的思考方式去观察世界的能力",即俗话所说的"将心比心",教师和学生拥有同一个世界,这样才能促使教师深入到学生的内心世界中去。

第二,教师又要冷静地、离开一段距离地、客观地理解学生的能力,即"诊断的理解"能力。所谓"诊断的理解"能力是指教师通过长期的工作经验形成的对学生人格、精神状态进行分析、把握的能力,通过简短的观察、谈话就能迅速地感知"这个学生有……心理问题或障碍",需要进一步作更为仔细地观察及心理诊断,即培养自我对学生问题高度的洞察能力。

教师对学生的理解能力由"共感的理解"和"诊断的理解"两个方面的能力所组成,前者取决于教师的人格修养;后者取决于教师心理咨询技能的修养,是主观的理解和客观的理解两者有机的结合与统一。

附:教师心理健康调查问卷

你是不是想知道你自己需不需要心理咨询?请用以下的问卷自测一下,选择最符合你的情况的答案。

1. 你看到自己最近一次的相片时有什么感觉?
   A. 不称心　　　　B. 很好
   C. 还可以

2. 你是否想到在若干年以后,会有令自己不安的事发生?你有没有远虑?
   A. 经常　　　　　B. 从来没有
   C. 偶尔

3. 你是否被同学、朋友、同事起过绰号?
   A. 经常　　　　　B. 从来没有
   C. 偶尔

4. 你上床以后是否经常一再起来看看门窗关了没有?
   A. 经常　　　　　B. 从来没有
   C. 偶尔

5. 你对与自己关系密切的人的关系是否满意?
   A. 不满意　　　　B. 很满意
   C. 基本满意

6. 睡到半夜,你有没有感到过有恐怖的事发生?
   A. 有　　　　　　B. 从来没有
   C. 偶尔

7. 如果有,你会不会惊醒过来?
   A. 醒来然后睡不着　B. 继续做梦
   C. 偶尔醒来

8. 是否做过内容相近的系列梦?
   A. 有　　　　　　B. 没有
   C. 不记得

9. 最近有没有某种食物吃了让你觉得不舒服?
   A. 有　　　　　　B. 没有
   C. 不记得

10. 除了现在看到的世界,你心中是否还显示另外一个世界?
    A. 有　　　　　　B. 没有
    C. 不记得

11. 你心里是否觉得自己不是现在的父母所生?
    A. 是　　　　　　B. 不是
    C. 说不清楚

12. 你是否觉得深深爱你的那个人还没有出现?
    A. 是　　　　　　B. 不是
    C. 说不清楚

13. 你是否常常觉得家人对你不好,其实他们是为了你好?
    A. 是　　　　　　B. 不是
    C. 说不清楚

14. 你是否觉得没人能十分地了解你?
    A. 是　　　　　　B. 不是
    C. 说不清楚

15. 你早晨起床后的第一感觉是什么?
    A. 不喜欢　　　　B. 很高兴
    C. 说不清楚

16. 秋天,你走在街上的印象是什么?
    A. 对落叶的感触　B. 秋高气爽
    C. 没感觉

17. 站在高楼上你是否有点害怕?
    A. 是　　　　　　B. 越高越好
    C. 不知道

18. 在成就比你高的人面前,你是否觉得自卑?
    A. 是　　　　　　B. 不是
    C. 说不清楚

19. 当你出差旅游,一个人住进宾馆,关上门后是否还要反复检查?
    A. 是　　　　　　B. 不是
    C. 有时是

20. 一个人在房间,把门关上,心里是否还觉得不安?

   A．是   B．不是

   C．有时是

21．面对重大决策,你是否会觉得焦虑?

   A．是   B．不是

   C．有时是

22．你是否会进行网络占卜、纸牌算命等游戏?

   A．是   B．不是

   C．有时是

23．你是否经常由于走得很急而被绊倒?

   A．是   B．不是

   C．有时是

24．你是否需要很长时间才能入睡却醒得很早?

   A．是   B．不是

   C．有时是

25．你是否觉得自己比别人知觉更快更敏锐?

   A．是   B．不是

   C．有时是

26．你是否想象自己有超能力?

   A．是   B．不是

   C．有时是

27．你是否会感到有人在暗中跟着你?

   A．是   B．不是

   C．有时是

28．你是否感到自己在公众场合的言行被人注意?

   A．是   B．不是

   C．有时是

29．当你一个人走夜路时,是否会感到害怕?

   A．是   B．不是

   C．有时是

30．你对别人自杀的想法是什么?

   A．可以理解   B．不可思议

   C．不愿去想

统计和评分标准:

以上各题,选 A 得 2 分,选 B 得 0 分,选 C 得 1 分,将各题的得分相加,算出总分。

0—10 分:心理素质好,情绪稳定;但有时容易轻信、盲目;没有必要进行心理咨询。

11—30 分:情绪基本稳定,为人深沉,过于冷静、理性,缺乏激情,不善于发挥自己的个性,办事的热情忽高忽低;不需要进行心理咨询。

31 分以上:情绪状况不稳定,容易紧张;需要进行心理咨询。

本章概要

- 教师的职业压力增大危害教师的身心健康,使之出现教育行为,以及人格、行为的异常,最终导致"耗竭"现象的发生。
- 教师的职业压力的消解,除了外部环境的调整之外,主要靠教师自我调适和自我教育来进行。
- 从事心理健康教育和咨询工作的学校心理辅导教师也会发生工作应激和工作耗竭现象,严重时可导致心理、生理和行为方面的症状。
- 对学校心理辅导教师的工作应激和耗竭的干预策略除了针对改变个人的策略与针对改变组织的策略之外,还要完善心理辅导教师的社会支持系统。
- 教师的自我发展在于使自己的身心健康、人格健全、适应力强,使自己的个性和能力最大限度地发挥,因而要不断地提高自身的素质和修养。

- 提高教师心理健康教育和学校辅导的能力,必须比学生先一步掌握解决自我心理问题的能力,确立自我的主体性,并且不断积累自己的教育经验。

关键词

教师职业压力　　耗竭　　工作倦怠　　工作应激　　干预策略　　自我调适
自我成长　　社会支持系统　　净化说　　补偿说　　"全人"教师　　情绪智慧
自我开示　　共感的理解　　诊断的理解

思考与讨论的问题

1. 国外研究者用"士气消沉"的概念来解释工作倦怠和耗竭状态,你觉得它的有用性和正确性如何?这个概念适用于学校教师的心理分析吗?

2. 假如你来开展一项对教师心理健康的培训课程,那么,你会制定哪些课程内容?你将在这项课程中做什么?

3. 用本章的"教师心理健康调查问卷"到几个学校进行调查,并进行统计和数据分析,最后得出你的研究结果。

第十五章 积极心理学取向的学校心理学

 导 言

积极心理学是 20 世纪末在美国兴起的一个心理学思潮,由美国当代著名心理学家赛利格曼(Martin E. Seligman)倡导,目标是使人的潜力得到充分发挥的同时也能感受到最充分的幸福。它打破了一个多世纪以来心理学关注"失败、问题、障碍"的消极模式,在心理学领域具有革命性的意义,体现了心理学之科学精神和人文关怀的统一。积极心理学在发起后的几年间很快波及世界各国的心理学界,成为一场声势浩大的心理学运动。

作为一场心理学的运动,积极心理学必将对学校心理学产生深远的影响。以积极心理学为导向,由重点关注缺陷、问题的消极模式转向建立积极的学校组织系统,培养学生的积极人格品质,从而预防心理疾病、提升心理健康水平的积极模式,将是未来学校心理学的发展趋势之一。

本章的主要内容包括积极心理学的产生和发展及其对学校心理学的影响,积极的学校组织系统,积极人格的培养,积极心理学取向的学校心理学发展趋势等几个方面。

一、什么是积极心理学

(一)什么叫"积极"?

"积极"(positive)一词原意是指"具有建设性的"或"潜在的"意思,当代心理学中的"积极"通常是指"正向的"或"主动的"含义。

积极并不是人们通常理解的那样:一个人以昂扬的姿态征服外部世界,追求把每一件事都做到完美。比如神经症的人有时就由于拥有过多的征服世界和追求完美的欲望,而这种欲望超越了自身能力范围,在需要和改造世界面前过于有为,用主观意愿取代现实的客观,这种脱离现实的有为,恰恰可以理解为过分的欲望,而不是真正的积极,这只能导致矛盾和冲突的加剧。在积极心理学领域中,积极和消极是两个完全独立的、有各自定义的变量。积极并不是消极解除之后的附属结果,并不会伴随着消极紧张的消除而自然产生。

(二)什么是积极心理学

说到爱、勇气、智慧、正直、诚恳、感激、宽恕、节制等积极人格特质,我们不会感到陌生,这

些美好的特质从古至今都一直存在于文学、宗教、教育学、伦理学等各学科著作中,也是人类一直弘扬和称道的精神力量。但是,在积极心理学诞生之前,还从未有过一个学科运用科学的、实证的方法对人类的这些积极人格特质及其形成机制进行系统的研究。

谢尔顿和劳拉·金(Sheldon & Laura King, 2001)把积极心理学定义为"致力于研究人的发展潜力和美德等积极品质的一门科学"。此定义道出了积极心理学的本质特点。积极心理学运动的旗手,美国前心理学会主席赛利格曼说:"积极心理学并没有改变心理学的研究范式,但不同于以往心理学关注心理疾病和障碍的研究,而将心理学的研究关注点放在心理健康和良好的心理状态方面,是一门旨在促进个人、群体和整个社会发展完善和自我实现的科学。"

积极心理学以人自身的积极因素为研究重点,主张心理学要以人固有的、潜在的、具有建设性的力量、美德和善端为出发点,提倡用一种积极的心态来对人的许多心理现象(包括心理问题)做出新的解读,从而激发人自身内在的积极力量和优秀品质,并利用这些积极力量和优秀品质来帮助有问题的人、普通人或具有一定天赋的人最大限度地挖掘自己的潜力并获得良好生活。也可以说,积极心理学是研究"如何获得幸福"的科学。

积极心理学的研究领域包括三个方面。(1)主观层次的积极体验的研究,包括幸福感和满足、希望和乐观主义、快乐和充盈。重点是对人的主观幸福感的研究,强调人要满意地对待过去、幸福地感受现在和乐观地面对未来;(2)个人层次的积极的人格特质的研究,包括爱的能力、工作的能力、勇气、人际交往技巧、对美的感受力、毅力、宽容、创造性、关注未来、洞察力、才能与智慧等;(3)群体层次上的积极组织系统的研究,致力于研究能够支持和发展人的能力及长处的各种支持系统或组织,包括家庭、学校、社会文化条件、言论环境等,以培养公民美德,使公民有责任感、利他主义、有礼貌、有职业道德。

(三) 积极心理学的产生

对于积极心理学的产生,一些文献和报道中常会提及一个父女之间的小故事。

> 美国著名心理学家赛利格曼在担任美国心理学会主席数月后的一天,与5岁的女儿在园子里播种。他的女儿叫尼奇。赛利格曼虽然写了大量有关儿童的著作,但实际生活中与孩子并不算太亲密。他平时很忙,有许多任务要完成,其实种地也只想快一点干完。尼奇却手舞足蹈,将种子抛向天空。
>
> 赛利格曼叫她别乱来。女儿却跑过来对他说:"爸爸,我能与你谈谈吗?""当然。"他回答说。"爸爸,你还记得我在过5岁生日之前的样子吗?我从3岁到5岁一直都在抱怨,每天都要说这个不好那个不好,当我长到5岁时,我决定不再抱怨了。如果我不抱怨了,你可以不再那样经常郁闷吗?"
>
> 赛利格曼产生了一种闪电般的震动,仿佛出现了神灵的启示。他太了解尼奇的成长,太了解自己和自己的职业。他认识到,是尼奇自己矫正了自己的抱怨。培养尼奇意味着看到她心灵深处的潜能,发扬尼奇的优秀品质,培养她的力量。培养孩子不是盯着他身上的短处,而是认识并塑造他身上的最强项,即他们拥有的最美好的东西,将这些最优秀的

品质变成促进他们幸福生活的动力。

赛利格曼说,女儿的话虽然让他有点感到羞愧和不安,但却使他非常清楚地看到了自己的使命,发起一场新的心理学运动——一种关注人的积极力量和积极潜力的心理学运动:积极心理学运动。

听起来似乎积极心理学是源于智者的一时顿悟,实际上积极心理学的产生有着时代的必然性,是在对心理学的发展历程与发展现状进行总结、批评、反思的基础上产生与发展起来的。积极心理学作为一个关注人的幸福感受和如何发挥人的最佳机能的领域,其兴起在很大程度上是缘于对临床心理学发展不平衡的认识。

心理学成为一门独立学科起,主要面临三项任务:(1)治疗人的精神或心理疾病;(2)使普通人的生活更快乐,更具创造力;(3)在极少数天才儿童的生长过程中,通过对其 IQ 分数的追踪,对他们进行识别和训练。这三项任务在第二次世界大战之前均得到研究者同等程度的关注。

传统主流心理学取得的最大成果是使 DSM(心理疾病诊断和统计手册)成为了一种世界性的精神和心理疾病的诊断标准,它包含了 340 种左右的心理或精神问题的诊断标准及治疗方案。心理学家们已至少能对其中 14 种 50 年前我们还无能为力的心理疾病采取有效的治疗措施。但这些取得的成就并不能掩盖心理学本体价值的失落,在对精神疾病的了解和疗法取得巨大进步的同时,心理学却忽视了它的另外两项使命,使心理学逐渐成为一门受害者科学。

积极心理学把第二次世界大战以来的心理学从性质和价值认定上概括为 pathology psychology,有些学者可能是为了突出积极心理学的"积极"所采用的一种说法,将其译为"消极心理学",如果从字面上直译可为"病理心理学"。这种以病理取向的心理学模式,缺乏对人类积极品质的研究与探讨,由此造成心理学知识体系上的巨大"空档",限制了心理学的发展与应用。在这种背景之下,积极心理学呼吁:心理学应该转换为研究人类优点的新型科学,必须实现从病理心理学到积极心理学模式的转换,研究人类的积极品质,关注人类的生存与发展。

积极心理学认为,心理学不仅仅对损伤、缺陷和伤害进行研究,也应对力量和优秀品质进行研究;治疗不仅仅是对损伤、缺陷的修复和弥补,也是对人类自身所拥有的潜能、力量的发掘;心理学不仅仅是关于疾病或健康的科学,也是关于工作、教育、爱、成长和娱乐的科学。即便那些患有最严重的心理疾病的人,也不仅仅只是要求减轻痛苦,处于混乱中的人们其实需要更多的是满意、愉悦与快乐;人们需要建构力量,而不仅仅只是纠正缺陷;人们需要有意义、有目的的生活,而这些并不会因为痛苦减轻了就会自动产生。

积极心理学(positive psychology)这个词最早于 1954 年出现在人本主义学派的代表人物马斯洛(Maslow,A.H.)的著作《动机与人格》(*Motivation and Personality*)中,当时该书最后一章的标题为"走向积极心理学"(Toward a Positive Psychology)。至 1958 年,美国著名心理学家贾霍达(Jahoda,M.)在美国心理健康联合委员会编订的一套心理健康系列丛书中提出了"积极心理健康"。但在此后的几十年,这个词并没有引起心理学界太多的注意,直到美国心理学会(APA)前主席赛利格曼在 1998 年的 APA 年度大会上明确提出把建立积极心理学作为自己就任 APA 主席期间的一大任务时,积极心理学才开始正式受到世人的关注。在 1998 年美国心理学会年度大会上,赛利格曼在大会上提出 20 世纪心理学的发展存在两个方面的不足:一是在民族和宗教冲突上,心理学介入不够;二是对强调和理解人的积极品质和积极力量的积极心理学运动重视不够,因此 21 世纪的心理学要把这两个方面作为自己的工作重心。这是心理学历史上第一次在正式场合使用"积极心理学"一词。2002 年 Snyder 和 Lopez 主编的《积极心理学手册》的出版,正式宣告了积极心理学运动的独立。

二、积极心理学运动的发展和影响

(一)积极心理学在国内外的发展

自积极心理学运动的号角吹响开始,世界著名的心理学杂志就开始陆续发表介绍积极心理学的文章和专辑。由于这些有影响力的学术杂志的推介和肯定,积极心理学逐渐由美国走向世界,其影响从美国扩展到加拿大、欧洲、日本、澳大利亚等地,成为一种世界性潮流,正受到各国越来越多的心理学家关注。

国内一些心理学期刊从 2003 年起开始陆续登载有关积极心理学研究的文章,后来文献渐增。类型从介绍积极心理学的综述文章为主发展到以积极心理学为主题的专题研究,研究领域也从心理学扩展到教育、管理、身心医学领域。中国正在掀起一个研究积极心理学和应用积极心理学的高潮。

(二)积极心理学领域的近期研究成果

虽然积极心理学自确立至今只有短短十几年时间,但在其主要研究领域却取得了令人瞩目的成就。

1. 积极情绪体验的研究进展

第一,主观幸福感的研究。在积极情绪研究领域,狄纳(Diener)于 2000 年成功地把主观幸福感引入积极心理学领域(subject well-bing 在中国大陆的文献中被译为"主观幸福感",在中国港台的文献中被译为"主观心理健康")。"主观幸福感"一词现在几乎成了积极心理学的专有名词。

积极心理学认为主观幸福感是一个人积极体验的核心,同时也是其生活的最高目标。主观幸福感是一种试图理解人们如何评价其生活状况的心理学研究领域。主观幸福感是人们根据内化了的社会标准对自己生活质量的肯定性的评估,并由此产生积极情绪占优势的心理状态,主要由生活满意、高水平的正性情感和低水平的负性情感三个部分组成。主观幸福感的研究涉及主观幸福感的本质、影响因素、心理机制、评估以及如何增进人们的幸福水平等。

狄纳认为:心理健康有三个标志。(1)主观性,心理健康是个人的主观体验,客观条件只作为影响主观体验的潜在因素;(2)积极性,心理健康并非仅仅是消极因素的减少,同时也是积极因素的增加;(3)多维性,心理健康应包括个人生活的各个层面。根据他的观点,后来的研究者把心理健康分为正负两个重要方面。目前,研究者越来越多地使用主观幸福感作为心理健康的重要指标。很多的研究者认为促进幸福感应该是心理健康的主要目标,心理疾病患者康复的基本目标之一应该是主观幸福感水平的增加。也有很多的研究者尖锐地指出,把心理健康的操作性定义和评价局限在没有精神疾病,这是不公平的。精神症状的消失和康复的结果是产生幸福感,仅仅使用精神症状的评估作为心理健康评价指标是不科学的。正是这些认识,促进了主观幸福感在心理健康研究中的应用,并且已经从个别的评估演化为普遍趋势,这种趋势在最近20年期间不断地增长着。

　　第二,快乐的研究。快乐这种积极情绪也是积极心理学的重点研究方向之一,很多研究者从不同的角度对其进行了研究。莱尔伯米尔斯基(Lyubomirsky,2001)比较了那些快乐和不快乐的人,发现他们在认知、判断、动机和策略上都有不同,并且这种不同经常是自动化的,未被意识到的。跨文化的研究表明,在较为贫困的国家,人们的快乐程度与收入水平有较大相关;而在富裕的发达国家,个人的快乐程度与收入水平相关甚少,几乎可以忽略不计。亲密的人际关系,包括友谊和婚姻,对于快乐有很大影响。有亲密朋友的人更快乐一些;而已婚、未婚和离婚者的快乐程度则依次递减。同时越有虔诚的宗教信仰的人越容易快乐。也有学者从时代变迁的角度对快乐进行了研究,认为现代社会中人际关系比以前冷漠,竞争也更激烈,而且,大众传媒的发展促使人们将自己与世界上最优秀的人比较,而这种比较降低了人的自我评价,从而产生抑郁和不快。在这些研究的基础上,巴斯(Buss,D.M.,2000)提出了提高人的快乐的建议与他人建立良好关系并发展亲密友谊,选择一个与自己在价值观、兴趣、人格特征等方面都相似的配偶,设立适当的期望值等,会给人带来很大的满足和快乐。

　　第三,积极情绪与身心健康关系的研究。在研究主观幸福感、快乐等积极主观体验的同时,许多学者对积极情绪与身心健康的关系也进行了探索。在生理健康方面,积极的情绪状态可以增进人的心理资源,使人相信结果会更好。在面对压力事件时,自我报告通常处于积极情绪状态的人更不易生病;在患者中,那些处于积极情绪的人更愿意接受医生的建议,配合治疗并进行锻炼。研究发现,积极的情绪状态对于患者的心身状况改善有积极影响,并且,良好的情绪状态有助于积极的康复活动。萨洛韦(Salovey)等人于2000年发现,感染AIDS的人中,对于自身的康复能力抱有不切实际的乐观的人,在康复锻炼中表现更好。进一步对AIDS感染者进行问卷调查并追踪其后他们病情的发展情况,发现那些接受死亡现实方面得高分的感染者比低分者要早去世9个月。也就是说,消极的预期会使AIDS症状更早出现。

2. 积极人格特质的研究进展

　　积极心理学主张致力于研究积极人格以及影响人格形成的积极因素,从特质维度来对人格进行研究,如研究那些包括自决、成熟防御机制、智慧等积极人格特质。

　　赖亚德和迪伊(Ryand & Deei,2000)对自决这一特质进行了研究。自决是自决理论中的核心概念。自决理论探讨了三种相关的人类需要:胜任的需要、归属的需要和自主的需要。赖亚德和迪伊认为当这些需要得到满足时,个人的幸福和社会的发展将是乐观的。在此条件下的个体受内在激励,能够充分发挥其潜能,积极地寻求更大的挑战。

　　在对成熟的防御机制的研究方面,心理学家瓦利恩特(Vailliant,2000)对三个大的成人样本进行了几十年的研究,总结了利他主义、升华、压抑、幽默、预期等成熟的防御机制对成功以及快乐的生活的作用。虽然瓦利恩特仍然使用了以病理学为中心的术语——防御,但他对成熟功能的看法,完全考虑到创造性的、积极的解决途径,打破了受害者心理学的模式。

智慧是所有文化中最被推崇的特质。巴尔特斯和斯塔汀格(Baltes & Stawdinger, 2000)对智慧的定义为:一种有关生存基础、实用知识的精妙系统。他们报告了一系列的研究,并且已经建立一个复杂的模型,将智慧视为在追求个体和集体的优秀过程中一种用来组织知识的认知和动机的启发性运用。

3. 积极环境的研究进展

在积极心理学的思想中,人的体验、人的积极品质是与环境、社会背景分不开的,因此需要综合考察良好的社会、积极的社区以及积极的组织对人的积极品质的影响,社会关系、文化规范和家庭背景在人的心理发展中具有重要影响。因此不能脱离人们的社会环境孤立地研究积极心理。当前这方面的研究主要集中在对人类幸福的环境条件以及影响青少年发展、天赋得以体现、发挥的环境条件的探讨上。

巴斯(2000)从进化的角度对阻碍人们达到积极的精神状态的原因提出了自己的看法,对于如何增加人们的快乐也提出了建议。迈尔斯(2000)综述有关幸福的研究,提出促进幸福的要素之一是宗教信仰。施瓦茨(Schwartz, 2000)从哲学和历史的角度对自主进行分析,认为文化环境的限制对于减少人们心理负担是必要的,过度的自由会导致不满和抑郁。温纳(Winner, 2000)对天赋与其形成环境进行了研究。她对天赋的定义是:体现在儿童身上的,早慧的、自我激励的、能在某领域中以一种自发的方式解决问题。她的研究发现这些儿童适应良好,并有很好的家庭背景。

(三) 积极心理学对学校心理学的影响

"积极心理学"作为正式学科分支在美国创立伊始,即在学校领域掀起浪潮。因为"主观幸福感"是积极心理学的一个核心概念,因此许多学校又把积极心理学课称为"幸福课"。积极心理学的大力倡导者赛利格曼首先在他所在的宾夕法尼亚州立大学开设了这门课程,并建立了积极心理学中心。

由哈佛大学的泰勒本·沙哈尔主讲的积极心理学已经成为该学校上座率最高的课程。选修"积极心理学"的哈佛大学学生,从最初的380人上升为855人,并被评为哈佛大学"受欢迎率"排名第一的课程,超过了哈佛大学历来的王牌课程——由世界经济学大师主讲的"经济学原理"。讲求实际的哈佛学生中有20%的同学选修此课,其中23%的听课者向教学委员会反馈,这门课"改变了他们的一生"。

以积极心理学为导向的心理学和教育学领域的研究逐渐从高等院校扩展到中小学校。作为心理学界的一场新运动,积极心理学的发展必将对学校心理学的内涵、形式以及发展方向都产生深刻的影响。

三、积极心理学的学校组织系统

（一）建立积极的学校组织系统的必要性

在积极心理学的理论中，人的经验、潜力是在社会、组织、家庭、学校等系统中体现的，同时也受其影响。积极的学校组织系统不仅是培养学生积极人格的支持力量，而且是学校组织人员包括学校管理者、教师、学生产生积极体验的直接来源。积极的学校组织系统的营造应是我国心理健康教育的保障。

教育是一种有目的、有计划、有组织的促进学生身心全面和谐发展的活动。为达此目的，开展教育活动必须依赖积极的组织系统。积极的组织系统指的就是有利于系统内的个人形成积极的人格，并产生积极情感的系统。对学校系统而言，就是能调动教师和学生的积极性，发挥师生的潜能，增进其积极情感体验。建立积极的学校组织系统的内容显然不仅是心理学的研究范畴，还应与学校管理、教育学、社会学等领域协作，共同参与营造积极环境。

积极心理学认为人的经验、潜力不仅受到学校的影响，也受到家庭和社会的影响，而且后者的影响更持久和广泛。家庭、学校、社会共同组成了一个大的组织系统影响着孩子的健康成长。创造良好的组织系统有赖于三者的共同努力和整体优化。随着学校心理学中心理健康教育的逐步深入，心理健康教育会逐渐形成一种全社会共同关心的组织系统。这既是我国心理健康教育的重要内容之一，也是我国心理健康教育的重要保障。

（二）如何营造积极的学校组织系统

学校组织由多个层次组成，是一个复杂的系统，建立积极的学校组织系统涉及学校管理的诸多理论和实践研究，在此主要从积极心理学的角度谈谈如何激发教师的积极性以及积极的班级环境的建设。

1. 调动教师积极性，增加其积极体验

苏联教育家苏霍姆林斯基深有感触地指出："如果没有全体教师从精神上对我的校长工作的支持，那我在学校里连一天都待不住。"充分调动广大教职工的积极性，发挥每一位教职工的创造潜能是办好学校的根本。

造成学生心理问题的原因是多方面的，但最主要的是学习压力、家庭环境、社会影响和教师的教育方法。有的专家通过个案分析指出，2/3 的成人心理疾病产生于中小学时期，小学生心理疾病的根源大多数在家长，中学生心理疾病的根源大多数在教师。积极心理学认为，在学校心理健康教育中，教师和学生一样都是成长的、发展的个体，不再是教育与被教育的关系，教师不仅要以积极的态度看待发展中的学生，重视学生自我成长的经验、流畅的思维和情感，培养学生的积极心理，还要善于培养自己的积极心理，关注自身的健康成长。

对于如何调动教师的积极性，许多学者提出自己的观点，归纳为四点。

第一，尊重教师，坚持以人为本，为教师营造个人成长、发展、自我实现的环境，从内外两个方面不断创造教师平等发展、自我实现的环境，调动教师从事教育事业的积极性、主动性、创造性。

第二,提倡民主治校,要理解教师、信任教师,及时听取他们的意见和建议。让教师积极主动地参与学校各项管理工作。

第三,建立激励机制。一是情感激励,实际上就是学校领导对教师的理解、信任和支持,注意给教师关心和爱护,帮助他们实现自我成长的需要,帮助教师解决一些工作以外的实际问题,为教师排忧解难。二是制度激励,就是学校在管理中,首先要建立一些符合本校实际的制度,科学设置一些规范要求,使全体教职工明确这是实现学校目标的基本保证,在认同的心理状态下主动接受制约。

第四,加强心理学的师资培训。在制定中小学教师培训计划时,应将心理健康教育作为教师继续教育的一项重要内容,同时也应当加强师范院校心理健康教育的课程比重,大学心理学专业应当增加应用心理学的内容。

2. 建设积极的班级环境

"以学生为本"是管理好一个班级的根本途径。教育的目的就是要把所有的学生都培养成为对人民有益、对社会有贡献的人,然而,教育对象的特殊性决定了我们的教育不能靠简单的灌输和压制,"以学生为本"是素质教育的灵魂,也是班级管理的灵魂。"以学生为本"就是以学生为主体,把班级管理的主动权交给学生,通过学生团结协作、互相监督等渠道促进良好班风的形成。实践证明,班级管理只有坚持"以学生为本"的管理原则,才能获得最佳的管理效果。因此,作为一班之主的班主任要面向全体学生,尊重全体学生,让每一个学生都成为班集体的主人,参与班级管理。

我国学者沈硕彬从积极心理学的角度,提出教师在建立积极班级环境方面的一些具体的做法。

第一,教师培养积极归因的习惯,协助自己从教学中获得积极情绪。图盖德和弗雷迪克森(Tugade & Fredickson, 2004)的研究显示:将任务视为"挑战"的人,在准备过程中经历较多的积极情绪;而将任务视为"威胁"的人,则有较多的负面情绪。教师在经历教学工作时,首先需要不断思考自己为教学塑造了何种经验,是快乐美好的,还是敷衍了事的。再则,教师对于学生的行为是采取负向思考,还是总是从正面来看待他们的每个行为。即使学生错了,但是他的心态是否全然皆错。教师不能只是当经师,更要当人师,因为每个孩子都是独一无二的,都拥有他们生存的意义与价值。可见一切都在于教师本身的心态,教师需要培养正向归因的习惯,以协助自己和学生们获得积极的校园经验。

第二,教师注重培养自身的积极心理,从积极面培养学生习得适当行为。积极心理的相关研究表明,个人若是能够在拥有积极心理上多加努力,不仅可以增进其身心健康、幸福感,并且可以将其培养成为懂得感恩且具有远大胸怀的人。透过积极心理学的研究,我们可以发现,人要活得快乐不是遥不可及的,然而却是需要努力的。而教师自己本身需要先培养出正向心理,才会有机会协助学生建立适当行为。

积极心理学研究的一项重点,便是从正面的角度来看待青少年的行为,而不是从问题面去探讨,如此可以给对方一些希望感与能力感(Watkin & Mohr, 2001)。教师不仅是教授学生课业的老师,也必须适时成为咨询师去辅导学生,所以,教师在面对学生的困难或与别人迥异的行为时,不能首先从负面的角度判断,而要客观地找出成因,再协助学生建立适当的行为。

第三,教师宜融合班级经营理论,协助学生建立积极特质。由于现今大众对于教师管教学生的观念,已经逐渐转变得更加开放且民主,促使教师与学生之间形成多元且复合的亲密关系。因此,教师宜以积极心理学的观念作为管教的基本方针,并且以积极常规等班级经营的理论作为管理的基础模式。教师不仅对于本身的工作需要拥有积极情绪的期许,并且在处理学生的各种状况时,都需先了解其行为的成因、背后的因素,从正面的角度加以思考了解,不断地给予能力感及希望感,也因此帮助学生积极快乐地学习正确的行为,并且协助他们拥有正向的特质。

总之,积极心理学的理念有助于我们重新认识心理健康教育工作中的师生关系:教师不仅是心理健康教育工作的主体,可以积极地影响学生,同时也是心理健康教育的客体,受学生积极心理的影响;学生不再仅仅是心理健康教育工作的客体,被动地受教师的影响,同时也是主体,可以通过挖掘自身的潜能,培养优秀的、积极的品质反过来对教师加以影响。与此同时,对教师和学生个体自身而言,他们都既是有潜能的主体,又是待开发与认识的客体。因此,积极心理学取向改变了心理健康教育的主客体关系,可充分调动教师与学生的主观性与积极性,促进两者的健康成长。另外,应注重学校—家庭—社区积极心理环境建设的资源开发和利用研究,要建立学校教育与家庭心理教育的沟通渠道,形成有利于学生身心健康发展的教育环境。

四、积极的自我人格培养

(一)学校心理健康教育应以培养积极人格为核心

积极心理学是关注人的力量和美德的科学,它要求心理学家以一种更具开放性和欣赏性的眼光去看待人类的潜力、动机和发展能力,主张人格研究不仅要研究问题人格和影响人格形成的消极因素,更要致力于研究人的良好人格特质的形成和发展中的作用。这种人格研究倾向称为积极人格研究。积极的人格特质是积极心理学得以建立的基础。它的基本理论假设是:人类是自我管理、自我导向的,具有适应性的整体。而积极心理学的宗旨是培养和造就积极人格,将个体的人格优势体现到整个生命过程中。所以积极人格特质既是积极心理学的基础,又是积极心理学的目标和追求。

(二)积极人格的内涵

积极心理学提倡研究积极人格特质,也就是那些与特定的良好品德相联系的个人特质。积极的人格优势会渗透到人的整个生活空间,产生长期的影响。彼得森和赛利格曼(Peterson & Seligman, 2004)将积极人格特质作了详细的分类,其中包含了智慧、勇气、仁爱、正义、节制与卓越六大类,统称为"良好品德"或"人类长处",并且再细分为24种积极人格特质,见表15-1。

表 15-1　良好品德和积极人格特质

良好品德	定义性特点	积极人格特质
1. 智慧	知识的获得和运用	① 对世界的好奇和兴趣 ② 爱学习 ③ 创造性、创见性和创新性 ④ 判断力、批判性思维和开放性思想 ⑤ 个人、社会和情感性智力 ⑥ 大局观
2. 勇气	面临内在或外在压力时誓达目标的愿望	⑦ 英勇、勇敢 ⑧ 坚持性、勤奋 ⑨ 正直、诚恳、真实
3. 仁爱	人与人交往之间的积极力量	⑩ 慈祥、慷慨 ⑪ 爱和被爱的能力
4. 正义	文明的积极力量	⑫ 公民的职责、权利和义务，忠诚、团队精神 ⑬ 公平、平等 ⑭ 领导的职责、权利和义务
5. 节制	做事不过分的积极力量	⑮ 自我控制和自我条件低 ⑯ 审慎、小心、考虑周到 ⑰ 适度和谦虚
6. 卓越	使自己与全人类相联系的积极力量	⑱ 对优秀和美丽的敬畏和欣赏 ⑲ 感激 ⑳ 希望、乐观，为将来做好准备 ㉑ 精神追求、信念和信仰 ㉒ 宽恕、仁慈 ㉓ 风趣、幽默 ㉔ 热情、激情、热心和精力充沛

在这个积极人格特质的分类评价系统里，良好品德是核心，而培养性格类积极力量即积极人格特质则是确保个体能获得良好品德的重要途径。积极心理学认为一个人获得良好的品德并不是说一定要具有某项美德所包含的所有积极人格特质，许多时候一个人只要具有其中的一项或两项也许就够了。表 15-1 中所列的六大美德被认为是人类进化过程中形成的一种具有生存价值意义的心理机制。

积极心理学是以解释风格（即人们对发生于自己身上的事的理由所作出的一种持续一贯性的解释方式）为标准来进行人格分类的。具体地说，就是不同的人喜欢用不同的方式来解释外在刺激事件的理由，而这种解释又是相对稳定的或持续一贯的。解释风格这一概念首先由赛利格曼提出，是从 20 世纪 60 年代的"习得性无助"这一概念发展而来的。

积极人格理论也主要来自赛利格曼的"解释风格"理论，把人格分为"乐观型解释风格"和"悲观型解释风格"。赛利格曼认为，在面临失败和挫折时，所有人都会去寻找原因。乐观型解释风格的人会认为失败和挫折是暂时的，是特定性的情境事件，是由外部原因引起的，而且这种失败和挫折只限于此时此地；悲观型解释风格的人则会把失败和挫折归咎于长期的或永久的原因，具有普遍性，是由自己内在原因引起的，并认为这种失败和挫折会影响到自己所做的其他事。在面临成功和成就时，人们也会去自我寻找原因，乐观型解释风格的人会认为成功和成就是自我的内在原因所致，是长期的，并会泛化到自己的其他活动中去；悲观型解释风格的人会认为自己的成功是外在的原因导致的，是一种暂时的现象，只限于此情此景。因此悲观型解释风格的人就容易形成压抑、焦虑等心理问题。随后一些心理学家做了许多的调查研究，结果都证实了赛利格曼的这一观点。到了20世纪90年代末，赛利格曼的这些观点和他的积极心理学主张结合在一起，从而形成积极心理学的人格理论。

（三）培养积极人格的途径

积极心理学认为，个体先天的生理因素是人格形成不可缺少的物质基础，但人格的形成主要还是依赖人后天的社会生活体验。正是由于不同的人有着不同的后天社会生活体验，人与人之间才出现了人格面貌的根本不同。赛利格曼的"解释风格"理论告诉我们，人们对同一事件的不同认知是导致我们形成不同人格类型的重要原因，而人们之所以会产生不同认知又是由于不同的人在后天有着不同的社会生活体验。因此，积极心理学把增进个体的积极体验和培养个体的自尊作为培养个体积极人格（即乐观型解释风格的人格）的最主要途径。

一般而言，积极的体验容易产生积极的认知，形成积极人格；消极的体验则容易产生消极的认知，形成消极人格。因此，积极人格的培养的途径之一是培养学生的积极体验。具体来说，积极体验主要有感官愉悦和心理享受两种。与感官愉悦相比较，心理享受型的积极体验常常与个体的创造和创新相关联，更具有社会意义和个人意义，更有利于个体的成长和幸福感的产生。积极人格的培养应以培养个体的心理享受型积极体验为核心。具体到班级环境中，有学者主张：(1)学生即使失败也不会受到侮辱；(2)当学生表现出不当行为时，要先了解行为成因，避免惩罚或放纵；(3)避免使用不受尊重与不被鼓励的行为，而是使用受尊重与被鼓励的行为；(4)教师和家长仁慈、尊重、坚决和鼓励是最为重要的元素。

发展个体良好的自尊也是实现积极人格的一条重要途径。最早给自尊下定义的心理学家是詹姆斯(1890)，他在《心理学原理》中给自尊下定义时用了一个著名的公式，即：自尊＝成功/抱负，指出个人对于自我价值的感受取决于其实际成就与其个人抱负之比。朱智贤认为："自尊是社会评价与个人的自尊需要的关系的反映。"黄希庭用"自我价值感"来表述自尊，他认为自我价值感是指个人在社会生活中，认知和评价作为客体的自我(me)对社会(包括群体和他人)以及对作为主体的自我(I)的正向的自我情感体验，包含认知、情感、态度、评价等多种心理成分，其核心是自我价值判断与体验。

希瑟顿和怀兰(Heatherton & Wyland, 2003)认为自尊其实就是社会环境对自我的一种反映。心理学家米德认为人与人之间总是通过一定的符号来进行相互交际，而这些符号(尤其是在其生活中具有重要影响作用的人所使用的某些符号)本身的意义能被个体在生活中逐渐内化成为自己的观念和态度。当一个人经常受到他人的批评、贬低、忽视和拒绝时，就会形成较低的自尊；反之，当一个人经常受到他人的赞扬、欣赏、重视和接纳时，就会形成较高的自尊。著名的罗森塔尔哈佛应变能力测试实验验证了这一观点。罗森塔尔哈佛应变能力测试如下：

心理学家罗森塔尔(Rosenthal)等人与一所小学合作,在开学初给1—6年级的所有学生进行了IQ测试。实验者告诉老师们说,学生所接受的是"哈佛应变能力测试",并且该测试的成绩可以对一名学生未来在学术上是否有成就作出预测。测试结束后,每位班主任都拿到了一份名单,上面记录着本班在哈佛测验上得分最高的前20%的学生,以便老师了解在本学年里哪些学生有发展潜力。但是事实上,老师所得到的名单中的前20%的学生完全是被随机抽取的,他们与其他学生唯一的不同就是,老师以为他们会有不同寻常的智力发展表现。

将近学期结束时,实验者对所有学生再进行了相同的IQ测试,并计算出每个学生IQ的变化程度。结果发现,那些被老师认为智力发展会显出进步的学生,他们的IQ平均提高幅度显著高于其他学生。罗森塔尔博士分析:由于老师相信了权威的断言,对这些学生的潜能产生某种期望,老师会经常无意识地对那些可能会成功的学生的行为表现给予一些积极的肯定和鞭策,使这些学生产生自我实现的预期,最终超越了从前的自我,变得更加出色。

此实验也说明,教师作为学生心目中的权威人物,他们对学生的态度以及评价会对学生的自尊有很大的影响。家长和教师多用欣赏、肯定的态度对待孩子,对每个孩子的潜能给予积极的关注,并真正持有乐观的信念会促进孩子形成良好的自尊,而良好的自尊又能促进个体发展自我管理、自我指导和自我监督的能力,使其更容易适应环境,获得积极体验,从而形成良性循环。

五、积极心理学取向的学校心理学发展趋势

(一) 从医学模式向教育模式的转变

学校心理学作为一门应用性心理学分支学科,并不能狭义地理解为仅在学校内进行心理咨询和辅导工作,即传统主流心理学医学模式下对学校心理学的一种认知取向。

学校心理学的医学模式以关注问题为导向,已经妨碍了学校中的心理服务的开展,如有的学校心理咨询室建立多年,但门庭冷落,几乎没有什么"患者"前来咨询,心理咨询室形同虚设。而且由于消极的价值取向,学校心理学把自身的实践工作与各学科教育割裂开,将心理专职教师与各学科教师区分开,把心理健康教育从课堂教学中分离,使心理健康教育与社会文化资源、家庭教育环境割裂,似乎学校心理学只是心理辅导与咨询者的工作,这必然导致学校心理学资源的枯竭化。

医学模式的取向给学校心理学发展带来了负面影响,也使其进入"瓶颈"阶段。而且由于关注人的弱点和缺陷,学校对家长和学生关注更多的是心理问题和障碍,积极心理学的理念则改变了这一关注的焦点,更确切地说,积极心理学的理念是学校预防心理问题的基础。积极心理学视野下的学校心理学服务是一种全方位、整体化,以评估和教育为主导的教育模式,而心理健康和治疗只能是其中的一个有机部分。在这种服务中,我们应面向全体学生,通过心理

健康教育的途径，促进学生在学习、人际关系和对环境的适应方面，发挥内部潜能，走向成熟与成功。近一两年来，我们看到了某种转变，一些学校开始开设心理健康课，通过精心设计的活动、角色扮演和训练，提高学生的心理素质。

欧美发达国家的学校心理学自20世纪60年代起已逐渐放弃"医学模式"，转而接受"教育模式"，也就是从重点关注问题矫治转变为预防为重，这恰恰符合了积极心理学本身所蕴含的预防思想。

（二）积极心理学取向下的学校心理学目标与资源的整合

学校心理学应以积极心理学的价值取向为先导，以一种宽泛的视野，来重新整合心理健康教育及心理咨询与治疗的各种要素。将其作为一个系统，并把系统内各学科视野、各种取向、各要素，通过有机的联系、渗透、互补、重组综合起来，形成科学合理的结构体系，实现整体优化、协调发展，发挥学校心理学整体的最大功能。

首先，积极心理学的价值取向使学校心理学的最根本目标回归到本原。积极心理学提出的核心目标——培养积极的人格整合了学校心理学中心理咨询、心理障碍矫正、心理健康教育的目标。积极心理学在对传统主流心理学总结与反思的基础上，提出心理学不仅应该削减问题，而且应该着重培养学生的优秀、积极的心理品质与人格特征。具体而言，最终目标都是激发青少年内在的潜能，帮助他们发展综合的技能，承担起生活的责任，成为有社会能力和富有同情心、心理健康的成年人。积极心理学在对传统主流心理学进行批判的基础上，提出应该强调个体自我和群体自我的积极面。它关注个体正在经历的知足、满意等主观感受，注重个体体验过去的良好状态，同时也乐观地看待未来，其中包括了积极的个性特征，如爱、勇气、给予、创造和坚韧。在群体方面，它包括培养个体承担社会责任的美德，培养更好的公民素质。可见，积极心理学既包含了个体的培养目标，也兼顾了群体和社会的培养目标。这使得学校心理学积极心理品质的培养目标与问题的消解目标、全体目标与个体目标、总目标与具体目标的整合变成了可能。

其次，积极心理学善于整合学校的教育资源，使其服务于学校心理学目标。积极心理学摒弃以往心理健康教育以问题为靶子的模式，强调学校中的一切都是心理健康教育可供利用的资源。因为学校是学生真实生活的情境，只有在真实的情境中开展心理健康教育，才是最实的教育，才是着眼于学生潜能的教育。积极心理学认为，学校心理学的服务与学校其他工作的关系不是割裂的，更不是对立的，而是融合的关系，是一个有机的整体，这个整体不仅包括积极的教师，也包括积极的学生。认为学校心理学应重视教师发展和运用自己的积极心理，鼓励教师在课堂中利用积极心理，帮助发展学生的积极心理。这不仅有助于形成一种互动多维的学校心理学服务网络，而且将积极心理健康教育与各学科教育、各教育因素融合在了一起。

积极心理学认为每一个人都既可是受教育者，又可是教育者，人人都具有积极的心理潜能，都有自我向上的成长能力。这种价值取向给学校心理学提供了新的视角，极大地丰富了其内涵。具体来说，积极教育的内容既可以是积极的思维活动，也可以是积极的情绪情感体验；既可以是积极的习惯养成，也可以是积极人格的培养；既可以是积极的认知方式，也可以是积极的意志品质;既可以是个人的主观幸福获得,也可以是周围积极的组织与群体等等。这些内容存在于鲜活的日常生活中,只要用心去关注,努力挖掘,学校心理学的服务实践就不会陷于僵化,其发展也会充满生机与活力。

本章概要

- 积极心理学被定义为"致力于研究人的发展潜力和美德等积极品质的一门科学"。
- 积极心理学自发起后几年间迅速发展为世界性的心理学运动,并在积极情绪、积极人格、积极组织环境三个重要领域取得了显著成就,其发展将对学校心理学产生重要而深远的影响。
- 营造积极的学校组织系统是实现积极心理学目标的基础,也是其重要保障。
- 培养学生的积极人格是积极心理学导向的学校心理学之核心目标,可通过两个途径实现,一是增进积极体验,二是培养高自尊。
- 以积极心理学为导向,整合目标和资源,从医学模式向教育模式转变将是未来学校心理学的发展方向。

关键词

积极　　积极心理学　　积极人格特质　　积极组织系统　　乐观型解释风格
悲观型解释风格　　主观幸福感　　自尊　　快乐

思考与讨论的问题

1. 什么叫积极心理学？其三大研究领域是什么？
2. 积极人格的特质与内涵是什么？积极心理学是以何标准进行人格分类的？
3. 积极心理学作为一个心理学领域的新思潮,你认为其对学校心理学将会有怎样的影响？
4. 你的积极人格特质有哪些？它们对你的生活产生了怎样的积极影响？
5. 你认为在我国的中小学校有必要开设积极心理学课程吗？为什么？

主要参考文献

［1］素质教育调研组编著：《共同的关注：素质教育系统调研》，教育科学出版社 2006 年版。

［2］中华人民共和国教育部编：《中小学心理健康教育指导纲要》，人民教育出版社 2002 年版。

［3］陈玉琨等著：《课程改革与课程评价》，教育科学出版社 2001 年版。

［4］冯俊增主编：《澳门教育概论》，广东教育出版社 1999 年版。

［5］戴忠恒编著：《心理与教育测量》，华东师范大学出版社 1987 年版。

［6］郑日昌编著：《心理测量》，湖南教育出版社 1987 年版。

［7］余嘉元编著：《教育和心理测量》，江苏教育出版社 1987 年版。

［8］宋维真、张瑶主编：《心理测验》，科学出版社 1987 年版。

［9］彭凯平编著：《心理测验：原理与实践》，华夏出版社 1989 年版。

［10］王孝玲编著：《教育测量》，华东师范大学出版社 1989 年版。

［11］漆书青等编著：《现代教育与心理测量学原理》，江西教育出版社 1998 年版。

［12］左任侠编：《教育与心理统计学》，华东师范大学出版社 1982 年版。

［13］张厚粲、孟庆茂著：《心理与教育统计》，兰州人民出版社 1982 年版。

［14］杨博民、陈舒永编著：《心理统计方法》，光明日报出版社 1989 年版。

［15］徐光兴著：《临床心理学：心理健康与援助的学问》，上海教育出版社 2001 年版。

［16］韦小满编著：《特殊儿童心理评估》，华夏出版社 2006 年版。

［17］陈丽如著：《特殊学生鉴定与评量》，心理出版社 2006 年版。

［18］汤盛钦主编：《特殊教育概论》，上海教育出版社 1998 年版。

［19］杨蕢芬著：《自闭症学生之教育》，心理出版社 2005 年版。

［20］肖三蓉编：《花开有期："青春期"少女之心》，上海教育出版社 2008 年版。

［21］顾海根主编：《青少年网络成瘾预防与治疗》，华东师范大学出版社 2007 年版。

［22］陶然等著：《网络成瘾探析与干预》，上海人民出版社 2007 年版。

［23］邵瑞珍主编：《学与教的心理学》，华东师范大学出版社 1990 年版。

［24］金洪源著：《学科学习困难的诊断与辅导》，上海教育出版社 2004 年版。

［25］王小明著：《教学论：心理学取向》，上海教育出版社 2005 年版。

［26］莫雷、张卫等著：《学习心理研究》，广州人民出版社 2005 年版。

［27］金树人著：《生涯咨询与辅导》，高等教育出版社 2007 年版。

［28］沈之菲编著：《生涯心理辅导》，上海教育出版社2000年版。

［29］张添洲著：《生涯发展与规划》，五南图书出版公司1993年版。

［30］林清文著：《生涯发展规划手册》，广东世界图书出版社2003年版。

［31］任俊著：《积极心理学》，上海教育出版社2006年版。

［32］朱家德、赵观石：《性骚扰及防止策略新探》，《教育探索与实践》2005年第12期。

［33］薛亚萍：《当代青少年的性心理指导策略》，《教育探索》2003年第10期。

［34］张厚粲：《当前心理学的发展与现状》，《心理学探新》1995年第11期。

［35］朱腊梅、王小晔：《中国心理测量近二十年发展的评述与思考》，《心理科学》2000年第2期。

［36］岳晓东：《青少年偶像崇拜与榜样学习的异同分析》，《青年研究》1999年第7期。

［37］赵爽：《对当代"动漫风潮"的思考》，《中国青年研究》2002年第6期。

［38］叶一舵：《台湾学校心理辅导的历史回顾》，《中小学健康教育》2006年第1期。

［39］金瑜：《团体儿童智力测验的编制：目的、准则及其衡鉴》，《心理科学》1994年第3期。

［40］陈思、杨长征：《青少年"流行语"现象调查报告》，《中国青年研究》2003年第1期。

［41］王才康：《考试焦虑量表在大学生中的测试报告》，《中国心理卫生杂志》2001年第2期。

［42］田野清（1992）「学校心理学の意義と問題点」,「教育心理学年報」18—19.

［43］上野一彦、牟田悦子編「学習障害児の教育」日本文化科学社，12—32.

［44］石隈利紀「学校心理学とスクールカウンセリング一人ひとりの児童生徒を生かす学校教育をめざして一」,「教育心理学年報」36,40—44.

［45］亀口憲治「家族心理学研究における臨場的接近法の展開」心理学研究69(1)53—65.

［46］高桥三郎、大野裕、染矢俊幸.(1995)「DSM-Ⅳ精神疾患の分類と診断の手引」医学書院.43—66.

［47］水島惠一、岡堂哲雄、田火田治（編）「カウンセリングを学ぶ」有斐閣 177—192.

［48］上地安昭（1997）「学校教師のカウンセリング基本訓練」(株)北大路書房.1—76.

［49］国分康孝（1998）「学校教師のカウンセリングの基本問題」誠信書房.19—74.

［50］板野雄二（1988）「テスト不安の継時的変化に関する研究」「早稲田大学人間科学研究」1,31—44.

［51］Anastasi. *Psychology Testing (7th edition)*. New York：Macmillan. 1997.

［52］Caplan G. *The theory and practice of mental health consultation*. New York：Basicbooks. 1970.

［53］Capuzzi D. *Suicide prevention in the school：Guidelines for middle and high school settings*. American Counseling Association：Alexandria，VA. 1994.

［54］Carkhuff R. R. *The Art of Helping*. Anherst Mass：Human Resource Development

Press. 1972.

[55] Erikson E. H. *Childhood and society*. New York: Norton. 1950.

[56] Erchul W. P, Martens, B. K. *School consultation: conceptual and empirical bases of practice. Issues in clinical child psychology*. Plenum Press: New York, NY. 1997.

[57] Hall C. S. , Lindzey G. *Theories of personality*. New York: Wiley. 1951.

[58] Kaufman A. S. *Intelligent testing with the WISC-R*. New York: Wiley. 1979.

[59] L. J. Cronbach. *Essentials of Psychological Testing (5th edition)*. Happer Row, publishers, N. Y, 1996.

[60] Phillips B. M. *School stress and anxiety*. New York: Human Sciences Press. 1978.

[61] Porter R. B. , Cattell R. B. *The children's personality Questionnaire*. Champaign Ⅲ: Institute of Personality Abilities Testing. 1963.

[62] Reynolds C. R. , Gutkin, T. B. , Elliot S. M. , Witt J. C. *School psychology: Essentials of theory and practice*. New York: John Wiley Sons. 1984.

[63] Rohlen T. P. , Le Tendre, G. K. *Teaching and learning in Japan Cambridge University*. Press: New York. 1996.

[64] Sarason S. B. , Davidson K. S. , Lighthall F. F. , Waite R. R. , Ruebush B. K. *Anxiety in elementary school children*. New York: Wiley. 1960.

[65] Seligman M. E. P. *Learned Optimism*. New York: Pocket Books (Simon and Schuster).

[66] Seligman M. E. P. , Reivich K. , Jaycox L. , Gillham J. *The Optimistic Child*. New York: Harper Collins. 1996.

[67] Seligman, M. E. P. *Authentic Happiness: Using the New Positive Psychology to Realize Your Potential for Lasting Fulfillment*. New York: Free Press. 2002.